古典占星统宗全书

明译天文书增注详解

（上）

The Essence of Ancient Astrology in Theory and Practice

(First Half)

叶飘然　著

加拿大国际出版社

Canada International Press

书名：古典占星统宗全书 —— 明译天文书增注详解（上册）

作者　叶飘然

出版：加拿大国际出版社

www.intlpressca.com

email: service@intlpressca.com

国际书号 ISBN 978-1-990872-24-2

```
ISBN 978-1-990872-24-2
                            90000



9 781990 872242
```

电子书 ISBN 978-1-990872-25-9

Book Name:The Essence of Ancient Astrology in Theory and
Practice（First Half）

Written by: Piaoran Ye

Published by: Canada International Press

www.intlpressca.com

email: service@intlpressca.com

PRINT version ISBN 978-1-990872-24-2

EBook ISBN 978-1-990872-25-9

内容简介

本书以波斯占星家 Ibn Labbān 的占星著作《Introduction to Astrology》在中国的译本（《明译天文书》）为底本，作者为之注解，但并未拘泥于原书，而是独立并完整的论述了整个古典占星系统，包括命理、占卜、世运、择吉，从理论引导入门到深入的实践操作，进行了详细的分解，并配备了大量的真实案例。在古典占星主导的案例中，还附带有印度吠陀占星、中国七政四余占星、阿拉伯地卜卦，以及中国术数中的四柱命理、大六壬、奇门遁甲、太乙卦轨、金口诀、六爻纳甲、河洛理数、梅花易数等不同角度的解析，精彩纷呈的东西方术数案例可以让所有术数爱好者从中汲取并领略到不同术数文化的精粹。本书是世界上第一部真正意义上的东西方术数高端实战型融汇书籍！

作者简介

叶飘然，男，本名姚洪洲。祖籍浙江省绍兴，现居山东。1978 年出生于易学世家，父母均为民间易学大家，其自幼酷爱易学，研究易学数十年，精通中国、西洋、印度等世界术数，身处国内易学领域应用研究的顶端，在多个领域都达到顶级水准。至今为止，累积数十年各类易学实战经验。作者多年来，一直在新浪博客与微信公众号传播世界易学，并系统向中国引入了印度 Nadi 占星术、红书占星术、K.P 占星术、阿拉伯地卜卦、法国雷诺曼牌占、意大利西比拉牌占等等。主要著作有《奇门遁甲真髓》、《大六壬通解》、《把易临风——大六壬金口诀直指》、《印度纳迪占星与天文手相》。

作者电话：(+86)13589642874

作者邮箱：475035672@qq.com

欢迎关注作者公众号

目　录

译天文书序

　　天理无象,其生人也,恩厚无穷,人之感恩而报天也,心亦罔极。然而大道在天地间,茫昧无闻,必有聪明睿智圣人者出,心得神会,斯道之妙,立教于当世。后之贤人,接踵相承,又得上古圣人所传之妙,以垂教于来世也。圣人马合麻("穆罕默德"的译音)及后贤辈出,有功于大道者,昭然可考。逮阔识牙耳,大贤者生,阐扬至理,作为此书,极其精妙。后人信守尊崇,纵有明智,不能加规而过矩也。

　　庶几观象,可以省躬修德,思患预防,顺天心,立民命焉。遂召钦天监灵台郎臣海达儿、臣阿答兀丁回回大师、臣马沙亦黑、臣马哈麻等,咸至于廷,出所藏书,择其言天文阴阳历象者,次第译之。且命之曰:"尔西域人,素习本音,兼通华语,其口以授儒,尔儒绎其义,辑成文焉。惟直述,毋藻绘,毋忽。"

　　臣等奉命惟谨,开局于右顺门之右,相与切摩,达厥本旨,不敢有毫发增损。时年二月,天文书译既,缮写以进,有旨命臣伯宗为序。

　　臣闻伏羲画八卦,唐尧钦历象,大舜齐七政,神禹叙九畴,历代相传,载籍益备。其言天地之变化,阴阳之阖辟,日月星辰之运行,寒暑昼夜之代序。与夫人事吉凶,物理消长,微妙弘衍矣。今观西域天文书与中国所传殊途同归,则知至理精微之妙,充塞宇宙,岂以华夷而有间乎。

恭惟皇上,心与天通,学稽古训,一言一动,森若神明在上,凡礼乐刑政,阳舒阴敛,皆法天而行,期于七曜顺度,雨旸时若,以致隆平之治。皇上敬天勤民,即伏羲、尧、舜、禹之用心也。经传所载,天人感应之理,存于方寸审矣。今又译成此书,常留睿鉴,兢兢戒慎,纯亦不已,若是其至哉。是书远出夷裔,在元世百有余年,晦而弗显。今遇圣明,表而为中国之用,备一家之方,其何幸也。圣心廓焉大公,一视无间,超轶前代远矣。刻而列之,与中国圣贤之书并传并用,岂惟有补于当今,抑亦有功于万世云。

洪武十六年五月辛亥　翰林检讨臣吴伯宗谨序

注:洪武十五年(1382 年)九月,太祖诏翰林侍讲学士李翀、翰林检讨吴伯宗、回回钦天监灵台郎海达儿(Haidar,西域人)、阿答兀丁(Adā′al－Dī)、回回钦天监"回回大师"、授翰林编修马沙亦黑、回回钦天监灵台郎授翰林编修马哈麻(Muhammad,字仲良,鲁迷国人)等于南京右顺门之右开局,共译伊斯兰历算、星占书,包括 Abū Muhammad ′Atāibn Ahmad ibn Muhammad Khwāja Ghāī al－Samarqandī al－Sanjufīnī 的《星表》(zīj,元代文献称之为积尺,即"历数书",是用于推算日月五星位置的天文数据表,1366 年撰) 和伊本·拉班(汉译名阔识牙耳 Kūšyār ibn Labbān ibn Bāšahrī al－Jīlī ,里海南岸北伊朗人)著作的《占星学导论》(al－Madkhal fī Sinā'at Ahkām al－Nujūm〔Introduction to Astrology〕,大约 1004 年撰)。明朝政府于洪武十五年(1382 年)命马沙亦黑、马哈麻、黑得尔、阿答尔、吴伯宗等人进行翻译,两书约同时于洪武十六年(1383 年)二月译成,即《回回历法》、《经纬度》和《明译天文

书》,并于五月由明内府刻印。《明译天文书》还有其他两个版本,即马哈麻的《乾方秘书》和《天文象宗西占》。

有关原著作者和主要译者的情况,介绍如下:

伊本·拉班,全名库什亚·伊本·拉班(Kūšyār ibn Labbān ibn Bāšahrī al—Jīlī 971 年~1029 年)中世纪里海吉兰省人,波斯数学家、天文学家和占星家。主要著作包括《印度算术原理》(Kitab fi usul hisab al—Hind)和天文学、地理学方面的书籍。伊本·拉班是著名波斯数学家阿嘛德·纳萨为的老师。

吴伯宗(1334 年~1384 年)名祐,以字行于世,明初金溪新田(今属江西省东乡县红光垦殖场新田分场)人,著名天文学家。洪武四年,以廷试第一,洪武十五年(公元 1382 年)官至武英殿大学士。

马沙亦黑,汉名吴谅,撒马儿国人,字仲德(生卒年不详)。明洪武二年(1369 年),与其弟马哈麻、马哈沙随从父亲德鲁丁赠送贡品来华,随宋国公内附。鉴于德鲁丁精通天文数学,明太祖将他留在朝中,封回回大师府爵、司天监博士,赠姓马。

马哈麻,中国明代回回天文学家,字仲良。原籍麦加西北的准带(今吉达)。明洪武二年(1369 年)随其父马德鲁丁来华,献土盘历法,遂留明回回司天监任职。其父逝世后,他在回回钦天监任灵台郎一职,并与其兄马沙亦黑同被授予"回回大师"称号。他擅长天文星占,曾于洪武十五年(1382 年)奉明太祖之命,同武英殿大学士吴伯宗等翻译西域的星占书,翌年译成,称之为《明译天文书》,并在正文前写有译序。洪武二十四年(1391 年),他升任钦天监监副,直到洪武三十一年(1398 年)该监被解散为止。明成祖北迁后,南京钦天监仍然保留,内设回回科,马哈麻受命留南京钦天监任职。

提及译者,我们就不得不提到回族在天文历算方面的研究和贡献,北宋建隆四年(963年),新创历法《应天历》问世,《应天历》真正修撰者是安徽安庆回民马依泽。

在元代,回族在中国天文历算方面作出了重大贡献,元世祖忽必烈继位后,设立司天台,许多回回天文学家就在其中任职。元仁宗时,特设置"回回司天监",回族人扎马剌丁等人不仅带来一批阿拉伯天文仪器,而且还亲手制造了许多新颖的天文仪器。元代回族人修订了较完善的两种历法,一是扎马剌丁的《万年历》,二是可马剌丁的《回回历》,他们还将先进的数学知识传入中国。在这些回族天文学家、数学家的直接影响下,通过郭守敬的睿智和勤奋,推验出中国历法史上施行最久的《授时历》。

至明代,回族天文学和回回历法仍然占有相当重要的位置,明皇权建立后,即继承了元代的"回回司天监"天文机构,征用了前朝司天监的回族专家学者,并从各界选拔了一批优秀的回族天文学爱好者,继续开展天文历法研究。德鲁丁、马沙亦黑、马哈麻、黑得尔、阿答儿丁、阿都剌等都是明初回族天文学家,其中以马沙亦黑的成就和影响力最大。

洪武三年,明政府改"回回司天监"为"回回钦天监",马沙亦黑、马哈麻兄弟先后任"回回钦天监"监正与监副。"回回钦天监"在南京雨花台建立"回回观星台",马氏父子开始从事大规模的天文测位,以校正、补充各种天文数据,马沙亦黑还制造出浑天仪等天文仪器。

翻译出《回回天文经》显示了马沙亦黑卓越的多方面的才能。明初攻下元大都时,获图书资料很多,其中有"秘藏之书数十百册",言殊字异,无人能解。洪武十五年八月,经武英殿大学士吴伯宗推荐,明太祖命时任翰林编修兼有"回回大师"声誉的马沙亦黑负责翻译这些著作。

马沙亦黑等把这些西域著作分天文、阴阳、历象等依次翻译,第二年五月,由 11 世纪初波斯天文学家阔实牙尔编著的占星书《回回天文经》便被全部译出,吴伯宗、马沙亦黑分别为该书作序。马沙亦黑通过翻译将西方的星等概念和 20 个西方星座名称介绍到中国。因成功地翻译出了这些珍贵的阿拉伯文的科学书籍,马沙亦黑被明太祖称赞为"不朽之智人"。

洪武十八年,《回回历法》也由马沙亦黑编译完成。这项工作具有重大科学价值,过去,虽有元初耶律楚材根据回回历法整理编成《麻答把历》,但后人只知其名,未见其书。元至正四年(1267 年),扎马剌丁曾引进过《万年历》,但流传的时间很短。元时中国穆斯林民间所用的《回回历法》内容十分简略,仅能供宗教活动使用,所以,马沙亦黑所编译的《回回历法》首次系统地把伊斯兰教天文学著作介绍到中国。实际上,《回回历法》是马沙亦黑等人按照阿拉伯天文学的传统计算方法,并利用他们在南京天文台多年实测的数据和前人积累的大量可靠资料编译而成,因而相当精确。

明代官方颁行的《大统历法》是根据元代郭守敬所修《授时历》稍加改造而成的,由于年久失修,在日食、月食预报方面往往失验。《明史·志七》记载,万历十二年十一月,《大统历法》推日食 92 秒,而《回回历法》推不发生日食,结果,《回回历法》应验。当时的礼部给事中侯先春向明神宗建议:"《回回历》推日月交食、五星凌犯,最为精密,何妨篡入《大统历》以备考验。"神宗准允。自此,《回回历法》与《大统历法》互相参用达 270 多年之久。

其实《天文书》的出现,只是古典占星在元代之后再次进入中国文化而已,早在唐代甚至更早,古典占星就出现了各种译本,其中大多已经散佚。在明代《天文书》出现后,不但明、清钦天监内每年使用古典占星占测各种事项,同时也引起了诸多学者们的注意,清代相继出现了杨学山、薛凤祚、魏清江、陶胥来、倪月培、温葆深等人,其中尤其是杨学山与薛凤祚,薛凤祚有著作《天步真原》存世。杨学山(杨作枚,字学山。今江苏无锡人,为康熙年间的天文学家、数学家。他与梅文鼎结识后,入国朝算学馆工作)著有《七论》,陶胥来著有《命度盘说》,张永祚著有《天象源委》,倪月培著有《中西星要》,温葆深著有《西法星命丛说》,魏清江则在其天星著作中明确说明他的星盘知识学自"西儒",所谓西儒就是当时的西方传教士。这些都是在《天文书》出现之后的文化潮流影响下的开花结果。

到 21 世纪的今天,世界文化更为开放,人类文明更进一层,各种资料更容易搜集,希望我们现代的研究者,在前人的研究基础上,能够将古典占星研究更加深入,能够古为今用,重现古代优秀文化之精粹!

《天文书》原目录

凡天文书有四类，第一类总说题目。第二类断说世事吉凶。第三类说人命运、并流年。第四类说一切选择。

第一类　凡二十三门

著者序文

在出版了《印度纳迪占星与天文手相》之后,笔者就萌生了著作一部系统的古典占星书籍的想法。因为古典占星术对中国占星系统的影响颇大,早在中国唐代的时候,古典占星术就已经通过印度人传播到中国本土。随着历史的发展,古典占星不仅在中国生根发芽,而且已经完全融合到中国术数中来。我们目前所见的诸多七政四余古籍中,就有大量的古典占星术的内容,两者之间有着千丝万缕的关系。我们可以从古籍和考古文献中发现,当时的术语翻译已经非常成熟。譬如本书中所选取的《灵台经》,其术语的成熟就远远高于明代的《天文书》。从唐代、元代、清代的不同时期,古典占星术以不同的形式进入中国,在研究、翻译上几经变化,不少内容,已经完全融入到七政四余的古籍中。相对独立的古典占星文献中,以《灵台经》、《天文书》、《天步真原》等著作为代表。这几部经典著作,都被本书或部分收录、或详解、或破译解析,这也是国内第一次真正出现专业解析内容。

我国古典占星虽然在唐宋前就已经进入中国并生根发芽,但是历史文献大多已经散佚。在元末明初时,攻下元大都,获图书资料很多,其中有"秘藏之书数十百册",明代的统治者在诸多书籍中选择《天文书》进行了编译。当时的学者对它的价值非常肯定。因为《天文书》的内容构造,包括了占星基础、恒星学、命理占星、世运占星和择吉占星。除了卜卦占星没有被包括,它已经非常全面了。在编纂内容的构造上如此全面的书籍,在诸多占星古籍中也是极为罕见的。因此,它对完整研究占星系统,有着重大的意义。这本书的意义不止于此,在占星基础、命理占星以及世运占星上,作者有着极为鲜明的观念,并且有一些不同于其它古籍的概念。这些概念,对于古典占星而言,极具价值,书中在世运占星方面,也有其它古籍所没有的计算方法。明代《天文书》的出现,让古典占星再次通过国家编纂的形式影响到中国星学文化的发展,并且影响深远。

在 21 世纪的今天,我们可以见到更多的占星古籍,笔者认为,既然古典占星已经在中国历史上生根发芽,我们就有责任将之继承并传承下去,本着文化传承的心态,笔者选择以《天文书》作为框架对整个古典占星系统重新梳理,将知识实用化,更细化的将古典占星系统的呈现给当代的星学爱好者。《天文书》虽然有很多优点,但是也存在一些缺点,因为它并非一本适合占星小白的作品,在基础的细化程度上不够,由于作品涉及的范围较多,在一些领域的精深度不够。为了让古典占星内容更为系统,笔者以《天文书》为基础,在选注的同时做了极大深化,让占星内容更系统、更完善、更精彩,所以注解并不局限于《天文书》,甚至于本书注解内容本身就是一个独立、完整的系统。

为了适合没有占星学基础的人阅读,笔者在本书前面的章节增加了大量的基础内容,包括占星学的天文学基础、软件设置、术语和实用性极强的占星警句。在注解中,详细介绍了各种基础知识和概念,并且在本书的最后附加了占星卜卦的案例。因此整部著作,也是一部独立的古典占星大全,有着详细的知识分类与经典案例,并专门介绍了生时校订和小限、太阳返照、界向行运、主向限、黄道释放行运等专业技术,这些都属于在国内书籍中无法见到的占星学高段领域知识。这部书将是中国现代第一部古典占星大成之作!

众所周知,古典占星是古巴比伦占星学、希腊占星学、波斯占星学、阿拉伯占星学、中世纪占星学和文艺复兴占星学等的总称。这一占星系统在不同时期，有不同的理解和诠释，并且受到不同文化元素的影响，整理起来难度极大，而不同的占星家，水平参差不齐，所以整理时候真的要看整理者的水平和眼光。在整理过程中，笔者主要参考了大量巴比伦、埃及、希腊、波斯、阿拉伯、中世纪的优秀作者的作品，从中优中选优，并根据笔者的实战经验做了相关的精选而定。尽管如此，个中艰辛一言难尽，因为占星源出不同文化，古籍原本语言有拉丁文、阿拉伯文、希腊文等等，我们所见到的英文资料已经是二手、甚至三手，不仅原书中由于年代久远产生的错讹，学派的争议，而且还有英译者的理解错误，所以不断的整理，不断的纠错，而有些错讹已经无法去修复。笔者本着极大程度和完美的心态去整理，只希望这所有付出的努力，能给大家带来更好、更真实的知识，将前人的宝贵经验用认真的态度传递给每一个爱好者。但是知识完备，就必须有专业的天文概念和详备的各种细节，对完全占星小白而言，学习会有较大的难度。因此对于初学者而言，学习此书，需要有选择的学习书中的基础部分内容，对天体原理类可以跳跃过去，等掌握了基础，再进阶研读整个系统。整部书大致分为四个部分，分别是基础、命理占星、世运占星、择吉占星，不同学者，可以根据自己的研究领域进行相关选择性学习。

笔者在注解中，引用《天步真原》的时候，根据考据发现，此书主要内容源出于著名占星师 Girolamo Cardano（吉罗拉莫·卡尔达诺），并且原书案例也是吉罗拉莫·卡尔达诺所著，薛凤祚应该是和西方传教士学习时候，翻译并整理了吉罗拉莫·卡尔达诺的作品，并且薛凤祚编译的《天步真原》存在诸多错、漏、疏、缺的问题。笔者在注解案例时候做了相关考据，发现这些案例都是吉罗拉莫·卡尔达诺所批断，其中有英格兰国王爱德华六世、教皇保罗三世以及吉罗拉莫·卡尔达诺给自己的终身批断等等。这些案例不仅对研究古典占星断法弥足珍贵,也对历史研究有一定的学术价值,譬如案例中显示爱德华六世是被臣子所毒毙。并且在之后,笔者根据一系列线索,找到了 Girolamo Cardano 的原著,并进行了对比,在 Girolamo Cardano 原著中有 100 个案例,其中有一些终身批断的详细案例,《天步真原》中的案例和断法系统只是简译、选译。在引用 Hephaistio of Thebes 著作的案例时,笔者通过星盘数据,发现其案例为罗马五贤帝之一的勇帝哈德良的真实出生命盘。这些案例对于研究古典占星而言,有着重大的研究价值。众所周知,校订生时,在占星术中属于高端领域的难题,本书首次公布了源出埃及的两种精确校订生时的方法。根据目前诸多实践案例数据验证,这些方法极为准确,属于占星术目前最为精准的两种校订生时法,其中一种可以精准校订分秒,其精准度让人震撼!

在本书的编订中,笔者参考了不同国外作者翻译的多种古籍,其中有 Robert H. Schmidt、Jame H. Holden、Chirs Brennan、Benjamin N. Dykes 等人的翻译著作,并在一些行星天文数据上有所采纳,在此对他们表示感谢,对他们为古典占星发展做出的贡献,表示钦佩!同时,在这里也感谢笔者的学生陈鹏、张鑫坤,在他们的帮助下,促进了这本书的海外出版。

另外,必须要说明一点,本书引用了不同时期大量著名占星师的原著内容,但是这些内容并不代表就一定是作者原创,很多内容都是来自他们对前代知识的整理编辑,这就是知识的传承,我们知道,研究任何古代知识都离不开溯源,一代代人在溯源中研究整理,为了全面学习好古典占星术,这是每一代研究者必做的事情。所以这些知识前后贯穿不同时期的占星系统,但是终极目标一致,都是为了系统的完整性和准确性。在整理中,笔者根据自己的研究经验和眼光,选择了更系统、更精准的论断理论,让整部书更为系统,更为精炼。在学习中,建议读者要特别注意下划线内容,这部分内容非常重要,关系学习方法以及知识引导和重点强调。除此外,基于数术文化无国界的精神,笔者在一些案例中添加了印度占星以及中国术数的命理、占卜解析,这些解析弥足珍贵,但是本书主体是古典占星,因此为了避免喧宾夺主,笔者只在部分案例中添加解析。因此,这个版本汇集了中外不同的术数文化精粹,不同术数领域的学者都可以在其中汲取所需的知识和养分。

回首过去整整一年多时间,笔者几乎每日伏案整理文稿,考订各种古籍,梳理校订,增添心得,终于完成了这部作品。笔者认为,知识文化,就如同水星一样,没有性别,没有边界,学习的人只有保持本心,持中庸客观的态度,考据考证,不偏不倚,戒妄戒躁,才能获得真知。无匠心,莫学术!所有真知,都是磨炼出来的。在此希望大家能够踏实耐心的做学问,能够在星学文化中寻到自己的那份收获!同时,这本书也是我送给儿子姚俊德的一份礼物,希望他能够传承家学,从小能够通过刻苦学习练就匠心,将来青出于蓝而胜于蓝!

叶飘然

2023 年 2 月 1 日

古典占星历史与学习导论

全世界的神秘文化都源出于天文学，而最直接体现天文学原理的就是占星术。笔者曾深入研究过中国七政四余占星术、印度吠陀占星术、古典占星术、红书占星术等等。这些不同的占星术都有着自己的文化特色，同时又具有很多共性。因为地球的天文背景就是宇宙，物理环境都一样，只是研究角度不同而已。其中一些显著的区别，就在于不同文化元素的影响和认知角度的不同，譬如对恒星区域的空间划分等等，但是其研究的角度、目的都具有相似性，根据不同的研究目的、不同的文化背景就产生了不同的文化特性。下面我们从历史角度认知古典占星术的发展轨迹。

众所周知，文化是通过融汇而进步的，一开始，我们要从根源上发掘。占星学的起源，最早可以追溯到公元前三千年，美索不达米亚（Mesopotamia）平原上的巴比伦文化（Babylonian Culture），至今我们发现的最早的占星学考古证据来自至少 3500 年前的金星碑，金星在 21 年间的周期通过楔形文字刻在一块泥板上，这彰显出那个时代，占星学和天文学正在共同发展成为一门原始科学。巴比伦的文化主体是由居住在这个区域的苏美尔人（Sumerian）与阿卡德人（Akkad）所建立，巴比伦人将天球上太阳经过的轨道划分为十二个区域，也就是现代黄道十二星座的初级形态。

巴比伦文化在农业、数学、历法、法律上都有杰出的成就，尤其迦勒底人（Chaldean），他们在占星与历法上的成果更是杰出，他们观察太阳、月亮和星辰的运行规律，并将之应用于农业生产、气候预报和世运吉凶。苏美尔人与阿卡德人的祭司,会向君王报告日食与月蚀的时间,并诠释其吉凶祸福。

在巴比伦人与波斯人把占星术传入埃及之前,当时埃及也发展出了一套占星学,与后来吸收巴比伦文化而发展出来的占星学,有着相当程度的不同。最著名的就是埃及人观察天狼星的位置来预测尼罗河水的水位变化。

公元前一千多年,占星术传进了爱琴海(Aegean Sea)的领域,之后的一千年间,占星术在希腊与罗马世界仍广受欢迎。这里我们要从希腊化时代说起,希腊化时代的起点通常被视为是亚历山大大帝于公元前323年逝世开始,公元前323年亚历山大大帝驾崩后,亚历山大帝国四分五裂,经过多次战争最终分裂为三大继业者王国(马其顿王国、埃及托勒密王朝和塞琉西王国)以及其他若干国家(比如本都王国和帕提亚帝国)。希腊化时代持续了三百年,在此期间希腊化国家逐渐衰落,并先后为罗马共和国所灭。公元前30年盖乌斯·屋大维·图里努斯(Gaius Octavian Thurinus)率军征服埃及,最后一个继业者王国托勒密王朝覆灭,希腊化时代至此结束。这段时期内地中海东部原有文明区域的语言、文字、风俗、政治制度等逐渐受希腊文明的影响而形成新的特点,在19世纪30年代以后逐渐被西方史学界称为"希腊化时代"。这一时期内大约有三个世纪,希腊文化、哲学、科技在古代世界传播发展,希腊语成为当时的世界语言。

在希腊化时代,亚历山大城开始繁荣起来,成为古代世界的金融、文化和知识中心。城市内的人口主要由希腊人、埃及人、犹太人组成,所以当时的希腊、埃及、巴比伦文化、宗教、科学传统融合在一个地方区域。并且建立了国家支持的图书馆和研究设施,亚历山大城成为了古代科学和文学研究的中心。著名的亚历山大图书馆收集了古代世界各地的文献,迅速成为世界上有史以来最大的图书馆,托勒密王朝在皇室的资助下赞助了各种学术和科学活动。在这里,希腊占星术得以发展和实践,由于世界文化的荟萃,人们开始把美索不达米亚的占星文献进行翻译,改编成为希腊语。促使占星术更快速进入希腊文明。公元前280年左右,巴比伦占星师贝罗索斯(Berossos)移民到柯斯岛(KOS Island)著书并开班授徒,使得占星术逐渐走出宫廷,从原本的世运占星功能,转而发展出个人占星图的绘制与解读,希腊占星术得到进一步的发展。目前我们可见最早的希腊语记录的命盘,是公元前1世纪的文献。这个时期的文档包含了很多早期传统中没有记录的新技术理论和概念,这意味着古老的美索不达米亚占星和埃及占星术的结合,其内容包括行星、黄道十二宫、相位、后天十二宫,这些组合也就是我们现代所知的希腊占星术的基本框架构成。我们现存的希腊占星学实践的所有资料几乎都来自公元1世纪到7世纪期间居住在罗马帝国不同地区的占星师家,根据地域而言,我们也可以称之为罗马占星术。

在希腊占星文献中,一般将希腊占星术的历史归因于 Hermes(赫尔墨斯)。据说赫尔墨斯整理了一些基本的占星文献,形成了这个系统的基础,继承了来自巴比伦人、埃及人的占星术系统,这个体系随后被传给了 Asclepius(阿斯克勒庇俄斯),之后传给两个关键人物,即 Nechepsō and Petosiris(尼赫普索和佩托西里斯),然后再传给了后来的学习研究者。公元4世纪的占星家 Firmicus Maternus(费尔米库斯·马特尔努斯)也有类似的描述,在他的作品中,记录着赫尔墨斯和 Hanubius(哈努比乌斯)传给了阿斯克勒庇俄斯。所以希腊占星早期的一些文本源出于他们。

Asclepius(阿斯克勒庇俄斯),在前希腊的希腊神话中,他是一位治疗和医药之神,是光明神阿波罗(Apollo)和塞萨利公主科洛尼斯(Coronis)之子,一说是阿波罗和克吕墨涅之子。当时的人们建立了许多崇拜阿斯克勒庇俄斯的教派,最终传播到罗马,同一时期,埃及文化融合产生了赫尔墨斯,也导致希腊神阿斯克勒庇俄斯的身份同化为一个名叫伊姆霍特普(Imhotep)的神祇,他被认为是一个智者、先知,介于人神之间。阿斯克勒庇俄斯在赫尔墨斯的哲学著作中扮演特别重要的角色,有些论述是在赫尔墨斯和阿斯克勒庇俄斯之间进行的,其实这种形式的文本古代较为流行,譬如我国的《黄帝内经》就是黄帝和歧伯之间的对话交流内容。所以阿斯克勒庇俄斯被认为是直接从赫尔墨斯那里接受知识的人,后来他又成为赫尔墨斯的老师,并将知识传授给他人。Firmicus Maternus 的著作指出,阿斯克勒庇俄斯有一本占星著作,名为《Myriogenesis》。

在罗马帝国覆灭后,大约在西元 5 世纪后到 13 世纪左右,因为欧洲连年的征战,几乎让所有重要的文献付诸战火,占星学的发展几乎完全停滞。在此同时,原本隶属于罗马帝国的埃及与小亚细亚地区被阿拉伯人所占领,他们大量且快速地吸收了希腊占星,不仅将许多希腊文著作翻译成为阿拉伯文,更在 9 世纪在巴格达城(Baghdad)建立图书馆,收藏西方古典时期存在亚历山大城的书籍,占星术也因此进入了阿拉伯人的世界。直到文艺复兴时期(Renaissance),这些文献才又从阿拉伯文译回拉丁文并重回欧洲。而阿拉伯人对占星学的贡献,不仅仅是保存与翻译典籍,在占星术的研究上也有着许多杰出的贡献。阿拉伯人在战乱中保存了希腊文化。同时阿拉伯人阐述了他们所学的希腊系统知识,这些阐述的内容还包括吠陀占星、占星计算等等。吠陀占星的理论,为阿拉伯人提供了新的见解。在他们收集整理希腊文献中,影响最大的 Claudius Ptolemy(托勒密)的作品(正如我们所知,公元 2 世纪,Claudius Ptolemy 写了几部作品,包括《Tetrabiblos》,即《占星四书》,自后它被翻译成为拉丁文著作,名称为《Quadripartitum》。托勒密的《占星四书》有着深远的影响,以至于其余希腊占星作品都被不公正的忽略了)。《Quadripartitum》成为之后西方占星学者必读的书目。阿拉伯人研究了托勒密的方法,并结合他们的理解将之又传到了西方。另外还有一部《Centiloquium》,中文译名《金言百则》被认为是托勒密的作品,实际上这部书是后人伪托托勒密之名所著。

在黑暗时代时期(罗马帝国灭亡到文艺复兴初期,欧洲史上约为公元 476 年~1000 年),中世纪的阿拉伯人和犹太人成为了文明的守护者,他们的知识被带回欧洲,尤其是公元 1237 年摩尔人入侵西班牙时。有些较早为人所知的,譬如大约公元 1126 年,Briton Adelard of Bath 翻译了 Al-Khawarizmi 的天文表。在中世纪前后的一段时间,占星学受到基督教的镇压几乎已经消失殆尽,只剩下星座符号出现在中世纪所使用的历法上,占星学在欧洲沉寂了一段时间之后,又借着阿拉伯人的著作回到了欧洲。但是阿拉伯占星术的传播因其神学上的偏见而备受争议,对于西方的基督世界而言,阿拉伯人属于异教徒。所以再次传入欧洲的古典占星术,一些内容被欧洲占星家所鄙弃,他们的偏见导致古典占星术进入了一个不健全的发展阶段。

到了 13 世纪,占星术逐渐恢复了以往的研究势头,从许多文学著作中可以看到占星术的影响。据说,神圣罗马帝国的费得烈二世在位时,有一次考验迈克尔·斯科特(Michael Scot,公元 1175 年~1235 年,苏格兰学者和数学家),他要求迈克尔·斯科特预测他今天会从哪个城门出城,迈克尔·斯科特要求把答案写下来,但是不能提前打开,聪明的费得烈二世故意不走原本的城门,命令下属在城墙上弄出一个新洞口,并从中走出来。出了城堡之后,费得烈二世打开纸条,看到上面写着"尊敬的国王陛下,今天您将会从一个从未走过的出口出城"。迈克尔·斯科特也因此成为中世纪知名的占星师,并和另一位十三世纪备受贵族器重的占星师圭多波那提(Guido Bonatti)齐名。

欧洲在文艺复兴时期后,进入了占星学的全盛时期,文艺复兴在历史学上的定义就是欧洲人试图恢复以往希腊罗马时代的人文精神,此时无论是社会或是欧洲的宫廷与教会,都弥漫着一股占星的风气。在欧洲的不同国家,诞生了诸多著名的古典占星师。

除了根据占星学发展史,我们还可以从当时的时间技术上来理解古代的占星术背景。在古代有时钟的情况下,每天的时间只能精确到10分钟以内,换而言之,在使用 Foliot 平衡时钟(17 世纪中期的标准机制),最接近当地平均时间是每 10 分钟内。一个两天没有重置的时钟可能会增减 20 分钟误差。这种技术当时在欧洲所有的城镇教堂中都被使用。

在希腊和罗马时代,记录的时钟要么是日晷、要么是水钟。日晷相当精确,但是只能在晴天使用,水钟主要适用于短时间的测量,它们其中一个常用的用途,就是限制律师演讲的时间。所以在古代,即使有一个时钟,时间也不一定准确,当这种不准确的时间单位被植入计时系统时,就会影响占星术,所以修订的矫正生时是非常必要的。鉴于这种困难,因此占星卜卦相对而言应用更多,但是托勒密的著作中并没有占星卜卦的内容,在托勒密之前,公元 1 世纪的 Dorotheus of Sidon 撰写的《占星五经》中有关于占星卜卦的具体内容。

天文星历在占星术的发展中也是至关重要的,星历表是从阿拉伯时期开始编制的,最早的星历表是 Al－Khawarizmi 表,后来有 Alphonsin 星历表、Toledan 星历表、Rudolphine 星历表,Eichstadian 星历表(威廉·李利使用)被重新计算在不同地域,譬如伦敦和比萨。Vincent Wing(威廉·李利的学生)在 17 世纪 50 年代制作了更为精确的星历表。当然了,这些都不如我们现代的星历表那么精确。譬如火土合相可能会有几天的误差。

时间以及地理经纬度的问题也会影响到占星术的实践。在欧洲进入文艺复兴时期,随着代数和三角学的发展,计算得到了改进,各种计算随着天文学和数学的进步而改变,1619 年对数的出现改进了计算,对于占星家而言,数学的改进,意味着更好的星历表。星历表也成为了当时的畅销书。有趣的是,在意大利和德国,预言和末日预言类的书成为当时的主要畅销书。譬如公元 1345 年 3 月 20 日的月全食发生在火星和土星合相的前两天,在世运占星中火土合相的力量仅次于木土合相,根据世运占星,John of Eschenden 在其著作中预言了 1348 年的黑死病。

时至今日,天文科技与数学的进步,尤其当前进入了计算机时代,人们可以跳过数学计算、星盘排布、历法知识等等繁复的知识系统,直接通过电脑或手机排盘。这对于很多占星者而言,既是好事也是坏事。好的地方体现在,我们不需要花费过多的时间精力在不必要的方面,而不好的地方在于,计算机、手机程序也不是完全靠谱的,程序开发人员的知识匮乏、遗漏甚至错误,都会带来无法弥补的损失。并且我们在使用软件的同时,也需要有一定的天文历法知识,否则连星盘也会排错,有关软件方面,笔者在本书后文有专门的讲解。

纵观历史，我们可以发现，古典占星经历了不同文化的融汇与发展，并且经历了历史的动荡与文化的洗礼。我们怎样才能学好古典占星术，这是一个非常重要的课题。研究方式有两种，一种是根据文化系统特征去区分，定性为希腊占星术、波斯占星术、中世纪占星术等等之类。另外一种研究方式，基于占星术本身已经被各种文化所融汇，我们只需要从中继承并完整吸收即可。

这两种划分法都要面临一个问题，笔者称之为知识雪球效应。什么叫做知识雪球效应？我们学习任何古文化，需要知道，任何古文化的发展是存在歧途的，所谓歧途是因为发展中的知识堆积、文化差异等等导致的知识误区，随着时代发展，知识越来越多，就像滚雪球一样，其中不乏文化垃圾、文化毒素。一些错误的理念或知识点会误导我们。而第一种研究方式，很容易带有片面性，因为不同文化都有其闪光点，融汇时候已经做了相关的整合，我们为何要按不同文化特质将其再分割领域，当然了，如果做历史研究是可行的，如果我们的目的是最佳应用，这种研究方法会局限自己的眼光。以上只是笔者的个人观念和看法。

其实有很多古代著名占星家一代代都在整合古典占星系统，譬如著名占星家 Abū Ma'shar 在其著作中，提出概念的时候经常说，这是巴比伦、埃及、波斯占星家的共识，或者某某文化占星的用法如何等等之类。即使在希腊占星时代，很多优秀占星家的作品也可以看到埃及、巴比伦等不同占星内容的融汇。一代代先辈已经做足了工作，我们只需要进一步整理好，应用好即可。并且，笔者通过这次整理，也深刻体会到整个占星术的系统化最为重要。我建议学者们，逐步的去学习、消化本书的内容，它们是一个整体，我们只有全面掌握，才能真正体会到其中的精髓。

学习中，大家需要注意一个问题，各种术数书籍的断语，都是古人将一些格局组合设定在最大力量的影响下，得出结论以教授学者。这种假设是没有办法的办法，因为象意的组合千变万化，都以组合和力量产生结果，在传播知识的时候，只能假设最大力量或较大力量下体现的结果。如果学习者不懂这个背景，看一条就简单模拟使用一条，一定会出现不准确的情况。而后世的一些人不懂这个原因，责怪古人某条断语粗鄙暴力，实际上根本不懂写作传教的难处，这也是很多人照着书本学不好术数的根本原因。智者会思考这个问题而得到学习的法门，但是愚者呢？所以笔者在此专门指出这个问题，学者们请深思。很多时候，再好的书，都需要好的学习方式。

关于学习方式，笔者认为，可以分为学、识、思、辨四个阶段。所谓学，就是对基础的全面学习，掌握基本概念。所谓识，就是识别知识，能够掌握所有的基础，这里特指清楚的掌握基础，不放过任何一个细节。识，讲究的是清晰掌握；所谓思，就是思考所学的知识的原理以及如何具体应用操作，将知识点都串起来，系统化；最后是辨，而辨是最高阶段，这个阶段只有前三阶段做到位了，才能去分辨知识操作的变化特性。简单说，就是知识并非死水一潭，而需要辩证的看待，灵活的去应用，到辨的阶段，就要反复对比案例和自己掌握的知识，通过反复实践将知识串起来应用，去审视知识在实践中的细微变化，此时才能够真正识真辨伪。

另外，根据笔者研究，无论是中国易学系统还是西方的占星系统，从应用角度而言，术数的应用主要在于人，为什么这么说呢？我们可以发现，不同的占星师会选用不同的组合方法，这些组合套路考验的是占星师的思想深度，越优秀的组合，越能够锐利的得出精细的结果。所以在本书的整理中,笔者整理了一些著名占星实战家的系统,在学习中,学者们可以研究、使用不同占星家的经验组合,从应用中对比,去凝练出更为精准睿智的系统套路。

本书的内容主要包括命理占星与世运占星。建议初学者,从命理占星开始学习,并且一开始尽可能少看原理性内容,多看基础章节,首先学会软件的设置和操控,掌握基本的 12 星座、后天 12 宫、行星特性以及相关类象,学习并掌握舍、升、三方、旬、界五种力量。具备扎实的基础之后再逐步拓展知识点,当掌握了足够的知识,就可以学习分类占的章节。学习中遇到难点,重点研究笔者强调的内容,并参考该章节的案例解析,有些知识概念在本书后文中有具体讲解,所以遇到一些疑难知识点可以暂时跳过去。初学者,可能会教条主义照搬断语,会偶中,但是操作不当会打击学习兴趣,当具备一定的学习能力后,应该逐条去理解断语的严格使用条件,这样才能真正掌握系统而准确的断法。

为了读者有效的学习,笔者罗列下初学者需要注意的步骤。实战中,首先需要正确的出生年月日时分钟,因此必须咨询求测者具体出生时间,并了解其出生时间的精确度与具体来源,以避免出现问题,之后排出命盘。根据太阳位于地平线的上下方,分辨出命主是昼生还是夜生。论命的方式有多种,首先注意上升星座、上升定位星、昼日夜月这三个要素,以本书后文介绍的三方主的方式,把人生分为二到三个阶段,论断终身富贵贫贱。同时注意命盘是否有辅星格,注意盘中四轴是否有行星,四续宫是否有行星,这些位置的行星会有一定评定人生层次的作用。并注意金星、木星、福点、福点定位星所在的位置,是吉是凶。

其次,注意掌握行星接纳和行星相位。观察合相、六合、三合、刑、冲相位中是否有 3°内的行星映射,这种行星组合的意义可以参考本书后文的行星组合类象,一般 3°内的映射会产生具体吉凶事件。同时,注意月亮趋离,以及是否月亮空亡。月亮趋离对命主人生有至关重要的影响。在论断以上具体内容的时候,注意行星东升西入的状态,它们会决定人生吉凶的时间早晚阶段,并且分析每一颗行星的时候都必须分析该行星与其定位星的状态,因为定位星的状态决定该行星的持续性和综合吉凶结果。最后,根据需求,按 12 宫的人事分类结合阿拉伯点进行论断,譬如论断婚姻则根据婚姻分类占的方法详细论断。在掌握本命盘基本解读技巧的情况下,可以进阶学习运限系统。

以上的建议和学习步骤,仅供读者参考,大家可以在学习过程中摸索更适合自己的学习方法和思路。

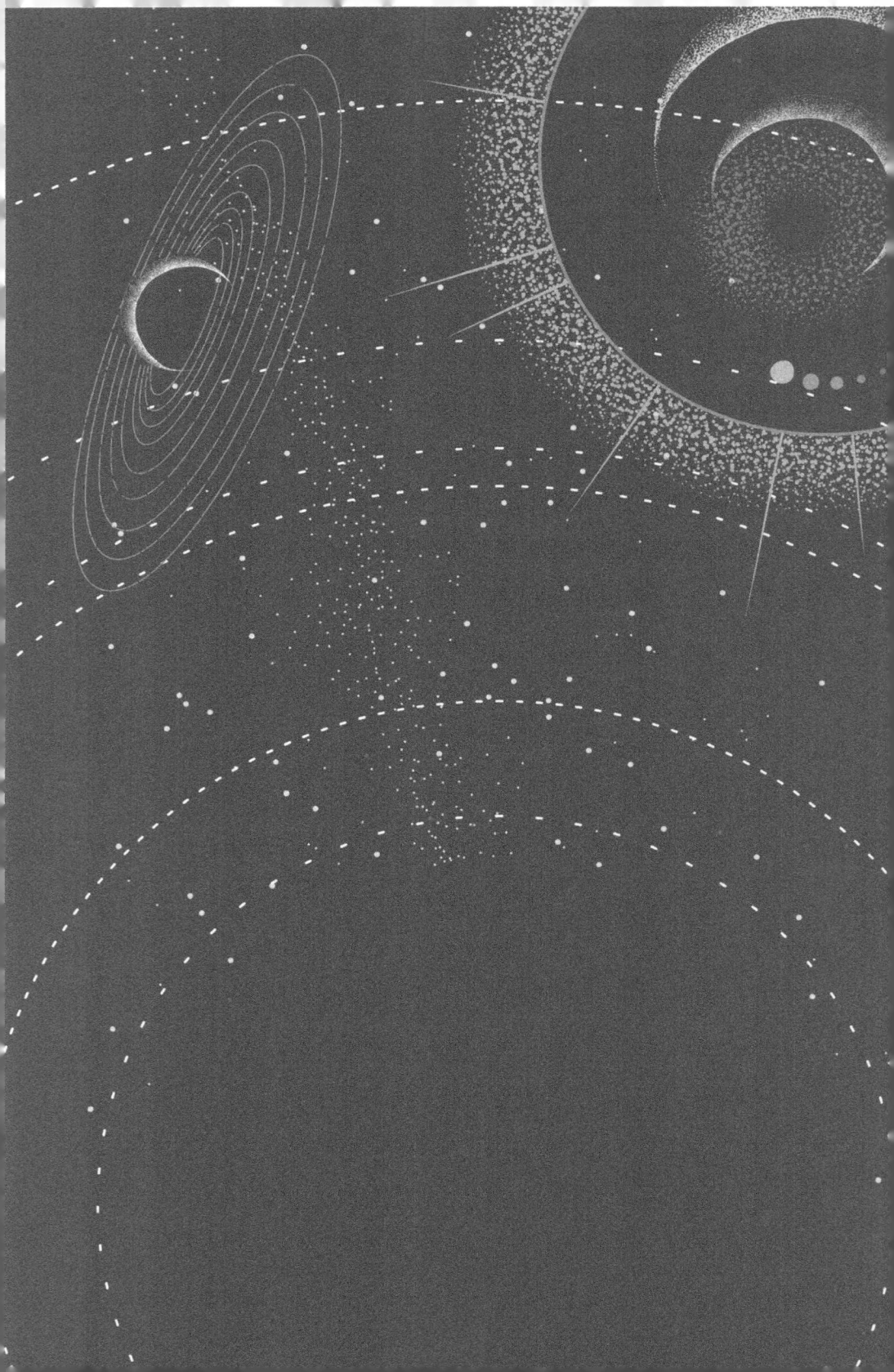

基础知识章节

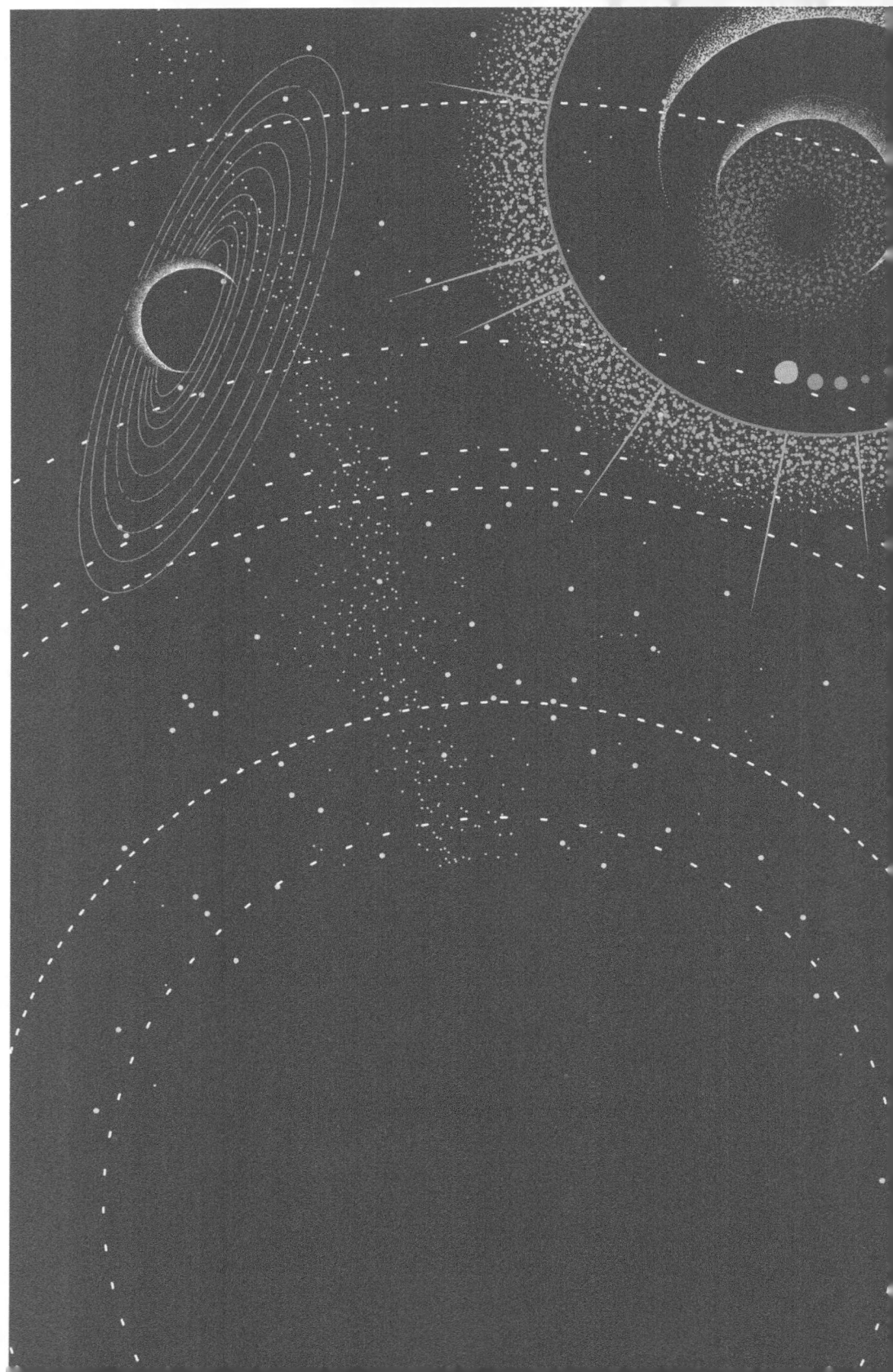

一、地心说与天球概念

1、地心说与九层天

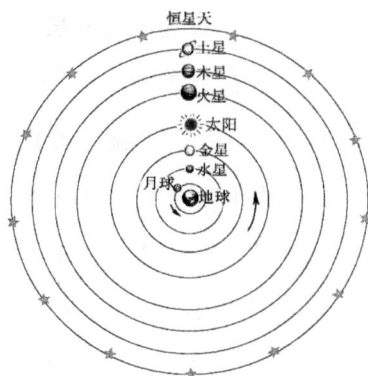

　　占星术研究的就是地球和其他天体的空间关系,也包含地球自转、公转所形成的时间构建,这种时空立体模式是比较复杂的,但是这一模式也是我们深入学习占星所不能避免的原理性知识,在深入学习、实践占星的过程中,占星的立体结构会在占星师的头脑中不断思索、琢磨,才会更深刻的体会到占星的时空影响力。

　　地心说(或称天动说),是古人认为地球是宇宙的中心,是静止不动的,而其它的星球都环绕着地球而运行的一种学说。地心说的起源很早,最初由米利都学派形成初步理念,后由古希腊学者欧多克斯提出,经亚里士多德完善,托勒密进一步发展成为"地心说"。在 16 世纪"日心说"创立之前的 1300 年中,"地心说"一直占领天文观的统治地位。亚里士多德的地心说认为,宇宙是一个有限的球体,分为天地两层,地球位于宇宙中心,所以日月围绕地球运行,物体总是落向地面。

　　地心说认为,地球之外有 9 个等距天层,由里到外的排列次序是:月球天、水星天、金星天、太阳天、火星天、木星天、土星天、恒星天和原动力天,此外空无一物。神推动了恒星天层,才带动了所有天层的运动。人类居住的地球,则静静地屹立在宇宙中心。后来 Ptolemy 在其著作《至大论》中,将亚里士多德提出的 9 层天拓展到 11 层,把原动力天改为晶莹天,在外增加了最高天和净火天,Ptolemy 设想,每颗行星都绕着一个小的周圆运动,每个圆的圆心在以地球为中心的周圆上运动,绕地球的圆,称之为"均论",每个小圆称之为"本轮",并假设地球并不在均轮的中心,均轮是一些偏心圆,日月行星除了在自己的轨道上运行外,还与众多恒星一起,每天绕地球一周。这种设想构造,并非宇宙的实景图,但是完美的解释了在地球上观测到的行星运动情形。这种本轮和均轮的概念,又称本轮—均轮模型,是由古希腊天文学家 Apollonius(译名阿波罗尼乌斯)提出的宇宙结构理论(也有人认为是 Hipparchus 希帕尔克斯提出)。他认为地球在宇宙中心,天体在不同的位置绕地球运转,但天体并不是位于以地球为圆心的轨道上,而是在其称为本轮的轨道上匀速转动,本轮的中心在以地球为中心的轨道(也称之为均轮)上匀速转动,由于天体在本轮与均轮上运动的组合,造成天体到地球的距离是变化的。这样就维持了古希腊人以圆形、球形、匀速、和谐为最的美学观点。随后由于不同观测数据的出现,导致模型需要不断的更新和改进。Ptolemy 及其天文学体系下的不少研究者对该模型进行了改进和调整。

　　在地心说中,地球位于宇宙中心,每颗行星都在一个称为"本轮"的小圆形轨道上匀速转动,本轮中心在称为"均轮"的大圆轨道上绕地球匀速转动,但地球不是在均轮圆心,而是同圆心有一段距离。水星和金

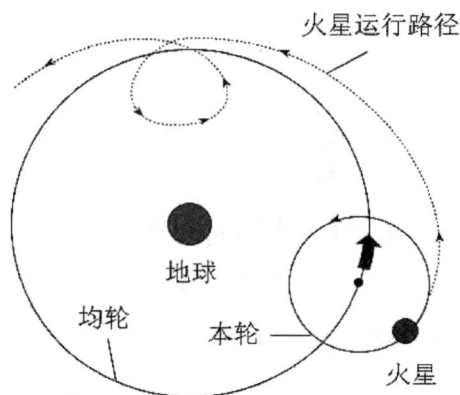

星的本轮中心位于地球与太阳的连线上，本轮中心在均轮上一年转一周，火星、木星、土星到它们各自的本轮中心的直线总是与地球－太阳连线平行，这三颗行星每年绕其本轮中心转一周。恒星都位于被称为"恒星天"的层面上。日、月、行星除上述运动外，还与"恒星天"一起，每天绕地球转一周，于是各种天体每天都要东升西落一次。本轮和均轮模型对解释天文可视化现象非常重要。

众所周知，地球并非的宇宙的中心，但是古典占星的理论基于地心说，因为占星术的观察角度，是以"人"为本，如果我们以任何一个其它星球作为假想中心，对人类的生活、环境的影响，没有任何意义。占星本身就基于以地球为中心的角度去研究人类的命运。譬如我们每一个人，基于家庭和周边环境，从自身家庭和周边环境角度，去研究自己的性格塑造以及机遇，如果我们基于他人作为基点，则失去了所有研究"自己"的意义。因此地心说，其实在占星术中象征着以人为本的三才模型，从人的角度观察宇宙对于人类的影响，这是占星学根本的哲学指导思想。

2、天球概念

天文学上所讲的天球是研究天体的空间定向,而引进的一个假想圆球。它的引进最初是根据人们的直观感觉。当我们仰望天空时,天空好象一个巨大的球面笼罩在头顶上。而且不管你走到哪里,总觉得自己都位于球心。太阳、月亮、行星和无数的恒星都分布在这个球面上。实际上并不是真正存在这样一个球面,只不过是天体离我们都很遥远,人的眼睛无法区别它们的远近距离,只能根据它们的方向来进行定位,总觉得它们似乎都位于等距的球面上。这个以观测者为球心,以适当长度为半径,其上分布着各种各样天体的球面就称为天球。古典占星中对行星的观察主要从天球概念入手。

在太阳系,地球的轨道平面就是黄道,所以地球的转轴倾角特别称为黄赤交角。地球一边绕轴自转,一边绕日公转。在这一过程中,地轴并不与公转的轨道平面(黄道平面)相垂直,而是倾斜的,其夹角为 $66°34'$。而地轴的倾斜方向在空间始终保持不变(平移),致使赤道平面与黄道平面不平行,而呈倾斜状态,其夹角是 $66°34'$ 的余角,即 $23°26'$。这个夹角叫黄赤交角。地轴的倾斜和倾斜的方向不变,还导致了地轴对太阳的不同倾向,使地球上的太阳直射点在北纬 $23°26'$ 到南纬 $23°26'$ 之间来回移动,移动的周期为一年,这样就造成了地球各地正午太阳高度和昼夜长短的季节差异,从而形成四季变化。这一规律体现出地球运动规律和太阳之间形成的阴阳关系,属于对地球影响最大的规律之一,所以地球的自传与公转在占星术中居于主体地位,其他关系基本都构建于这个基础上,所以我们观测其他星体的时候,要考虑到黄道的黄经、黄纬,赤道的赤经、赤纬,这些都对确定天体位置以及观察天文的观感有着一定的关系,中国的阴阳规律也与此有着千丝万缕的关系,所以阴阳观是基于地球天体环境下的一种客观规律总结,所有基于这种背景下的术数也都是遵从自然规律构造而成的。

如果我们通过极简模式来理解占星框架,就是我们站在地球上仰望天空,观察天空对我们视觉可见的区域进行标记,对我们视觉不可见的区域进行推测,其中需要考虑地球的自身地貌特征、运转规律,其他行星的运转规律、以及地球和它们的排列次序等等。在这种情况下,我们首先要确定空间和时间的基本模型,于是就产生了 12 星座、行星次序、黄道坐标、赤道坐标、地球经纬度、昼夜、东出西入等等,因为我们要考虑一切地外星体的影响,所以也包括一些临时出现的彗星对地球的影响等等。

在天球知识的背景下,我们知道,占星框架属于立体空间,但是我们要去分析操作,将之二维化,会更方便我们分析理解,所以我们在使用占星分析的时候,软件是二维的,配图如下:

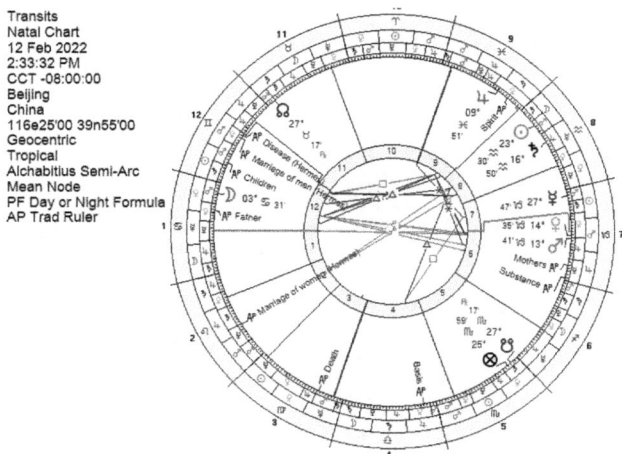

但是实际上它是立体模式，我们列图如下：

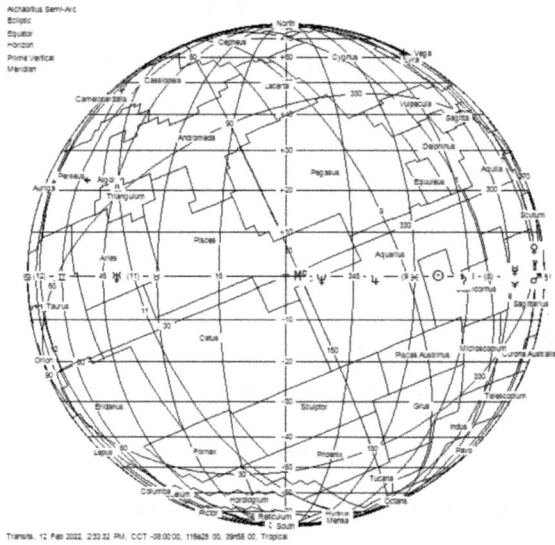

黄道坐标天空图

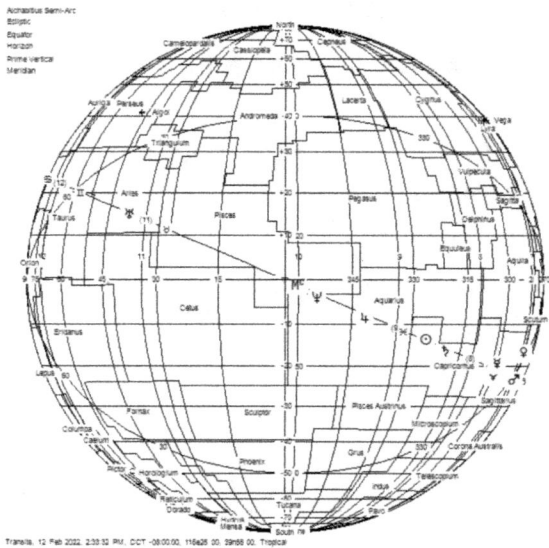

赤道天空坐标图

比较上面三张图,我相信大家会选择二维图表进行分析,其中立体部分,都通过数据进行演化,但是我们必须要明白,占星本身是建立在立体空间的观察角度。

通过以上论述,相信大家发现一个问题,占星术的框架基于实体天文学,但是又不同于实体天文学,实体天文学基于物理和科学观察,但是占星术包含有以人为本的宇宙哲学观,这两者必然存在一定的分歧。我们必须要知道,占星术本身就是一个独立的系统,它整个系统并不完全依赖天文的实体模式。

二、黄道面与赤道面

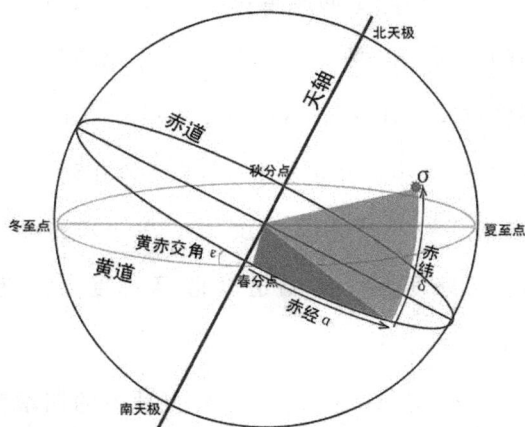

黄赤交角图

如图所示,外圈为天球球体,所有位于天球上的恒星和行星,每 24 小时,绕着地球旋转一周,我们都知道,这是因为地球绕着地心轴自转而形成的观感。这里我们需要注意一个问题,由于地球自转,人们在地球上看到太阳从东面升起往西面落下,而实际上黄道面上的行星是从西往东运行的,前者为地球视觉现象,后者为宇宙天体的运行方向,一个被定为左旋,另一个被定义为右旋。如果将地球的自转轴延伸投影到天球面上,就是北天极和南天极,北天极就是地球北极的顶点,南天极就是地球南极的顶点。与南北天极线垂直90°的平面就是天赤道,我们也称之为赤道面。

在天球概念下的空间中,黄道面(Ecliptic plane),是指地球绕太阳公转的轨道平面(黄道面和天球相交的大圆称为黄道),它与地球赤道面交角为23°26′,由于月球和其它行星等天体的引力影响地球的公转运动,黄道面在空间的位置总是在不规则的连续变化。但在变动中,任一时间这个平面总是通过太阳中心,所以黄道面等于标出了地球—太阳的轨道平面。天体的空间测量,主要依据赤道(赤经和赤纬)与黄道(黄经和黄纬)进行。任何天体的位置,都可以通过这两种方法在天球上定出。赤经以24小时制分区沿着赤道进行测量,赤纬以高或低于赤道的度数来度量。(北方为0°到+90°,南方为0°到−90°)。黄道制以天经度(沿黄道圈0°~360°)和天纬度(0°~90°)来测量行星或恒星的位置,黄道以南,天纬度为负值,黄道以北,天纬度为正值。两个系统,都是从白羊座0°开始计算。

因为有了黄赤交角,地球才有了春夏秋冬的四季变化。赤道南北的交角各23°26′,也是24节气的来由。黄赤交角的存在,具有重要的天文和地理意义,它是地球上四季变化和五带区分的根本原因。黄赤交角的存在,使太阳直射点到达的最北界线是23°26′N,即北回归线;最南界线到23°26′S,即南回归线,也就是太阳直射点在23°26′S~23°26′N作周年往返移动,从而引起正午太阳高度的季节变化和昼夜长短的季节变化,造成了地球上黄赤交角及各地获得太阳能量多少的季节变化,于是形成四季的更替,我国二十四节气编排与黄赤交角有着密切的关系。

黄道和天赤道的最近的两个交点之一为白羊座 0°,即春分点,第二个交点为天秤座 0°,即秋分点,这两个点合称二分点(如图所示)。

黄道上距天赤道最远的两点之一为巨蟹座 0°,即夏至点;第二个交点为摩羯座 0°,即冬至点;这两个点合称二至点。冬至点在赤道南,夏至点在赤道北,当太阳从赤道南运动到赤道北时经过春分点,从赤道北运动到赤道南时,则经过秋分点(如图所示)。

三、恒星黄道与回归黄道

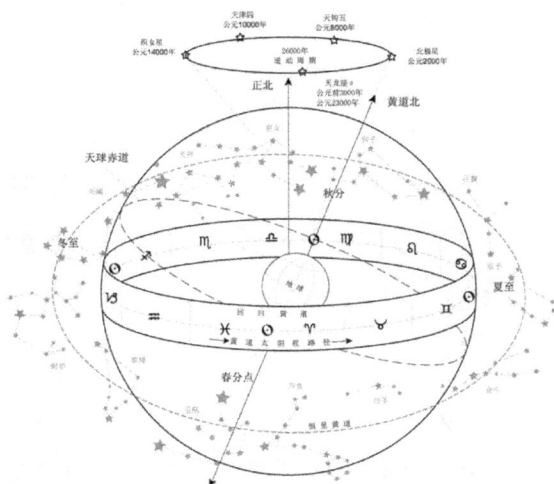

占星原理图

前文我们已经介绍了黄道面的概念。古代的天文学家通过观测,发现太阳、月亮和其它五个行星,围绕着一个平面有规律的在天空上运动,而且它们永远不会偏离这个平面,我们将之命名为黄道轨道。在这个轨道面上有很多星座,行星会反复经过它们,就变成了天空坐标参照物,黄道星座的概念也就诞生了。我们需要注意,这些星座是大小不一的。有些星座比较小,譬如巨蟹座;有些星座比较大,譬如室女座;有些星座之间存在重叠,譬如宝瓶座和双鱼座。这种不规则为我们观察天空造成了不便,在公元前 5 世纪时,美索不达米亚的天文学家,规范化了黄道十二宫,包含了 12 个星座,按天空圆周等分,每一个星座 30°。尽管我们知道这些星座真实情况大小不一,但是参照点就是那些真实的恒星星座,我们将这种黄道称之为恒星黄道(Sidereal zodiac)。它以真实恒星星座为参照标准,理想化的将整个黄道带,划分为十二等分星座,但却和真实恒星星座本身并不一致。

几个世纪之后,随着希腊占星的发展,时间的推移,四季的初始时间与现代占星家所说的太阳进入白羊座、巨蟹座、天秤座和摩羯座的开端相吻合。四季的中间月份开始与太阳进入金牛座、狮子座、天蝎座、宝瓶座吻合,四季的结束月份开始与太阳进入双子座、室女座、射手座、双鱼座吻合,大致与恒星黄道带对齐了。季节的不同特性与环境等等和星座的特性建立了象征性的关系,这就是回归黄道(Tropical zodiac)。回归黄道是基于四季的变化而产生的。其基于北半球进入春天的第一天"春分",这一天太阳进入白羊座 0°。以此类推,太阳进入巨蟹座 0°,为夏至;太阳进入天秤座 0°则为秋分;太阳进入摩羯座 0°则为冬至。因此无论恒星制还是回归制,其黄道星座都只是基于黄道附近的天文恒星星座或在原理上有所关联,但是彼此并非同一种概念,千万不要混淆概念。

早期的希腊占星中,恒星黄道和回归黄道是大致相同并列的,因此人们的研究星座意义的时候,都会给予考量,譬如启动星座、固定星座、双体星座的划分就基于回归黄道的意义。而很多黄道星座的意义也基于恒星星座,譬如金牛座不利眼睛,就是因为金牛座有昴宿星团这种损害视力的恒星,恒星的形象,诸如单像星座、双像星座等意义也基于恒星星座。在本书后文中有大量 Manilius 论述恒星星座取象法的内容。

这两种黄道制最终因为分点岁差问题而开始分裂。岁差的产生,是因为地球的旋转轴会在大约 26000 年的周期时间里非常缓慢的摆动,导致恒星黄道与回归黄道以大约每 72 年 1°的速度逐渐分开。到 21 世纪的今天,这两个黄道带相差约 24°,这也导致现代占星家对此产生争论,现代的古典占星术到底是使用恒星黄道还是使用回归黄道。

希腊天文学家 Hipparchus(希帕尔克斯)在公元前 2 世纪发现了岁差,他采用回归黄道作为参考来计算天文数据,但是公元前几个世纪的希腊占星家大多数还是继续使用更古老的方法计算恒星位置,有时还使用美索不达米亚来源的算法。可能岁差现象,要么不为人知,要么出于某种原因,这种理论被拒绝使用。

Claudius Ptolemy(托勒密)似乎是第一个承认并证实希帕尔克斯在公元前 2 世纪发现岁差的占星家。而且,他也是我们目前所知道的第一个将回归黄道作为其首选星制的占星家。他在《Almagest》中说,尽管这些名称来源于恒星星座,他确定他将继续使用传统的名称来标识回归黄道十二星座。并且 Ptolemy 表示通过他的研究,他认为许多黄道星座的特性和意义更多来自回归黄道。他在书中特别指出十二分部和界源出于回归黄道原理,当使用其它的黄道制时,会产生错误。从 Ptolemy 的说法中可以看出,大多数十二星座的特性主要源出于回归黄道。

　　但是从占星家 Thrasyllus（塞拉西鲁斯）的一段说明中，出现了和以上论法相反的观念。他认为，回归黄道并非像某些人所说从一个星座的 1°开始，而是从 8°开始。这个说法很有意思，可能表明塞拉西鲁斯早在公元 1 世纪初就拒绝使用回归黄道。

　　无论如何，Ptolemy 的论点一开始并没有得到太多人的支持。根据现存的 4 世纪的星盘资料看，恒星制继续被用为主要星制，一直到公元 350 年左右发生了变化，Ptolemy 的回归制才被广泛使用，因此回归黄道是在希腊晚期、中世纪时期一直到现代，成为西方占星的主要黄道制。但是，Ptolemy 对西方占星界采纳回归黄道制的影响后，之后几个世纪里一直是一个有争议的话题。

　　至今还有不少占星家支持恒星黄道制，其中一个原因是他们认为在较早的美索不达米亚占星传统之中，星座本身起源于恒星，但是我们也要认清楚一个事实，就是大部分星座特性是后来在希腊占星中发展起来的，当时这两种黄道没有差别。另外一个原因是他们认为恒星黄道制是印度一直使用的系统，至今依然持续有效，他们认为这可能是希腊占星术通过 Yavanajātaka 或其它文本的形式传到印度后，一直延续使用，没有受到 Ptolemy 说法的影响。

　　可以说，回归制和恒星制的争议一直未曾停歇，对于研究者而言，这是一个非常困扰的问题，笔者在此建议初学者使用回归黄道制，因为一旦使用恒星黄道制，很多星座特性的解读会发生困扰。深入研究后，读者们可以进一步去研究恒星制。当然了笔者并不排斥恒星制，在论星格时，恒星制的象意极为有效，恒星制星座的划分方法基于黄道附近的天文恒星星座，这种影响力肯定不可忽略，所以在占星研究的道路上我们不能够轻易做出某种否定，两种星制并不存在谁对谁错，而是一种一体两用的形态,类似我国风水中形峦与理气的关系,形峦根据可见固有形态,理气根据时间力量推导而成,各有作用,不可以偏废,而奇门遁甲中的置润与拆补也是类似的道理,这是一种体用变化之理,也是宇宙的规律。在本书后文的占卜案例中有使用恒星星座观察并进行论断的演示。

四、宫位制

宫位制的划分规则,可以说是占星系统中分歧最大的一个问题。由于应用研究的目的和科学发展观的不同,导致产生了诸多的宫位制,有些宫位制,是为了特定的技术目的而开发的。

在不同的分宫制中,需要注意有关 Midheaven 的不同。所谓 Midheaven,即中天、天顶,软件中标识为 Mc。在希腊占星时代,天顶有三种说法,我们列出如下:

第一种说法:早期的希腊占星家对于中天倾向于上升星座开始的第 10 个星座,这一说法明显符合整宫制。

第二种说法:由于天顶为整个星盘顶端的度数,意味着与上升轴,即 Asc 呈 90°的最高位置就是天顶,这种意义用于等宫制,在等宫制中,这个位置就是第 10 宫的宫轴。

第三种说法:就是很多象限宫位制中应用到的子午线,也就是南北轴线或子午线与黄道相交的点,一般上升轴和下降轴并不总是完全正东方或正西方,而是在一天中会有轻微移动,而且子午线或南北轴线并不移动,始终正好是南北方向,因此上升—下降轴,天顶—天底轴相交,即产生了大小不尽相同的象限。

三种天顶的定义,导致产生了三种不同的分宫制计算方法。下面我们开始介绍这些分宫制。

宫位制主要分类为等分宫位制与象限分宫制。我们主要介绍与古典占星相关的宫位制,具体如下:

1、等分宫位制。

等分宫位制,在古典占星中最知名的莫过于整宫制与等宫制。整宫制,约出现于公元前 2～3 世纪左右,普遍为古典占星家所使用,属于最古老的宫位制,它是从上升轴点所落入星座的 0°～30°开始作为第一宫,其 12 宫位和 12 星座是完全重合的,这意味着每一个宫只占有一个星座,在出生的刹那,从地平线上升起的黄道星座代表着起始的小时,它被古代占星家称之为"hòroskopos"或者"Hour－Marker",这也是第一宫的名称。在整宫制中,四个敏感点上升、下降、天顶、天底会因为季节、纬度、黄道偏心的变化,会出现在整圆的不同度数位置。天顶可能会出现在 9、10、11 宫,在极端纬度地区甚至会出现在 12 或 8 宫,而天底轴则通常出现在 3、4、5 宫,在极端纬度地区会出现在 2、6 宫。在整宫制中,当一颗行星落入某宫,则不论度数如何,都象征该宫主题。希腊占星家们也使用其他宫位系统,但是这些用于特殊主题。

等宫制在 Vettius Valens 和 Firmicus Mternus 的著作中都有所论述。这种方法从上升轴点开始为第一宫的起点,每宫 30°,等分 12 宫,宫位和星座不一定重合,起源于公元 1 世纪左右。Valens 在其著作中的一章内使用这种宫位系统,将之应用于计算寿命方面。

整宫制和等宫制,都会出现一个问题,因为地球自转的轴心与黄道的轴心偏离 23.5°之故,在接近北纬或南纬 66.5°的区域,也就是高纬度与低纬度地区,其占星盘特别容易产生 Mc－Ic 轴心严重扭曲的现象,天顶可能会落在第 9 宫、第 10 宫或第 11 宫等偏差很大的位置内。这类分法到高纬度地区越发困难。最极端的例子是在南北极圈内,极昼、极夜期间内黄道和地平线根本没有交点。

2、象限分宫制。

象限分宫制,是以将各种地理方法得出的上升和天顶作为 1、10 宫起点,进而用各种方法切割出 12 份的宫位制。它们都是以尖轴所在度数位置(上升点 Asc、天顶 Mc、下降点 Dsc 以及天底 Ic)所形成的四个象限,再切分成三份而成为 12 个宫位,因此从天顶至上升这个度数范围,包含了 3 个大小不等的区块,称为第 10、11、12 宫。因为黄道的倾斜,在不同的宫位系统与纬度之下,有时在一个星座内会有两个以上的宫位出现,有时在一个宫位内会含有两个以上的星座,造成某个星座完全被"劫夺"(Intercepted)在一个宫位内,此时宫位的长度超过 30°,造成某个星座完全被覆盖在这个宫位内,且此宫位的起点也不在这个星座上。

象限分宫制,在古典占星中主要有 Porphyry(波菲利宫位制)、Alchabitius Semi—Arcs(阿卡比特斯半弧宫位制)、Placidus(普拉西多斯宫位制)、Regiomontanus(雷乔蒙塔努斯宫位制),这些宫位制都是以发明者或提倡者的人名进行命名的。波菲利宫位制属于目前可见的最早的象限分宫制,该分宫制最早见于 Valens 著作的第三册中,Valens 在计算寿命时候使用这种宫位制判断行星的活力强度。该系统使用"黄经圈"来划分宫头,通过轴点将黄道划分为 4 个象限(大小可以不均等),之后再将每一个象限平分为 3 等分。Mc 和 Asc 被作为第 10 宫和第 1 宫的宫头。其余的宫头通过三等分 Mc—Asc 和 Asc—Ic 的黄道弧来确定。如果两对象限的大小不同,那么这个系统就会在两个对立的象限建立起两对三等分的小宫位,在其余的两个象限建立起两对三等分的大宫位。这种分宫制在纬度两端地区存在问题,但是很多占星师喜欢它,因为它的手工计算相对比较容易。

中世纪时期,最为占星界普遍使用的是阿卡比特斯制(Alchabitius House),该宫位制,大约大公元 5 世纪时,为希腊占星家所创,最早的使用纪录在公元 428 年。后来阿拉伯占星家 Alchabitius 在著作中介绍此法,因其拉丁文译本受到广泛欢迎,而成为中世纪主流的分宫制,也因此以他的名字命名。这是偏向科学的角度的分宫制,这种宫位制,稍微改变了一下 Porphyry 的方法,改以赤经(Right Ascension)来划分 2、3、11、12 宫。

明代《天文书》译成后,我国在古典占星的引入和发展也涉及到了宫位制的问题,汤若望著作的《浑天仪》一书将雷乔蒙塔努斯宫位制介绍到中国,但是并未提供算法,后来薛凤祚在著作的《天步真原》中系统的介绍了雷乔蒙塔努斯宫位制的算法。在《古今图书集成·历象汇编·乾象典·历象图说》中还介绍了康帕努斯宫位制,即 Campanus House System。

在古典占星学的实践者中,关于希腊占星家使用哪种宫位系统,有着激烈的争论,有些占星家认为应该使用整宫制指定十二宫主题,保留等宫制和象限宫位制,譬如波菲利宫位制,将之应用于特殊行限系统或评估行星的力量强度;而有些占星家则认为应该保持等宫制和象限宫位制的首要地位,用于区分十二宫主题。更让人困惑的是有关 Midheaven(天顶、中天)这个概念,这个词既可以代表太阳当天到达的顶点,也可以代表第 10 星座,希腊占星家在文献中写道,中天的确切位置有时候落在第 9 宫或第 11 宫,有时候也落在第 10 中天宫,这只有可能在使用整宫制或等宫制时发生，在象限宫位制中，天顶总是第 10 宫的开端。

随着数学的发展进步，占星家根据时间、空间和其他因素，设定了更多其它方法用于划分十二宫，这些系统有 13 世纪的康帕努斯宫位制（Campanus）、15 世纪的雷乔蒙塔努斯宫位制（Regiomontanus）、17 世纪的普拉西多斯宫位制（Placidus）、20 世纪的柯赫宫位制（Koch）。在 20 世纪，最流行的宫位系统是普拉西多斯宫位制，其次是等宫制。

随着近年占星界占星古籍的整理出版，古典占星爱好者们又开始热衷于整宫制的使用，并且持这一观念的学者认为印度传统占星一直使用整宫制，也没有影响到使用效果。但是这些都是每一个占星师自己的使用感受和观念，在占星界并没有统一的认知。

在宫位制上，笔者更愿意将整宫制称之为先天宫位制，而将其它宫位制称之为后天宫位制。因为行星作用于人类，天体与人类要遵从天、地、人三才之理。行星通过星座影响地球，而地球也存在自身的空间和时间概念，因此会产生不同的宫位制，并且在诸多古籍中，也是先后天两种宫位制并用。在占星中涉及到行星，星座都存在先天力量和后天力量，其中一些主导力量源出星座，就必须以整宫制角度入手，而有些力量源出于地球空间概念，就必须使用象限宫位制，因此常见的有效手段是整宫制结合象限宫位制。笔者在实践中，经常使用整宫制、等宫制、阿卡比特斯半弧宫位制以及雷乔蒙塔努斯宫位制，在占星中有些特殊的力量算法使用特定的宫位制，譬如寿星和寿主星的取法，具体内容我们在书中介绍。当然了，以上仅仅是笔者个人之见。具体选择，一切以个人实践为标准，学术不可以偏见盖全。对于初学者，笔者建议从整宫制或等宫制开始入手研究使用。

全球的术数都基于阴阳交媾之理,世界是二元性的,因此各种术数都基于二元性,譬如六壬的二元性体现在日干和日支,日干和日支都代表求测者,干支的吉凶能够通过加减得出具体的吉凶程度,类似的有奇门的值符和值使,六爻的世爻和应爻,四柱八字的年柱和日柱等等,而占星盘的先天宫位制和后天宫位制也是类似的原理,两者相辅相成,才能具体彰显事体的具体细节和状态,无阴阳,不成物,单一的阴和阳无法组成任何事物,表现任何事物。

最后,笔者强调一下,在使用后天十二宫的时候,一定要注意 5°规则,这个规则,会在本书的 12 宫章节里具体介绍。

案例:复杂婚姻

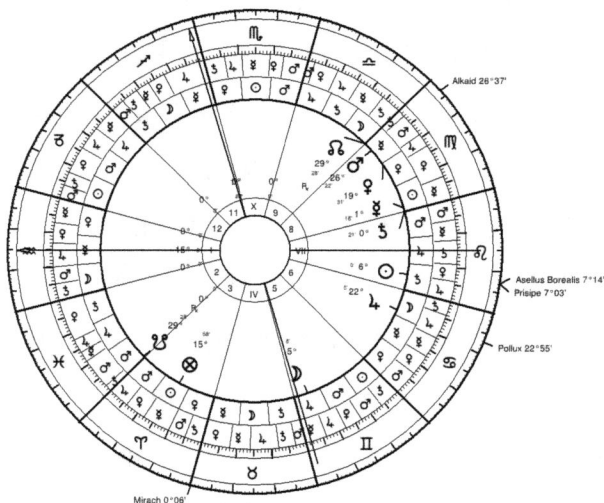

整宫制

男命,出生于 1978 年 7 月 29 日,二次婚姻均以离婚告吹,并且两次婚姻都有子女。第二次婚姻,嫁给他之前对方已经有了两次婚姻,并且两次婚姻中女方也都有子女。婚姻非常复杂。盘式为整宫制,抛开行星类象，如果我们观察整宫制第 7 宫，我们很难得出婚姻相关的信息。

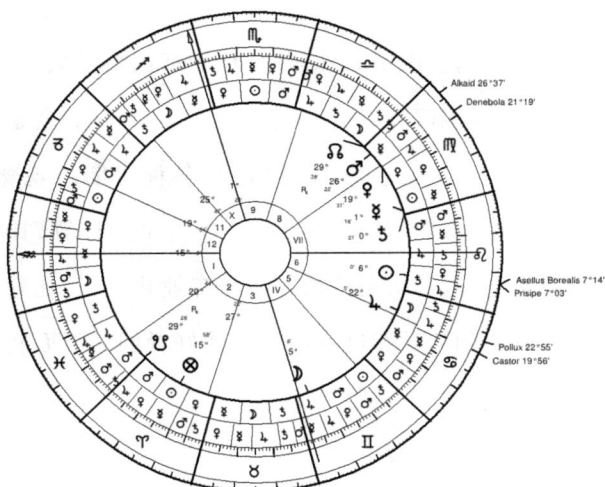

阿卡比特斯制

上文案例我们改用象限分宫制，会发现命盘中第 7 宫的信息变的丰富起来，土星、水星、金星位于第 7 宫（根据 5°规则，金星同时位于第 8 宫，并重点体现第 8 宫），其婚姻关系体现非常清晰，因为水星为第 5 宫定位星，与命主星合相，并且水星为室女座的舍升主星，非常强，代表与命主有血缘关系的子女，而金星合相火星、罗睺，代表妻子之前的婚姻状态。由于室女座为双体星座，代表有多个子女，并且其中有非亲生子女。

所以整宫制必须与象限回归制有机的结合起来，才能够清晰的体现命盘信息。

五、占星软件介绍与中国夏令时

　　目前全球有诸多占星软件,并且功能都比较强大,但是随着古典占星的深入研究,可能研究者会发现一个尴尬的问题,就是大多软件在内容上是比较混杂的,因为很多软件会将各种时期的观念纳入,过于分散,同时也会有所忽略,特别是一些古老占星的计算,其实是存在一些谬误或者缺憾的,笔者所期待的软件是专业化、人性化软件。但是这些问题都不会影响到初学和进阶的占星爱好者们。下面我们介绍几个相关的软件和网站。

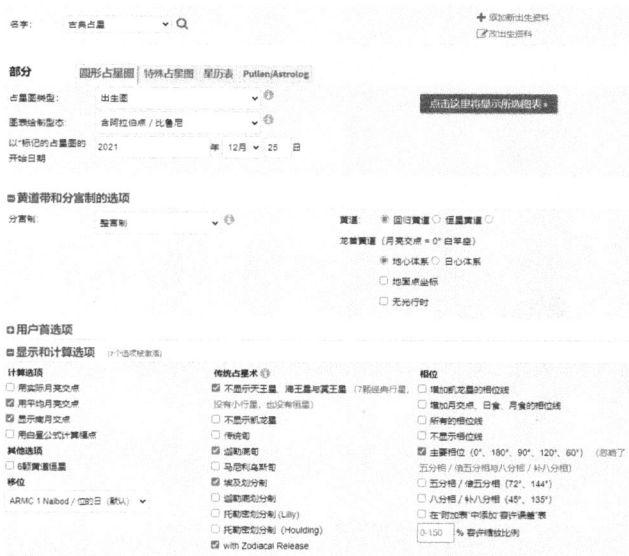

　　1、https://www.astro.com/。著名在线占星排盘网站,其行星数据精准,在世界占星界具有相当的知名度。笔者在排盘中也曾发现该网站存在一些错误的数据,但是这种数据都是因年代较早所产生的数据错误,并不影响我们研究现代星盘。打开网页后,在网页的右上方选择语言选项,其中包括中文选项,对于不熟悉外文的占星爱好者来说,这是一个非常好的选择。需要注意,该软件针对夏令时生人,自动默认出生时间为夏令时间。

为了方便初学者学习,笔者在宫位制上选择整宫制,并附带其它选项以供读者参考使用。根据此选项可以排出回归黄道制下的整宫制命盘,按如上图示进行设置即可

在上图中,大家可能会注意到月交点。所谓月交点,就是罗睺和计都,也叫做北月交和南月交。选项中有实际月交点和平均月交点的选项,它们有什么样的区别呢?实际月交点是天文测度的数值,它偶尔会出现短暂顺行,在某些交点换星座时期就表现为在两个星座之间来回变换。平均月交点是取自真实交点度数的平均值,是持续匀速逆行的数值,不存在顺行。两者在同一时间的差异从几分到 1.5°。在古典占星中,我们使用平均月交点。在宫位制选项中,对古典占星熟悉的读者可以选择阿卡比特斯制,或选择其他自己习惯使用的后天宫位制。

2、其它占星软件。

Zet,官网下载地址:https://www.zaytsev.com/downloads.html,笔者喜欢将之用于卜卦占星,当然这并非该软件不适合用于命理或其它,只是以笔者使用感受而言,其界面功能非常适合占卜与择吉,并且该软件有中文版本可以下载。

其它优秀的占星软件还有 Morinus、Janus、Solar fire 等等,非常适合命理排盘,读者可以自行搜索下载这些软件。在本书的案例中,为方便读者清晰分辨星盘,主要使用 Morinus 进行排盘。根据笔者使用经验,如果分析主向限,Janus 软件要更为便捷,数据更为准确。

需要注意软件的特性和功能,有的软件会默认夏令时,会自动切换

儒略日,而有的软件需要手动设置。譬如 Zet、Janus 会自动按夏令时排盘,Janus 输入出生时间和地区,如果是夏令时生人,会自动设定,需要注意,此时软件默认时间是夏令时,而不是北京时间。Morinus 需要手动勾选夏令时选项"Daylight saving",如果勾选该选项,则需要输入夏令时间,如果不勾选该选项,需要输入北京时间。

中国夏令时于 1935 年至 1951 年实行,每年 5 月 1 日至 9 月 30 日。1952 年 3 月 1 日至 10 月 31 日;1953 年至 1954 年,每年 4 月 1 日至 10 月 31 日;1955 年至 1956 年,每年 5 月 1 日至 9 月 30 日;1957 年至 1959 年,每年 4 月 1 日至 9 月 30 日;1960 年至 1961 年,每年 6 月 1 日至 9 月 30 日;1974 年至 1975 年,每年 4 月 1 日至 10 月 31 日;1979 年 7 月 1 日至 9 月 30 日。

1986 年至 1991 年,我国在全国范围实行了六年夏时制,1986 年 4 月开始,具体做法是:每年从四月中旬第一个星期日的凌晨 2 时整(北京时间),将时钟拨快一小时,即将表针由 2 时拨至 3 时,夏令时开始;到九月中旬第一个星期日的凌晨 2 时整(北京夏令时),再将时钟拨回一小时,即将表针由 2 时拨至 1 时,夏令时结束。从 1986 年到 1991 年的六个年度,除 1986 年因是实行夏时制的第一年,从 5 月 4 日开始到 9 月 14 日结束外,其它年份均按规定的时段施行。1986 年 4 月 13 日至 9 月 14 日,1987 年 4 月 12 日至 9 月 13 日,1988 年 4 月 10 日至 9 月 11 日,1989 年 4 月 16 日至 9 月 17 日,1990 年 4 月 15 日至 9 月 16 日,1991 年 4 月 14 日至 9 月 15 日。1992 年起,夏令时暂停实行,1992 年 4 月 5 日后不再实行。所以以上时间段,我国出生的人,需要咨询清楚其出生时间是否按夏令时记录还是按北京时间记录,以免出现错误排盘。我国香港、台湾以及其他国家也有各自的夏令时执行年份,排盘时需要注意相关问题。

在实行夏时制期间出生者,如当时记录的出生时间是夏令时,请注意将夏令时前推一小时方为实际出生时间。例如:夏令时公历 1991 年 5 月 2 日 0 点 10 分出生,实际北京时间为:1991 年 5 月 1 日 23 点 10 出生(已经将夏令时换算为正常北京时间)。在使用软件排盘时候,需要注意相关设定。

3、软件设置进阶。

目前世界上有多种占星软件可以选择,每一种软件都有设计程序者的构思和理念,从使用者角度而言,要根据自己的知识基础结构去选择相应的占星软件,并且每一种软件都需要使用者去熟悉使用,通过反复摸索、磨合才能将软件的功能发挥的更贴于实用。所以这里只能介绍笔者经常使用的一些软件,以供大家参考。

1)儒略历设置。

当涉及 1582 年之前的日期时,使用儒略历,进行日期转换。在软件中,一般儒略历名称为 Julian,公历名称为 Gregorian。需要注意,在历法的切换上,有些软件会自动转换,有些软件需要手工选择。

软件设置方面,笔者首先推荐网站 https://www.astro.com/horoscope,这是全球最好的在线排盘网站,排盘数据精准。当排盘存在问题的时候,最好用这个在线网址排盘验证数据。该网站在排儒略历时期的命盘时,需要在生年后加字母 Jul,而软件 Janus 则会自动根据年代自动形成星盘,但是这样会有弊端,因为有的国家在公历通行后,一段时间内依然在使用儒略历,这个时候我们会排盘错误。在软件 Janus 中,如果出现这种情况,我们需要改为儒略历时,在排盘的日期一行中,最后的字母由 GC(格里高利历简称)改为 JC(儒略历简称),没有大小写要求。软件 Morinus 在排儒略历星盘的时候,选择 Julian(儒略历)和 Local Mean(当地时间),当我们在排古书案例的占星盘,如果出现数据不吻合的情况时,Morinus 可以参考案例中的纬度手动轻微更改纬度和经度,以达到数据契合。下面附录相关图示。

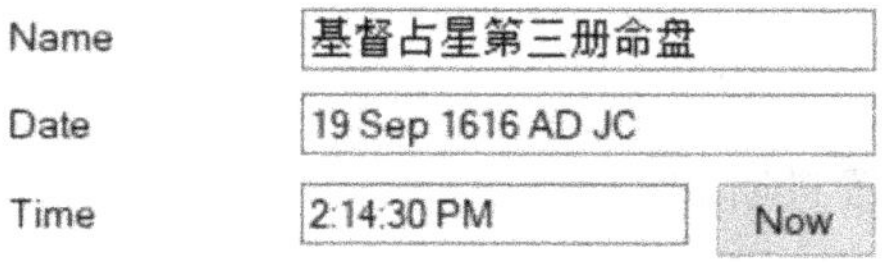

Name	基督占星第三册命盘
Date	19 Sep 1616 AD JC
Time	2:14:30 PM	Now

软件 Janus 儒略历图示设置

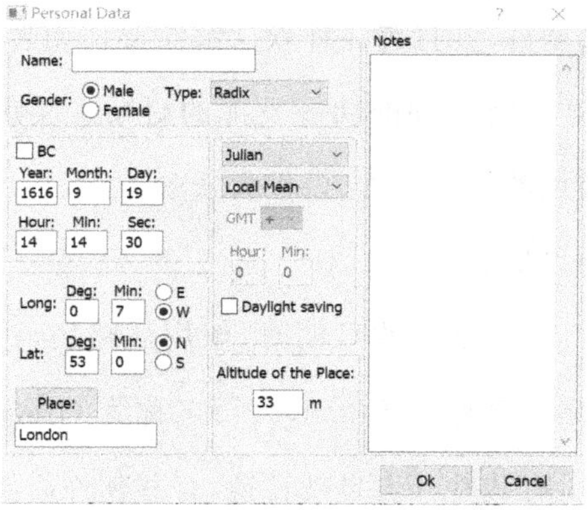

软件 Morinus 儒略历图示设置

下面我们做一个练习题,某古籍案例图示:

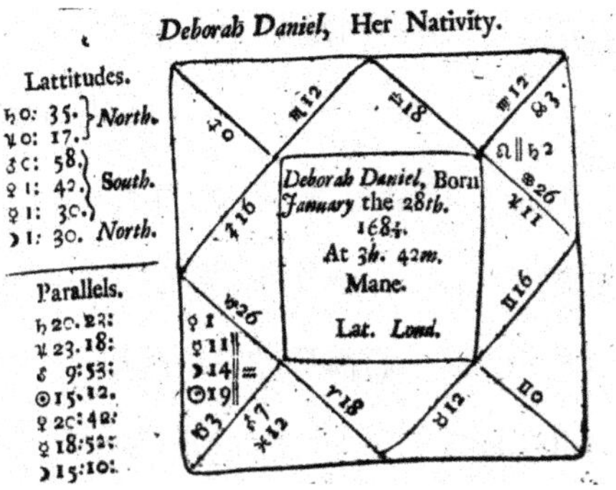

命主出生于1682年1月28日上午3:42分（伦敦）。读者先不要看以下答案，通过软件排出盘后进行对比（此案例中福点为不分昼夜的排法）。

正确答案：我们使用现代软件排盘如下：

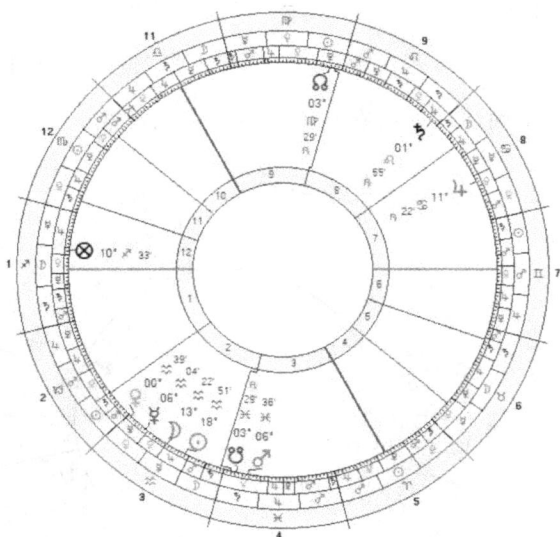

最后我们需要指出，当我们排外国人的命盘时，有些软件的地理时区自动设置不准确，所以笔者推荐使用 https://www.astro.com/horoscope 或者 Janus。

2）软件中如何观察出生前新月点、满月点。

新月点、满月点在命理占星、择吉占星、世运占星中都有着重要的应用价值，下面演示如何在软件中通过设置观察。

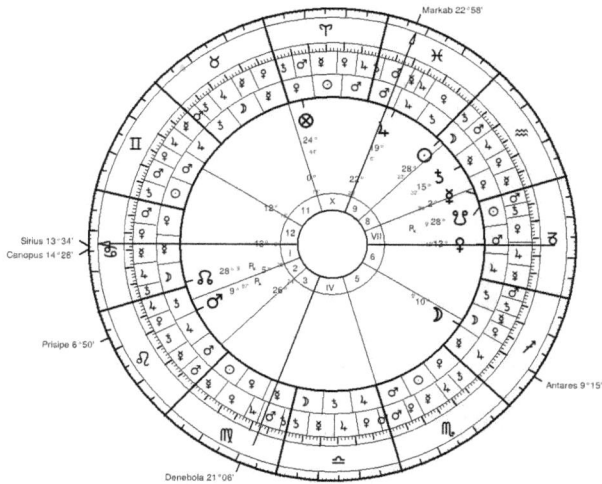

乔丹，出生于 1963 年 2 月 17 日 13 时 40 分纽约布鲁克林区（40n38，73w56）。

排出以上命盘后，在软件 Morinus 中，点击软件上方横向选项 Tables，选择 Misc（杂项），出现表格。内容如下：

Sidereal Time	23:32:20
Obl. of Ecliptic	23°26'34"
Julian day	2438078.27778
Vertex	29°58'16" ♏
Equat. Ascendant	23°39'01" ♊

Syzygy	Date(GMT)	Longitude
Full Moon	1963.02.08. 14:51:39	19°07'31" ♌

上图显示,星盘命主(乔丹)生于满月后,具体时间为 1963 年 2 月 8 日 14 点 51 分,满月点位于狮子座 19°7′。Syzygy 即朔望的意思。

3)12 分部在软件中如何设置并使用。

十二分部,希腊占星术语中,称之为 Dōdekatēmorion。这种方法将每一个星座划分为十二个星座分区,每一个分区 2.5°,全部十二星座共有 144 个分区。这样每一个星座就拥有了十二星座的不同特性。12 分部在细节论断和锁定象意极具价值,关于 12 分部的具体内容在本书后文有详细介绍。

12 分部的设置,我们以软件 Morinus 举例,打开软件,在软件上方的横向选项中点击 options,在其中选择 Apperance,出现如下界面:

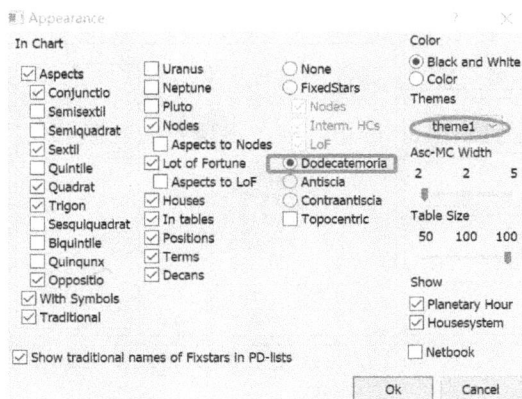

如图所示,方框内的 Dodecatemoria 为 12 分部,选择后,注意圆框内选择 theme1,则排盘可以显示 12 分部。我们以乔丹的本命盘为例,做相关设置,排盘如下:

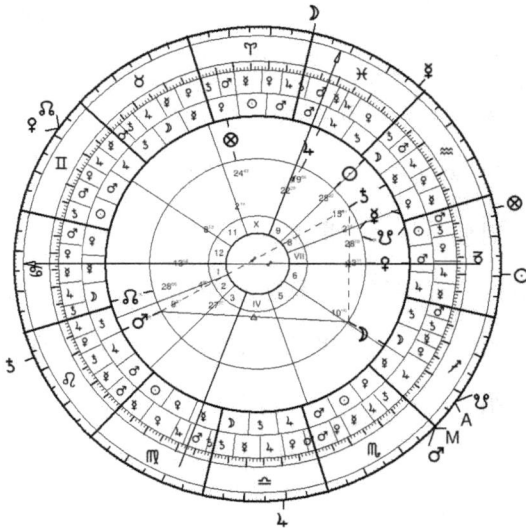

显示 12 分部的乔丹本命命盘

如果需要观察 12 分部的具体数值，在软件上方的横向选项中点击
Tables，选择 Dodecatemoria，则会出现相关数据的表格，列出如下：

	Dodecatemorion	
	Longitude	Latitude
☉	10°35'22" ♑	0°00'00"
☽	0°06'06" ♈	0°00'00"
☿	1°50'05" ♓	0°00'00"
♀	8°19'19" ♊	0°00'00"
♂	29°29'31" ♏	0°00'00"
♃	19°08'59" ♎	0°00'00"
♄	6°21'27" ♌	0°00'00"
☊	7°51'15" ♊	0°00'00"
☋	7°51'15" ♐	0°00'00"
⊗	26°46'57" ♑	0°00'00"
Asc	7°16'13" ♐	0°00'00"
MC	29°37'45" ♏	0°00'00"

三方主在占星盘中可以在时间、意义上横向分解行星意义，将行星意
义阶段化，而 12 分部在占星盘中可以纵深反映每一颗行星或阿拉伯点的
意义，两者在实战中有着非凡的价值。纵横交错，构造成立体论断模型。

4）映点、反映点在软件中如何设置并使用。

映点与反映点在本书后文有专门的介绍。映点如何在软件中设

置？我们以软件 Morinus 举例，打开软件，在软件上方的横向选项中点击 Options，在其中选择 Apperance，出现如下界面：

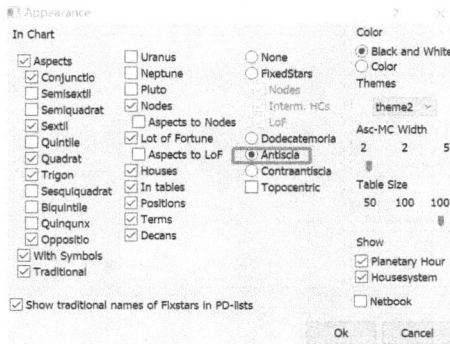

上图中，笔者标出的方框就是映点选项，点击选择后排任何盘都会出现映点位置，如果我们选择方框下方的 Contraantiscia，则为反映点，反映点都在映点的对冲星座同度。我们以乔丹的命盘为例，设置选择映点选项，演示如下：

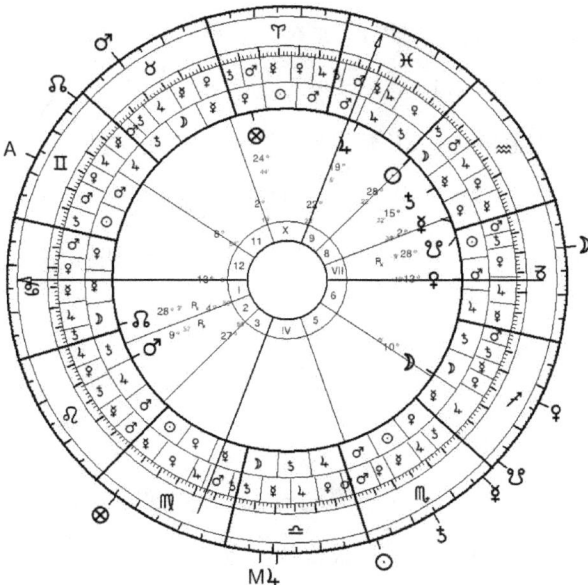

带映点的乔丹本命星盘

上图中的外圈字母 A 为上升轴 Asc 的映点,M 为天顶轴的映点。如果我们需要观察具体的映点度数,在软件上方横向选项中点击 Tables,选择 Antiscia,会出现具体数据表格如下:

	Antiscion		Contraantiscion	
	Longitude	Latitude	Longitude	Latitude
☉	1°37'03" ♏	0°00'00"	1°37'03" ♉	0°00'00"
☽	19°59'29" ♑	3°58'01"	19°59'29" ♋	3°58'01"
☿	27°20'49" ♏	- 0°14'55"	27°20'49" ♉	- 0°14'55"
♀	16°48'23" ♐	2°09'08"	16°48'23" ♊	2°09'08"
♂	20°02'32" ♉	4°25'33"	20°02'32" ♏	4°25'33"
♃	10°54'15" ♎	- 1°03'20"	10°54'15" ♈	- 1°03'20"
♄	14°28'12" ♏	- 0°48'35"	14°28'12" ♉	- 0°48'35"
☊	1°50'43" ♊	0°00'00"	1°50'43" ♐	0°00'00"
☋	1°50'43" ♐	0°00'00"	1°50'43" ♊	0°00'00"
⊗	5°16'05" ♍	0°00'00"	5°16'05" ♓	0°00'00"
Asc	16°53'38" ♊	0°00'00"	16°53'38" ♐	0°00'00"
MC	7°31'51" ♎	0°00'00"	7°31'51" ♈	0°00'00"

映点和反映点的具体数值

关于乔丹的本命星盘中的映点,在实战中有什么意义呢?譬如我们观察其本命盘,发现太阳落入宝瓶座,落入陷宫无力。合相土星,又被火星相冲,大凶,这是父亲凶死的表现,如果我们观察太阳的映点,我们发现太阳的映点位于天蝎座 1°37′,火星的映点位于金牛座,冲太阳映点,增凶。火星和土星同时都刑太阳映点,同时太阳映点落入天蝎座,天蝎座也是第一毒星座,因此乔丹的父亲被抢劫杀死。

六、儒略历

当我们研究一些古案例的时候,需要注意历法的切换。我们现代的历法纪日,主要使用公历,也叫西历。现行西历即格里历,又译国瑞历、额我略历、格列高利历、格里高利历,称西元。是由意大利医生兼哲学家里利乌斯（Aloysius Lilius）改革儒略历制定的历法，由教皇格列高利十三世在 1582 年颁行。

公历是从 1582 年 10 月 15 日才开始颁行的，之前的纪年、纪日都是儒略历的纪年、纪日。在历史上，罗马历法一共有三次重大变革。首次是公元前 46 年（罗马纪元 708 年），罗马执政官儒略·恺撒（Julius Caesar）下令从次年（公元前 45 年）起行用新历法。当时罗马人一直用一种很不成熟的阴阳历，为了实现这种旧历和新历之间的平稳转换，这一年多加了两个月，竟长达 445 天，史称"乱年"（拉丁文 annus confusionus，英文 the year of confusion）。和这种旧历不同，新历是纯粹的阳历，规定每四年一闰，单月 31 天，双月（除二月外）30 天，平年的二月 29 天，闰年加一天，也是 30 天。因为新历法的岁首比旧历提前了两个月（即以旧历 11 月 1 日为新历元旦），但是月份名称仍然使用旧历的名称，所以现在公历 9～12 月的英文月份名分别是 September、October、November、December，而 sept－、octo－、nov－和 dec－，本来是拉丁文里表示"七、八、九、十"的词根。

但是，在这种新历颁布之后，置闰一度发生失误。颁布历书的官员错误地把恺撒的"每隔三年一闰"理解为"每三年一闰"，这就促成了公元前 9 年，罗马皇帝奥古斯都（Octovian Augustus）下令进行罗马历法的第二次重大变革。这时候，已经多闰了三次，为了消除这个失误，奥古斯都规定，公元前 9 年之后的三个应闰之年，即公元前 5 年、前 1 年和公元 4 年，都改为平年，这件事史称"罗马失闰"。同时，因为他曾在 8 月取得过重大的军事胜利（一说是因为他生于 8 月），他又决定从次年（公元前 8 年）起改 8 月为 31 天，同时调整以后各月的天数，原为大月 31 天的 9 月、11 月改为小月 30 天，原为小月 30 天的 10 月、12 月改为大月 31 天,2 月则再减去一天,平年 28 天,闰年 29 天。儒略历至此定型,之后一直沿用了将近一千六百年。

儒略历的一回归年为 365.25 天,比实际的 365.2422 天多 11 分 14 秒,积累下来,128 年就差一天,400 年就差三天多。到将近一千六百年后的公元 1582 年,已经差了十天,以致当年的春分日竟从 3 月 21 日提前到 3 月 11 日。鉴于此,当时的教皇格里高利十三世(Pope Gregory XIII)再次改革历法,下令以当年 10 月 4 日的第二天为 10 月 15 日,但星期保持连续。同时,为了避免以后再发生这种误差,改进了置闰规则,即年份能被 4 整除的是闰年,但对于末尾是 00 的年份,必须被 400 整除才不是闰年。这样一来,新历法一回归年的长度变为 365.2425 天,和实际值已经很接近,每三千多年才会差一天。这种新历法就是现在我们仍在使用的公历,也称作格里高利历。

由于公历颁布得比较晚,距今不过四百多年,之前长达近一千六百年都是用儒略历。为了方便起见,历史学界所使用的历表在 1582 年 10 月 15 日之后使用公历纪日,之前一律使用儒略历纪日。这样一来,除了公元前 8 年以前的日期需要倒推确定外,之后的史料中的日期都可以直接拿来用了。其他各国的古历,也都这样转化为儒略历或公历,以求国际上的统一。这样的纪日法,总的来说也可以统称为公历纪日。但是我们研究占星古籍时候,不能完全按这个日期划分进行一刀切,譬如在英国(包括美国)一直到 1752 年都在使用儒略历。儒略历和公历存在日期差异,譬如威廉李利时期的 1638 年 2 月 10 日,就是公历的 2 月 20 日,整整有 10 天差异,如果我们用公历排盘,会发现盘中的太阳要多出 10° 来。有时候还存在年的问题,16 世纪,人们庆祝新年是从 3 月 25 日,一直到 16 世纪中期才做了改变,譬如威廉李利时代,英国以 3

月 25 日作为新年起点，而并非我们现代的 1 月 1 日，所以这一时期的星盘我们需要注意相关问题。我们在研究古代命盘的时候，要充分考虑当时的历法习惯、国家历史等等，不能想当然的乱排盘。

了解了这段历法改革的历史，我们也就可以给出儒略历和公历相互转换的公式了。因为儒略历和公历每四百年差 3 天，既然在儒略历 1501 年 3 月 1 日～1582 年 10 月 4 日这一段时间内，两历的日期总共差 10 天，倒推回去，在儒略历 200 年 3 月 1 日～300 年 2 月 29 日这一段时间内，两历的日期是相同的。再往前，儒略历的日期反而比公历要靠后了。

所以我们排一些古代案例的时候，需要具备儒略历的知识，当涉及 1582 年之前的日期时，使用儒略历，进行日期转换。在软件中，一般儒略历名称为 Julian，公历名称为 Gregorian。需要注意，在历法的切换上，有些软件会自动转换，有些软件需要手工选择。

七、古典占星常用术语

术语的定义是最复杂的事情，因为占星的发展经历不同时期，有不同语种。现代大家常见的英文术语，其实也是二手甚至三四手译词，很多译词甚至本身就不甚准确。同时，我国古代已经有很多现成的古典占星术语译词，并且非常成熟，本书术语上根据古人的术语选用，并结合现代用语习惯，增加了一些新的术语名词，这样保持了术语在历史发展中的一致性，能让我们参考古籍的时候还能够读懂古籍，又适应现代人的习惯，两相适宜。

在术语的介绍中，本书会围绕占星发展以及术语原理做相关铺垫，对比单纯记忆术语而言，这是最佳的学习方法。所以学者在学习新的术语时,可以详细参阅笔者所论述的原理和文化背景。

1、元 素

元素属于世界万物的基本构成要素。古希腊有四元素说,认为世界万物是由风、水、火、土四元素构成。在古典占星术中,元素成为基本要素,行星与星座都具有元素特性,同时元素之间的关系形成了基本的吉凶特性,在吉凶以及具体细节的论断中都需要进行分析。关于元素学说,有些中国人认为元素与中国术数的五行不一致,其实这是一种错误的观念。因为五行表达的是少阳、太阳、少阴、老阴的具体性质。譬如金性为少阴,其性质凝结下沉,就和西方土元素完全一样。所以元素论,和中国四象是一体化的,是万物根本之体,而五行是用来表达四象的一种演化,属于万物根本之用。并且,五行也有多种系统,因为它本身就属于四象变化的推演,在应用到十二星座或十二地支时,主要使用四时五行和三合五行,在四时五行与三合五行中,只有金木水火。在元素构成中,譬如双鱼座、天蝎座、巨蟹座为水元素,中国称之为亥、卯、未,中国认为其五行为木,西方认为其元素特性为水元素,其实两者的四象性质一样,它们都在表述一种特性,只是所用词汇不同而已,譬如土元素和五行金都指向少阴坚固的特性。所以,请不要将元素与五行直接对应。

2、黄道十二星座及其符号

在天文学上,以太阳为中心,地球环绕太阳所经过的轨迹称为"黄道"。黄道宽18°，环绕太阳一周为360°，黄道面包括了所有行星运转的轨道，也包含了一些星座，恰好约每30°范围内各有一个星座，总计为十二个星座，称为"黄道十二宫"或"黄道十二星座"。

在占星学的黄道十二星座，指在黄道带上十二个均分的区域，这种以天空为基点的划分趋于，我们也称之为先天黄道十二宫。学习占星术必须掌握这十二星座的名称与符号，以方便于软件中识别。在学习中需要注意掌握十二星座的基本特性和意义。

十二星座的次序是从白羊座开始的，其次序为1、白羊座♈。2、金牛座♉。3、双子座♊。4、巨蟹座♋。5、狮子座♌。6、室女座♍。7、天秤座♎。8、天蝎座♏。9、射手座♐，10、摩羯座♑。11、宝瓶座♒。12、双鱼座♓。

3、四轴与后天十二宫

前面我们提到以天空为基点，均分30°所形成的大圈，是先天黄道十二星座。与之对应的还有后天十二宫。为何要分先天和后天？因为占星术是一种时空学。其原理基于人类角度观察天文，通过归纳地球的公转和自转与天体的关系形成的规律，研究它们对人类的命运、人事产生影响，因此占星术是以"人"为主导的学科，并非纯客观自然科学，也就是说，占星的哲学观基于天地人三才的角度观察天体，并且以人为本，以地球为基点。

后天宫位制，是人类通过人的观测角度了解地球外围的空间结构而产生的系统。我们以地球为基点观察天空，最明显的莫过于日出与日落，日出、日落方向形成了空间方位，日出东方，日落西方，东西地平线成为地球上分辨空间方位的根本基点。在占星术中，人们将每一个时间点在东地平线方向所见天空的星座称之为上升星座,东地平线延伸产生的直线轴就是上升轴,简称 Asc。与之对应呈 180°对冲方向的西地平线称之为下降轴,简称为 Dsc。通过东西地平线,把整个地面空间分为上下相对的两面,地平线上为可视区域,为阳性;地平线下为不可视区域,为阴性,这种方法将整个空间划分为阴阳两部分。进一步可以将之细分化,头顶正上方和脚底最下方呈一条直线,头顶上方为天顶轴,简称 Mc,脚底下方的直线我们称之为天底轴,简称 Ic,空间主要枢轴全部建立,像地球和天体之间的四根柱子一样,构成了阴阳四象的空间模式。

四轴完全符合中国术数中的四象概念。Asc 为万物之初,代表出生、开始、春季、早晨、主、少阳;Mc 代表青壮年时期、顶峰、中午、老阳;Dsc 代表中晚年、黄昏、秋季、客、少阴;Ic 代表老年,结局、死亡、子夜、老阴。

四轴构造了空间的枢纽,但是要延伸应用需要进一步细分,因此人们通过经纬度、数学模式,在四轴的基础上开辟了十二宫区域,这种模型都是基于四轴而创建,因此四轴是空间的基石。不同的区域可以主宰不同的人事,可以界定行星在地球空间的方向位置,从而确定该行星的影响力,四轴是确定力量的根本标杆。在十二区域中,四轴外的其它轴仅仅是从属关系,这样就形成了 4+8 的后天十二宫,这种划分方法,可以有效的把人生分为 12 个领域,用于代表不同的人事,同时也可以代表不同的时期。

Asc 代表人生初阶,Mc 代表青年,Dsc 代表中晚年,Ic 代表死亡,以及死后的荣辱。Asc 的果宫,即 12 宫,代表命主分娩时候的痛苦、状态以及在胎儿时期的母亲状态。而 Asc 则代表出生的行为和出生后的情况。第 2 宫,作为续宫,代表人生初阶段的末段时段。同理,Mc 代表中年中阶,第 9 宫代表中年初阶,11 宫代表中年的最后阶段。第 6 宫代

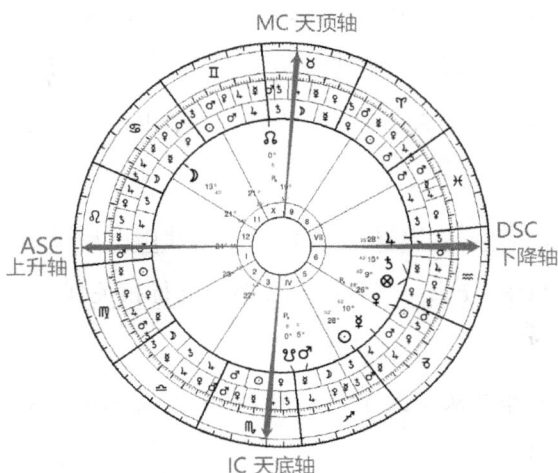

星盘中的四轴

表中年初阶,Dsc 代表晚年的中间阶段,第 8 宫代表晚年的最后阶段。第 3 宫代表死亡之前的行运,Ic 代表死亡,第 5 宫,代表死后的情况。

后天十二宫,在四轴的基础上,将星盘划分为十二个区域,这十二个区域象征不同的人事领域。并且它们所代表的力量也可以进行划分,可分为角宫(1、4、7、10)、续宫(2、5、8、11)和果宫(3、6、9、12)。实际上就是把十二宫三等分,按排列的先后次序进行划分。当行星位于角宫和续宫时,叫做 Advancement,意义为前进、提升、希望,代表有利、活跃的状态。在角宫,类似进步、提升,而在续宫,类似有着希望。当行星位于后天果宫时,叫做 Retreat,代表消极、不利、衰落、无力。

通过积极和消极的划分方法,将后天宫分为强弱两种状态。在古典占星中主要有两种划分标准,第一种有四个弱宫,八个强宫,角宫(1、4、7、10)和续宫(2、5、8、11)强,果宫(3、6、9、12)弱,这种划分方法,我们称之为八强四弱,Nechepso、Abū Ma′shar、Al—QabĪsĪ 等占星师使用这种划分规则。

还有另外一种划分法,为七强五弱,即 1、10、7、4、5、11、9 宫属于强宫,其余属于弱宫,这种划分方法,为 Timaeus、Dorotheus、Sahl B. Bishr 使用,并且在 Antiochus、Prophyry、Rhetorius 等占星师的作品中提及。

需要注意,以上内容,从上升星座快开始以星座为单位也可以这样划分。实战中,先天星座和后天宫都要进行相关划分。区别在于,后天 12 宫以轴为起始点进行划分。

不同的作者从实践主义出发,对十二宫的强弱有着不同的认知。我们看下列表格:

	吉	吉	吉	吉	吉	吉	吉	中	中	凶	凶	凶
天文书	1	10	7	4	11	5	9	3	2	8	6	12
Sahl	1	10	7	4	11	9	5	3	2	8	6	12
Dorotheus	1	10	11	5	7	4	9	3	2	8	6	12

本书中所提及吉宫、吉利位置指的就是这个概念。读者可以参考这个表格,作为参考。

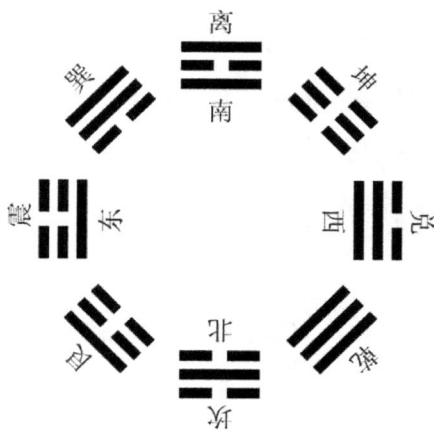

后天八卦图

最后我们要提及易经，在《易经·说卦传》中说："帝出乎震，齐乎巽，相见乎离，致役乎坤，说言乎兑，战乎乾，劳乎坎，成言乎艮。"这里所说的帝，其实就是天体主宰，代表太阳。帝出乎震，指的就是太阳从东方升起；相见乎离，就是太阳到达天顶位置；说言乎兑，就是太阳到达下降轴；而劳乎坎就是太阳到达天底位置。我们发现，中国术数的阴阳观、空间观和占星术的原理完全一致，这说明世界上不同地区文化对到地球和天体之间的时空规律有着共同的认知。

注意：本书后文所有断语中，提及某某宫，都通用于星座和后天宫，譬如第3宫，即上升轴开始计数第3个星座（即整宫制）和后天宫位制的第3宫，在论断宫的主题上，星座与后天宫是通用的。个别情况，专门使用星座宫位时，会定义为第几星座。

4、四象限

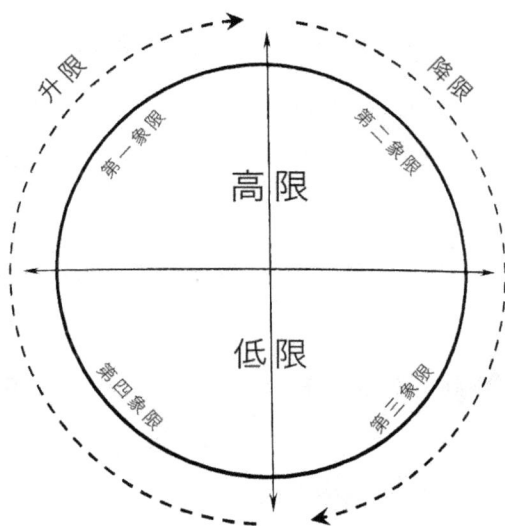

后天四象限图

四象限,通常指后天四象限,即上升轴(Asc)和天顶轴(Mc)之间为第一象限,下降轴(Dsc)到天底轴(Ic)为第三象限,天顶轴(Mc)到下降轴(Dsc)之间为第二象限,天底轴(Ic)到上升轴(Asc)之间为第四象限,一、三象限为阳性,应期速。二、四象限为阴性,应期慢。原则上讲,类似中国的阴阳四象,即第一象限为少阳,代表东部、阳性、白色、积极、少年、春天、多血质;第二象限为少阴,代表南部、阴性、绿色、消极、青年、夏季、胆汁质;第三象限为老阳,代表西部、积极、黑色、中年、秋季、抑郁质;第四象限为老阴,代表北部、阴性、消极、红色、老年、冬季、粘液质。这种划分方法,用于确定空间内的阴阳特性,以做出相关论断。古人也将一、三象限为东限,二四象限为西限,以一、三象限为右边,二、四象限为左边。

在四象限中,以地平线为轴,即 Asc-Dsc,上半部分为高限,下半部分为低限,在论断身高、疾病部位,或确定高低时候可以使用。以 Mc-Ic 为轴,左边为升限(东限),应期速;右边为降限(西限),应期慢。《天步真原》将升限称之为上行限,将降限称之为下行限,认为行星于上行限,力量大。它们在命理、占卜中都有实际应用的价值。譬如命盘中,诸星在地平线上方,代表早年。在地平线下方,代表晚年。

星座也可以进行象限划分,按黄道星座次序,四象限分别是白羊座到双子座、巨蟹座到室女座、天秤座到射手座、摩羯座到双鱼座,这种划分基于四季原理。白羊座到双子座为春限,代表温热、潮湿、幼年阶段、多血质;巨蟹座到室女座为夏限,代表炎热、干燥、青年阶段、胆汁质;天秤座到射手座为秋限,代表寒冷、干燥、中年阶段、抑郁质;摩羯座到双鱼座为冬限,代表寒冷、潮湿、老年,粘液质。

5、行星及其符号

在古典占星中只使用七颗行星,即土星(♄)、木星(♃)、火星(♂)、太阳(☉)月亮(☽)、金星(♀)水星(☿)。另外还有两颗隐星,罗睺(☊)与计都(☋),它们只是月球运行轨道与黄道的数学交点。罗睺,也叫做北月交或 Dragon's Head(龙首),是黄道和月球轨道的北交点。计都,又叫做南月交或 Dragon's Tail(龙尾),是黄道和月球轨道的南交点。南北月交点永远都彼此 180°相对。

6、行星逆行与行星停驻

占星学中的行星逆行,并不是行星真的在倒退行进,而是由于行星和地球一样是绕着太阳运行,当行星运行的轨道方向与地球不同时,在地球上观察,就会产生行星在倒退行进的视觉效果,此时该行星的状态被称为行星逆行,一般在软件中都会有标识。行星逆行,会导致行星变弱、无力。行星逆行只会发生在太阳、月亮之外的其他行星,并且有一定周期性,我们列出表格如下:

行星名称	逆行周期
土星	140 天
木星	120 天
火星	80 天
金星	42 天
水星	24 天

所谓行星停驻,是指从地球的角度观测,行星在天空中似乎停止运动的时间段,原因同上文所述。所以占星的观察基于人类的视觉效应,这属于天地人三才的思想,因为阴阳变化必须通过人类观察才能感受变化,阴阳变化作用于人类,这是彼此交互的,如果失去了人类的观察,一切都不再有意义,这是人与阴阳的关系,所以占星术并非纯客观的唯物论。

7、恒　星

人类对恒星的观测历史悠久,古埃及人以天狼星在东方地平线的出现的时刻,预测尼罗河的泛滥。恒星,在《天文书》中称之为杂星。古人发现了 1022 颗固定恒星,它们移动缓慢。古人在其中选择了适用的恒星,这些恒星在论断中非常重要,每一颗恒星都具有七大行星中某些行星的特性,在分析的时候,需要考虑其行星特性。另外,恒星星座也有着非常重要的意义,在取象时可以参考。具体内容见本书恒星章节。

8、定位星

所谓定位星,指星座的主星,或行星、阿拉伯点等所在星座的主星,譬如白羊座的主星是火星,因此白羊座的定位星为火星。土星位于射手座,则土星的定位星为木星。父亲点位于双鱼座,则父亲点定位星为木星,依此类推。在学习本书后面章节关于星座和行星的知识之后,会更加容易理解这个概念。

定位星在实际应用中非常重要，Rhetorius 定义行星不协调的位置时，指出夜生人，昼星为宫位定位星。昼生人，夜星为宫位定位星，则不协调。或者当行星位于吉位，但是行星的定位星位于凶位，则它们的象意吉凶混杂。所以，笔者认为，任何行星的定位星都要考虑，行星与行星定位星综合起来，代表了该象意、吉凶的可持续性。另外，在确定任何类象行星的定位星的时候，需要考虑其力量，看是否存在五种力量的叠加，以及定位星是否映射该类象行星，越强化的定位星，表达的意义越清晰明了。

9、映　射

所谓映射，就是两颗行星之间通过相位关系发射光线，彼此可视化对方。即 A 行星通过相位关系，譬如三合、六合、刑冲等，投射光线到 B 行星，两颗行星能够互相发生连结而互相影响，并产生具体的吉凶意义。需要注意，映射关系不仅可以通过星座形成，也可以通过行星之间的数学角度形成。在学习本书后面关于相位的知识的章节后，会更容易掌握这个概念。本书中提及映射时，也包括合相。

10、反厌宫

Aversion，这是一个非常重要的概念，其意为厌恶、憎恶。笔者命名其为反厌宫。一般而言，反厌宫，指整宫制的条件下，行星落于上升星座为起点，或某指定星座为起点的第 2、6、8、12 星座，当行星位于这些星座内时,就无法通过三合、六合、刑冲等相位看到上升星座或某指定星座,从而显得与上升星座或某指定星座缺乏关联,缺乏影响力,就好像彼此厌恶而疏远一样。

这一概念有着广泛性应用,可以用于阿拉伯点与其定位星之间、行星之间、星座与其定位星之间等等。譬如月亮位于双子座为典型的月亮受损,因为月亮星座为巨蟹座,双子座位于巨蟹座第十二个星座,未映射巨蟹座,位于反厌宫。在本书中,有时候用"未映射"代替说明。

反厌有时候有积极意义,有时候是消极的,这取决于其环境。譬如我们检查一个特定行星作为类神主题的时候,如果吉利的行星与其疏远,则无法提供帮助。假如凶星反厌一颗类象行星,则往往代表是吉利的,因为这样它们的凶性就不会对该主题产生影响力。

譬如在论断分析敌人或小人的时候,12 宫代表此类,当 12 宫定位星是凶星,却反厌 12 宫,也就是未映射 12 宫,并且 12 宫内没有行星,代表小人除了语言造谣中伤之外,从命主身上捞不到任何好处。但是由于 12 宫定位星是凶星,命主依然无法避免被小人憎恨,小人会在背后地里说坏话,而命主并不知晓。

11、佐　证

Testimony,在阿拉伯占星中,它具有以下意义,第一、代表一颗行星位于某宫或某度数拥有力量;第二、代表一颗行星在其所落的位置(或其它行星相比)拥有力量的数量;第三、代表行星于某星座,诸星会合或与有利其意义的位置形成相位;第四、指行星以任何一种形式与当前的情况有关联,譬如一颗行星为上升星座的升主星,同时又映射上升星座,则出现两个佐证表明该行星与上升的关联性。这个概念非常重要,在基本论断中,要想得到精准的答案,必须使用这个技术。这属于一种锁定类象的方法,在全世界的所有术数系统中都有这种概念和类似的用法,属于术数论断的核心技术。

在希腊占星时期,这个术语,在行星结构的一系列定义中出现。Porphyry 在定义行星组合结构时,指出彼此特性的组合,是否能够完成、完美,通过度数,而不仅仅只是星座之间构造,每一种配置都有特定的度数。也就是说,行星之间的相互紧密关系排列就是佐证。

当本书中出现这个术语时,要注意观察上下文语境。

八、精选占星格言

(一)占星基础五十格言

本篇内容选自阿拉伯占星师 Sahl B. Bishir 的著作《The Fifty Aphorisms》,其内容源出 Māshā'allāh,还有一些其它来源,可以追朔到 Theophilus,这些基本规则对占星师的实战论断有着重要的参考价值,笔者根据实践和理解,对其中一些内容做了进一步诠释,并非完全按原文译出。具体内容我们列出如下:

1、月亮是所有行星中距离地球最近的,因此更接近,更类似地球上的事物。万事万物,从生都灭,从新生到凋零,都如同月亮的周期变化一样,所以在古典占星的占卜中,用月亮代表一切事物的基本类象,在命理占星中,月亮代表命者之"身",月吉则万物盛,月凶则万物衰。实战中,月亮能够将自身的能量主宰,交付给第一个它遇到的行星(入相位),该行星也会接受月亮所交托的能量。月亮扮演着行星之间的承载者(月亮的趋离相位)、两个行星之间的调和者,行星之间的传递者。

2、凶星,其本性凶都是因为元素过盛、过于极致导致。凶星的凶性,代表恶化、堕落和不幸。但是当一颗行星落于一个凶星的舍、升星座,则该行星会接受凶星,并抑制其凶性。或者行星从六合、三合这些吉利相位映射凶星,凶星的凶性也会受到抑制。吉星,由于本性热湿中和,因此本性吉利,无论它们所在星座接纳或未接纳,都是有用的。被接纳则更完美、更吉利。

3、行星分为两类,分别是吉星与凶星。见吉言吉,见凶言凶。

4、行星互相映射,存在度数上的范围距离,每一颗行星都有自己的映射距离,我们称之为行星映射半径。规定太阳为 15°、月亮为 12°、土木为 9°、火星为 8°、金水为 7°,譬如太阳映射半径为 15°,则有任何行星位于或映射到太阳前后 15° 以内时候,就会受到太阳的映射光线注视,由此产生有效的映射关系。因此当一颗行星未被一颗行星通过映射半径注视到时,不可以言其吉凶。超过行星映射半径,没有传递的控制力量。当一颗行星和凶星映射,超过凶星半径范围 1° 时,此时凶星已经无法给该行星造成近身的影响力,凶星没有能力控制传递力量,因为它们已经开始进入分离相位。同样,一颗吉星超过另外一颗行星 1° 时,虽然行星在努力,但是所代表的事情并不能完成或完整,因为已经处于离相位。凶星会带来凶性和不吉,但是凶星反厌上升时,虽然会带来担心和焦虑,而并不能造成实际损害,吉星反厌上升,代表虽然努力却不能完成事情。

5、当一颗行星位于凶星四轴的时候,即与凶星产生合相,或位于凶星的 4、7、10 宫,于此位期间(行星过运),类似自身的灵魂在战斗一样。

如果超过凶星半径 1°,则凶星的伤害已经过去,凶星除了带来焦虑外,无法带来实际损害。这些适用于占卜、命理。

6、月亮空亡,笔者也称之为月亮历虚,即月亮在星座前行不和任何行星入相位连接。月亮空亡意味着虚空,无所事事,从事情状态中返回,结果匮乏,目的被破坏。

7、月亮入相位连接的行星,代表即将发生的,或希望发生的事体。该行星的特性将接受月亮的管理。如果为吉星,则吉利,为凶星,则凶。

8、月亮离相位的行星,代表过去的事情,离开的状态,具体根据该行星吉凶进行论断。

9、任何一颗行星,位于陷、降星座,则代表不幸、忧虑和束缚。

10、逆行行星,代表违抗、崩溃、重复和不同意。

11、停驻行星,代表不幸和苦难,但是这些已经减轻了。

12、凶星代表偏差、背离,和行为上的艰难。

13、行星缓行,就如同一个疲惫的人一样,在其历程中没有力量,无论吉凶,它所代表的事情都会推迟。行星位于木星和土星星座里也有类似缓行的意义。行星位于日月星座内,会加速。

14、如果月亮正在入相位一颗行星,并且达到了完全连结,即它与该行星在 1′ 内,此时观察月亮在之后的运行中所连接的行星,可以得知所占卜的问题接着会发生什么。

15、当一颗行星位于一个星座的最后一度时,它的力量已经离开该星座,进入了下一个星座。此时就像一个人已经踏入新的门槛,在离开的边缘地带,哪怕之前所在的房屋塌陷了,也对其没有损害。如果一颗行星位于星座的 29°时,则该行星的影响力还在该星座内,每一颗行星的影响力范围在其前后 3°内(包括行星自己所在度数)。

16、A行星入相位映射B行星,还未追及,B行星就进入了下一个星座,B行星在下一个星座未与其它行星连接,则代表所追求的事情能够完成。如果B行星连接了其它行星,则所追求的事情无法完成,因为已经混合了其它行星性质。

17、A行星同星座合相B行星,但是在未到达前,B行星进入了下一个星座,这是一种逃离相位,所占卜的事情,可以完成。如果B行星在下一个星座合相位其它行星,则事情无法完成。如果B行星进入下一个星座,通过其它星座映射连接其它行星,则于事无损。记住一个规则,同星座合相力量大于星座之间映射,这就是近水楼台先得月的道理,星座映射破坏不了同星座合相,但是同星座合相可以破坏星座映射。星座映射不能阻断星座映射,但是星座映射能阻碍星座映射的目的性。

18、凶星晨升东出,位于舍、升星座,未与其它凶星连结,比逆行的吉星要好,因为逆行吉星代表吉性倒退。

19、如果凶星为占卜事情的类神星,上升定位星或月亮与其刑冲,为艰难之象。除非位于其舍星座,即出现接纳。此时,凶星是主星比凶星是客星更好(可参后文章节的主管客星)。

20、凶星位于舍升星座,会克制凶性,如果此时逆行出现在上升星座,其凶性会加剧,矛盾会发展。

21、行星位于性质近似的星座,为相配之地。譬如土星位于舍、升星座,位于寒性星座。火星位于舍升星座,位于热性星座。如果位于元素特性相反的星座,则凶。就如同水和油一样无法完全混合。

22、吉星映射凶星,则减其凶。

23、凶星刑冲吉星,则降其吉。

24、如果吉星位于上升的 2、6、8、12 等反厌上升星座的宫位，或逆行，会损害其吉性。

25、一颗行星被接纳，同时又是吉星，则更强更吉利。当为凶星时候，则伤害会变弱。

26、行星游隼时，凶性会增长，凶性会变得强有力，当具有佐证时，会克制凶性，但是难以逃离伤害（游隼，即行星不具有舍、升、三方、界、旬等五种力量的情况下）。

27、凶星位于舍、升、三方、界，具有四种力量之一，位于角宫或续宫，则其力量类似吉星力量一样。

28、吉星位于没有佐证的位置，失去其吉性。如果位于有佐证的位置（譬如舍、升、三方、界），则其吉利就会变的强有力，事情能够完成、完善。

29、当吉星、凶星位于凶宫或位于日光下、焦灼，主卑微、渺小，行星太弱，没有能力体现吉凶。因为当行星位于日光下、焦灼或被太阳冲，行星会变弱，此时吉星吉不足，凶星凶变少。

30、无论吉星还是凶星，如果位于舍、升、三方星座，都会化凶为吉性。

31、凶星位于上升轴，上升定位星与其刑冲，则极凶，为灾祸不幸。如果其比定位星强大，则更应。如凶星位于定位星第 10 个星座，为上位映射。如果它们之间为三合、六合的离相位，则会抑制凶性，远离灾害。

32、吉星只表达吉性，凶星只表达凶性，这是其行星本性、元素所决定。但是一定要观察它们所在的宫位和星座（譬如位于映射上升的位置），如果一颗凶星，符合昼夜星宗，位于舍、升星座，或为三方主，都是吉利的。

33、如果一颗行星,不符合昼夜星宗,譬如昼火星、夜土星,夜木星之类,位于游隼星座,反厌上升星座,或位于日光下,则不吉,带有损害性质。

34、木星映射凶星,会转其性为吉利。金星在这方面的能力没有这么强,除非它的力量比得上木星。当木星连结土星时候,会破坏土星的凶性。金星连结火星时候,会破坏火星的凶性。譬如在 Dorotheus 的著作中,曾论述,当土星位于四轴(尤其下降轴最凶),又没有木星映射,且木星位于果宫,则父母离异。火星位于轴,金星未映射火星,也一样。

35、当一颗凶星通过主传客星等模式,连接另外一颗凶星时,则传凶于凶。当连接吉星时候,则转凶为吉。当一颗吉星通过主传客星等模式连接另外一颗吉星时,则吉上添吉,当连接另外一颗凶星时,则吉后遭凶。

36、如月亮或上升定位星通过行星会合(即两颗或两颗以上行星位于同一星座,有效度数范围为 15°)、冲、刑而产生不吉时,并且吉星与其相刑,代表在苦难的打击下获得解救脱困。如果凶星刑,吉星三合,则代表求测者脱离苦难,陷入另外一种困境。

37、行星不在舍、升、三方、界内,也不在喜乐星座、不在旬内,位于果宫,这种情况不吉。

38、行星在日光下西入,则其力量微弱,也乏光,如果为凶星,则其凶性少。如逆行,则不利于所有相关事体。

39、行星在日光下,其所代表的事体都会弱化,这种情况,行星与太阳之间在 12° 以内。除非行星进入日核,则代表强化。

40、行星东出距日 12°,则强大,其所代表的一切择吉、事体都开始变强。东出距离太阳 15°,则最强。如果行星西入太阳 7°～15°之间,则该行星开始变弱。在西入距离太阳 7°到日核之间,最弱。日核为距离太阳 1°内(日核度数有不同说法,此处作者采纳的是 Rhetorius 的说法)。

41、行星游荦,其性为凶。当它位于其它行星舍、升星座,并且正向运动,位于吉位,(譬如上升、天顶、11 宫),此时该行星也是极为吉利的。所谓游荦,指行星不具备舍、升、三方、界、旬等五种力量的任何一种,具体参考本书后文的相关章节。

42、主传客星等模式的接受者如果为西入的行星,代表弱、失败,不能完成所得到的能量,如果为东出行星,则强化,能够结束事情。因为失去力量的行星,就像废墟一样,推到它,重新盖起来更好。

43、如果行星位于第 8 宫,并且为吉星,则即不吉也不凶。如果凶星于此,则极凶。Abraham ibn Ezra 指出,这是印度占星师的观念,这个观念是准确的,此时吉星在此并不会增加一个人的生命和财富,但是可以让人从非自然死亡中获救。

44、任何行星位于一个星座的开始位置都是弱化的,一直到它们达到该星座 5°,也就是在 5°时候,其力量才会稳定。当行星位于一个星座末度的时候,将会失去来自该星座的力量。

Abraham ibn Ezra 指出,这都是波斯占星家的说法,他认为 Ptolemy 不认可这种说法,因为星座是一个整体,并不是分开的。并且他认为这种说法是基于心理作用下的建构。Abraham ibn Ezra 认为 Ptolemy 的观念是对的。

另外,需要记住 5°规则,当一颗行星未到达轴,距离轴 5°时候,则视为该行星位于轴上,譬如上升轴位于白羊座 10°,任何位于白羊座 5°～10°区间的行星都可以视为位于轴上,位于上升宫内。

45、一颗行星在轴后 15°内,位于轴内标准范围力量。当超过 15°,则没有力量。譬如上升轴位于白羊座 10°,一直到白羊座 25°,为轴内,超过白羊座 25°,则不在轴内(此说法源出 Dorotheus,并非黄道度数,而是赤经上升时间,所谓赤经上升,指的是一个星座通过东地平线并完全升起的时间,每个星座的上升时间会随着地理纬度的变化而不同)。

46、行星位于固定星座,代表所占卜的事情稳固、持久;行星位于双体星座,代表事情不单一,多变化,多转换;行星位于启动星座,代表事情变吉、变凶都很迅速。

47、固定星座代表所问事情具有稳定性,对于长久稳定的事物而言是吉利的;双体星座代表事情不单一,往往都会有第二次;启动星座则体现事情转变的速度快。

48、行星从停驻转为逆行时,代表事物倒塌、违反、不服从;从逆行转为正向运行时,代表事物向前发展,没有障碍,也代表事情的一部分已经完成;当行星正向运行时候,代表事情适宜,有力向前发展;行星从停驻转为逆行时,代表困难和崩溃。

49、如果月亮不吉,则当天占卜的事情都不吉利,除非月亮位于后天吉宫,改变了其特性,有了力量变化;如果月亮不吉并位于反厌宫,则主焦虑;如果月亮位于角、续宫,则灾害、恐惧与切身有关。

50、月亮入相位所连结的行星,代表即将发生的。遇吉星则吉利,与凶星连结,则将来很糟糕。上升定位星或月亮位于落陷宫,则咨询寻找失物的求测者不情愿寻找,其所问的问题对自己打击甚大。

以上格言所涉及的一些专业术语,在本书后文相关章节有专门论述。

（二）卡尔达诺占星格言选编

1）基础格言：

1、人生短暂而知识浩如烟海，经验不易获得，判断又极难，作为学者不仅要多分析诸多命盘案例，还需要勤奋阅读各种作者的书籍，象对待科学一样认真研究，通过实践验证寻出其中的真知，掌握星座、行星、恒星等等的相关知识，最重要的一点是，要做一个热爱真理的人。

2、占星有三大法则：推理、感觉和经验。其运作的基本原则有四个，分别是：行星、天空的空间（以星座为主体的各种空间位置）、恒星、行星位置以及彼此的映射关系。

3、在占星系统中，有容易掌握的知识，也存在难以精确计算的天文数据，存在难以为人所知的领域，所以知识存在盲区。

对于一个占星学者而言，不懂装懂比应懂而不懂要更糟糕。

2）命理格言：

1、当婴儿在脱离母亲的子宫后，用嘴作出的第一次呼吸的刹那，就是婴儿的诞生时间。

2、当发光行星（太阳、月亮）不吉，且落于四角轴，命主可能会自杀。日月位于轴，都是比较强的。如果不吉，会导致诸多灾难，尤其月亮。

3、命盘中土星与木星对冲，则一生难以平静；命盘中木星与计都合相的人，鲜有富贵者。笔者认为，木星吉利，计都代表缩减，因此降其吉性，木星也代表子女、生命，因此也会出现短寿、子女夭折等现象，具体要斟酌论断。

4、当土星和火星合相时，命主一生会遭遇诸多不幸；如果它们同时在金牛座,且位于第四宫,当主向限中前进的上升轴受其映射时,命主的运势会有跌落,或跌伤或易为倒塌的建筑物所伤。

5、固定星座(除天蝎座)代表学识;双体星座(除室女座)代表礼貌的举止和谈吐;启动星座(除摩羯座)代表财富。本命盘上所有行星落入室女座、天蝎座或摩羯座时,则命差。

6、当上升星座为无声星座,水星落入非人形星座且合相土星属性的恒星时,命主语言不畅,容易有语言障碍。

7、月亮落在金牛座且位于第2宫,与木星形成刑、冲映射的离相位,且三合入相位太阳时,命主会获得大量的财富。第2宫为财宫,与木星产生相位,木星为财星,这就是强力佐证,两种同一事物的类象得到肯定,月亮通过趋离相位,主导人生历程,这些象意合起来就预示了人生中会获得大量财富。

8、煞星位于黄道,且凶星落在盘中四轴之一时,为暴毙之命。所谓煞星,是在使用寿星论断时,对命主产生灾害甚至死亡的类象星。

9、凶星落在第7宫宫轴,易遭受大灾;如同时此位的凶星与太阳、月亮产生相位,则命主哪怕贵如王孙,也会尝尽世间之苦。凶星在第7宫,会冲上升星座,对命主造成损害,并且第7宫也主死亡、腿脚、敌人之类,占星系统中,太阳、月亮是阴阳源头的关键,上升是日出之所,也是阴阳发力之地,所以第7宫的凶星损害上升、太阳、月亮的时候,其凶倍增。

10、上升星座为白羊座,命主相貌英俊,严肃而沉着;上升星座是天蝎座,命主易说谎。

11、月亮在天蝎座,与狮子座的土星相刑,或与金牛座的土星相冲,命主独身、没有子女的可能性很大。如果土星在水瓶座,命主会很讨厌女性,因为月亮为男子命盘中为妻星。月亮在天蝎座时则月亮落陷,土星在狮子座也落陷,两个带有凶性力量的行星呈凶相位,则凶上加凶;而土星在金牛座时,为月亮升星座,此时两者会产生主授客星的关系,月亮会影响土星。

12、计都合相土星刑映射位于果宫的月亮,命主易得肺痨,尤其是计都与土星落在四角昼。除此外如果还刑上升定位星,则命主一生多病,若此格位于6宫或来自6宫,则大凶。

13、当木星逆行于第6宫,2宫定位星游隼,没有吉利的恒星协助,则命主穷困潦倒。

14、火星位于上升轴,命主人生多舛,面部易有明显伤疤之类。

15、水火格,是暴毙凶死的有力佐证。

16、如果木星和月亮在任何命人的命盘中非常弱且受到损害,尽管命盘其他位置没有类似的象意佐证,命主也会极其不幸、郁郁寡欢。

17、金星合相土星并映射上升定位星,则命主有同性恋倾向,或者遇到老妇、悍妇或社会地位不对等的女性。

18、若金星和木星落在第7宫,月亮位于舍升星座,与之映射,罗睺或水星参与其中或形成组合,则命主将因妻而富。

19、盈月合相火星,别人认为命主不怎么聪明;亏月合相土星,则命主确实不聪明。

20、金星位于日核,象征名望、地位;行星合相轩辕十四,映射月亮,也一样。

21、月亮在第7宫,代表命主有癫痫。一般而言,月亮位于上升轴被损害,代表命主智力低下。

22、私生子或非亲生子女的命盘里,通常上升轴与月亮有相位,而与代表父亲的行星（白天为土星，夜间为太阳以及 4 宫定位星）没有相位。并且在大多数情况下，命盘上有灾难与不幸的表征；或者 4 宫定位星、2 宫定位星和月亮之间没有和谐相位关系，或者金星合相火星或水星。

23、木星落在第 10 宫三合火星，强吉，且太阳与罗睺合相，月亮与轩辕十四合相，则盘主即便是生身卑下，也能富贵显达。

24、当任何行星位于下降轴，且位于舍星座时，则命主的死亡与该行星的属性和星座性质有关。

25、凶星位于四角轴代表公众性死亡或是突然死亡；太阳位于四角轴，受损害，代表死于武器或火灾；如果月亮如此，则代表绞刑、溺死。具体情形视环境而定。

26、太阳与火星游隼，或计都位于第 2 宫，代表命主耗财或挥霍家产。

27、月亮与太阳对冲，合相星云，会对视力造成障碍。如果月亮落在第 7 宫同时被凶星和星云损害，且映射力量强时，则主盲。

28、木星、金星、水星、月亮的组合代表语言优雅而甜美，因此，当木星位于处女座、月亮位于双鱼座时，为诗才。诗人天赋乃先天所赋，非后天所得。

29、当命主的命盘与其祖先的命盘，没有任何支持及和谐相位，择其人生很难获得较高成就，富贵也难持久。

30、上升星座的第 5 个星座代表子女，因为它与上升星座元素特性一样。如果上升宫有 2 个星座，那么孩子们的幽默感和行为方式迥异。同样的原理，第 9 宫代表孙子辈。大多数星盘中，上升和第 5 宫所在星座属性都是一致的，除非纬度太高。卡尔达诺在写这本书时考虑的是等宫制,因此上升处有 2 个星座时,则 5 宫也一样。

31、月亮合相计都,命主的母亲可能不忠诚,孩子可能不是父亲亲生子女,多主不幸。

32、任何人,如果木星和太阳互相映射,则代表傲慢自大,除非被接纳,则会削弱。

33、女性命盘在命运方面与男命相同,但在财富方面则完全不同,在举止、生活方式则是在一定程度上相似。

34、女性命盘中,火星合相月亮,则不贞洁。

35、在准确的命盘中,月亮会回到受孕时的上升星座、或其相冲的星座、或回到受孕时月亮的位置,或映射受孕时与月亮合相的行星、或与受孕时的月亮同星座。一般而言,出生时的上升星座,即为受孕时的月亮的位置、或是其相对的星座、或受孕前的新月定位星所在的位置。如果太阳回到上升轴或其定位星的位置,则为正常生产。这一段内容关系校订生时,可以参考本书后文相关内容。

36、当火星或月亮合相罗睺或计都于 12 宫,并且太阳和木星合相于第 4 宫,则命主为驼背。

37、在女性的命盘中,火星是上升定位星,金星位于命宫;或者金星是上升定位星,火星位于命宫;或者火星是上升定位星位于天顶;则命主极可能不忠于丈夫。

38、上升定位星位于燃烧路径,代表命主容易在经商、交易等事务中陷入麻烦和困扰。燃烧路径一般位于天秤座 15° 至天蝎座 15°。

39、凶星游隼于第 10 宫,并对上升轴不利,则命主多猜忌。

40、命盘中所有的行星位于地平线上方,代表显赫且远近皆知,行动敏捷,处理事物灵活而有效率。

41、月亮、上升定位星，位于地平线之下，合相狮尾（五帝座一）或处女座头部（有人认为是 vindemiatrix，即东次将）的恒星，太阳位于第 6 宫，且土星或火星落在下降轴且有舍、升、三方、界等力量，则命主体弱多病。

42、水星位于双鱼座，会给人带来谈吐上的障碍，令人语出荒诞或词不达意，双鱼座为上升星座时，也有此意，因为双鱼座为无声星座。

43、出生于春分中午的人，将闻名于世。此时太阳位于白羊座升星座，且位于天顶。

44、女命的星盘中，如果上升、月亮、火星、金星和水星位于双体星座，通常都心地邪恶。

45、木星命盘中强有力，则会给人带来诸多幸福快乐，如果它落在天顶，靠近摩羯座的宫端，则此人将会以正义为幌子、通过暴力手段获取大量财富，最终结局将不幸。

46、名人的星盘，通常月亮会与多颗行星具有相位映射，或者与象征富贵的的恒星合相。月亮与大量行星映射，由于月亮的速度快这意味着各种人事的接触和各种社会关系。

47、当太阳和木星主宰第 9 宫，位于水星、月亮和上升，并且互相映射，命主的话语会被奉为神谕。笔者认为，可能是太阳、木星位于第 9 宫或为第 9 宫定位星上位映射水星、月亮、上升星座。

48、木星和太阳位于第 2 宫，代表勇敢、高贵、具有自由精神；土星和火星或者土星和水星落在第 7 宫，主贪婪、吝啬。

49、若盘主星逆行，同时位于果宫，命主性格懦弱，一事无成。

50、占星家论断人的本命要比分析气候容易得多，因为人的出生时间可以获知，但水汽何时聚集难以知晓。气候预测属于世运占星，有专业的论断方法。

51、太阳在狮子座,且狮子座没有其他行星,对命主有提升的作用,至少也是独立自立,具有动力和鼓舞精神,如果上升星座如此,更主鼓舞精神,非常理智。

52、如果上升星座是巨蟹座,月亮位于启动星座或双体星座,且位于果宫,命主易轻信、轻浮且变化无常。

53、金星位于火星舍、升星座,代表强烈的淫欲。

54、月亮位于宝瓶座或双鱼座,命主不会被上级、领导、上位者喜欢。

55、10宫定位星逆行离相位上升定位星,上级、领导、上位者会厌恶或反对命主;如果反过来,命主星逆行离相位10宫定位星,命主会厌恶其上级、领导、上位者。其他宫位定位星的类似情形也可由其各自代表的意义进行推断。

56、命主的上升星座及度数,如果与一座城市的上升星座和度数相同,则该城市利于命主发展,在该地能够显赫。

57、第2宫定位星入相位上升定位星,上升定位星为木星时,命主一生财运亨通。

58、当上升定位星与太阳吉相位映射,或东出于日,或会合第10宫定位星,命主会得到上位者、领导的喜爱,喜爱的原因根据上升定位星及其位置分析。

59、如果几个子女都经历了同样的吉凶事件,若事件发生在他们小时候,则他们父母的命盘上会有所体现;如果发生在他们老年时,我们可能断定其父母的命运非常强大有力,他们同化了子女的命运,并将父母命运的特质烙印在子女的命盘中。

60、火星位于启动星座,命主轻率而易怒;在巨蟹座最明显,在处女座最弱。在巨蟹座时,命主通常口舌愚笨不会讲话。

61、土星位于 12 宫代表痛风;土星在 6 宫代表持久的疾病或长期的牢狱之灾。一般 6 宫代表疾病,12 宫代表牢狱,也许这里是因为版本问题出现了错误。

62、如月亮位于火星和太阳之间,或者与它们合相,命主短命夭折。

63、月亮离相位凶星,命主在幼年成长中会遭受许多疾病,之后也会如此。月亮趋离相位对每一个命盘的分析都是十分重要的。

64、如果金星位于凶位且映射火星,则不吉,命主在情感中会遇到困难、受到伤害。

65、水元素星座,尤其是天蝎座,为叛徒。如果月亮是上升定位星,位于天蝎座,命主主会出卖或被证实背叛主人。如果同样的情况发生在一座城市的世运盘中,则当地人民会反对他们的统治者。

66、火星合相水星,很少主吉利,代表荒淫无耻,但是在艺术上会很勤奋,这说明最优秀的艺术家通常都是最差劲的人。

67、火星在 9 宫不吉时,代表命主为说谎者、无神论者。

68、如果水星位置吉利,但是月亮受损害,那么命主理解力很好,但是过于审慎小心。因此,这样的人虽然能给别人很好的建议、出谋划策,但是在处理自己的事情上比较愚蠢。

69、如果命盘上金星太强,并位于凶星位,命主会因为非法婚恋而遇到麻烦。

70、如果月亮、水星和上升定位星落入双体星座时,命主会沉迷于陈旧的观念、古怪的宗教观。

71、土星和火星互相映射,且太阳和月亮位于第 6 宫、第 8 宫或第

12宫,命主患有不治之症,一生受其所苦。

72、月亮于摩羯座位于天顶,土星或火星位于第4宫,命主声名狼藉;如果火星在金牛座,月亮在天蝎座,情况会更糟,一生会遇到很多麻烦。

73、金星与土星、火星合相,冲月亮,命主思想呆滞,却自以为是当自己是一个哲学家一样。

74、在论断命主职业时,先考虑东出于日的第一颗行星(不在日光下),如果同时还有一颗行星在天顶映射月亮,这颗行星为辅象;如果没有行星东出于日,则主要考虑天顶的行星;如果天顶没有行星,则分析天顶定位星,以及火星、金星、水星的位置;如果这些位置有多象,命主会从事多种职业或掌握多种技术;命主的工作行运主要受太阳返照盘的影响;如果与其出生盘相和谐,则命主该年工作愉快;反之,则工作不顺,或不合心意。

75、男命单身的主要原因是其命盘中月亮燃烧且合相土星;女命单身格局是某星燃烧,或太阳位于金牛座遭遇极大损害。

76、火星和水星位于凶位,且合相月亮,为盗贼、强盗之类;被土星映射,或位于第7宫,会受到应得的惩罚。当看到极其严重的犯罪表征时,观察凶星是否有力量,是否损害太阳、月亮或上升定位星;如果上升定位星燃烧,或月亮受到凶星损害,则命主会因为犯罪受到应有的惩罚。

77、月亮合相土星于四轴,纵然富贵也会变得穷困潦倒。

78、火星在第2宫,命主应小心从事商业活动,注意自己的商品。

79、命盘不利于富贵,但月亮合相吉利恒星,命主将会出人意料地变得强大,但是会再次变得穷困;要判断其程度,需要分析月亮的状态。

80、如果金星位于第 11 宫,水星位于第 12 宫,太阳位于上升宫,木星位于第 2 宫,土星位于第 6 宫,月亮位于第 9 宫,生平会有许多意想不到的大事发生,注定生平不凡。

81、土星、火星合相罗睺于第 4 宫,代表暴毙。

82、夜间出生,月亮离火星趋于土星,命主将遭遇很多麻烦,主要由女性引起。

83、土星、金星、木星和月亮与水星形成精确相位,命主富有学识,前提是土星或月亮都不能位于上升,不能有行星位于四轴,因为任何行星在轴都会造成智慧的障碍。

84、太阳游隼于天顶,与第 7 宫的月亮相刑,命主会成为其家庭或派系的领导,但是会暴毙。

85、在所有命盘中,都要仔细观察月亮舍升陷降、三方主等相关的情况,非常重要。

86、如果凶星位于轴,吉星位于续宫,月亮被燃烧,月亮定位星所在位置强吉,或者木星位于果宫而其定位星强有力。命主会摆脱贫困的境遇而富贵显达。

87、如果月亮、金星、火星合相,命主会是一个残暴邪恶之人。

88、木星居于上位但是稍微受损害,命主会损子女,但是能保全财产;如果木星居于下位且没有损害,则命主有子女,无财产。

89、当土星不代表暴毙时,如果它位于第 7 宫,或是第 7 宫、第 8 宫的定位星,命主将会死于忧伤。

90、凶星游隼于第 7 宫,且为上升定位星,代表命主妻子或敌人死亡。

91、如果命盘没有任何行星位于地平线上方,或位于命宫,命主不可能长寿或有大成就。

92、命主妻子的数目除了可以参考行星会聚或双体星座，也需要结合人生婚配的适龄阶段时月亮入相位行星的状态，配偶的死亡也需要考虑进去。笔者认为，需要注意月亮在主向限中的运行轨迹。

93、如果火星和水星损害第 7 宫主星，且居于上位，命主可能毒害、杀死其妻子或敌人，尤其是它们中任何一个在上升星座有力量时，则更应。

94、在女性的命盘中，火星在日光下，命主可能为娼妓或与地位低的人纠缠，若金星位置吉利，命主会与贵族、上层阶级的人谨慎交往。

95、凶星损害子女相关的宫位，如果只是轻微损害，命主可能会有孩子；如果损害严重，命主的子女会夭折；如果损害非常严重，则不育。

96、盘主星为凶星，没有映射子女宫；或盘主星是吉星，但凶映射子女宫，代表命主不爱自己的子女，未尽到父母责任等等。所谓盘主星（Almutem、Lord of Geniture）是命盘里面最显著、最有力量的行星。

97、水星位于地平线下方，代表学习能力强，利于科学、艺术等相关学习能力；水星位于地平线上方，代表口才好。

98、火星精确合相天顶，且不是上升定位星，即火星在上升星座处没有力量，命主晚年会被谋杀。

99、若命主的类象星在自己的命盘中位置良好，但在其父母的盘中不好，代表其命运多舛，一生辛苦，要到较大的年纪才能获得财富和荣誉，然后不断增长，从而获得大的财富和地位。所以人和人的命运有着很大的不同之处；同时间出生的人，命运也是不相同的。

100、命运多舛的格局：凶星合相并连结太阳或月亮；或凶星之一合相太阳或月亮；或月亮在日光下连结土星或火星；所有的行星都位于3、6、8宫；或凶星位于轴，太阳、月亮、吉星位于果宫；太阳、月亮位于果宫，其他行星全部逆行;太阳、月亮和两吉星全部受损害;只有火星位于地平线以上,而其他行星没有相位或不在四轴。

3)太阳返照盘格言:

1、返照通过五种形式完成:第一、太阳通过黄道回归本位,这种是最有效的;第二、其他行星类似太阳这样回归本位;第三、行星运行本轮的中心点在黄道的投影回归到本位;第四、行星在本轮运行轨道上投影在黄道,其投影回归本位;第五、行星彼此在星盘上开始连接的位置,行星通过运行重新到达这一开始连接的位置。

2、计都在本命盘中凶映射上升定位星,太阳返照盘中月亮加入,太阳返照盘第8宫定位星在本命盘中居于凶位,也同样映射之,则此年死亡。

3、凶星在本命盘中强有力,太阳返照盘中,月亮合相火星性质的强力恒星,命主会犯下过失杀人的罪行或类似的危险。

4、当太阳正好冲木星时候,太阳返照所产生的事情,可能会跨年行进,因为每一年都是前后连接的,因为本命盘才能决定返照盘中重大的实践,所以事态的发展进行并不受到日月的拘束。

5、当太阳返照盘与本命盘为同一上升星座时,代表本命盘所允许的某些事要发生,具体要看返照盘月亮是否回归本位,或者上升定位星在某处映射本命盘相同的星座,则更确。其实这种论断思路就是重叠象的加持,重叠象意会重点强调其意义。

6、太阳返照盘中的盘主星逆行,当它为内行星被焦灼时,或当它为外行星,被凶星影响时,则此年会发生一些危险。

7、返照盘中木星映射月亮或金星,它们中任何一个位于本命盘的角轴宫,则主当年结婚。

8、太阳返照盘中唯一的生命类象星在本命盘中衰弱,吉星无论在上升宫之外的任何宫内被焦灼，凶星在地平线上方映射上升星座、太阳、月亮，或者月亮位于地平线下方，此年没有任何疾病症状而死亡。

9、如果命盘的生命脆弱，当返照盘中三颗行星聚集时，则有明显的危险，尤其位于第6宫。

10、返照盘中金星六合水星，而本命盘同样的位置，水星与金星合相，则命主在该年会有各种淫邪念想。如果将之前的金星六合水星替换为金水合相，则命主会遇到他深爱的情人。

11、返照盘的外行星或其他行星连结本命盘的类象行星，会发生一些命定的显著事件。

12、返照盘中月亮连结土星，刑上升轴，主精神困扰，身体疾患。

13、在40岁后，月亮合相土星，或合相一个带有土星力量的行星，在返照盘中，它在6、7、8宫紧密合相土星相同纬度，或为盈月而冲土星或纬度相反，命主会得怪病而死。

14、本命盘的上升宫或月亮冲返照盘的凶星，命主会遇到很多麻烦，如果月亮与它们连结，则命主会对别人造成很大伤害，如果凶星为凶宫定位星，则损人也不利己。

15、根据每年的太阳返照，每月的返照和行星过运论断事情发生的特定时间段。

16、返照盘中，寿星到凶位或被凶星映射，健康方面会有致命的伤害。

17、任何一颗行星在返照盘中受到损害，其损害将会发生在它与星座定位星产生合相、刑冲时。

18、疾病主要与第6宫定位星的特性有关，实践中观察本命盘和返照盘第6宫内的行星和第6宫定位星。

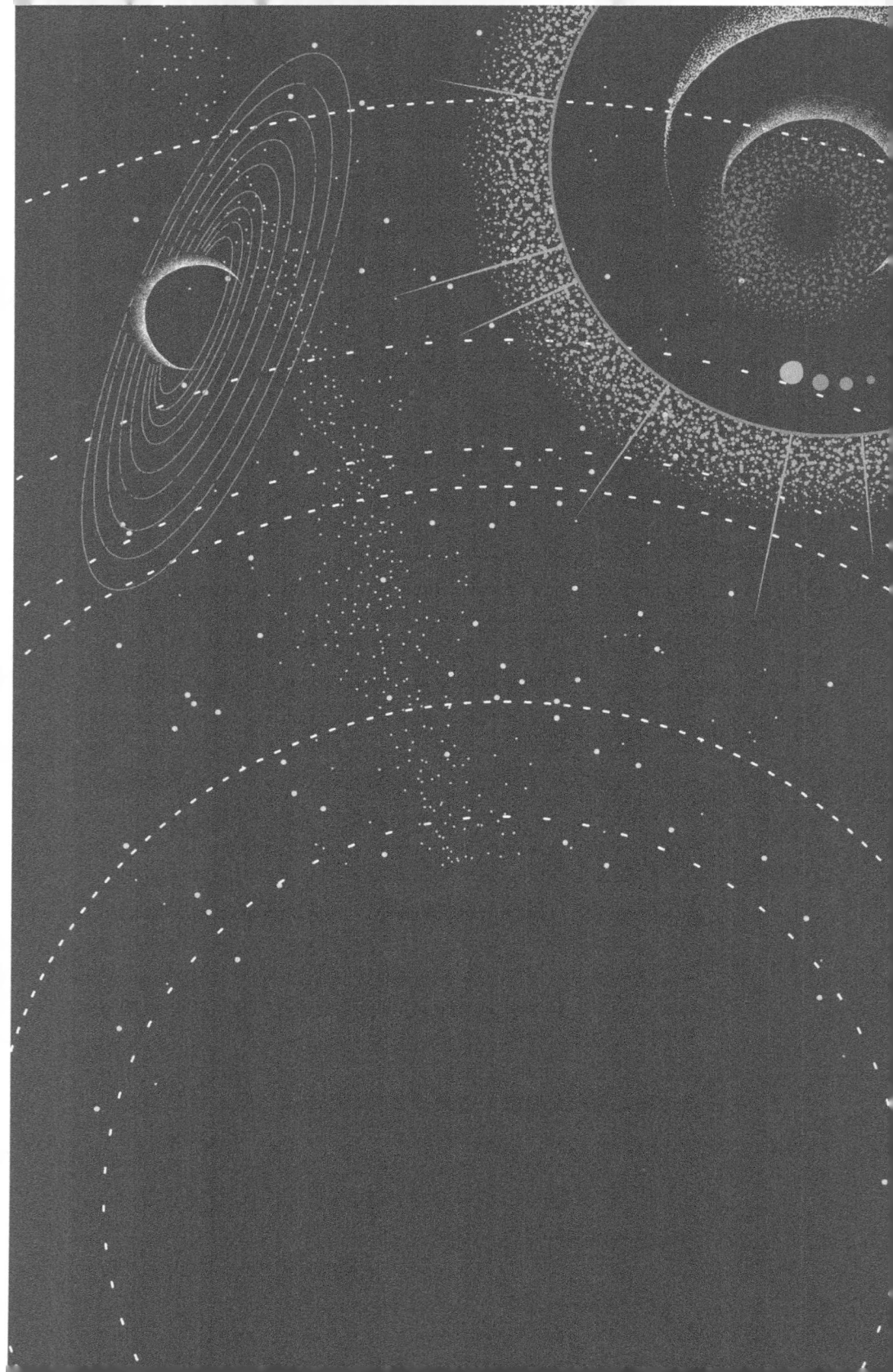

天文书第一类
（ 基础知识 ）

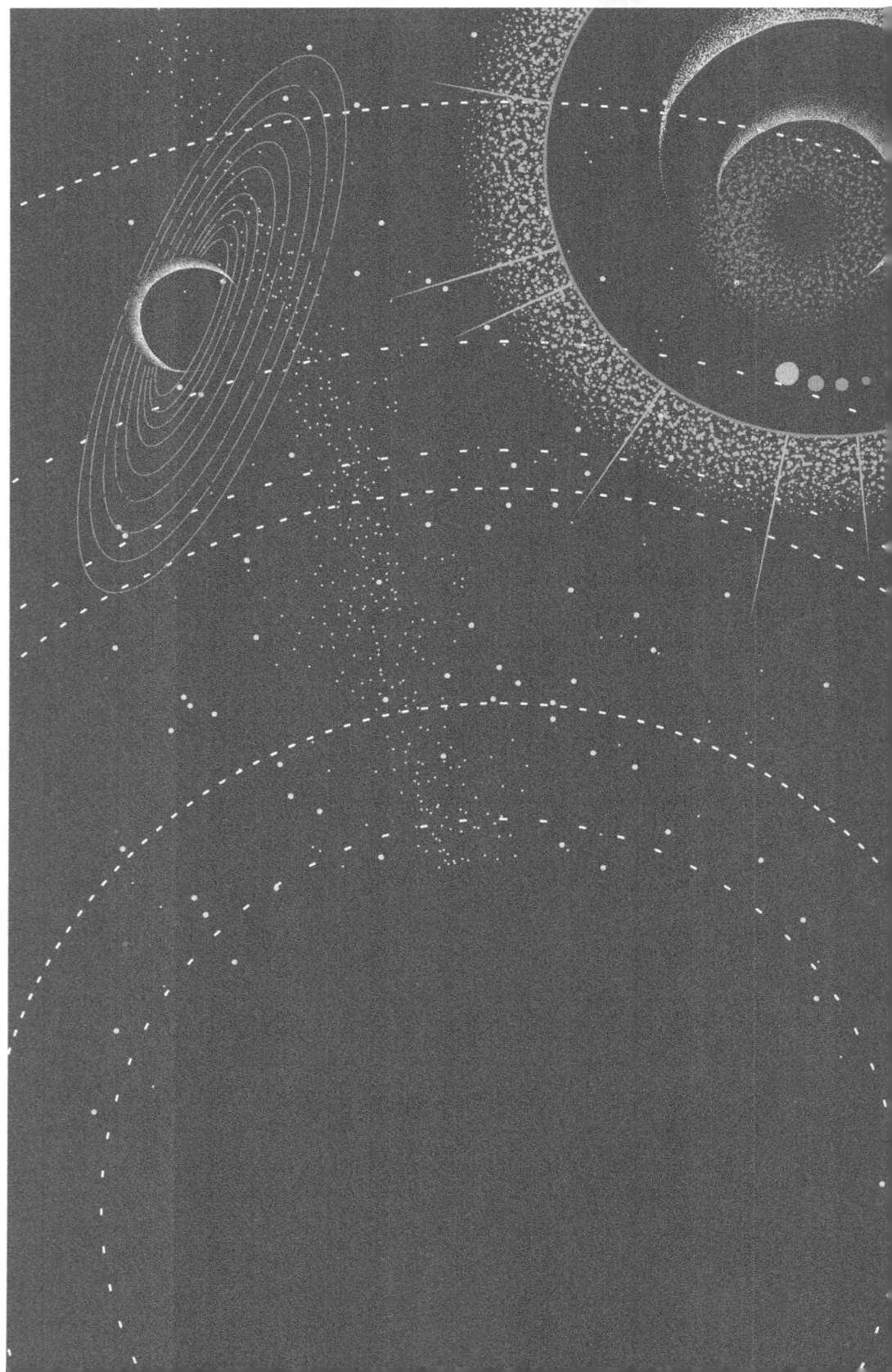

第一门　说撰此书为始之由

凡书中紧要之理,则备言之。其说有两等:

第一等说,要知天轮行度之法,必用浑仪,并测星之物,以算法推详其理,为此已撰二书在前,若人于此书精通,则知此为至高至实之文。

第二等说,天轮七曜,有吉有凶,应世上之吉凶,其吉凶云何,必有上文所言浑仪算法,体验而后知之。然非一定之理,间有不验之时,不可因其不验,遂废此书也。如太阳性热且燥,太阴性湿润,又如四时不等,寒暑不同,或雨多,或雨少,因各星与太阳相遇,或太阳与各星相遇在何宫分,或各星自相遇,以此故也。此是显然之理,自古相传至今,若人参透各星性情衰旺,及相遇度数,则知四时寒暑旱涝疾疫,又知人事祸福吉凶。既能先知,凡事可以预备。

注:《天文书》将天文占星知识为两类,第一类为实体观星,对行星、恒星的观测需要使用仪器和相关数学计算,并表示这一类已经写了两本书。第二类为占星术,根据行星特性、衰旺、格局、星座特性等等,能够预测命运、世运各种事体。

命运为什么能够准确预测?命运是否注定?我相信,很多术数、占星术学习者、甚至普通人心中都曾经思考过这类问题。大多人会根据自己接受的教育思想、公众认知去得出结论,这种做法其实是错误的,因为太过于主观,任何事物我们都需要有效的结合客观,才能够得出正确的结论。我们要得到准确的答案,就不能先入为主的思考,并且我们接受的教育是现阶段人类对于事物的认知,宇宙无限大,不能人为的圈

71

死宇宙,认为人类目前知道宇宙的一切,这样的做法是荒谬的,并且我们都知道,相对宇宙而言,人类的一切科技进步如同蝼蚁和井底之蛙一样的渺小,用有限的眼光去看待无限的世界,这是最不科学的做法。

首先我们讨论第一个问题。命运为什么能够准确预测?从占星术角度而言,这个问题已经被中外不同国度的古人反复讨论很多次了。讨论的方式有多种,有人根据自己的世界观进行诠释,也有人客观的从占星原理去论述。但是这种讨论都没有具体的结果,只能停留在思想层面,无法进一步深入具体层面。面对这个问题,我们须要思考命运是以怎样的形式影响我们的生命历程的,或者说命运又是怎样形成的。

从占星学专业角度而言,命运的形成其实就是环境影响生命。首先我们假设地球上没有生命,地球周围的行星距离、光线照射,以及地日关系、地月关系所形成的场域影响着地球。从我们的认知而言,这些会影响到地球的温度、气候、光线,有的会引起地球的物质规律,譬如月亮对潮汐的影响力、月经的影响力。这个时候我们需要思考,为什么地球有生命体出现?为什么有的星球上没有生命?很明显,地球的周围行星的场域状态,对生命体的诞生起到一定起到促进、影响作用的。既然这种场域影响的时间、空间、温度、光线和一系列规律可以创造出生命,那么它也会具备影响生命的其他规律。所以我们需要认识规律,根据已经认知的规律去推导结果。

关于以上认知,前人也都考虑到了。他们在这个基础上做了进一步的研究和分析,那么问题来了。这种环境场域的行星关系结构是否自然的?是否有第三方神秘力量在主导。关于这一点是未知的,因为我们无法知道太阳系是怎么形成的。整个太阳系是非常精密的宇宙空间系统,如果我们说宇宙就像一个精密仪器一样去创立各种精美的模式,我相信大家无法完全相信这一点,所以古人就将创建这个精美模型的力量称之为"神",这个神并非拟人化或者具有神话性质。到这一步,已经超出了人类所能了解的极限。也就是说,我们只能知道,这些不带有人性、情感的星球场域会作用于地球,产生生命,影响命运,这是我们人类能够认知的极限。

所以人类对于命运的认知,基于宇宙,同时受限于自己的认知方式,只能停留在一定层面。但是基于以上认知,我们可以知道,生命是被宇宙场域所影响,所以生命的活动规律也被宇宙场域规律所影响,而占星术或其他术数都是对宇宙场域规律的研究和总结,所以用这些规律去预测命运,能够准确的知道过去和未来。

命运是否注定? 既然我们知道宇宙的场域会影响每一个生命体,那么我们可以肯定,命运一定具有规律性。现代很多人喜欢提倡命运自由,我命由我不由天,所以有一部分人很反感宿命,但是我们做研究就必须客观,讲事实证据,而不能掺杂任何私人情绪。

我们都知道事物的发展有规律,譬如一个生物出生了就注定了一定会面对死亡,丝毫不能更改。一个人出生了,就注定了父母要养育他、培养他,每天都要呼吸空气直至死亡,将会面临语言、学习、成家立业、社交、衰老。所以中国术数中的十二长生就很好的诠释了这种规律。从简单的生活常识和理想思考,我们可以知道事物确实有注定的规律。所以万物都有注定的规律,这是一个基本常识,对于学习术数、占星的人而言,可能想从神秘学角度认知这个问题,或者想知道命运到底有多高成分的注定。

想知道命运的注定成分有多少,只能通过测量的方法。并且必须学习的人亲自完成。首先我们需要正确的学习方法,如果教条主义学习,是无法做到客观测量的,各种术数书籍的断语,都是古人将一些组合假设为最大力量化的情形下,将之提炼出来,得出结论以教授学者。这种假设是没有办法的办法,因为象意的组合千变万化,都以组合和力量产生结果,在传播知识的时候,只能假设最大力量或较大力量下体现的结果。如果学习者不懂这个背景,看一条就简单模拟使用一条,一定会出现不准确的情况。所以学者一定要严谨的学习实践,如果自己水平不够就确认注定的成分没有发生,这是不严谨的。

无论占卜还是命理,其广度是无限的,所以我们不能把精力全部耗费在人事的一切现象上,这样穷尽终身也无法探知命运的注定成分高低。笔者根据自己的经验提供几个思路,第一、可以在求测者提出占卜之前占卜出其要问的事情和发展规律,然后验证事实,这个做法对验证注定与否有极为深刻的意义。第二、找到命运中某领域的绝对规律,提前指出,去验证一切符合的命理。如果专业化程度高,做到这两点,可以有效检验命运的注定与否。

譬如笔者在本书后文中所总结双胞胎的规律,那么要验证很简单,任何多胞胎出生者可以排出自己的命盘来证明自己被注定或自己不被注定即可。

以上两种论证命运的注定成分的方法,仅供本书读者参考,大家可以根据自己的学习方法、进度,科学有效的进行相关论证,以达成自己的认知。任何不论证、不验证的得出结论的方法都是不科学的。

最后我们要说明一点,其实国内外从古至今一直有关于命运是否注定的探究。甚至很多外行人士也会从事实记录角度记录一些生活中的所见所得。在我国的二十四史中就记录了很多关于提前预知未来并且得到精准应验的事实,一些前人笔记中也有大量的记载。有大量的史实和古人笔记可以论证命理的注定，这些内容也可以作为参考。

我们举例古代圣贤的命理观，譬如孔子，在《史记·仲尼弟子列传》中记载，伯牛有恶疾，孔子往问之，自牖执其手，曰："命也夫！斯人也而有斯疾，命也夫！意思是说伯牛得了恶疾，孔子去慰问，从窗户外握着他的手说："都是命啊，伯牛你这样的人得了这种重病，这是命啊！"

《史记·仲尼弟子列传》孔子既没，弟子思慕，有若状似孔子，弟子相与共立为师，师之如夫子时也。他日，弟子进问曰："昔夫子当行，使弟子持雨具，已而果雨。弟子问曰：'夫子何以知之？'夫子曰：诗不云乎？"月离于毕，俾滂沱矣。"昨暮月不宿毕乎？'他日，月宿毕，竟不雨。商瞿年长无子，其母为取室。孔子使之齐，瞿母请之。孔子曰：'无忧，瞿年四十後当有五丈夫子。'已而果然。问夫子何以知此？"有若默然无以应。弟子起曰："有子避之，此非子之座也！"这一段纪录体现孔子能通过天文星象预卜气候，并且也会为他人进行占卜，其占卜水平非常高超。

在唐代张守节的《史记正义》中对其占卜记录的更为清晰，鲁人商瞿使向齐国，瞿年四十，今后使行远路，畏虑，恐绝无子。夫子正月与瞿母筮，告曰："后有五丈夫子。"子贡曰："何以知？"子曰："卦遇大畜，艮之二世。九二甲寅木为世，六五景子水为应。世生外，象生象，来爻生互内象，艮别子，应有五子，一子短命。颜回云："何以知之？内象是本子，一艮变为二丑，三阳爻五，于是五子。何以知短命，他以故也。"我们可以看到孔子对卦的解读十分精熟，并且结果十分精准。从孔子的言行和记录我们就可以发现，他是确认命运的存在的。

虽然古人已经有了无数的经验，但是命运定数的规律，每个人必须自己去印证，首先不要让自己的水平、认知屏蔽的自己的双眼，要用聪

慧的方法去验证真理！最后笔者强调，对于任何知识学问，我们如果想
要褒贬它亦或是否定它，首先我们要学习它，系统而深入的搞懂它，否
则我们任何人都没有资格去否定任何知识，当今很多人打着科学的旗
号否定一切，那么试问？是否学习了科学，就了解了万物，就可以直接
肯定或否定万物？如果是这样的话，这种科学观其实就是一种大迷信，
不需要学习、实践专业领域就可以否定专业领域，这是巨大的迷信。

第二门　说七曜性情

太阳性热，且燥。能热所照之物。

太阴性湿润，所照之物亦得滋润。

土星性寒，微燥。

木星性温和，又热而润，热多润少。

火星性极燥，极热。

金星性亦温和。又热而润，润多热少。

水星性不定，遇热则热，遇寒则寒，遇润则润，遇燥则燥。又说水星
属气，生风。

注：古典占星系统，建立在地心说的基础上。我们都知道，现代天
文认为太阳系有八大行星，按照离太阳的距离从近到远，它们依次为水
星(☿)、金星(♀)、地球(⊕)、火星(♂)、木星(♃)、土星(♄)、天王星(♅)、
海王星(♆)。八大行星自转方向多数也和公转方向一致，只有金星和天

王星两个例外,金星自转方向与公转方向相反,天王星则是与公转轨道呈 97°角"躺着"旋转。在古典占星中,并不使用天王星、海王星和冥王星,而是以地球作为作为中心,以七大行星为主体研究宇宙万物,七大行星分别是土星、木星、火星、太阳、金星、水星、月亮。

古人通过天球概念,从地球角度观测天体,定义了七大行星,并根据天球概念,以地球为中心,根据行星自身的运行轨道面,结合它们距离地球由近及远的位置规律,定义了九重天。

九重天中,第一重为月轮天、第二重为水星天、第三重为金星天、第四重为日轮天、第五重为火星天、第六重为木星天、第七重为土星天、第八重为三垣二十八宿等恒星,叫做恒星天,也叫岁差天,第九重为宗动天。

九重天的概念在占星术中是十分重要的,通过这种远近的划分,我们可以知道行星的排列次序,由远及近分别是土星、木星、火星、太阳、金星、水星、月亮,这种远近次序让人们发挥想象,根据这个原理,为行星类象进行了定义,并且九重天的概念,强调了每一颗行星自身的运行轨道,每颗行星在各自轨道内的影响力在占星术中也有相关表现,譬如每一颗行星的近地点和远地点。在整个占星术中,都是以地球为核心,通过人为观察,结合天文概念,进行人为定义,通过行星的远近、光度、色泽进行相关总结，汇总成为行星的吉凶概念，通过这些概念，古人认为，元素是影响行星吉凶特性的主要因素。

元素属于世界万物的基本构成要素。古希腊有四元素说，认为世界万物是由风、水、火、土四元素所构成。在古典占星术中，元素代表构成万物的基本单位，行星与星座都具有元素特性，元素之间的关系则形成了基本的吉凶特性，在吉凶以及具体细节的论断中都需要使用元素进行分析。

大约在公元前 6 世纪，一些早期的前苏格拉底时代的希腊哲学家提出，宇宙万物可以简化为一些基本原则。哲学家泰勒斯（Thales）认为宇宙的基本元素是水元素，阿纳西曼尼斯（Anaximenes）认为宇宙基本元素是风元素，而赫拉克利特（Heraclitus）则认为是火元素。

公元前 5 世纪，哲学家恩培多克勒斯（Empedocles）提出了一种学说，认为宇宙构成有四种基本元素，分别为土、风、火、水，他把这些称之为"根"。这四个根被后来公元四世纪的哲学家柏拉图（Platou）定名为元素。柏拉图的学生，亚里士多德（Aristotle）也采用了四元素的理论。但是亚里士多德并不认同恩培多克勒斯的一些观念，亚里士多德通过合并元素可以相互转化的概念来拓展了这一理论，他认为，每一种元素都有特定的对比性，并且认为，没有对比性就不会有变化。按照这一思路，亚里士多德赋予了每一种元素双重特性，即火元素热而燥，风元素热而湿，水元素冷而湿，土元素冷而燥。尽管每一种元素有双重特性，但是其中一种特性和该元素最密切，并居于主导的地位，即火元素主要体现热性，风元素主要体现湿润，水元素主要体现寒冷，土元素主要体现干燥。也就是说冷、热、湿、干四种独立、单一的特性，而四元素则属于复合特性的四种组合。在四种组合特性中，冷与热属于主动的，彼此对立的；干和湿属于被动的，彼此对立的；每一个主动特性都体现在自然之生气上；每一个被动特性都体现在自然之杀气上（如阴阳消息，生杀二气）。所以当热和湿结合，热作用于湿方面，就会产生运动、生长、生命，这与风元素的本性和谐；当热作用于在干时，就有硬化、休息、死亡之征，这与火元素的本性相谐和；当寒冷作用于潮湿的时候，两者都有节制和生存之意，与水元素本性相契合；当冷作用于干的时候，都代表凶性，代表消亡、过度，与土元素本性相契合。

大约公元前 300 年开始，斯多葛学派将四元素理论作为他们宇宙学的一个基本组成部分。他们与亚里士多德不同的地方在于，定义火元素为热性，风元素为寒冷，水元素为湿润，土元素为干燥。并且认为冷热相反，干湿相反。这个定义是比较重要的，它是希腊占星术中盛行的斯多葛学派的元素概念，而不是亚里士多德的。一直到中世纪，亚里士多德的元素概念重新出现，并取代了斯多葛学派的方法。在斯多葛学派的方法中，热和冷属于主动性质，湿和干属于被动性质。他们以火元素和风元素作为活跃元素，这就意味着它们必须受到冷热的支配，所以火元素分配为热性，风元素分配为冷性，这种思维更多考虑了阴阳特性根本，而忽略了一些变化特性，譬如季节的影响等等。总之斯多葛学派的元素说，将主动和被动置于最高的优先地位。

行星的元素性质会影响行星的特性。太阳，其性热而干燥，由于它的热力，它越接近天顶，我们就越感到温暖，并且它的升温过程是成熟而缓慢的；月亮性温润，因为它的球体距离地球很近，它能够受到从地球升起的水汽影响；土星性寒冷而微燥，这和它的球体距离太阳稍远有关，因此它受地球的湿润和太阳的高温影响产生了以上特性；木星性温和，热而湿，热多湿少，因为它位于土星和火星两个球体之间；火星性极干燥、极热,因为它的色泽更像火,并且它距离太阳很近;金星性温和,热而湿,湿多热少,之所以热是因为它距离太阳很近,湿润是因为它和地球的关系;水星性不定,随所遇到的行星、星座特性而发生变化,也有人认为水星属于风元素,因此主风,有人认为其性冷而干,罗睺性热而湿,计都性冷而湿。

需要注意的是,行星的冷、热、湿、燥的多少,都会影响到行星本身的特性。Ptolemy 认为,水星的本性有时候干燥,有时候湿润,因为它离太阳很近,因此有干燥特性,距离月亮很近时,它会有湿润特性。

第三门　说七曜吉凶

木星、金星,吉,性温和。因性温和,故吉。

土星、火星凶,土星性极寒,火星极燥热。因极寒、极燥热,故凶。

太阳、太阴二星吉,太阳与太阴,或与五星三合、六合则吉,相冲、相会并二弦相照则凶。

水星遇吉星则吉,遇凶星则凶。若水星独在一宫,与各星不相遇,则取所在宫分并主星为吉凶。

注:木星与金星,性质温和,所以为吉星;土星极寒,火星极为燥热,所以它们为凶星;太阳和月亮是吉星。太阳的吉利特性在于它能反映季节的变化以及它的元素构成,都能够代表生命体,因此为吉星,太阳在吉利方面要强于月亮和其他行星。论断太阳和月亮的时候,如果

它们和其他行星三合、六合则吉利,相刑相冲则凶。日月之间相冲、相会、或者日月刑,则凶(相会见本书中月亮黏合的概念);水星没有本性,遇吉星则吉,遇凶星则凶。当水星单独位于一个星座,并且未遇到任何其他行星映射时,则根据所在星座性质(元素特性)、所在星座的定位星,论其吉凶。Abū Ma'shar 在其著作中为吉凶星的自然吉凶力量做了排序,吉星自然力量从大到小为太阳、月亮、木星、金星、水星,凶星自然力量从大到小为土星、火星。

归纳而言,吉星有太阳、月亮、木星、金星,凶星有土星和火星,水星为中性行星。

第四门　七曜所属阴阳

太阳、土星、木星、火星,属阳。

太阴、金星,属阴。此二星润气多,故属阴。

水星遇阳星则为阳,遇阴星则为阴。

又一说水星在太阳前出为阳,在太阳后落为阴。

又一说水星在人安命宫至第十宫为阳,对宫至第四宫,亦为阳,其余六宫属阴。

注：七大行星各有阴阳特性。太阳、土星、木星、火星为阳性行星,月亮、金星为阴性行星,它们的阴阳特性和其本性有关,湿多于热者为阴性,热多于湿者为阳性,由于月亮和金星的特性比较湿润,因此属于

阴性。水星本身无阴阳特性,随遇而安,遇阳星则为阳,遇阴星则为阴。

有人认为,水星在太阳前方东出,则为阳星,在太阳后方西入则为阴星。还有人认为,水星位于上升轴和天顶轴之间的第 1 象限以及下降轴到天底轴的第 3 象限,则为阳星。在天顶轴到下降轴之间的第 2 象限、天底轴到上升轴之间的第 4 象限,则为阴星。

以上为基本概念,这个概念我们再深化一下,一般水星无性别,它在阳性星座,则为阳星,在阴性星座则为阴星;遇到阳星,则为阳性,遇到阴星,则为阴性。另外,行星的性质是可以发生转换的。

当阴性行星转换为阳性行星,有四种方式,第一种、当该行星东出于日(15°内);第二种、位于第 3 象限;第三种、位于第 1 象限;第四种、位于阳性星座或北方星座。

当阳性行星转换为阴性行星,有四种方式,第一种、当该行星西入于日(15°内);第二种、位于第 4 象限;第三种、位于第 2 象限;第四种、位于阴性星座或南方星座。

北方星座为白羊座~室女座,南方星座为天秤座~双鱼座。当行星落于阳性星座,阳性象限,有助于男命出生,主任性、勇敢、男子气概,也会让女命变得无耻、勇敢、任性,甚至在性关系中扮演男性角色;行星落于阴性星座、阴性象限,则使男命柔弱如女,表现懦弱、胆怯、女性化,或者被阉割,使女命变得眉眼低垂,害羞谨慎,更加女性化。一般而言,西入和逆行行星会让人缺乏行动力,凡事怠惰,所应迟晚。也有人在行星阴阳特性中使用黄纬,北纬为阳性,南纬为阴性。

第五门　说七曜所属昼夜

太阳、木星,属昼。因二星性皆热,故属昼。

太阴、金星,属夜。因二星性皆润,故属夜。

水星,遇昼星则属昼,遇夜星则属夜。出太阳之先为昼,落太阳之后为夜。

土火二星,比其余星异常。土星性寒,却属昼;火星性热,却属夜;故曰异常。然土星性寒属昼,昼热则温;火星性热属夜,夜寒则亦温;因此得其平和,故万物发生。若土星性寒,又属夜,则极寒;火星性热,又属昼,则极热;如此则不得平和,万物不生。

七曜中,阳星属昼,阴星属夜。唯火星不然,火星乃阳星,却属夜。

注:行星按阴阳性质划分,可以分为阳星和阴星。按昼夜划分可以分为昼星和夜星。论日月五星特性,凡热胜于湿者为昼,湿胜于热者为夜。太阳和木星,这两颗行星的性质都为热性,因此属于昼星;月亮和金星,这两颗行星的特性都为湿润特性,因此属于夜星;水星无定性,遇到昼星则变为昼星,遇到夜星则变为夜星,东出则为昼星,西入则为夜星;火土二星比较特殊,土星性寒,却属于昼星,火星极热,却属于夜星,因为土星性寒,而昼间属于热性,寒热中和,则土星变得温和。火星性热,而夜间属于寒性,寒热中和,火星在昼间也变成温和特性,因此我们可以得知,夜间的土星会变得极寒,昼间的火星会变得极热,这两种情形下的火星和土星都为凶性显化。

行星的昼夜特性是非常重要的,术语上将昼夜特性命名为星宗,按昼夜特性将行星分为昼宗和夜宗行星。

注意：本书大部分断语中涉及的"星宗"，"合星宗"、都指的是昼生盘的昼星，夜生盘的夜星以及行星入域，因为星宗与行星入域，本身属于一种时间加空间的综合评判行星力量的系统（有关行星入域见本书后文内容）。

第六门　说各星离太阳远近之性情（行星类象）

太阴与太阳相会后，至上弦性润；上弦至望，性热；望至下弦，性燥；下弦至再会，性寒。

土、木、火三星，与太阳相会后，至第一位留处，性多润；自第一位，至与太阳相冲时，性多热；自相冲处，至第二位留处，性多燥；自第二位，至与太阳再相会时，性多寒。

金、水二星，与太阳相会后，至第一位留处，性多润；自第一位逆行后，复与太阳相会时，性多热；自相会后，至第二位留处，性多燥；自第二位顺行后，复与太阳相会时，性多寒。

星有性寒、性热、性湿、性燥。各星或三合，六合，相冲，相会，四正等处相遇，并有力、无力，所以天之气候，有不同也，推算者宜仔细详之。

注：地球上生活着人类，而人类的生命起源离不开太阳，太阳的运行规律，就是阴阳变化的根源。太阳和月亮作为一对阴阳，影响万事万物的变化规律，因此在占星术中也以日月为体、为君，五星为用、为臣。

五星和太阳、月亮之间的运动相关联，就成为了影响五星阴阳变化的关键。

行星距离太阳远近会产生相应的一些变化，譬如速度、特性、视觉形态等等。太阳和月亮之间的运动规律，产生了月相变化，影响到月亮的元素特质发生变化。朔月时候，日月相交，从这个时间点到月亮上弦，月亮为润性；从月亮上弦处到望月，月亮为热性；从望月到月亮下弦，月亮为燥性；从月亮下弦到日月交，月亮为寒性。并且，每一颗行星在离开太阳的时候，都会加速前进，在接近太阳的时候，就会减速慢行。

木星、火星、土星这三颗外行星，从与太阳相会，到第一次停驻，性多润；从第一次停驻到又与太阳相冲处，性多热；从与太阳相冲处到第二次停驻处，性多干燥；从第二次停驻到与太阳相交处，性多寒。

金星和水星这两颗内行星，从与太阳相会，到第一次停驻，性多润；从第一次逆行后到又与太阳相交，性多热；从与太阳相交处到第二次停驻处，性多燥；从第二次顺行后，到与太阳相交，性多寒。

行星有寒、热、湿、燥的变化，各行星通过合相、六合、三合、相冲、相刑等相位产生映射，或有力，或无力，因此气候变化也是不同的。

下面笔者详细列举七大行星和罗睺、计都的单星类象与组合类象。

一、行星类象

选自 Valens 和 Dortheus 的著作，同时参考其他作者的观念。内容如下：

太阳

本命盘中的太阳是由炽热和智慧之光组成，其本性热而干，代表心灵感知的器官。代表王权、权威、统治、才能、智慧、美貌、行动力、财富、神谕、审判、从事公共事务、行动、对群众的领导、父亲、管理者、友谊、声誉卓著、官职、高贵人物、荣誉、大祭司、国家或地方的掌权者。

人物形象：Māshā'allāh 认为，太阳的特征是皮肤白里透红，眉形弯曲，仁慈，眼睛并非全黑，圆脸，身材好。

身体部位：头部、右眼、心脏、肋骨、神经、呼吸、感知运动。

魔法占星宝石：钻石、红珍珠，所有红色的、闪闪发光的、清澈的宝石，还有部分赤铁矿、红宝石、黄金。

精神：紧张。

物质：黄金、小麦和大麦。

星宗：昼宗。

颜色：柠檬黄。

味道：苦。

说明：希腊医学认为心脏和神经是生命循环的一部分。Porphyry在其著作中认为太阳代表男性的右眼和女性的左眼。

Dortheus 认为，当太阳、月亮位于木星星座或木星界，或两者皆如此，代表命主以正当手段获得富贵，会与兄弟的女人发生性关系，甚至与母亲发生性关系，女命也是如此，会与母亲或姊妹的男人发生性关系；太阳位于火星星座或火星界，会有重疾，但是仍然能享受充裕的生活，工作上有能力，有行动力，权势之人；太阳位于金星星座或金星界，命主为预言家，远见卓识，博学多闻，擅长天文学或占星，体质偏湿，生性易怒；太阳位于水星星座或水星界，命主意志坚定，有行动力，为保守秘密、个性忠诚、或沉默寡言之人，但是命主会被疾病或潮湿所苦。

Dortheus 强调，当行星位于其他行星星座的时候，参考此处论断时需要注意，如果行星同时在某行星星座以及某行星界，则以上断语更准，换而言之，如果位于 A 行星星座，位于 B 行星界，则会带有混合型意义，论断时候，需要注意。

月亮

月亮借太阳光的反射而发光，其本性冷而湿，代表人的生命、身体、母亲、受孕、美丽、外貌、视力、女神、同居或合法婚姻、养育、年长的兄弟姐妹（主要代表姐姐）、家务、管家、女王、家庭主妇、财产、财富、城市、集会、收益、支出、流言、家庭、航海、旅行和流浪。

人物形象：Māshā'allāh 认为，月亮代表皮肤介于橘色和黑色之间，即褐红色。全身皮肤较偏红，身材矮小，粗腿、卷发、秃头，身形佳。Dortheus 认为，论断太阳和月亮的时候，要考虑什么行星与其合相，或它们所在位置内，什么行星更有力量。太阳本身代表头发褐红，眼睛褐色。

身体部位：左眼、胃部、胸部、乳房、性器官、呼吸系统、脾脏、硬脑膜、骨髓、它会引起水肿或潮湿综合症。有人认为，月亮代表男性的左眼，女性的右眼。

魔法占星宝石：五金为银，为银灰岩、珍珠、部分水晶、蓝宝石、玛瑙、石英。

物质：银器、玻璃。

星宗：夜宗。

颜色：浅绿色。

味道：咸。

Dortheus 认为，月亮位于土星星座或土星界，命主经历千辛万苦，难以找到工作，或工作不顺、身体虚弱、不名誉之人；月亮位于火星星座或火星界，则勇气十足、意志坚定、夺取他人财产、不正义之人，也有些人会成为军事行业的领导（需要注意行星的力量、星宗，以及是否吉星映射);月亮位于金星星座或金星界,命主长相俊美,生性快乐,眼睛漂亮,举止得宜,尤其位于人形星座更应。也主命主生性放荡,并因此享受荣华,会在享有富贵的同时,成为不名誉之人;月亮位于水星星座或水星界,命主聪明,能够成为作家,并从工作中获益,命主为双性恋,子女稀少。

太阴历的概念

月亮在古典占星中居于特殊地位,并且月亮周期能够推衍成历法,我们称之为阴历,阴历也称为太阴历。我国农历不属于此类,但生活中人们习惯将农历称之为阴历,因此请勿混淆。

太阴历,是以月亮的圆缺周期(即朔望月,等于 29.530588 日)为一个月,积 12 个月为一年。它完全不考虑太阳的周年视运动规律,因而阴历的日期不能显示四季冷暖。这种历法实用价值太小,现除伊斯兰教外,已弃置不用了。

在 Valens 的著作中讨论月相时候,使用太阴历,以一个月 29.5 天,一年 354 天为标准。这种历法计算方式,我国称之为平朔。平朔是古代中国阴阳历中,确定每月第一天(初一、朔日)的一种计算方法,也称为恒朔。根据月相变化周期的长度(朔望月=29.53059 天),尽量将新月("朔")出现的当天作为初一,然后配置大月(30 日)、小月(29 日)。

平朔的计算方法没有考虑到日月的运行差距,这样定出的历法存在偏差,真正的新月("朔")有时可能会出现在前一月的最后一日("晦日"、廿九日或卅日),有时会出现在初二。这种情况下,日食会出现在晦日或者初二,后来的历法中导入了定朔的方法。

平朔法一直用到唐初,唐武德二年,傅仁均造戊寅历才用定朔,后由于贞观 19 年 9 月以后,有四个月连续是大月,历家认为这不是正常现象，所以又恢复使用平朔。到了李淳风的麟德历再用定朔，一直沿用至今。通过以上我们可以得知，其实平朔并非真实天象，因此会产生相关的偏差。后来产生的定朔，其计算规则是，将太阳黄经和月球黄经相同（日月合朔）的时刻称为"朔"，将含"朔"的当天称为"朔日"，作为每月的第一天（初一）。我国古代历法家以日月黄经度相等的时刻定为朔。以这天为朔日，称定朔。定朔较平朔更为精确。南朝宋何承天首倡，唐初始采用。

在平朔的这种理论背景下，月亮在天空中存在可视阶段周期，月亮在一个月第一天出现 0.8 个小时，第二天出现 1.6 个小时，想知道每天月亮出现的时间周期，以新月为第一天，计算当天是新月后第几天，然后乘以 4，再除以 5。譬如新月后第 15 天为满月，15 乘以 4 等于 60，60 除以 5，等于 12，说明满月在天空会持续出现 12 个小时。

月亮的特殊性

月亮在古典占星中极具特殊性，因为它围绕地球转动，距离地球最近，与地球的关系最为密切，所以月亮能够代表地球上一切事物的成长规律。月亮通过月相变化，从新月到满月，从满月到亏月体现了万物的消长规律，揭示了万事万物从生到灭的规律，所以在古典占星中利用这一规律，以月亮代表各种事物、各种命运的开端和行进历程。在命理占星中，月亮为身星，如果说太阳为阴阳之体，月亮就是阴阳变化之用，所以月亮的一切状态，关系到人类命运从生至死的全部历程。

月亮在占星应用中，有很多特殊的地方。除了和其他行星的相对运动会产生的东出西入关系外，它所涉及的还有出生前的新月和满月、三日宫、月相、盈月、亏月、月亮黏合、紧密度数相位、月日关系、月亮趋离相位、月亮空亡等等，这些用法都非常重要并且有些用法具有一定的

独立性。鉴于月亮的特殊性,我们专门列出月亮的系列专题如下:

1、月相及其论断意义

月相是指天文学中对于地球上看到的月球被太阳照明部分的称呼。月球绕地球运动,使太阳、地球、月球三者的相对位置在一个月中有规律地变化。因为月球本身不发光,且不透明,月球可见发光部分是反射太阳光的原因。只有月球直接被太阳照射的部分才能反射太阳光。我们从不同的角度上看到月球被太阳直接照射的部分,这就是月相的来源。

月相的变化依次为新月(也称"朔")(初一)→蛾眉月→上弦月(初七、初八)→凸月(渐盈凸月)→满月(也称"望")(十五,十六)→凸月(渐亏凸月)→下弦月(二十二、二十三)→残月→新月(初一)。月球绕地球公转一周,月相由朔到下一次朔所经历的时间间隔,即月相变化的周期,叫做朔望月。

在古典占星典籍中,Paulus of Alexandria 将月相分为 Conjunction(新月)、Coming forth(初月)、Rising(蛾眉月)、First crescent(上弦月)、First half(渐盈半月)、First gibbous(渐盈凸月)、Full moon(满月)、Second gibbous(渐亏凸月)、Second half(渐亏半月)、Second crescent(下弦月)。也有人将之增至 11 个相位,增加了 Nearly full moon(接近满月)

新月,即日月同度,为新月状态;初月,月亮开始进入渐盈状态,为月亮超过太阳1°后的状态;娥眉月,月亮超过太阳15°的形态;上弦月,为月亮随后至离日60°范围的形态;渐盈半月为月亮之后离日至90°的形态;渐盈凸月,为月亮随后至离日120°的形态;接近满月,为月亮经过太阳六个星座或150°的状态;满月,为月亮距离太阳180°的形态。经过满月后,月亮进入渐亏状态;渐亏凸月,为月亮接近太阳 120°时的形态;渐亏半月,为月亮接近太阳 90°时的形态;下弦月,月亮接近太阳 60°时的形态。

Valens 在其著作中指出,科学观察一般将月亮分为七种相位,但是他发现有 11 种相位,分别为新月、初月(距日 15°)、上弦月(距日 45°)、渐盈半月(距日 90°)、渐盈凸月(距日 135°)、满月(距日 180°)、渐亏凸月(距日 225°)、渐亏半月(距日 270°)、下弦月(距日 315°)、晦月(日月合度,距日 345°~360°),第 11 种相位,为初入亏月状态(黑月)。Valens 指出,每一个相位都有其实际论断的意义。

新月,象征着等级和权力,君主和专制,所有关于城市的公共事务,代表父母、婚姻、宗教和所有天体宇宙,以及宇宙中的事物。新月的定位星、纬度、月亮的运动轨迹都代表着以上相关事体。

初月,主生活、职业和未来财富。此外,通过新月,它强化了物质性。娥眉月的定位星代表了一种整体影响,就像每月的月亮周期或者宇宙周期一样,月亮的第一次显化,标志了整段周期的行进。水星的影响力会一直持续到月亮周期第 4 天。

上弦月象征着生活中的养育和期望、以及妻子和母亲的相关情况。水星的影响持续到月亮周期第 8 天。

渐盈半月,主伤损、疾病、暴力事故,也代表子女、地位、吉利的事情到来,金星影响这个周期一直到月亮周期第 12 天。

渐盈凸月,代表着繁荣、未来的成功、旅行和亲缘关系。日月共同主宰到月亮周期第 14 天。

满月象征着名声和恶名,以及旅行和暴力事件;象征着从显赫地位跌落的人;也象征着那些从卑微的地位上升的人;象征着亲密关系、激情、政治对立、父母的亲密关系。这个月相阶段有下降轴意义的色彩。

亏月状态，也称之为减光，主资源减少、职业冷退、变得卑微、突然的衰落。这一阶段与下降轴之后的宫位具有同样的影响力。火星是它的主宰，直到月亮周期第 21 天。

渐亏凸月，代表出国旅游、重大活动、繁荣、成功。它的影响和第 9宫一样。木星为其主宰，一直影响到月亮周期第 25 天。

渐亏半月，代表老年运、慢性病和子女。土星为其主宰，一直影响到月亮周期第 30 天。

下弦月，代表妻子的死亡、失业或被抢劫。

晦月，代表枷锁、监禁、秘密、谴责和耻辱。

观察命盘中月相所处阶段可以使用以上意义进行相关分析。

Rhetorius 也提及以上月相，他认为有必要考察这些相位所在的宫以及定位星的位置。月相所在的宫应早年，定位星应后期。月相与其定位星位于凶宫，被凶星映射，则出身低微；位于角宫，吉星映射，则出身良好；如果落入吉宫、有效星座，定位星位于凶位，被凶星映射，则出身良好，后期情形颠倒，转吉为凶，其余可以类推。

新月、渐盈半月被土星映射代表流放。满月与渐亏半月被火星映射，代表公开流放或因为流放出名，尤其位于固定星座。位于双体星座代表频繁，位于启动星座代表因为流放而出名。如位于角宫，代表从大富贵中跌落；位于续宫，代表忍受别人的凌迫；位于果宫，被驱逐、折磨、蹂躏，被暴力杀害。

古典占星也将月亮在一个月时间内与太阳交汇的整个周期分为四个阶段。我们图示如下：

在月亮周期的四个阶段中，主要以新月开始的盈月和满月开始的

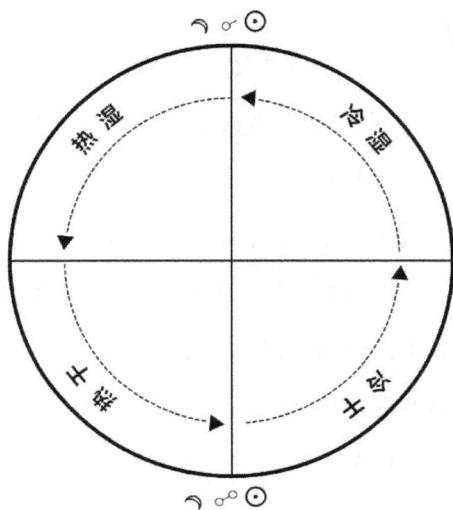

月相四阶段

亏月作为主要分界。在盈月开始第一阶段中,月亮的特性是湿热,固有的特性是湿,但是当月亮在这一阶段中于运行轨道中远地点位置升高的时候,则热强湿弱。当从远地点下降时,则月亮的湿性会起到更大的作用;在月亮的第二阶段周期中,其特性是热干,月亮于远地点上升,则热干过度,月亮于远地点下降,则是适度的热湿;在月亮的第三阶段周期中,其特性是冷干,固有的本质特性是干,当月亮于远地点上升时,则干变的更为强烈,冷会变弱。当月亮于远地点下降时,冷就会更支配月亮;月亮在第四阶段周期中,特性冷湿,固有特性为冷,当月亮于远地点上升时,则冷多湿少,当月亮于远地点下降时候,则湿多冷少。

2、月亮入 12 宫断语

此处以 Firmicus Maternus 在其著作《Mathesis》中论述的月亮论断的内容作为主要参考资料。由于其内容有所缺失,笔者会根据其他古籍参订增补。

夜间盘,月亮落入 Asc,并且为盈月,位于有力量的星座,代表好运剧增。命主在兄弟排行中为老大,这个排行不仅意味着年龄,也意味着成就。白天生人,则命主能成为大船的领航员。如果白天出生的命盘,月亮位于 Asc,火星、土星位于四轴,它们彼此刑冲或与月亮合相,命主会成为海盗,以野蛮、残酷、暴行而闻名,或者命主会被任命为掌控生杀职权的政府法官。这种情形下,月亮合相凶星,吉星未映射,则代表被弃养、夭折,或者生命结局不好,或代表暴毙。

月亮位于第 2 宫,夜间生人,代表命主出名、奢侈、快乐,后运能够获得更多的财富。白天出生,代表父母死亡、离婚,并且会因为各种损失减少财产。有些命会不断旅行,在许多地方工作生活,他们的生活会受到一些外在力量的支配。如果亏月于此,土星位于上升轴或上升星座,眼睛会因为突然受伤而失明,火星位于上升轴或上升星座,会使命主关节疼痛,脱臼、骨折以及持续疼痛的痔疮。

月亮位于第 3 宫,母亲出身低微或者有耻辱污点;月亮合相木星于第 3 宫,代表命主吃国家饭,享受国家津贴福利。月亮与木星合相于第 3 宫,水星又与其产生相位连结,命主会成为女神的高级牧师或强大的宗教牧师,或财政官;当金星与月亮位于第 3 宫时,命主将从事油漆、染料、香水、葡萄酒、花卉相关的职业;夜间生人,月亮与土星单独出现在第 3 宫,命主为懒惰之人,得不到自己想要的东西,对宗教发表亵渎言论,会因为神的愤怒而遭受最大不幸;白天生人,月亮、水星、火星一起出现在第 3 宫,亵渎神明,掠夺寺庙,为不公正、不虔诚、不信教之人,也可能是杀人犯。

月亮位于第 4 宫,白天出生,母亲出身卑微却富有,因为丈夫而幸免于难,太阳不在 Asc,则代表会从事商业买卖。如果其星座定位星位于果宫,则母亲一定成为奴隶,也代表命主痛苦的死去,父亲的论断使用太阳,可以参考此理。如果土星位于其他轴,金星位于下降轴,母亲从自由堕入奴役,有时候会成为俘虏。夜间盘,盈月于此,代表母亲尊贵、富裕,命主财富不断增加。如果太阳位于 Asc,或昼土夜火位于 Asc 而太阳不与之同在,则主权贵。

月亮位于第 5 宫,夜间盘最吉利,代表领导、杰出、幸运,从父母那里得到好处,不受火星、土星的影响则更确。昼间盘,代表出国旅行,远离父母,或代表孤儿,后运命主会走向幸运。

月亮位于第 6 宫,代表来自动物的财富。月亮的 12 分部位于第 6 宫,会损害命主,母亲出身卑微。太阳的 12 分部位于第 6 宫则父亲出身卑微。太阳、火星、月亮搭配位于第 6 宫,则损害视力。月亮在第 6 宫也代表脾脏疾病,如果满月趋于火星,为瘸跛之象。

月亮位于第 7 宫,代表外国旅行,来自潮湿、水域、强盗之类的危险,或者被奴隶、生病的人所虐待,尤其月亮合相凶星尤应,则其凶不可避免。夜间盘,代表人生变动、国外旅行,晚运会增加资产。

月亮位于第 8 宫,除了月亮之外,所有的行星都不喜欢在第 8 宫,但是月亮的条件也仅限于夜间生人。如果夜间盘,盈月位于第 8 宫,木星三合或六合月亮,没有凶星映射月亮,月亮位于舍升星座,或位于金星、水星、木星星座或相关界,为大吉之象,代表财富、辉煌、富贵。

月亮在第 9 宫,代表在国外显扬,会以某种方式从神的庙宇中受益,会被委托处理妇女的商业事务。代表优秀的商人,敬畏神灵。昼间盘,代表住在异邦,生活漂泊不定,缺乏安全。代表不体面的住在寺庙里,或者是寺庙的仆人,献身于神之人或忏悔之人,火星、土星映射尤应。

月亮位于 Mc,夜间出生,月亮于舍升等有力量的星座,也就是月亮增光之时，木星吉映射保护着它，命主会成为极品富贵之人，掌握生杀之权。也代表普通的领事馆。如果月亮位于天顶轴前后的两宫内，在Mc 的度数附近，则代表领导、军官、行政官员。如果月亮与 Mc 同一星座，则大贵，且代表各种好运，当土星位于任何轴上，则代表嫉妒和频繁的不幸。白天出生，月亮位于 Mc，则生活、职业处于中等水平，经常被欺骗。当太阳位于上升轴，且位于舍升星座，或位于木星星座，则为大贵之象，但是他们的管理是比较可怕的。这种情形下，木星通过吉映射保护日月，则为帝王极品富贵之命，在好运和正义方面非常强大，只是所有人都会战栗不安的看待他们。

月亮位于第 11 宫，类似于第 5 宫，前文已叙述。

月亮位于第 12 宫，夜间盘代表生命短暂，如果木星或金星位于Asc，代表一定的权威和好运。如果火星或土星位于 Asc，代表命主及其母亲会面临诸多不幸、灾害、疾病。当没有行星位于 Asc，昼间盘月亮位于 12 宫，代表财产破耗、悲惨事故、旅行。夜间盘代表穷苦出身，从事劳作苦力，干脏活累活，习惯被欺骗和危险之人。也代表因旅行不便而造成身体缺陷之人。

我们有必要仔细研究月亮的 12 分部，观察其 12 分部所在界，这样行星所隐藏的任何意义将无所遁形。巴比伦占星技术中将占星术最高权利赋予了 12 分部，而托勒密则将之赋予映点星座，我们要两者并重。

3、月亮在福点星座的论断

月亮在福点所在星座，趋于木星或与木星合相，代表领导、管理、荣耀与好运；月亮趋于金星，或与金星合相于福点星座，代表因为优雅、魅力获得荣誉；盈月于此，趋于水星或合相水星，代表快乐、聪明、尊贵、地位、财富；亏月入相位水星或合相水星，代表疾病、痛苦和不幸。昼生人，月亮趋于火星或合相水星，代表苦难，命主生计与火、铁、生硬事物有关。夜间盘，代表军事服务、领导战争、运动员，具体根据星座特性论断，也代表以勇气能力管理他人、超越他人。夜间盘盈月趋于土星或与土星合相，耗损父母遗产，母亲或为寡妇，或饱受病痛折磨，或死于暴毙，命主早年悲惨辛劳，随着时间的推移，后运开始幸运。昼间盘月亮趋于土星或合相土星，则很快失去双亲，遗产破耗，后运吉利。如果是夜间盘亏月，也代表类似的事情。夜间盘亏月如此，代表疾病、痛苦、不幸、暴毙、被剥夺。

当福点位于 Mc 所在的第 10 宫，或者 Mc 所在的第 11 宫（此处为等宫制用法），盈月于此趋于土星或合相土星，太阳位于 Asc，代表富贵、荣耀、极大权力，也会给人带来疾病灾害。太阳不在 Asc，则论断如同上文之前所述。但是，当昼间盘，盈月位于此宫，趋于太阳或合相太阳，代表行政官员、法官，如果木星映射，则更代表权职。昼间盘亏月在此宫，趋于太阳或合相太阳，代表晚运获得权力、荣耀和地位。夜间盘亏月在此宫，趋于太阳或合相太阳，早年卑微，总是被欺骗，后运获得财富、地位和权力。日月同度位于福点宫，或与太阳同度于命盘其他宫，月亮没有从太阳的束缚中获得自由，代表命主早年卑微、灾险，在经历重大损失后，晚运获得丰富的资产。

当本命盘月亮与福点和精神点会合或三方映射时，利于命主的成长和运气，代表长相俊美，四肢健全，如果月亮与这两点均反厌，则不吉。在观测月亮的时候，不仅要观测出生时候的月亮历程，还需要观察出生后第 3 天的月亮相位关系，与某星合相，趋于某星，离于某星，以及第 3 天的月相是盈还是亏，与出生当天的论断方式一样，这样论命才够完整。

4、月亮黏合

月亮黏合,是月亮相对太阳运动时候产生的一种相位关系,叫做Bonding,译为结合、黏合。这种黏合度数,Paulus of Alexandria 将之定义为 5°(Rhetorius 定义为 15°),无论月亮在太阳的左侧还是右侧相位,都成立,因为月亮在太阳光线的 5°内会加速会合,超过太阳 5°则黏合结束。这种情形在新月之日月会合,满月之日月对冲,或日月互刑,日月六合都成立。当月亮经过太阳度数后,会产生疏松黏合关系,离日后,月亮入相位凶星,则会发生诸多凶祸。如果遇到停驻或逆行行星,则月亮进入疯狂时期或危难时期,代表衰退和慢性疾病,有时候主伤损,甚至失去生命,这种疏松黏合情形,大部分是严峻的。新月状态下,月亮离日后,入相位火星;满月后,月亮入相位土星,影响力会特别强烈,这种论断方式源出于埃及占星术。

新月或满月相位状态下,在疏松黏合时,月亮趋于吉星则应吉,趋于凶星则应凶。但是不要忘记月亮的其他紧密相位,即 kollêsis(13°),有时候,火星、土星或太阳左相位刑月亮,是特别危险的(埃及占星理论)。

Rhetorius 的著作定义黏合度数为 15°,当月亮通过映射或连结,靠近太阳 15°内,则月亮与太阳进入黏合,月亮超过太阳度数开始进入疏松黏合,月亮超过太阳 15°,则为脱离黏合(111 节他又指出为 13°,实际是将月亮紧密度数考虑进去了)。

笔者认为,日月黏合之所以要单独提出,是因为整个占星术的论断,始终围绕着日月,日月为帝星,为万物主宰,日月为体,五星为用,当月亮黏合的时候,正好日月处于紧密状态,此时日月类似一体化,可以放大日月的本体作用,因此见吉则应吉,见凶则应凶,吉凶都会比较突显。在有关度数上,笔者认为 5°是最大力量,15°是有效范围边界。在古典占星中,有些度数不统一的地方,其实都只是力量程度问题,极致力量和有效范围都是需要考量的。

有关月亮黏合可以参考本书后文中意大利占星家 Bonatti 所论述的月亮焦灼。

5、三日宫

出生后的第 3、7、40 天的月亮位置,古人将之译为三日宫。三日宫是非常重要的,第 3 天体现命主出生后的成长和条件,如果第 3 天的月亮吉利,则幼年条件佳,善良,好养,少病痛,少哭闹,如果不吉,则难养,爱哭,性格有缺陷,并且有可能喝他人的母乳。第 7 天为身体的缺憾和特点,并且主早年和中年行运。第 40 天为幼年、积极性和灵魂特性等等,并且主老年。三日宫还可以主宰人的命运吉凶、财富程度。如果三个位置的月亮均佳,则人生大吉。两处吉利,一处凶,则人生普通。三处凶,则人生多舛。

三日宫的定义,我们可以看出命盘中,月亮具有极大的特殊性。其实整个占星盘,最根本的就是太阳和月亮,前者为阳,后者为阴,阴阳交媾产生生命,所以在整个占星术中,非常重视阴阳。在占星论断一个人的各种终身大事的时候,都是以阴阳为根本,譬如上升轴之所以重要,是因为东地平线是太阳升起的地方,为日出之所,也是太阳特性。譬如阿拉伯点中最为重要的福点和精神点,其实就是阴阳组合产生的力量,甚至可以认为是阴阳交媾的产物。日月的重要性还体现在出生之前的朔望月。我们都知道,月亮移动速度是最快的,并且月亮本身可以代表太阳的能量,因为它借助太阳发光,所以月亮的移动影响力最快也最大,在主向限等技术原理中,它的迅速移动可以很快影响到半个天空的星座,所以月亮的移动关系到人生的一切重大事件,人在出生时候月亮的趋离相位,以及三日宫的趋离相位,以及它们的力量,是一整套月亮影响命运轨迹的技术,我们在实际论断的时候,可以完整的结合起来。

三日宫如何计算呢?假设月亮位于天蝎座 7°,第 3 天月亮位于射手座 7°;第 7 天,月亮于刑相位,位于宝瓶座 7°;第 40 天位于金牛座 7°。所以第 3 天月亮位于本命盘月亮所在星座的下一个星座同度位置;第 7 天,月亮位于本命盘月亮第四个星座同度位置;第 40 天,月亮位于本命盘月亮所在星座相冲星座的同度位置。在计算第 40 天月亮位置的时候,有些人会从月亮位置加 160°,再从本命盘的月亮星座位置数到这个位置。本案例如果按这种方法,则月亮第 40 天,位于白羊座,Hephaistio of Thebes,所写的占星著作《Apotelesmatics》一书中使用这种计算方法。还有人根据实际星历计算第 3、7、40 天的月亮具体位置。

附录《Apotelesmatics》一书中的相关案例如下:

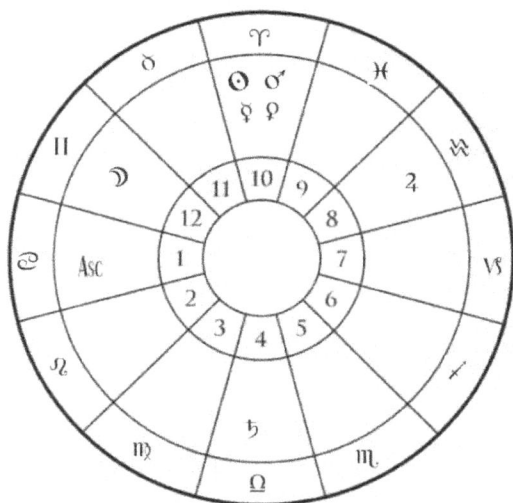

男命,太阳位于白羊座 19°水星界,月亮位于双子座 15°金星界,土星位于天秤座 20°,处于夕日东升状态,木星位于宝瓶座 6°水星界,木星

晨升。火星位于白羊座 15°水星界,金星位于白羊座 5°木星界,水星位
于白羊座 6°木星界,上升轴位于巨蟹座 24°。火星为此命的主宰行星。
出生后第 3 天的月亮位于巨蟹座,第 7 天的月亮位于室女座,第 40 天
的月亮位于天蝎座。

命主为杰出人物,拥有权利,特别富有(土星、木星和月亮互相三合
映射),生涯中不会受到不公正指责。火星和水星都位于天顶并且位于
日光下,日、金、水、火四颗行星位于天顶,出生前新月也位于此,多星于
轴,其力量不可小觑。

他更喜欢与男性性爱,因为火星与金星一起被土星所冲,这些行星
又都位于阳性星座。太阳位于升星座,其它同星座行星东升,成为太阳
的辅星,构成辅星格。木星位于宝瓶座,也是太阳辅星(辅星标准为从
东出于日到刑日相位),代表命主为杰出、富贵之人。

月亮为盈月,与木星和土星形成三合相位,主命主富有、幸运。命
主为自己的祖国做了很多贡献。我们也注意到,此命诸多行星位于有
力量的星座或宫位,为富贵之象。

说明:此案例属于研究辅星格极佳的参考案例,后文学习到辅星
格,可以参考此例。

6、月亮空亡

月亮空亡,指的是月亮在星座行进中没有趋于任何行星,也没有其
他行星映射。具体而言,是月亮在行进中,没有入相位任何行星(包括
合相、紧密相位与星座相位映射,即后文的行星落野),其范围是月亮行
进前方的 30°范围内。月亮空亡,在命理、占卜、择吉中都是非常重要
的,代表不吉、没有结果、无所事事、虚耗、空想。《天步真原》认为,月亮
趋离时,同星座内月前 30°内均为离相位,映射关系则月前 10°内均为离

相位,在星座内论是否月亮趋于空亡,并且认为五星都能这样论,月亮最为重要。Abraham ibn Ezra 则认为论断行星空亡时,离开合相 15°或离开映射相位 6°,之后,该行星未与任何行星连结或映射。

Firmicus Maternus 认为月亮空亡时,没有任何吉星位于角轴,则此命沮丧、贫穷、人生匮乏,也代表他们总是渴望从他人处得到帮助,这种命造,容易体弱,疲惫不堪,人生多舛。当月亮空亡,或者遇到火星、土星刑冲月亮,或出生后第 3 天的月亮空亡,也一样。

月亮穿过空亡,遇到一颗吉星映射,会让命主在人生初阶穷困,饿其体肤,劳其筋骨,各种不幸,一旦接近好运,又跌回原形,在经历各种不幸后,之后获得好运,无论早年被不幸夺去了多少,在晚运时候获得了差不多的补偿。

月亮穿过空亡,连结火星或土星,代表不幸之命,譬如精神病、癫痫,从生到死各种不幸,穷困潦倒、衣不遮体、可怜之命,或看守坟墓之人、永久监禁之人。

需要注意,月亮空亡的定义以及用法,其实和月亮趋离是相关的,具体参看后文的月亮趋离。月亮可以穿过空亡产生格局,但是这种格局已经在程度上弱化,所以空亡实际是分力量程度,我们可以称之为真假程度,如果空亡没有任何其它救援,则为彻底的真空亡,最差最凶。

我们必须要知道,在古典占星论断中,实际经常用到静态盘和动态盘的概念,所谓静态盘就是命主出生刹那的命盘,做静态分析,行星并不移动。但是我们知道,行星是必然发生运动的,所以假设行星运动变化,则盘体的行星关系因此发生变化,这种叫做动态盘。本篇月亮空亡的用法就体现了静态盘和动态盘的应用技术,这种分析技术充斥在整个古典占星体系中,动静不可分割。

7、月亮的 11 种损伤状态

1)当发生月蚀时,被蚀月亮位于本命盘月亮的三合或刑相位星座位置。

2)月亮位于日光下,在太阳前后 12°内,代表秘密、隐藏的事物(日光下行星都有此意)。

3)月亮位于太阳对宫,于太阳度数前后 12°内(尤其趋于太阳)。

4)月亮与凶星合相,或被凶星映射(尤其冲刑凶星,并且未接纳)。

5)月亮位于土星或火星的十二分部。

6)月亮与罗睺、计都合相,距离它们 12°内,伤害最大(太阳与罗计之间伤害最大为 4°内)。

7)月亮位于南纬或于南纬下行。

8)月亮位于燃烧之径,即天秤末和天蝎首(天秤 19°～天蝎 3°更强)。这种情况非常不吉利,不利于婚姻择吉、不利一切与女人有关的事情,不利购买、售卖、旅行等等(Bonatti 认为是天秤座 15°～天蝎座 15°)。

9)月亮位于星座的末端,此时月亮位于凶星界。

10)月亮缓行,一般为低于一昼夜平均 12°的速度。

11)月亮位于第 9 宫(Bonatti 认为 6、8、12 亦凶)。

Bonatti 认为,月亮位于双子座不吉利,因为双子座是月亮舍星座的第 12 个星座。燃烧之径,Abraham ibn Ezra 认为,太阳降于天秤座 19°,月亮降于天蝎座 3°,所以天秤座 19°～天蝎座 3°,为燃烧之径,行星在这里能量都会被耗尽,就好像行星被太阳焦灼了一样。有些占星古籍认为,当行星落入燃烧之径,经商、事业等等会陷入麻烦和困扰。

Sahl B. Bishr 提出了十种月亮损伤状态,分别是第一、月亮焦灼,月亮位于太阳前后 12°内,未到达太阳;第二、月亮位于天蝎座的落陷度,月亮连结落陷行星,或者月亮与其落陷处的行星合相,譬如月亮合相一颗位于天蝎座 3°的行星;第三、月亮到达与太阳 180°冲相位之前的 12°;第四、月亮与凶星会合,或被凶星刑冲,或被两颗凶星夹拱,离于凶星趋于凶星;第五、月亮与罗睺、计都合相,距离它们 12°内;第六、月亮位于自己舍星座的第 12 星座,即双子座。月亮位于星座末度,即凶星界内;第七、月亮落于果宫或连结果宫行星;第八、月亮位于天秤座末端到天蝎座开端的燃烧路径;第九、月亮空亡,未连结任何行星;第十、月亮缓行、亏月。以上受到损伤的月亮,在命理、占卜、择吉中都带有损害性。

Sahl B. Bishr 在其著作中指出,盈月时,火星刑冲月亮则凶。因为盈月时,月亮是热性的,被火星损坏,而土星是寒性,并不损害月亮。当亏月时,火星不损害月亮,而土星会损害,因为亏月时,月亮为寒性。

Theophilus 认为,择吉时,如果月亮位于黄道南北纬最大度数,事情多变且缓慢,月亮进入交点,则更快、更实际。他认为新月、满月不能被凶星映射,满月不能进入罗睺、计都,新月、满月定位星落于凶宫,则损坏土地、祖产,主贫穷,位于吉位,则受人尊重。

8、月亮的趋离相位

有关相位的概念,本应该在本书后文介绍,但是鉴于月亮趋离相位的特殊地位,在此专门在月亮篇章详细介绍。月亮的趋离相位,即其入相位和离相位,任何行星与月亮在同一个星座或产生相位映射时,其度数小于月亮,则月亮离相位于该行星,度数大于月亮,则月亮入相位于该行星。须要注意,当月亮与行星产生趋离关系的连结,在上升或天顶时,其佐证的力量较强。

Paulus of Alexandria 在其著作《Introduction to Astrology》17 节

中指出,月亮趋离相位不仅在同星座内发生,也可以延伸于月亮的前后星座,月亮前后有效范围为 30°,譬如月亮位于射手座 20°,火星位于天蝎座 20°,金星位于摩羯座 20°,则月亮离于火星,入相位金星。这种趋离相位,可以分为四个层次,3°内代表青少年时期发生,3°~7°内代表青中年时期发生,7°~15°代表中壮年时期发生,15°~30°代表老年发生。以上为月亮在同星座或前后星座中的趋离相位。

月亮趋离可以通过三合、六合、刑、冲产生的相位实现,三合有效度数为 117°~120°,六合为 57°~60°,刑为 87°~90°,六冲为 177°~180°,行星位于月亮的黄道左右侧星座均可形成以上相位。月亮的这些趋离相位十分重要,可以论断命主出生后的寿命长短、疾病、富贵、名利、灾祸、性格强弱等等。除此外,Paulus 还提出了月亮通过纬度产生趋离关系。

最后我们可以这样设定,Paulus 认为月亮可以通过其所在位置的前后 30°产生趋离相位,也可以通过相位角度实现趋离,最后他指出月亮纬度趋离也成立。笔者认为,Paulus 提出的月亮趋离通过 3°映射的规则,代表重度影响力的月亮趋离,会产生具体事件、长期效应。

月亮的趋离相位在希腊占星中多有提及,但是有的作者观念并不相同,譬如 Firmicus Maternus 在其著作《Mathesis》第四卷 14 章节中指出,当月亮位于一个星座的初度时候,不会离相位任何行星,当月亮位于末度时,不会趋于任何行星,明显这种说法不支持跨星座连结关系。Rhetorius 也持有这种观念,认为这种效应无效。但是 Rhetorius 指出,行星距离月亮在 3°内时,依然有效。另外,月亮位于星座末度某界内,趋于该界主星,对于该星而言,这种趋相位无效。《天步真原》中指出,在一个星座内,30°内为月亮所离,其他星座的行星,可以通过相位关系,与月亮在 10°内产生离相位。

需要注意的是，Rhetorius 在其作品中，给出月亮趋离相位的度数为 13°，这是很多占星家所采用的数据，Rhetorius 对于月亮趋离给出了一个非常严格的定义，在其著作 109～110 节中，他指出月亮通过趋离两颗行星，会使其中一颗成为主宰命主命运的行星。

如果月亮所在度数的界主星和月亮合相，尤其同界内，则月亮离相位成立，同样，月亮趋于其经历过的界主星在同界内，月入相位成立。以上情形，通过映射关系也成立，映射行星的光线要射入月亮所在星座的前后界内。如果映射行星光线并未射入月亮所在界，此时无论是入相位还是离相位，都没有主宰权和力量。当月亮离相位于一颗行星时，其离相位的这颗主星为主宰意义，但是该行星如果不是月亮所在位置之前经过的界主星，此时的离相位的力量比较小。另外需要注意当月亮趋离相位中，如果太阳在中途拦截，则会干涉到趋离的力量和意义。

案例：

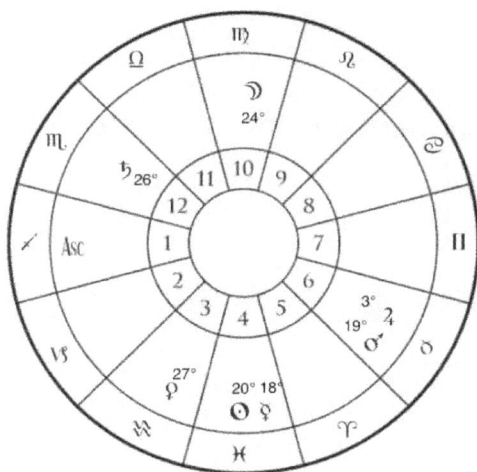

此盘中，月亮的界主星为火星，但是在这个盘中它并没有获得权力，因为月亮和土星六合，距离 2°，月亮趋于土星已经开始了。月亮在

室女座火星界内前进 2°后入相位会合土星。月亮三合离相位于室女座内的木星、火星,并且月亮已经离开室女座的这些界(室女座 0°～6°59′为水星界,7°～16°59′为金星界,17°～20°59′为木星界,21°～27°59′为火星界,28°～29°59′为土星界)。水月相冲,月亮离相位水星,而太阳在双鱼座 20°,起到了拦截作用,导致月离相位水星不具有主宰性。月亮在火星界,月亮离火星,但是无力,因为月亮即将进入土星界,并趋于土星。月亮三合离相位木星,也无力,因为超过 120°较多。

月亮趋离相位比较复杂而且有着不同观念,上文这个案例,非常重要。根据笔者的实践观察结合古人的经验,笔者认为,月亮趋离、月亮空亡需要同时考察命主出生盘月亮与出生后第 3 天的月亮,两者具有同等效果,并且两者一起使用,效果极佳!

下面笔者列举两个现代案例。

例 1

男性,生于 1989 年 3 月 1 日。此命月亮位于射手座,月亮在射手

座已经离开了木星、金星界,在映射上,水星位于宝瓶座 16°六合月亮 (58°距离,符合 Paulus 定义),因此,月亮离相位于自己的界主星,这在严格意义上符合上文定义。所以水星对命主的人生带有一定主宰力,尤其早年。此命,水星位于第 5 宫,主教育学习,学业对于命主有着重要的影响,并且其事业工作也带有水星的特性。

例 2

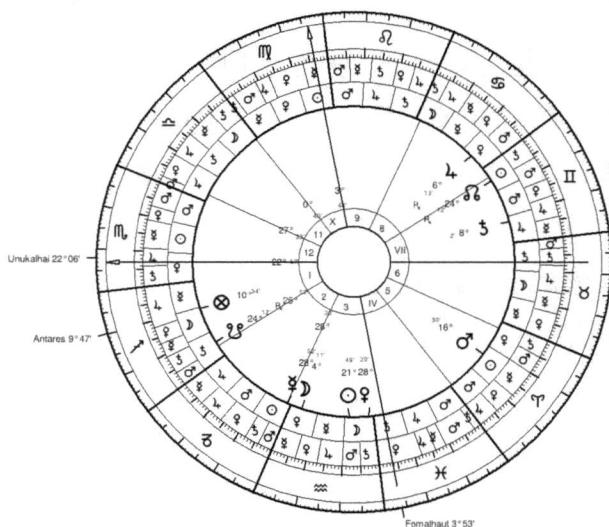

男性,生于 2002 年 2 月 11 日,月亮位于宝瓶座 4°11′的水星段,水星在摩羯座,摩羯座为土星舍星座,水星位于这里代表术数,月亮离于水星成立,命主青少年时期开始学习术数,由于水星所在位置不佳,命主的学业中断。如果按同星座内论趋离的规定,则月亮不能论与水星产生离相位,所以这种水星的影响力很低。

月亮先入相位双子座的土星,接着入相位同星座的太阳、金星,金星位于土星星座,损害金星主宰的感情问题,在家庭、婚恋上都有影响。

月离于水星，要趋于土星、太阳、金星，代表命主会学习术数文化，而获得些许名声，得中老年妇女之青睐，但是金星位于日光下，代表都是隐性之恋，或没有结果。

月亮位于宝瓶座 4°11′，土星位于双子座 8°2′，月亮趋于土星，按照 Paulus of Alexandria 的 3°映射规则，也是刚刚符合。月亮趋于土星，给本命造成了悲剧性。因为本命生于夜间，夜间月亮作为发光体的主导行星，位于地平线下，第 4 星座内的月亮和太阳、金星都位于宝瓶座，土星作为凶星映射宝瓶座，并且又是 Push nature，即主授客星，月亮、太阳、金星等客星把主星土星的能量给自己打上标签，所以月亮、太阳、金星都带有土星的悲情特性，而土星又位于第 7 轴，就给命主带来了持久性的伤害，这种损害，来自太阳、月亮、金星所代表的父亲、母亲、亲情、感情，第 4 星座为家庭、父亲，后天宫也要考虑，第 3 宫，代表也会对兄弟姐妹产生影响，会有不安居和游荡发生，第 3 宫也主术数，月亮趋于金星，金星位于土星星座，代表命主会与大龄女性有情感纠葛。

母亲离异后再嫁育有一女，其生活也略有好转，因为木星位于巨蟹座，被月亮接纳，木星升于巨蟹，似乎有利，但是木星逆行，且木星反厌月亮，并无多少吉利。

位于宝瓶座的月亮为妻星，金星为感情，金星不利于土星星座，容易和中老妇女产生感情，月金皆位于土星星座，土星入第 7 宫轴，强化了这种信息，代表命主会娶老妻。

命主少年经济条件拮据，2016 年父母离异，2018 年 7 月与人发生性关系，2016 年照顾自己的长辈去世，2019 年稍微经济缓解，少年时期四处飘荡。2021 年 3 月更换城市生活。

在身体健康上，本命福点位于射手座，被对宫的土星凶星所冲，土星代表湿,慢性疾病,命主早年就有风湿等慢性疾病。土星在双子座,会损害人的手臂,命主曾骨折。月亮通过六合相位趋于火星,火星为第6宫定位星,代表常有各种疾病困扰。

例3　脑梗患者

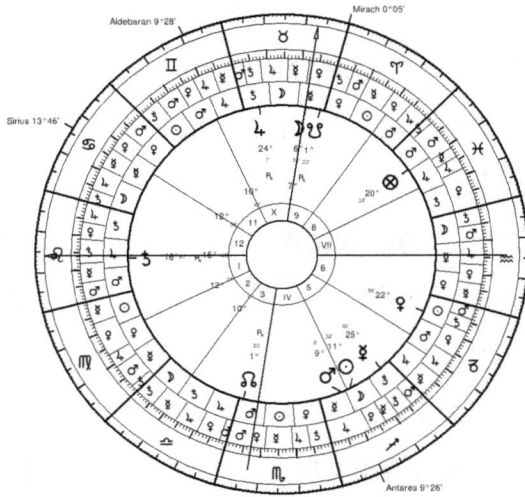

分析：男性,出生于 1976 年 12 月 3 日 21：40 分,命盘中日火水合相于射手座与土星产生三合相位,土星作为第 6 宫定位星,这种格局代表血液、脑部相关的疾病。

以月亮进行分析,盈月在金牛座,其运动轨迹先离相位于计都星,标志着月亮已经进入南纬,有凶性体现,接着月亮入相位刑土星,月亮在金牛座中前行的界又土星界,这种关系变的强化,土星位于轴,且命主为夜生人,土星凶性增强,从月相上月亮处于冷湿状态,土星具有冷干特性,这种特性加强了这种组合的冷的固有特性,强化了凶性,而金牛座又是冷干特性,狮子座的热干特性,导致冷干过于强,热性遭遇压制,爆发凶性。且土星为第 6 宫定位星,因此命主会得脑梗,并且天顶、金牛座、狮子座都指向脑部。月亮在金牛座入相位木星,说明得到了及时的救治。并且我们需要注意月亮所在的界,月亮位于金星界,又入相位金星,金星对命主的影响力比较大,而金星落入第 6 宫,预示了疾病,金星为天顶定位星,预示着脑部。

命主出生后第 3 天,月亮位于双子座 6°51′,月亮与火星、太阳相冲,火星太阳都属于热干特性,也是脑疾的重要标志。命主出生后第 7 天,月亮位于狮子座 6°51′,与土星合相于轴。

2020 年命主界向行运行至室女座火星界,疾病爆发,得了脑梗,水火日同宫的格局极为明显。

下面列出月亮趋离相位的具体断语:

盈月趋于土星,母亲守寡,家庭女性会有持续灾害,忙碌于寺庙事务,失去自己的所有遗产,后运通过努力再获得资产。亏月趋于土星,父母出身卑微或贫穷,母亲体弱多病,命主易夭折凶死,或身体缺陷、残疾。尤其这种组合出现在 Asc。

盈月趋于木星,代表幸运、荣耀、富有,拥有诸多土地房产、资产。也代表通过神谕或学习古老的技术预测未来。当火星刑冲这一组合时,以上论断都会被削弱,命主生命还会面临巨大危险。亏月趋于木星,命主会被收养,或者先被弃养,然后回到父母身边,白手起家,后运崛起,有一定的名气。但是无论盈月还是亏月,当火星未冲刑月亮,才会符合以上论断。当火星刑冲月亮时,代表命主被弃养,终身奴役,母亲为女奴或是残废,或者命主自己身有残疾,悲惨而不幸。尤其昼火或夜土映射这个组合,尤应。土星在亏月时应验。

盈月趋于火星,夜间盘代表脾气暴躁、危险、暴力之人,经常卷入危险之中,此类人往往在许多方面受到欺骗,其一生致力于极大危险,但是他们能干,能够完成所有事情,成功而高效。或者被给予军事生活,或者被安排负责体育比赛,这种组合位于角轴宫尤应。母亲或体弱多病,或注定暴毙。日间盘遇到此格,代表身体被截肢,有的命眼睛会出问题,或胃病隐疾,或短命暴毙,这些需要结合星座特性、以角轴划分的宫位,诸如果宫、反厌上升的星座等等做出论断。反厌宫诸如第6宫、第12宫,盈月趋于火星,损耗遗产,父母离异或死亡,命主被悲伤所折磨,身体被金属切碎,或遭受创伤,只能用烧灼的方法来治愈。此外,这种组合赋予火、铁、军事职业,会被持续的军事生活弄得精疲力尽。昼间盘,月亮趋于火星,位于2、5、8、11宫,或位于Asc,代表身体两侧有缺陷,寿命短,死的很惨。夜间盘,亏月趋于火星,位于以上宫,代表名人,官贵、强大的、可怕的,征服了重要的国家,月亮位于上升轴尤应。昼间盘,此格出现在角轴宫,代表父亲产业荒废,父母痛苦,或暴毙,命主成为工匠或士兵,遭受疾病痛苦、巨大危险,暴毙。

月亮趋于太阳,或无论以任何紧密相位映射方式映射太阳,代表那些经常经历危险之命,代表痛苦不幸,在悲惨环境被贬低之人,一生都在卑微的交往中堕落,成为危险的受害者,也常见痉挛或被不断发作疾病所阻碍之人,譬如癫痫、失去理智或精神失常。

盈月趋于金星,与金星相会,这种组合会让父母强力成就富贵,但是命主会迅速与父母分离,成为悲惨的孤儿。但是这种格局会让命主获得地位、出名。职业获得成功,很容易实现自己的目标,在人生的一段时间内,充满魅力和优雅。如果盈月如此,代表荣誉、地位以及从父母处获得的幸福从早年就得到最大满足,但是会因为不断的谣言而声名狼藉。当月亮在自己的映射半径内趋于金星,命主总被卷入各种变态错误的爱情行为,并因此而不断受到丑闻打击的人,淫荡而好色之人，有着过度的情欲，总是对女人风流有着过度的欲望，会成就非法婚姻，有的玷污自己的姐妹、儿媳妇、继母、父妾、婶婶之类，火星与此格相冲尤应。如果昼间盘，月亮位于角轴趋于金星，火星位于下降轴或天顶，命主会因为这些罪行死于刀剑之下。

女命月亮趋于金星，永远因为嫉妒而焦躁不安，代表堕落的欲望，淫乱的欲望，代表乱伦和不正当欲望，总被淫乱欲望所燃烧。会与自己的兄弟、儿子、侄子、叔叔等亲属之类发生性关系，有着变态的欲望，会与亲戚一起放荡。尤其金星位于启动星座或双体星座，月亮也处于类似星座，尤应。当火星或土星刑冲月亮时，尤其它们已经对月亮形成相位，这种事情会被更强烈的唤醒，当火星或土星与映射金星、月亮，金星、月亮位于土星星座，则这种邪恶更强。

盈月趋于水星，并且在月亮的半径内，为聪明机智之人，口才绝佳，尤其水星位于吉宫，位于舍升星座或位于界内，木星又与之三合。命主有著作能力，善于雄辩，这些人用自己雄辩的力量，压制他人善变的思想，平息那些被绝望的狂热所激起的愤怒。此外此类命还善于计算，懂得音乐，懂得星学、神秘文化。在这些方面能够获得荣耀和领导地位。月亮趋于水星，木星佐证，则命主会负责国库金融，或成为国外存款的受托人，被委托金钱贸易等等。亏月趋于水星，代表恶毒、犯罪之人，欲望不稳定、不可靠，在错误上摇摆不定，总是会因为各种不稳定的怀疑而搁置所有建议，经常改变自己的行为，有些此类命奉人之命公开告发揭露，喜欢冒名顶替，搞欺诈，与贼勾结。身体虚弱，无精打采，会因为后天疾病而丧失能力。

Firmicus Maternus 认为月亮空亡时，没有任何吉星位于角轴，则此命沮丧、贫穷、人生匮乏，也代表他们总是渴望从他人处得到帮助，这种命造,容易体弱,疲惫不堪,人生多舛。当月亮空亡,或者遇到火星、土星刑冲月亮,或出生后第 3 天的月亮空亡,也一样。

月亮穿过空亡,遇到一颗吉星映射,会让命主在人生初阶穷困,饿其体肤,劳其筋骨,各种不幸,一旦接近好运,又跌回原形,在经历各种不幸后,之后获得好运,无论早年被不幸夺去了多少,在晚运时候获得了差不多的补偿。

月亮穿过空亡,连结火星或土星,代表不幸之命,譬如精神病、癫痫,从生到死各种不幸,穷困潦倒、衣不遮体、可怜之命,或看守坟墓之人、永久监禁之人。

盈亮离土星趋于空亡,损耗命主的遗产,造成悲惨的损失,与父母疏远,或者成为孤儿,父母在年幼时候已经去世,使人行动迟缓,忙于长途旅行。亏月离土星趋于空亡,腹寒而患有无尽痰疾,瘦弱而脾脏差,患有浮肿、肺病、痢疾或痉挛,身体被隐藏疾患所折磨,具体根据星座特性论断。

盈月离木星趋于空亡,代表不断变动旅行,成为乞丐,后运失去好运。亏月离木星趋于空亡,则被弃养,或成为俘虏,生活被奴役,身体有疾患缺陷,也主短命。

盈月离火星趋于空亡,破耗遗产,早年丧父母,或身体上有缺陷,或暴毙,高处摔下或从四足动物身上跌落,意味着危险和身体疾病,死的众人皆知。亏月离火星趋于空亡,代表代表与家庭分离疏远,耗损遗产,造成各种损失,工作劳碌,经常与火、铁打交道,或者成为卑下的兵卒。

月亮离太阳趋于空亡,代表穷人、不幸之人、流浪之人,被奴役之人,有些人开始从事自己喜欢的职业,并取得了一定的进步,但是后来又因为各种绝望而放弃了。后运这种困难会减轻，不愉快的结果也会改变，逐步脱贫，微薄的收入也累积了起来，找到了其他职业。

盈月离金星趋于空亡，性方面被动，永远无法保持对妻子的爱，以乱伦为乐，为赤贫之命，肩负重担。亏月离金星趋于空亡，则代表卑下，背负痛苦，不诚实，职业卑微。

盈月离水星趋于空亡，造就医生、演说家、音乐家、语法学家、天文学家、制造木材。或从事借贷、经商之人，逐步随着行运获得财富名声。亏月离水星趋于空亡，容易有来自体液的身体缺陷，来自水域的危险，心灵受伤或不利于听觉、语言。或为文盲，有的此类命会从事预言，在寺庙里工作。

盈月离土星趋于木星代表富裕、权贵，成就伟人伟业，主得产业、财宝。亏月离土星趋于木星，则没有什么意义，代表命主成为企业管理者或成为受委托保护私人事务之人，在国外商务中浪费精力的人，或成为飞行员、船长、水类职业，从这些职业中获得小的收入；盈月离土星趋于火星，代表疾病、痛苦、早逝。亏月离土星趋于火星，代表母亲长期患病，伴随吐血而凶死，命主是悲惨的孤儿，软弱懒散，因为不和与父母分离。父母遗产都被破耗，身体隐秘处疼痛，生命大部分时间在痛苦中度过，最后会凶死，可能死于溺水、烧死、上吊或自杀。月亮离土星趋于太阳，代表极大的不幸与灾厄，会使人癫狂、癫痫、水肿、麻风，这些不幸不断的延续下去，一直到生命的最后一天。盈月离土星趋于金星，为权贵、幸运、富有，也代表野蛮好色、并因此而获得丑闻。亏月离土星趋于金星，代表不正当的、堕落的情感和长期持续的低级职业，但是能让命主寻求并获得巨大的财富，强大的权力和好运。盈月离土星趋于水星，代表晦涩、神秘、保守，了解秘密和非法的著作，从事天体研究、宗教领域、数学计算、占星术、文科教师、著名医师，也代表商业、雄辩。亏月离土星趋于水星，则不利于声音，譬如耳聋，也代表体弱，忧郁、黄疸、脾脏、肺病、膀胱等体液疾病，伴随疼痛而严重不便。

盈月离木星趋于火星，夜间盘代表伟人，用自己的力量控制城市或大的区域，但是最高权力也伴随着焦虑和危险。此类命身体上容易有疾病或缺陷，不会从痛苦和疾病中解脱出来，但是他们是那种容易忍受一切的人，尤其火星位于角轴。当火星位于反厌宫（2、6、8、12）时，代表从事火之类的工作，低级而卑微，身体会遭受疾病痛苦，通常会凶死暴毙。昼间盘，则代表被弃养，或成为奴隶，成为悲惨的乞讨之人，被身体缺陷和疾病困扰，被奴役，暴毙而亡。亏月离木星趋于火星，夜间盘，代表命主闻名，火星出现在角轴宫，命主成为军官或被赋予最高权力，火星在反厌宫，则会成为士兵或运动员，靠火或刀剑谋生，或者成为医生、外科医生。昼间盘则代表，破坏父母产业，早年丧父母，穷困潦倒，或遭受痛苦，或成为奴隶，经常死于暴力，尤其火星位于角轴宫、2、6、8、12宫。

月亮离木星趋于太阳，会以各种形式损耗父母的产业，命主会与父母疏远，踏上漫长旅程，成为流亡者或逃亡者，甚至成为奴隶，太阳或月亮位于土星或火星星座尤应。

盈月离木星趋于金星，父母权贵，可能获得最大权力。命主会与父母疏远，或者很早成为孤儿，命主会获得权力、名誉、高位，随着行运而赋予这些，命主会通过妻子获得好运，且长相英俊迷人，优雅而有魅力。亏月离木星趋于金星，位于角轴宫或重要宫位，代表好运无限，代表荣誉、权力，早年权贵，父母富贵，得父母之力，命主的妻子和女人会为其增加财富和福气。

盈月离木星趋于水星,代表忠告建议,有良好判断力的人,善良之人,可以成为税务监督、宗教主管、或律师,在这些职业中获得好运,会获得大的财富,好运伴随一生。亏月离木星趋于水星,命主会从事文学、教育、商业、粮仓,寻找隐藏的事物,或者通过拒绝归还财物,通过背叛而获得财富基础。

盈月离木星趋于土星,命主会被陌生人收养,或者收养养子,监护未成年人,很久后发现自己是被弃养的儿童,总是参与水类或潮湿的活动,在不断旅行中徘徊,或为了商业而旅行,从事行业也与以上相关。亏月离木星趋于土星,则命主被弃养或成为奴隶,遭遇囚禁、疾病和其他苦难,整个生涯都被痛苦所折磨,容易早死。夜间盘会暴毙。

月亮离火星趋于太阳,身体有极大缺陷和疾病,生命短暂,暴毙之命。意味着最大的不幸,有的命住在国外,死于异邦。盈月离火星趋于金星,为奸夫、好色之人、情人,致力于情欲,并且经常卷入危险,从事艺术、颜料、宝石、珍珠、装饰类、金属类贸易。可能成为客栈老板,或者从事餐饮,具体根据星座、宫位而论。亏月离火星趋于金星,成为成功、快乐、幸运、富有之人。会猥亵妇女,诱拐有钱人的老婆,从她们身上得利,通过女性,他们可以得到高位,尤其夜间盘。昼间盘,则命主从事各种各样的职业,经常因为情欲而遭遇丑闻总是有淫乱的情爱。

盈月离火星趋于水星,夜间盘代表士兵、运动员,有时候代表著名的此类人物。命主管理公共机构或负责著名的活动,但是会心怀恶心,图谋犯罪,会成为刽子手或政府间谍。昼间盘,则会在法庭定罪判决,驱逐出境而暴毙。昼间盘,亏月离火星趋于水星,代表巨大的贪婪而犯罪,成为强盗,并且会因此被逮捕,受到严厉的审判,有的命会被倒塌的房屋砸死,精神错乱使其偏离生活轨道。夜间盘,则成为狱警之类。热衷于船舶或体育运动,或以追逐四足动物为己任,身体上有缺陷,会因为不断的危险导致疲惫不堪。

盈月离火星趋于土星,代表行动缓慢,无法从任何职业中获益,得不到自己想要的东西,母亲会成为寡妇,或母亲身体缺陷、疾病拖累并死于暴毙。代表持续耗损财物,身体遭受各种折磨。亏月离火星趋于土星,代表饥饿、疾病、精神病、流血、瘫痪、驼背、短命。如果这些都没有,则代表死的很惨。此类命,有些人的父母会因为身体问题而死亡,或暴毙,具体根据星座特性论断。

盈月离火星趋于木星,在命盘的吉宫,代表领导军队,强大而专横,在各方面都令人恐惧,通过自己的力量控制地区,极为富有,能够轻易获得自己想要的东西,并且能在战斗冲突中获胜。亏月离火星趋于木星,注定要参加公开的战斗,总是受到褒奖,会成为著名的军人,不断获得好运,造就各种各样的名人,但是身体有缺陷,会经常生病。

月亮离太阳趋于金星,昼间盘,代表不孕不育,不能生育后代,也代表夫妻关系的不融洽,因为娶的妻子不孕不育,或者年老或者为女仆。或者追求与男性的性爱,永远不可能有后代,会有变态的性恶习或情爱,从事不雅行业,忙于奴性工作,得不到足够的报酬,但是会通过自己的努力而赢了了生计,后运会逐步变好。夜间盘代表有许多妻子,为人和蔼可亲,令人愉快,会获得巨大的财富,会成为权贵。尤其土星未刑冲这一格局,并且格局位于重要宫位,则大吉。

月亮离太阳趋于水星,昼间盘,在生活与职业中经历危险,道德败坏,总是亵渎神灵,否认神性的存在,并且是不肯归还财物的老赖。夜间盘,则代表成为公众的抄写员,从事文字、写作工作,并且因此获得公开奖励,并且会被认为是所在领域的最佳人选。木星三方映射此格,则有一定的管理职权。此外，代表发现晦涩难懂的文献，发现某种智慧，或者是宗教的发现者，属于被托付神性秘密之人，或者使用秘密、非法文件，有人会发现隐藏的东西，另外有些人会获得一份遗产，前提是火星和土星未映射。

月亮离太阳趋于土星，昼间盘，不利于遗产，父母分离，成为孤儿，后运有财富丰厚，有大的好运，有许多房产。夜间盘，失去父母、遗产，还会有漫长而艰难的旅程，也代表严重的疾病、危险和暴力事件。

月亮离太阳趋于木星，昼间盘，会从父母处继承地位和好运，有的命会有统治权，有无限的好运。夜间盘则代表自力更生，经常旅行，早年失落，后运得名利。

月亮离太阳趋于火星，昼间盘，父母早死，命主成为孤儿，这种配合父母经常暴毙，命主容易失明，或身体因为截肢而虚弱，甚至小时候就夭折，如果此类事都没有发生，则命主暴毙。夜间盘，代表暴力、残忍之人、经常犯罪之人，或者产生身体缺陷和疾病的人，也代表公职、军人、著名运动员，尤其火星和月亮都位于重要宫位，如果这种配置位于反厌宫，且没有吉星佐证，则损耗财富，失去父母，生活卑微，身体疾病，或者暴毙，职业与火、铁、金属类相关，劳碌之命。

盈月离金星趋于火星，命主会成为贵妇的护卫者，并且因为女性而获得晋升，职业可能是染料、珍珠、香水、音乐、医生、运动员教练，但是为人好色，讨人喜欢，不断有性关系。亏月离金星趋于火星，代表痛苦、不洁、疾病，代表演说家、泥水匠、雕塑家、画家、药剂师、餐饮承办、提供异国情调等。

盈月离金星趋于土星，娶老妻或妓女或亲戚。因为婚姻获得晋升。昼生人，则以堕落的性关系而经常遭遇丑闻，过着低级、不稳定、奴隶般的生活,为妓女或皮条客。如为女命,则为妓女。亏月离金星趋于土星,夜间盘,代表不育、太监、阴阳人,也会产生卑劣的情欲,代表被迫忍受女性行为的人,代表短命、暴毙。昼生人,代表身体虚弱,被恶性体液疾病所折磨,被艰苦工作所折磨,从事水域工作,诸如清理下水道、水手、挑水工、渔民、潜水员、园丁之类。这些都需要根据星座特性论断,也可能为马夫、牧羊人、清洁工、墓园看守等等。

月亮离金星趋于木星,昼间盘,代表权贵、管理城市,会在女性的支持下晋升,为人令人愉快而迷人,会成为女人的情人,由于他们的魅力,会得到自己想要的一切。亏月离金星趋于木星,代表会从女人身上获得财富基础,小时候就得到父母带来的名利,有的命会继承一比遗产,有的在寺庙里担任管理职位。

盈月离金星趋于火星,昼间盘,代表情感灾难,被投入监狱、被判刑并死于暴力,也代表被抢劫,被外国势力征服,具体根据星座特性论断。盈月离金星趋于火星,夜间盘则暴力易怒,身体遭受疾病折磨,如果月亮为亏月,则代表可怕而强大之命,用自己的力量征服地区,尤其火星或月亮位于上升轴或第5宫。当这种组合出现在其他宫,则代表士兵、工匠、运动员,并且会持续陷入危险之中。

亏月离金星趋于火星,昼间盘代表破耗遗产,痛苦、疾病、不幸,成为流亡者、逃犯或努力,早年夭折。因为女人或一些情感事情,产生阴谋算计、危险,或法律上定罪、凶死。

月亮离金星趋于太阳,与父母分离,成为孤儿,生活收入上会遇到麻烦,卷入悲惨爱情纠葛,不贞洁,有性恶习,后运会获得更多收入。

盈月离水星趋于土星,昼生人代表结巴、失聪或者有语言障碍,事业上代表记账、教学、商务、口译、研究天文、水厂、监狱管理。夜间盘代表从事水域的辛苦工作,体力打工仔。有些命最后进了监狱,被法庭宣判有罪,死的肮脏不堪、身体畸形,尤其凶星映射。亏月离水星趋于土星,成为衣衫褴褛的乞丐,在寺庙或从事预测,有的命是疯子、癫痫病、抽搐病等等。夜间盘,会成为不幸的奴隶或俘虏,为受苦患病之象,早年就被判刑,如果都没发生,则暴毙。

盈月离水星趋于木星,主权贵,或为上位者服务文字,或忠诚服务上位者,为王者辅助,可以成为教师、贵族、先知、大祭司。从这些荣誉、机会中得到最大的好运,从这些职业中获得大量财富。亏月离水趋于木星,代表负责记账、负责涉及利息的业务,或于代理金融的结构、财政机构,或者成为私人律师,在这些职业中财富得到最大增长,获得好运和荣誉。也代表继承,发现了隐藏的事物等等。被委托的事项在他们那里保持安全,他们也坚持保管这些事物,从这些事中得以名利和大福运。

盈月离水星趋于火星,昼生人,代表无信仰,作伪证、骗子。并且因为犯罪而恶意日增,为贼、强盗、杀人犯,被捕后被严厉判决,死于刀剑,或者因为罪行以某种方式暴毙。夜间盘,则代表军官,城市捍卫者、保护者。但是有些命从来不坚持自己的权力,总在某些方面失败,被迫逃跑,甚至流放,还有一些命死得很惨,尤其火星、月亮位于四轴宫。如果盈月离水星趋于火星,夜间盘,位于反厌宫,弑父母,在狂怒中杀害亲人,或杀害了自己的孩子,或者因为变态的贪婪而自相残杀,总之会谋杀亲人,或者因为不良的感情杀死配偶,此类都主因为各种形态的愤怒而疯狂杀人,具体根据所在星座、宫位特性论断。此类命会被判有罪,公开处死。

亏月离水星趋于火星,昼间盘,代表伪造者、罪犯、窃贼、抢劫犯,销赃者,会因为这些罪行被拘留,处以严厉的刑罚,有些此类命会成为刽子手,或执行公开判决之人、民事诉讼的法庭记录员,或者监狱看守。夜间盘,代表士兵、军官、运动员,注定在某些战斗中有名。当月亮或火星位于上升轴或第5宫,被暴力杀死,在其他宫则代表身体缺陷、疾病、危险、劳作或暴力工作,这些都根据星座和宫位进行论断。当火星位于启动星座,月亮离太阳或火星。并且位于凶星星座,以刑冲相位或合相位形式趋于火星,则命主为皮货商、皮革工人、鞋匠、厨师,使用金属与火类工具。这个组合位于金星星座,则成为亚麻工人、染色工、抹灰匠、酒馆老板。在火星或水星星座,则为运动爱好者或公众行业。在木星星座,则为军官,或城市的统治者。在土星星座,则代表无礼、卑鄙、臭名昭著,成为刽子手、控告人、售卖野兽、成为野兽的主人。或为渔民、捕鸟者。也代表不断从深坑汲水,成为园丁、船长、水手采石工人、殡仪馆、负责葬礼之人。如果位于火星星座,则以上形式有各种变化。

月亮离水星趋于太阳,智力迟钝或语言障碍,代表聋哑人、乞丐、流浪异国他乡、没有固定的住所。后运这些都得到了缓解,青年时代过去以后,会从事各种工作,赚取微薄的收入。

盈月离水星趋于金星,昼间盘,代表高位、好运。命主为流利的演说家、诗人,赋予他们神圣的歌唱天赋,为神或上位者服务,享有极大的荣誉。因为女性而获得权力财富,优雅而有魅力。盈月会让命主成为创造燃料、颜色、药物、宝石,会制作服饰、演奏音乐,唱歌跳舞,但是没有很好的机会,过着平庸的生活,后运会有所改善,但是总会卷入某些性丑闻或恶习。亏月离水星趋于金星,夜间盘,则命主富有,强大,权贵,尤其月亮未收到太阳的影响并位于上升星座,如果金星没有受到太阳的影响并位于上升星座,也一样。当位于其他宫时,代表命主诚实,自力更生。

亏月离水星趋于金星,位于 Mc 或第 10 星座,在神圣的竞赛中获胜赢得奖励,命主是寺庙的建造者或神龛的奉献者,为寺庙服务或为大祭司。在其他宫,代表中等收入,做皮革、香水、装饰、宝石、雕刻、寺庙赞歌之类的工作,代表学习天文秘密,用心学习之人,能够轻松发现隐秘的事物,生活依靠此类行业。

Dorotheus 认为,论断一个人的成长与生活状态,需要考察出生后第 3 天的月亮及其舍升主星,与哪些行星会合或映射。月亮所在的星座为命主,吉星映射,则成长顺利,充斥好运。月亮位于凶宫并且被凶星映射,则多灾多难。同时需要检测出生后第 3 天月亮星座的舍主星和界主星,皆位于吉位且有力量,被吉星映射,而星座主星不吉,则命主过着平庸的生活,非吉非凶。月亮的 12 分部与凶星会合或与凶星映射,也代表命主运气不佳。月亮与所有行星反厌,且月亮不在上升轴,也没有映射上升轴,则一生苦楚,不得如意。盈月被火星冲刑,亏月被土星冲刑,则一生清苦。盈月在黄纬北纬,则晚年获得好运,在黄纬南纬,即将进入北纬,则命主一生能享受好运。月亮最佳状态为盈月,在黄纬北纬升起,则代表福气与勇气俱佳。同时需要检测月亮起算的第 10 宫,如有吉星在内,则代表荣耀、幸福。凶星在内,则减少幸福并造成伤害。如果月亮损伤且月亮第 10 宫内有土星,则代表痛苦、邪恶,月亮第 10 宫有凶星在内,凶星不在舍星座又不在吉宫,则会对命主造成极大的伤害。吉星位于月亮第 10 宫,且位于舍星座,则命主衣食无缺。

在实际论断时候,Dorotheus of Sidon 的说法是极为准确的,很多普通类断语只能参考,而不可以照搬,因为我们需要考虑整个星盘的配置,包括月亮的盈亏,月亮的界主星、月亮的 12 分部、月亮趋离行星的昼、夜、舍、升、降的意义，以及宫位性质、星座性质等等，才能得出精准的结论。

关于月亮趋离，在《天步真原》中也有详细的论断内容，具体见本书附录 3。月亮在运行中，在其所在星座与任何行星产生连结，这些行星的吉凶、力量都主宰人生的经历、终身的趋势，当月亮未趋于其他行星时候，从两个角度观察月亮，其一是月亮的自身强弱状态，其二是月亮定位星的力量强弱和所处宫位。

9、月亮和命运主宰星的关系。

在希腊占星家 Firmicus Maternus 的著作《Matheisi》第四卷中提及一个概念，希腊占星称之为 Oecodespoten。我们译为命运主宰星。它能够代表一个命运的总体特征，包括性格，行运的吉凶等等。根据其所在的星座、宫位、映射吉凶得出结论。Firmicus Maternus 指出，古代占星学家在确认命运主宰星的时候，有多种方法，有人使用四轴宫或吉宫的舍行星或在自己界内的行星，有人根据昼日夜月的规则选定，有人认为使用月亮即将进入的下一个星座来确定命运主宰星。

Firmicus Maternus 认为这其中最值得信赖的方法，就是月亮的下一个星座。譬如命盘中，月亮位于白羊座时，则下一个星座是金牛座，金牛座定位星金星就是命运主宰星，其余类推即可，这种方法需要跳过巨蟹座和狮子座。譬如月亮位于双子座，下一个星座为巨蟹座，直接跳过，接着是狮子座，也选择跳过，下一个星座室女座，其定位星水星就是命运主宰星。在判断的时候，根据其昼夜特性，以及命运主宰星所在的星座特性，星座定位星特性，以及月亮的状态和映射，进行综合分析。

10、月亮的疾病死亡周期算法

Dorotheus 认为，已知病人的本命盘，先确定病人是受孕七个月还是九个月,从出生当日计算到发病日有几日,7 个月受孕的除以 7,9 个月受孕的除以 9,如果没有余数,代表寿数已尽,即将面临死亡。另外可以检查本命盘太阳和月亮的星座数量(包括两者所在的星座在内),以出生时候的生日数到发病日,除以该数,如果没有余数,则难以救治。埃及的历法,一年为 365 天,除以 7 余数为 1,如为 7 个月生人,则截止发病日之前,每一年可以计为 1 日,如为 9 个月生人,则每一年可以计为 5 日。譬如一个人到发病日整整 30 年,为 9 个月生人,则为 30 乘以 5,结果是 150,因此病人能存活 150 天。

11、月亮疾病周期

在古典占星卜卦中,非常重视月亮危险周期,关系到疾病的重要日子,一般而言,这个日子以生病卧床之时或占卜之时开始计算,第 7、14、21、28 天为关键日。在以上日子中的任何一天,如果月亮入相位凶星或第 6 宫定位星,都会使病情更为严重,痛苦加剧,如果月亮来到凶星之处,且被凶星映射,月亮又位于凶星界,则更凶。如果在那一天月亮入相位吉星,或者被吉星映射,则开始好转。月亮在第 7 天的位置是占卜时候月亮左相位 90°,14 天时候为对冲相位 180°位置,21 天时距离月亮 270°,28 天时回到月亮本位。Dorotheus 还提到第 9 天(距离月亮 120°)、第 18 天(距离月亮 240°)。这些位置都属于疾病的关键日,一定要注意月亮行进到这些位置时的状态。如果映射土星,或者到达土星所在位置,患者会寒颤虚弱,月亮到达火星位置,患者会高热、出血、大汗。如果占卜时,日月都在地平线下,则疾病是可怕的,但不可以单凭这一点断其大凶,需要检查凶星状态,以及日月是否与吉星连结,才能做出具体论断。当占卜盘,日月合相,且月离于日,当月亮回到原位或到冲相位时(即第 14 天、28 天),会合吉星则当天痊愈,会合凶星则当天死亡。

土星

土星的本质为冷干特性，为阴暗。代表心胸狭窄、心怀恶意、焦虑不安、自我堕落、隐瞒自己、欺骗、自卑、孤僻、奸诈、迟缓、鬼鬼祟祟、严厉、沮丧。带着一种虚伪的气质，主丑陋、肮脏、黑衣、固执、纠缠、郁郁寡欢、抑郁、怠惰、可怜、驼背，从事水上贸易。

土星也主谦卑、迟缓、失业、事业障碍、长期诉讼、长期刑罚、生意失败、秘密、监禁、束缚、悲伤、痛苦、谴责、哭泣、丧亲、被捕、子女弃养。土星主农民，因为它代表土地，使人成为承租人、税农，也主获得高位和显赫的职位，监督和管理他人的财产，并成为他人子女的父亲。土星也主单身汉、寡妇、丧亲、无子。它会导致溺死、勒死、监禁或痢疾、坠落。土星是复仇女神之星。

人物形象：Māshā'allāh 认为，土星代表黑红相间的皮肤，走路时眼光下垂、步履沉重、身材瘦削、弯腰驼背、眼睛小、皮肤干燥、皮肤上有纹理、胡须稀疏、嘴唇厚、为人狡猾、心灵手巧，为骗子或杀手。Dortheus 认为，土星代表浑身多毛、连眉。

身体部位：腿部、膝盖、肌腱、淋巴、痰、膀胱、肾脏、隐私器官。土星象征着由寒冷和潮湿引起的伤害，如水肿、神经痛、手足痛风、咳嗽、痢疾、疝气、痉挛。同时也代表恶魔附身（即精神紊乱类疾病）、同性恋（或不正常性行为）、堕落。

魔法占星宝石：五金中，土星带有铁和部分黄金的成分。它代表钻石、缟玛瑙、马克塞石、赤铁矿。

物质：铅、木头、石头。

星宗：昼宗。

颜色：深褐色。

味道：涩。

当土星作为命盘主要类象的时候，如果昼生、东出，则命主不易活到人生寿命的足岁，但是能够步入老年初阶，即步入 60 岁阶段。除非其他影响干涉了土星这种特性，导致死于 60 岁前，譬如死于金属、火灾、跌伤、溺死，这些都不是土星本性所导致。夜生人，土星东出，命主能活到足岁，除非土星受到损害。Al-Qabīsī 认为，土星是阳性的，属于昼星，其性冷而干。土星代表父亲、祖父以及祖先（即第 4 宫所代表的祖先类象）。代表人的肉身，因为自然意义上人的肉身属于最根本，最重要的。在占星的行星层级上，土星离太阳最远，属于行星天中最远最高的一层，诸星皆在其下，因此在生命的起源上，精子落入卵子后，将它们结合起来，土星起到关键作用。需要知道，作为宇宙起源的诸恒星，并不能感知事物，行星才是感知影响生命的关键。

同时，Al-Qabīsī 和一些人认为，土星代表父亲、老旧事物，代表繁重的事物，这一点基于土星缓慢、负荷运动的特质。所以土星代表父母长者、古旧事物、繁重事物等等。土星象征各种带有浓重冷干特性的事物，代表诙谐、忧郁。四肢缓慢而沉重，不够灵活，因此不会有轻盈的步伐，难以学会游泳等灵活的动作。会有难闻的气味。当土星人尊重他人的时候，那是一种真实的尊重，但是这种情形罕有发生。当土星人恨一个人的时候也是恨之入骨。Albuz 认为，土星吉利的时候，代表深奥的知识，深层次的讨论，也代表不知道如何去提升知识。

Dortheus 认为，土星位于木星星座或木星界，命主状态良好并且受人尊重，但是会抚养非亲生子女，为一家之主，热爱妻子，喜结交官贵（或管理官贵），生活无忧无虑；土星位于火星星座，命主在对自己的工作和他人的工作上都会遇到困难；土星位于金星星座，不利于婚姻，命主会娶太小或太老的女人或妓女为妻，会因为女性而不幸，有的命会因为淫乱招致毁灭；土星在水星星座，代表沉默，喜欢安静，为人聪明，对神秘学之类有丰富的知识，但也可能因此招致灾害，或是口才迟钝，口齿不清之人；土星位于月亮星座，败坏母亲的资产，在母亲在世的时候窃取其财产，母亲会因为黑胆汁造成四肢冰凉或被其它内疾所苦，使母亲经常去宗教场所祈祷；土星位于太阳星座，父亲受人尊敬与赞誉，命主生计不会匮乏，但是父亲会因为潮湿受苦或不得善终，夜生人尤应。

木星

木星主风、热、多育。代表生育、子女、后代、产生、欲望、爱情、联盟、知识、政治关系、熟人、富足、与贵人的友谊、繁荣、酬金、礼物、丰厚的利润、公正、权威、政府、荣誉、官员、地位、寺庙住持、仲裁、信任、遗产、收养、兄弟情谊、慈善机构、财产安全、摆脱麻烦、解禁、自由、信托存款、财富。

人物形象：Māshā'allāh 认为，木星代表皮肤白、脸庞白里透红、眼睛不完全黑、鼻子短而不均匀、有些秃顶、有一颗牙齿发黑、身材好、心底善良、为人高尚。Dortheus 认为，木星代表大眼睛、眼瞳大、宽胡须、头发卷曲。

身体部位：大腿、脚、精液、子宫、肝脏，身体右边的部分、牙齿（有人认为不当属于此处）。

魔法占星宝石：五金为铅，白色、金色宝石、部分红玉髓、祖母绿、石英、水晶，所有白色、清澈、闪闪发光、金色的宝石类。

物质：锡。

宗派：昼宗。

颜色:灰色,接近白色。

味道:甜美。

Dortheus 认为,木星位于土星星座,命主生计不会匮乏,但也因此不受尊敬,偏好秘密行事或从事轻松的工作,但是实力不符,心胸狭隘。命主也不会追求功名利禄,但是命中注定有苦难的行运;木星位于火星星座,命主可以成为指挥官、领导或天文学家;木星位于轴映射同时位于轴的月亮和太阳,命主将受到赞扬,如果日月又在阳性星座,命主会成为军事指挥官,掌管生杀大权;木星位于金星星座,命主会成为王室、上位者的管家或为其工作,生计来自于达官显贵,会和贵妇发生秘密的性关系,并因此获得财富地位,贵妇也会给予他充分的支持,命主也会做管理女性资产的工作,或给女性服务;木星位于水星星座,命主会成为社区的法律工作人员,或从事计算类的工作。命主聪明有才智,因此而受到赞许,成为他人求助的对象。

火星

火星本性热干,代表武力、战争、掠夺、尖叫、暴力、傲慢、妒忌、纵火犯、嫖妓、通奸,引诱妇女、流产、剥夺财产、流放、与父母疏远、囚禁、强奸妇女、性行为、堕胎、恋爱、婚姻、破财、谎言、绝望、武力抢劫、盗匪、抢劫、朋友间争吵、愤怒、打架、辱骂、仇恨、诉讼。火星也主暴力凶杀、伤害和流血、囚禁、流放、诡计、谎言、偷窃、盗墓、发烧、溃疡、疖子、烧伤、镣铐、酷刑、阳刚之气、虚假的誓言、流浪、在困难的情况下使节、涉及火或铁的活动、工艺、石工。此外,火星代表指挥、军人、高级军官、战役、追逐狩猎、野战、从高处或四足动物身上跌落、视力衰弱、中风。

人物形象:Māshā'allāh 认为,火星代表脸部泛红,头发发红,圆脸,橙黄色的眼睛,容易失礼,看起来不友好或令人生厌,腿足上有胎记或标记。Dortheus 认为，火星代表锋芒毕露的长相。

身体部位：头部、臀部、生殖器、血液、输精管、胆汁、排泄、人体背部。

魔法占星宝石：五金为紫铜和各种硫磺。玻璃、水晶、鸡血石、部分玛瑙、红玛瑙，所有红色、茶色或有斑点分布的石头。

物质：代表坚硬和突兀，铁器，装饰服装，酒和豆类。

宗派：夜宗。

颜色：红色。

味道：辛辣。

Dortheus 认为，火星位于土星星座，命主和蔼可亲，有勇气，急公好义。但是也会败坏父亲的产业，弟弟妹妹会死亡；火星位于木星星座或木星界，命主会成为上位者的朋友，受到王室喜爱。如木星映射火星，木星也位于自己舍星座，命主会成为贵族或军队官员，也可能成为城市领导，位高权重；火星位于金星星座或金星界，命主荒淫，贪恋女色，伤害自己的亲人，沉溺于扭曲的性关系，杀害自己的女人，或由此目睹自己女人的死亡；火星位于水星星座或水星界，命主为天资聪慧之人，或贪恋女色，或为静心理智之人，也可能以禁忌手段敛财，或认真工作却难得温饱。

金星

金星本性温润，代表欲望和爱。它代表母亲、妹妹、子女和养育。代表祭司、公共事务领导、有地位的人，代表快乐、友谊、获得额外的财产、购买装饰品与奢侈品，也代表和解、恋爱、婚姻、欲望、各种性行为、高雅的艺术、悦耳的声音、音乐、绘画、美丽、混色刺绣、紫染、香水制造等等。金星造就了这些工艺的发明者和大师，或者代表珠宝镶嵌之类的工艺或装饰贸易之类的工作。

当金星入舍星座或位于金星界时,金星可使人成为金器工匠、理发师,以及喜欢清洁和娱乐的人。它也主度量衡、监督员之类的职位,代表重量、交易、买卖,礼品的接收和赠送,代表欢笑、欢乐、奢侈品、在潮湿的地方打猎。金星使人从贵女或亲属那里得到帮助,当在这些事务中运作时,它会带来非常高的地位。

人物形象:Māshā'allāh 认为,金星代表皮肤白～棕红,体态美,圆脸,下颌小,眼睛漂亮,腿型美,黑睛比例更大,黑白分明,气质优雅。Dortheus 认为,金星代表面容娇美,头发茂密,眼睛漂亮而黑睛比例大,皮肤白里透红,身材丰满。

身体部位:颈部、面部、嘴唇、嗅觉、从脚到头的前部、性器官、肺部。

魔法占星宝石:红宝石、部分银、玻璃、珊瑚、蓝宝石、孔雀石、部分石英、天然磁石。

物质:代表宝石和五彩缤纷的装饰,在农业品上,代表橄榄。

宗派:夜宗。

颜色:白色。

味道:油腻。

Dortheus 认为,金星位于土星星座或土星界,为不育之人,或与兄弟的女人发生性关系,命主为奴仆,则有机会重获自由,并与女主人发生性关系;金星位于木星星座或木星界,命主会因为女性而获得权力和财富,或为女性管家或管理女性财务而得益。命主快乐、虔诚,十分宠爱自己的女人;金星位于火星星座或火星界,命主热情洋溢,但是异性关系复杂,因此产生争议、是非、灾害,命主会出轨,或与助理、声名狼藉的女性或奴婢发生性关系,但是这些女性都不会对他从一而终;金星位于水星星座或水星界,命主的生活会因为女性获益,或因为女性相关的工作而获益,但是同时也有争议和麻烦,也代表艺术家、绘画者、制作精美工艺者、香水商人。

水星

水星的性质或湿或干,代表教育、写作、辩论、语言、推理、信息、占卜、兄弟情谊、解释表达、使者、数字、计算、帐目、几何学、商业、青春、游戏、偷窃、通信、交流、服务、利润、发明、服从、运动、摔跤、演讲、发送信息、认证、监督、称重和测量、钱币辨别、听力、多功能性。它是深谋远虑和智慧的赐予者(或批判性思维),代表兄弟和年幼的孩子们,代表创作营销和银行业技巧。以水星自身的特点而言,它代表寺庙建造者、模型师、雕塑家、医生、学者、教师、秘书、法律顾问、演说家、哲学家、建筑师、音乐家、先知、占卜者、预言家、解梦者、纺织工、编织者、有条不紊的人、负责管理战争和战略行动的人,以及从事任何不寻常的工作,或使用诡辩、计算进行推理性质的工作。

水星代表技艺精湛的演员或哑剧演员,以及那些四处游荡靠表演谋生之人(有人给出通过欺骗、诡计谋生的人的译法)。水星也代表天体知识、术数知识或探索寻求成为渊博之人,伴随快乐或魅力,以其惊人的占卜技艺赢得名声,也会因此获益。

水星的影响在许多方向上,取决于黄道位置的变化和行星之间的相互作用,会产生各种不同的结果:有人获得知识,有人参与商业,有人提供服务,有人从事贸易或教育,还有一些人从事农业或寺庙管理、服务或公共服务。对有些命而言,它赋予权力、租金、劳动合同、艺术表演、管理公共服务,或者侍从、僧侣、祭司等等。

在命运里,水星带来了所有的不规则,水星会让一切变得反复无常,令人不安。水星在不利宫位和界时,情况会变得糟糕。

人物形象:Māshā'allāh 认为,水星代表肤色不白也不黑,高额头、脸形和鼻翼长、身体瘦削,下颌有须、眼睛漂亮而不太黑、手指长。

身体部位:手、肩膀、手指、关节、腹部、听觉、动脉、气管、肠道、舌头。

魔法占星宝石:水银、锡、玻璃、祖母绿或绿色的宝石。

物质:铜、所有货币。给予、索取。

颜色:天蓝色与绿色混合的颜色。

味道:刺激。闻起来、尝起来像咸水。

Dortheus 认为,水星位于土星星座或土星界,命主聋哑或口吃,沉默寡言,不知人生方向,却懂得自省,对人、对事深入探讨并从中获得喜悦,热衷于宗教经书、占星术,能预测未来;水星在木星星座或木星界,心怀敬畏,成为上位者或贵族的传道者或管理者,代表演讲、法律事务的教育者,或为城市、王者提供劳力或服务;水星位于火星星座或火星界,命主愚蠢,为无足轻重之人,或为骗子、不知廉耻、无信仰、荒淫之人,代表伪造者、与巫师为伍,中介保证、欠债不还、遭人仇视、不忠不义、名声不佳;水星位于金星星座或金星界,代表命主喜欢开玩笑,受人喜爱,行事敏捷且持续,博学多闻,为诗人、歌手,从事染业、擅长棋类游戏;如果水星位于轴,不在日光下,命主可以成为诗人,或有理智,能获取财富,为他人所需。

行星处于有利位置时,会根据它们自身的性质和星座的性质,结合行星间的相位和格局,产生有益的效果。然而,如果它们处于不利的位置,意味着相反的效果。同样地,即使是凶星,当它们在其本星宗中,并位于适当的位置起作用时,也是善的施与者,并意味着高地位和成功。

当它们不起作用时,就会带来灾难和是非。

行星在论断的时候,注意几个重要凶象,分别是行星落陷,譬如太阳位于宝瓶座、被凶星对冲、与凶星同度（包括同星座和刑冲映射）、行星逆行、月亮空亡。

关于行星所代表的颜色,Al－QabīsĪ 认为,土星为黑色;木星为灰色或绿色;火星为红色;太阳为透明或闪耀的;金星为白色;水星为杂色或天蓝色;月亮为黄色。Umar Al－TabarĪ 在其著作中认为,土星是黑色或灰色;木星是白色或明亮色调;火星是红色;太阳是金色;金星是白色;水星是银色;月亮是白色或银色。

罗睺与计都

罗睺和计都,也叫做龙头和龙尾,指的是月亮在轨道行进中与黄道带产生的交点。在希腊占星术中,它们并不被经常讨论。现代占星家,把罗睺叫北月交,计都叫南月交,之所以这样定义是因为每当月亮经过北月交的时候,月亮开始进入北纬,月亮经过南月交的时候,月亮开始进入南纬。在纬度上,北上南下,因此北月交也被叫做升交点(Anbibazōn),南月交也被叫做降交点(Katabibazōn)。有时候也被叫做蚀点,因为当新月、满月出现在这些位置的时候会产生日蚀、月蚀现象,所以罗计就是日月行进轨道中的交点。

由于南北月交与日月重合的时候产生日蚀与月蚀现象,因此 Anti-ochus 强调,月亮在接近连结南北月交的地方,会产生困难和灾害。而 Valens 则认为交点是强力的,并且强烈建议,当月亮在度数上连结、刑、冲交点时,尤其同度时,做任何事都不吉利(月亮刑交点为 Bending,此时月亮位于最大北纬或南纬,距离黄道的太阳最远,托勒密则认为这种情形有助于灵魂的性格朝着最大的多样性、足智多谋和改变能力方向发展)。

Valens 认为,当月亮经过北交点的时候,代表事情不完整,不稳定,会受到惩罚性质的影响。做任何事都要小心,包括不起航、不结婚、不开会、不开始任何事、不计划、不介绍,简而言之,什么事都不要做。如果已经开始的事情,则不安全或容易有坏的结局。它将是令人遗憾的、不完整的、受到惩罚的、令人悲伤的、不会持久的。假如已经开始发展一些事项,那么该事项就会破产,会很麻烦,会受到处罚,而且会成为绊脚石。甚至吉星在此也不全吉。

Valens 反复强调月亮经过蚀点的凶性,并且提到自己的亲身体验,认为这个时间对一切都是邪恶不利的,甚至祷告必不应验,宣誓的人会起伪证,誓言不会兑现,治病也会无法痊愈,尤其凶星参与映射到这些位置,或月亮通过度数精确位于蚀点。如果只是与蚀点位于相同的星座,它将以延迟和拖延的方式产生影响力,但即便如此,它也会带来诸多不安全、不稳定的影响。

Valens 认为,很有必要注意命盘中罗睺和计都所在位置,注意其所在星座是启动、固定还是双体星座,定位星是什么行星。该星座的影响力会变弱、变差。我们会发现,那些正常情况下本命或过运行星会对本命有影响效果的,一旦到达这种位置,会变凶,尤其是这些行星逆行或落陷时。也有必要看命主年运盘中罗睺的位置,罗睺经过的星座会变弱,其定位星会变弱变差,如果为年运主宰的时候,你会发现他们没有作用力,一直到它们离开相关星座为止。

Hephaestio 强调,在开始做事的时间盘中,交点代表不完整、有缺陷、反转,他认为月亮在交点或月亮在南纬,月亮性质变坏。并且他指出,占卜买卖商品的时候,如为盈月状态,经纬度位于北月交,则买家在市场上会交付高价,亏月状态,位于南月交,买家会支付低价。

Rhetorius 认为,北月交同吉星合相则增强吉性,同凶星合相则增强凶性。反之,南月交与吉星在合相,则为凶性,因为降低了吉性,与凶星合相,则为吉利,因为降低了凶性。虽然 Rhetorius 并没有明确这样去具体定义,但是可以看出中世纪之后的罗睺与计都定义也与此有关。罗睺代表放大,计都代表减少。

Valens 也有类似的论述,他认为,罗睺与木星、月亮、金星、太阳合相,代表流放。合相太阳,损害父亲。合相月亮,会使母亲声名狼藉、放纵,尤其位于轴,罗睺合相火星、土星也一样,尤其位于轴。他认为,交点与吉星配置的情况下,尤其是罗睺,代表命主运繁盛上升,即使本命盘并未显示显赫的地位,但是这种配置依然会让命主不断上升到高位。当凶星配置罗睺,则代表损耗和灾害。这个论法与 Rhetorius 的说法类似。

Theophilus of Eduessa 在论述择吉时,他提到罗睺的赤经、赤纬。当罗睺位于白羊座 0°~巨蟹座 0°区间,接近最大的北赤纬,此时在北赤纬上升的高度区域,代表光辉、吉利;在巨蟹座和天秤座之间,位于北赤纬,但是赤纬较低,月亮在此与罗睺同度时吉星衰退,代表中度荣誉、吉利;在天秤座和摩羯座之间,处于最低,在低赤纬区间,则择吉无效益;在摩羯座和白羊座之间,又再次上升,再次上升区间,事物最终会得到进步。

他认为择吉时,罗睺和木星、太阳位于星盘的上升,并且它们位于黄道北纬升高,代表王者、长久耐力、长寿、繁荣。罗睺和月亮位于天顶或上升轴,凶星衰落,吉星位于有效益的位置,代表利益、财富、好的开端,如吉星衰落,凶星位于有效益的位置,则与此相反。计都和月亮、木星位于衰落处,位于下降轴或天底轴,会拿走七颗行星所给予。如月亮在这种配置中对冲太阳,代表遭受这一不幸之人会死亡,如吉星位于轴,则尚有余吉。当计都合相木星时,则带有损坏,而计都合相土星,则更差,因为它既不伤害也无助益。

Sahl 认为,夜生人,火星合相计都,代表强力、贵族,压迫者,屠杀领主之人、毁灭国家之人、俘虏士兵之人。

《天步真原》认为,罗睺与太阳合相,为福;计都与太阳合相,主祸。太阳和土星、罗睺合相,土星则降凶。太阳和土星同计都,则土星第一凶。

中世纪的占星师,认为罗睺为热性、阳性,代表增长,主吉利,赋予其金星与木星的特性,象征权力与财富。当和吉星合相时,有增吉的功能。与凶星合相的时候,有增凶的作用。而计都的意义与其相反,计都为寒性、为阴性、为凶性,代表减少,其性质为火星与土星的特性,象征着堕落与贫穷。当与吉星合相的时候,主凶,与凶星合相的时候,减凶增吉。并且有人认为在命盘中,计都所在的星座都会给该命带来相关宫意义不利的影响。Sahl B. Bishr 则认为,罗睺、计都对内行星的损害性高于外行星。

归根结底,我们分析罗睺和计都的时候,要注意罗计本身所代表的增减的意义,并且需要注意月亮进入它们之后的纬度变化,而产生吉凶相关的影响力,同时需要注意新月和满月与交点产生的日月蚀的凶性影响。

古籍也强调,太阳和月亮,或任何行星,距离罗睺或计都 12°内,都带有威胁和凶兆,超过 12°则从这种威胁凶兆中脱离。

罗睺和计都位于 12 宫的断语:

罗睺位于第 1 宫,木星和金星也位于此处,未出现土星和火星,命主为伟人或在其所在城市闻名。月亮参与,则更佳;太阳在内或映射参与,则更吉利,这类命主大富贵;火星和土星在内或映射参与,则年轻时候痛苦,经历各种损耗,有眼疾,并且在 36 岁之前一无所成,之后从厄运中解脱出来;如土星、火星、太阳、月亮遇到木星和金星于此处,会受伤骨折,或盲或事故损伤,人生损耗,甚至会暴毙。

计都位于上升宫会和土星和火星,吉星反厌,这种格局是令人满意的,命主知名、高贵、富有;如果水星和太阳同时出现,不利于父亲,父亲会遭遇损害、争论和纠缠;当木星、金星和计都一起位于上升时,非常不吉利,尤其月亮也出现,代表命主一无所获。

罗睺位于第 2 宫,木星和金星、太阳、水星于此,会获得财产,为人可靠,喜欢金钱;火星、水星、月亮映射时,年轻时候不稳定,处于糟糕的状态,一直到 35 岁,之后运气提升,获得财产;如果火星和土星位于 2 宫,金星、木星反厌,则不吉,有时候代表人生结局也不幸。

计都位于第 2 宫,对父亲而言非常凶,父亲会面临惩罚和诬告;火星和土星位于此处则最佳,代表从不愉快的事物中得到财产,从谋杀或与死者有关的事务中,或因为意外毁坏的房子而获益,譬如拆迁;如果金星和木星在这个位置,无论得到什么都是将是坏的运气。

罗睺位于第 3 宫,木星、金星、太阳、月亮位于此处或映射月亮,命主将因为一个兄弟而悲伤或失去一个兄弟;计都位于第 3 宫,木星或金星位于此处或与之映射,非常不利;火星和土星位于此处,则恶性降低,但是至少父亲会有损伤。

罗睺位于第 4 宫,木星或金星在此,太阳和月亮映射,主吉利;太阳和土星位于此处,命主没有子女,他出生的房子会被弃置或远离出生地;太阳和罗睺位于此处,代表父亲是伟人。土星和火星在此,出生的房子会弃置,父亲去世,或父亲遭遇财产损失,命主短命或妻子、子女不稳定。月亮和金星与罗睺位于此处,命主会成为占星家,并且通过这个行业能够获得财富;火星、水星、土星位于此处,木星和金星反厌,命主受苦、生病、受伤、切割,命主和母亲会早死;计都位于第4宫,木星、金星位于此处,命主不会受伤;太阳或月亮位于此处,父母会悲惨死去,或盲或从高处跌下。

罗睺和木星、金星、水星位于第5宫,或它们映射罗睺,命主会有子女,并且子女贵显;火星和土星位于此处,头胎子女死亡或其中一个子女凶死;太阳位于此处或参与映射,命主脱灾,但是子女有灾害;计都和土星、火星或水星一起位于第5宫,会毁掉第一个子女,会从女人处获得好运;如金星和木星位于此处或映射,子女出国不会回来。

罗睺和火星、土星位于第6宫,命主会掉入水里或井里,会骨折;木星、太阳、月亮位于此处,或者它们映射6宫的火星和土星,会脱离凶性,会保护命主到26岁,之后再到35岁,从恐惧中解脱出来;计都位于第6宫,青年时期有严重的疾病;金星和木星于此,代表有隐疾;土星和火星于此,脱离凶性,但是会损害身体的某些部位。

罗睺和土星、金星、水星位于第7宫,妻子两次婚姻;金星和火星于此或参与映射,娶年纪大的富婆或视力受损的女人;木星、金星、水星位于第7宫,会娶出身好的女子,并因妻子获得好运,但是妻子先死;计都位于第7宫,妻子先死或损害;土星和火星位于此处,妻子朴素节俭或妻子为寡妇。

罗睺和火星、水星、土星一起位于第8宫,或它们映射罗睺,凶死短命;计都位于第8宫,木星、土星、金星、火星于此,主暴毙。

罗睺和太阳、土星、火星位于第 9 宫,在国外不幸,或通过外国人、俘虏、流浪者或死亡之人;当木星、金星位于此处,火土反厌,代表外国的贵人和好运;太阳、金星、水星位于此处,代表虔诚、祭司,或者从神、王者的财产中获益,获得尊重,在神圣的地方获得启示。尤其月亮合相木星位于此处,或它们映射罗睺,命主会生活在良好的环境中,幸运而长寿;计都位于第 9 宫,土星、火星于此或映射,这是一个很好的配置,代表光荣的主宰一个外域地区,幸运。太阳和水星于此,会获得极大的尊重。

罗睺和月亮、木星、金星位于 Mc,代表幸运、尊贵、被热爱;土星和火星位于此处,如果映射木星、金星、太阳,主命主悲惨、代表小偷、与低廉女性同居。无论得到什么都会失去,主短命、凶死,尤其月亮位于此处;计都位于 Mc,金星、木星位于此处,命主的生计不稳定,热情易怒,所得都会失去,会有中度的不稳定和贫困;土星和火星位于 Mc,或映射此处,年轻时候痛苦,之后处于良好的环境中,通过控制和暴力获得财产,冷漠而不会关心任何事务,因为火星、土星喜欢与计都组合;土星合相金星于 Mc,会在女性关系上不稳定,之后会恢复关系。

罗睺位于 11 宫,金星、水星位于此处,会从女人那里获得各种各样的好处,或者从太监那里获得财产,但是人生初阶,妻子、子女不安定,命主会被女子所喜爱。木星在内,则吉利,会获得许多财产,在城市里成为一个重要人物;土星、水星位于此处,没有吉星映射,会被谴责、控告;当木星和金星位于此处,伴随月亮或太阳,代表幸运,获得大量财产,活到 70 多岁;计都位于 11 宫,木星和金星也位于此处,代表不稳定,无论得到什么都会失去,之后才会获得成功;土星和金星位于此处,年轻时生重病,之后获得财产,会在潮湿的地域快乐愉悦,在良好的环境中度过余生。如果碰巧,刚好它们是从罗睺行往计都,这是最吉利的,在生命的尽头,会很幸运,得到财产,还能活很多年,直到繁星陨落。

罗睺位于12宫,太阳、月亮、火星、水星于此,命主会陷入痛苦,遭遇骨折、失明、火灾,或凶的结局,被敌人毁灭,尤其土星在内更甚,金星和木星在内,则不会遭遇最坏的情形,会获得廉价的财物,从奴隶中获得好运。计都位于12宫,火星和土星在内或映射,最吉,代表得到意外之财或别人的财产。如金星和木星单独在内,没有火星、土星、水星映射,命主对待妻子和子女的态度不一致,如太阳、火星、水星彼此映射,土星在内,命主终身不吉。

二、行星过运类象

太阳位于2、6、12宫吉利,位于4、7宫凶。

月亮位于5、11、12宫吉利,位于3、8、9宫凶。

土星位于6、8、12宫吉利,位于4、10宫凶。

木星位于3、9、10、11宫吉利,位于4、7宫凶。

火星位于3、4、9宫吉利,位于7、10宫凶。

金星位于3、7、8宫吉利,位于5宫凶。

水星位于7、8、9宫吉利,位于2、5、11宫凶。

以上行星位于其他宫,性质多变。当以上行星在行运中主宰时运时,如位于有效位置,被吉星或凶星映射,需要参考吉凶星特性论断。如果吉凶星都映射,需要根据本命盘特性进行评定论断。在评估行运吉凶时候,有必要观察行星过运。

三、行星组合类象

1、双星组合。

土星和木星合相,两颗行星彼此关系融洽,代表能在遗产和收养中带来好处,利于拥有土地财产,可以成为监护人、或他人财产的管理者、管家和收税人(火星反厌则有利)。代表财富、名望、好的后代,尤其昼生人,更吉。这种格局,代表强大的行动力,代理的责任,能够从他人资产中获得财富,如果火星上位映射破坏这一格局,则一切吉利都会被火星的敌对相位所改变。

Dorotheus认为,土星合相木星,如果火星反厌,命主会有很多土地,为王者贵族之类管理房产,被人委托管理资产,受人尊重。

土星和火星的合相是敌对的,代表逆转和毁灭。会带来家庭争吵、不和谐、仇恨,以及背叛、阴谋、恶意和审判。如果木星、土星本身没有星座力量,却处于吉利相位时,主杰出、富贵,但是其所代表幸福不稳定,容易出现意想不到的危险和背叛。

Firmicus认为,土星合相火星位于吉利的宫位,则会产生平衡的性格,但由于两种行星特性分歧,命主永远得不到其想要的,总是精神上有悲哀或无效的欲望,为了他们想要的东西而放弃未实现的愿望。会卷入各种疾病危险,身体遭遇连续的折磨,黑胆汁的破坏导致身体不断造成伤害。父母容易早逝,失去父母产业,兄弟也有祸患,命主会饱受困扰和焦虑。如果火星合相土星位于轴,以上结果会更为强化,除非木星位于上升轴,位于舍升星座,或位于吉宫,才能减轻其凶。

Dorotheus认为,土星合相火星,命主善良,但是有财务问题,或智力迟钝、生活困顿、体弱多病、体内胆汁质失衡、父先母死、败坏父业、兄姐早死或重病、自己需要承担长子责任,或悲伤、依赖、困境、胜利缺陷等等,木星参与映射,会减轻以上困境,命主有能力承担这些困难。

土星和水星合相,为同盟关系,会表现在行动力和工作事业上,但会在宗教、诉讼和债务上带来诽谤和是非,也会对写作、文字、金钱等方面带来干扰。另一方面,这种组合也会造就一些并非没有资源,并非不聪明的人,这类人有着丰富的经验和意识,是有远见而好奇心强的学者,追求神秘的知识,尊敬众神,但是又良心不安。

Firmicus 认为,土水合相距离 1°时,代表说话困难,结巴、混乱或语速慢,或有听力疾病。水土合相永远不允许命主的欲望得到满足,凡事缺乏信用,天性刚硬,固执而顽固,充满了可悲的虚伪,会深藏恶意的沉默而掩盖其计划,但是人很聪明,在多领域都很博学。

Dorotheus 认为,土星和水星合相,代表口吃或口齿不清,少有作为,但为人沉稳、聪明、有内涵。

土星和金星合相,在活动和职业方面表现和谐。在纠缠和婚姻上促进成功,但是这种和谐只体现在一段时间,并不会始终如此。它会造成虐待、离婚、无常、死亡,经常与社会层次低的人纠缠在一起,导致受到伤害,陷入诉讼与是非。

Firmicus 认为,土金合相,总是给婚姻带来不幸,其思想或妻子心态也总是不稳定。女命出现此格也一样,如果土金合相位于摩羯座或宝瓶座,则更严重,这种星座严重损坏金星,此时木星佐证也不能减轻其凶。土金合相位于金星界,同度时,火星反厌,则命主是穷人或者妻子年老,如果木星三合,则根据木星的佐证,妻子是寡妇,但是妻子有钱。

Dorotheus 认为土星和金星合相,代表命主娶到不适配、有缺陷的女子为妻,与不能生育或患有慢性疾病的女性发生关系,因而受到谴责与轻视,命主也难有子女(论及子女,一般儿子少),难以和女性有稳定的关系,婚姻关系冷淡。女命则同论。

土星和月亮合相是吉利的,主要体现在赚钱、地产、船舶等所有权上,可以从亡者身上获益。尤其是盈月被吉星映射时,主巨大、礼物、和敌人的挫败,但是这个格局对财产方面是不利的。对于女性而言,这种格局是不安全的,代表分离、仇恨、痛苦和悲伤。也代表身体的痛苦,突然发作,主宰官能和神经类痛苦,也代表重要人物的死亡。命主思想、行动方面做事疑惧,容易因为严重疾病而瘫痪,如为白天生人,盈月,凶性会削弱减少。夜间生人,亏月,则代表各种不幸,即使金星、木星佐证救援,其力量也被削弱,灾害的破坏力加强。

Dorotheus 认为,土星和月亮合相,不利于母亲和母亲的工作事业,母亲身体虚弱,因为母亲的资产而遭受巨大损失,或身体虚弱。如果为昼生人,盈月、吉星映射,则能减少厄运。如为夜生人,且为亏月,金星与木星映射,以上情形会更严重。

土星和太阳合相是不吉的,主财进财出、恶意的友谊,命主会遭遇隐秘小人或有势力的人的攻击打压,并被一些人阴谋反对,终身仇恨,但是比大多数敌人活得更久。然而,这种命造并非没有资源,而是受到干扰,长期受苦,他们在这种逆境的冲击中能够自我控制。但是土星合太阳,命主利于成为农民,会因为土地而获得财富。

Dorotheus 认为,土星与太阳合相,会败坏父亲资产,晚年动荡不安,夜生人尤甚,且无论土星东出西入,不利于父亲、兄弟,尤其命主自己。如果太阳度数比土星小,上述情况会更为严重,父亲会死于非命,或有类似事情发生。夜间生人,兄弟灾祸。代表错过好运,或因为潮湿或体弱生病,命主喜欢建造房子,或以此为生,但是仍然无法摆脱悲惨的命运。如果太阳位于舍星座,或位于土星舍星座,父亲将受人尊敬,且生活无忧,但是命主与父亲的关系不佳。

木星和太阳合相,代表高贵和杰出之人,统治者、独裁者、有活力的人,受尊敬和有荣誉的人。代表富有、生活奢华。有时会卷入不确定性和敌意,尤其是木星落陷时,主浮华卖弄与伪装。这类命出生后,父母也面临好运,命主自己也会为其所生的子女而欢欣幸福。

Dorotheus 认为,木星与太阳合相,在日光下,则所有吉利都会减少,如果木星东出,命主会富裕且幸运,比父母更有成就,得子女且享天伦之乐。

木星和月亮合相吉利、有占有欲、会精通装饰类,赋予人崇高的职务和地位,使人受益于女人和杰出之人,得到家庭和孩子的善待、得到荣誉。命主善于财务,是受人信赖的人、是寻找财富致富之人。

Firmicus 认为,木星和月亮合相,经济资产富足,代表巨大的财富,尤其紧密合相,如为夜生人,月亮度数大,木星度数相对小,会削弱、减少命主的资产,会较大损失资产。

Dorotheus 认为,木星与月亮合相,主财富、名声、幸运。如果木星强且东出,命主成就高于父亲。如果月亮度数小于木星,木星没有自己的力量,则上述吉利会降低。

木星和火星合相有辉煌、耀眼的特性,主为官贵戚友,或成为一方大员或极富极贵,为官贵之命,为公职之人或公众人物,能够获得荣誉和地位。但是他们的生计方面却不大稳定,此格容易破财或弃财。这类命通过命运的转折而获得其渴望的一切,尤其位于吉宫,位于角轴或5宫、11宫,如果位于木星或火星星座,代表强权、部队、伟大荣誉。

Dorotheus 认为,木星与火星合相,代表领导力,拥有资产,闻名于大城市,成为官员,并且非常忙碌。如果两者位于其中一颗行星的舍星座内,则命主有权势,意志坚定,在军事领域中活跃。

木星和金星合相是吉利的、和谐的,主地位和利益,带来新的收获、礼物、装饰品、对下属的管理、统治、孩子的生养、大祭司、社会地位、花环、王冠的荣誉。这种格局也主为人崇敬的偶像，但是会在婚姻、子女方面经历起伏波动。金星合相木星于天顶，妻子因为通奸而出名，水星参与合相，会在通奸期间抛弃丈夫，嫁给另外一个男人，或者迷恋上一个年轻男人，或者和穷人发生性关系，在情爱的诱惑下，和下等阶层的人发生关系。

Dorotheus 认为，木星和金星合相，财富提升，获得荣誉和地位，对人热情慷慨，富有同情心，长相英俊，能结交贵人并被赏识，会因为女性而得到资产和地位，婚姻美好，子女亦佳。如果两者之间没有凶星干涉，命主受到人们的喜爱与欢迎，女命亦同。如果木星和金星位于有力的宫位，月亮和火星同时映射，命主会因为亲人被卷入丑闻、不体面的事情，而受人责骂或非议。

木星和水星合相是吉利的、和谐的，主监督。命主会成为管理人员、事务监督者，担任受信任和管理的职务，会造就成功的秘书和会计，并在教育中受到尊重的人。这些人平易近人，有很多朋友，被认为值得付出。木星和水星在有利的星座，主其发现财富，或从现金存款中获利。

Dorotheus 认为，木星和水星合相，命主有文采，擅长法律、辩论，在智慧和知识上突显，能升于高位，成为上位者的代笔之士。

金星和太阳合相是和谐的、光辉的，有吉利的特性，主男女和谐，代表礼物和交通工具，使人们在事业中成功。偶尔它们会让命主成为民众的领导或被其信任，也主负责外国或安全的地方，然而，在妻子、子女上也有不利和痛苦，金星落陷则更应。

Firmicus 认为，太阳合相金星，这类命会以很容易的方式实现所有愿望成为名人，但是这只应验于夜间西入，昼盘东出。如果昼盘金星西入，夜盘金星东出，代表悲惨婚姻，难以获得妻子，或者妻子地位低下，妻子贫穷年老，总之会有相关的各种不幸。

Dorotheus 认为，太阳和金星合相，夜生人金星西入，昼生人金星东出，命主受到欢迎和赞扬。

金星和月亮合相，在地位、收获和事业的开端都是好的。但是在同居生活、婚姻和友谊方面却是不稳定的，会带来敌对和敌意，以及来自亲戚和朋友的干扰和心烦意乱，在子女和奴仆方面，也不吉，财运不稳，容易耗损，由此带来精神苦恼。

Firmicus 认为，金月合相，代表英俊、随和，婚姻极为不稳定，妻子感情疏离，丈夫纵欲、出轨，妻子发现之后也出轨，各玩各的，金月合相，没人会坚定、稳定的去维持对妻子的爱。

Dorotheus 认为金月合相，命主会有强烈的欲望，宠爱子女，快乐而幸运，但是婚姻生活不稳定，觊觎其他女人，其中会遇到对他不忠诚的女性。

金星和火星合相不吉，金火不和。它们使人意志动摇，意志软弱，主竞争和谋杀。会有很多朋友，但主谴责、指责、无耻、善变，主双性取向、恶毒、用毒药谋害他人。这种组合主命主特性不好不坏，会因为友谊、交际而招致诽谤、谩骂。主挥霍无度、职业多变，主渴望贪求，因为女性而被冤枉，因为女性而遭受危机、扰乱或债务。

Firmicus 认为，火金合相，代表奸夫、放荡、放纵性欲，为了放荡的目的而多次婚姻。当水星参与映射或水星刑此格局，代表指控或相关犯罪，木星位于吉宫，或位于舍升星座参与映射，则通过一些力量脱离罪行。当火星、金星、水星一起位于轴，没有木星佐证，盈月位于其他宫,或土星接纳盈月,命主将会因为通奸罪、放荡、乱伦而被惩罚,火星、金星一起位于启动星座,或相刑于启动星座,和上文一样凶。

Dorotheus 认为火金合相,会因为女性而产生争执,灾害之类,如果火星位于启动星座,会与坏女人发生关系,并因为女性产生争执,或有其他不名誉的性关系。女命会因性关系而损坏名誉。

金星和水星合相,关系和谐。主友善、亲切、合群、享乐主义,注重教育和情感,得到荣誉和礼物。对于那些运气一般的人来说,这种组合带来了货物的接收、销售和交换,带来了基本的生计。这种格局会让男人对女人的态度变得反复无常。

Dorotheus 认为,金水合相,代表工作上受欢迎,喜欢休闲娱乐,与众多女性交往,有文化而擅长言辞,甚至能与女性发生性关系,情之所至而吟诗作对,并且会与地位低下的女性有着恋情。如果金水会合于上升轴,代表命主的才能更为卓越稳定,如木星映射,则会因为女性获得利益和地位。

Firmicus 认为,金星和水星合相,会给命主带来愉悦的魅力,早年就很容易得到想要的一切,但是有欲望驱使他们与许多女人交往。也代表有学问,口才佳,以愉悦的语言魅力打动听众,能创作出音乐一般的抒情诗和杰出的诗句,如果金星和水星位于舍升星座或于自己界内,在角宫、吉宫有力量,则能够更大力量体现以上吉性,成为音乐家之类。如果金水合相,火星参与,则易婚,但是有丑闻、不名誉,代表渴望双性恋,为追求愉悦而放纵无度。当金水位于上升轴,代表神圣一般的智慧,华丽的口才,神灵灵感一般的诗句,当木星、月亮位于吉宫映射它们时,则更甚。

水星和太阳合相,代表适应性强的人,会结交许多朋友,代表灵活而有自知之明，职业生涯都是在公共机构度过。代表纯洁的、明智的、有判断力的人、爱美的人、有学问的人，开始从事神圣的事务、行善、喜欢伙伴、独立自主、爱吹牛，能够很好地忍受着挫折，但结果却没用，在他们的生计中经历了起起落落，但并不贫困，找到了适合自己的生计方式。我国南宋著名词人辛弃疾的命盘就有日金水合相的强格。

Firmicus 认为太阳合相水星，代表服从于他人的力量，公众活动中不出风头，其建议非常明智，代表通过仔细思考来履行生活职责之人，总是把自己的思想隐藏在深深的沉默中，对于一切神圣、宗教之类充满迷信的敬畏，对于微小的决定都会犹豫不决。水星如晨升东出，并且顺行，代表商业交易，代表说话流利，有好的运气，能够实现所有愿望，有灵感预言未来，公正而虔诚的神崇拜者，有好的子女。

Dorotheus 认为太阳和水星合相，无论东出还是西入，代表有风度，擅长写作，因文采、智慧而具有高位，或成为领导，对他人有助益。

水星和月亮合相，主男女的结合和男女地位，主演讲和教育的方面，利于商业和企业。他们使人们共同行动，足智多谋，有经验，有好奇心。也使人以巨大的支出前进，变化无常，难以坚持其活动和计划，高尚的面对逆境，却受制于自己的生活而跌宕起伏。水月合相，命主会以雄辩的力量传授一切学说，他们会以简单方式掌握一切自己所学的知识，如果没有木星参与佐证，则代表说谎、性格多变，虽然如此，这种水月合相的人，母亲很聪明，但是她会与低层的人发生性关系而带来丑闻，在月水合相的时候，水星度数大于月亮度数则更佳。

Dorotheus 认为，水月合相，命主会因为聪明才智而获得称赞，有所成就，但是也可能是骗子，做事难以专一，难以坚持。如果吉星映射它们，会减轻凶象并且利于母亲，但是母亲容易因为男性失去名誉，如果月亮度数大于水星,则吉,因为此时月亮离相位水星(与上文说法相反)。

水星和火星合相不吉。会引起上级或下级的敌意、诉讼、逆转、恶意、背叛和错误。代表运动、军事、指挥、慈善、对神秘事物好奇,以各种方式谋生。代表以伪造为手段,贪污、偷盗、抢劫、欠债、花钱,使自己声名狼藉、被人穷追。如果组合不吉,代表指控和监禁,他们的财物将遭受损失或被没收。

Sahl 认为,火星和水星位于上升或天顶,命主很勇敢,喜欢武器、喜欢流血。

Firmicus 认为水星合相火星,代表命主聪明,在高等教育机构受过教育,但是总想行使各种欺骗,或通过欺诈进行争论。如果木星参与映射,代表会因为成为教练、运动员,参加体育比赛而著名。金星参与映射,会心态堕落成为同性恋。土星参与映射,命主会声名狼藉或不名誉。当太阳合相水星、火星位于轴时,月亮于轴映射它们,代表邪恶心理,会用于犯罪,其所有语言都是一种虚假的演讲。当木星位于吉宫时,或位于舍升星座,则会掩盖以上凶象,土星映射,则其恶行会被公开,得到惩罚。

Dorotheus 认为火星与水星合相,代表命主谎话连篇,也可能是聪明、理智、知识丰富的文化之人,为人喜好争论。木星映射火星,则命主会受人赞扬;金星映射,则宠爱子女(或代表对小孩有不正常情欲);土星映射,对命主不利,代表命主会被他人憎恨,并且身体有缺陷。如果水火合相,在日光下,且位于轴,火星映射金星,命主为说谎之人,朝三暮四,或为盗贼的首领,以行恶取乐,如木星映射,则命主的邪恶会得到抑制,如土星映射,命主会受到惩罚。

笔者按:1859 年 9 月 16 日出生的袁世凯,命盘中水星和火星合相,并且同度,颇为符合此格断语。

太阳和月亮合相吉利,会与大人物、高地位的人交往,代表拥有地产、财产、金钱和装饰品。使人在商业、企业中取得成功,并获得利润。如果命盘佳,会成为城市的领袖,掌管事务,在群众中出类拔萃,有很高的公众形象,慷慨,统治,无与伦比,拥有王者的财产和意志。那些人生起始拥有中等财富的人会变得幸运,成为有福的人。如果月为亏月,则美好的事物对这类人来说并不持久。

Firmicus 认为,太阳和月亮在一个星座内,月亮被太阳的光所覆盖,昼生人,代表权威和力量。夜生人,月亮离于日光后,日月还位于同一个星座,代表卑下、沮丧、臣服。如果月亮和太阳在同一个星座内,但月亮完全离于日光,代表利于事业和地位,太阳位于阳性星座,脱离日光的月亮位于阴性星座,更有利于社交、友谊、高贵、智慧。如果日月互相反厌,月亮离于日光下,代表父母离异,日月三合,代表父母关系融洽。日月互相反厌,火土在中间映射,代表父母争吵、纠纷、不合。

太阳与火星合相,Dorotheus 认为命主父亲早死,火星在角或续宫,对命主更不利,代表会受尽苦难,或为善妒之人,败掉父母财产,或从事与铁、火有关的行业,为人思想混乱,不稳定,也代表损眼或被金属、火伤害。

火星与月亮合相,Dorotheus 认为代表寿命短,死于非命,或患有慢性疾病,或被铁器所伤,会对命主的母亲造成诸多损害。火星合月位于轴,命主在工作上轻率,不听从指示而导致灾害。

Firmicus 认为,火星合相月亮,代表轻率,在所有事情上的成功频繁来临,尤其位于角轴则更应,但是这类命很容易早死、容易受伤、容易招致危险,有的会死的很惨,或者被刀剑砍死,也代表疾病带来的痛苦,母亲身体一天不如一天。木星位于轴或舍升星座,映射此格,不幸才会减轻。

2、三星组合。

土星、木星和太阳的组合代表不稳定。会在财产、友谊和其他商业企业方面产生障碍或失败。代表财产的损失，会陷入令人反感的指控。也主来自意想不到的帮助或遗产，会增加声誉，也会带来毁灭和指控，以及突然的危险和阴谋。能使人成为卓越的人物，守护他人的事业、收税款，并且为此而忍受烦扰和危机。这种组合也会带来不安全和麻烦。

土星、木星和月亮的组合是和谐的，能够带来地位和利益，代表与贵人的关系、礼物。代表出国旅行。在异国他乡或在国外获得成功，这些不仅在自己的事业上，而且也在他人的事业上体现。也代表从女人那里获得利益，当他们拥有地产和土地时，他们就成了领主。有些人成为船主，从而增加他们的生计，或者他们通过掌握任何与水有关的东西来管理他们的生计。

土星、木星、火星组合，会带来混合性的吉利性质。代表出名、成为神职人员，有统率力，影响力，为群众领导，地方领导或部队等等，为命令、服从之象。命主不炫耀财富，会参与推翻、控告、暴力滋事，生活多忧虑。此格利于财富，可以从死者身上获益，但是声誉低，具体要根据行星搭配的力量和星座进行分析。

土星、木星和金星组合是吉利的。利于职业，会带来财富，也利于男女关系、利于友谊，利于进步，能从遗产方面获得的益处。但是在社交关系中，容易被人嫉妒、诽谤，婚姻生活不稳定，容易遭遇尴尬、敌意和批判。另一方面，他们喜欢自己的伙伴，为人好相处，能够享受许多新的友谊，但是其生活也不是完全平静的，在子女和下属问题上多不利。

土星、木星、水星组合，主精力充沛、管理工作、可靠者、佼佼者，主指挥服从、金钱的操纵者，或账目、文件管理者，这样的人有一种独立和适应能力强的天性,有时这种格局看起来比较凶恶,主偷窃和贪婪,并因此忍受不安和危机,债务以及公众的恶名。有时这类人的进步是因为他们的行动力,或因为他们的可信赖性而获得支持和认可,他们有一种慷慨的性格,受益于自己的家庭,甚至他人的家庭。他们会参与神秘和深奥的事务类,在其他方面,他们将涉猎奇特的艺术和微妙的艺术,伪装自己的生性是坦率的。

土星、火星、太阳组合,代表强制性和危险性的事体。主勇敢之人、雄心勃勃的人、邪恶的无神论者、叛徒、不顺从的人、憎恨自己的家庭的人、抛弃亲人和他人在一起的人。被卷入了侮辱和危险之中,他们从高处摔下来或从动物身上摔下来,要小心烧伤,生活辛苦。不保护自己已经拥有的东西,总渴望别人的东西,他们从犯罪中获利。如果这种格局恰好是军事或体育类命造,虽然人生经历辛苦,但也能获得成功。

土星、火星和月亮组合,使人在商业、企业和地位上冒险,但结果无效,会遇到逆境和暴力。使其转而变得暴力、隐匿、邪恶,这种组合有掠夺和偷窃的倾向,容易因此成为审判中的被告,经历了拘留和刑事指控,除非命盘格局显示命主生涯中喜欢武术、器械类,在这种情况下,会因为好斗而被拘留,也主受伤或生病,并将遭受暴力的结局。

土星、火星和金星组合,代表在行动、友谊和协作的开端都是有利的。这些行星带来利润、高地位和政治联系。然而,之后,会使人会陷入不安的状态,容易因为嫉妒、仇恨和背叛而引发诉讼。因为这些,被人控告,并且会遇到来自男女的敌意。他们会卷入不名誉的错误、通奸等等,是丑闻和被谴责的对象。有些人会倾向于非自然的、双性恋的恶习,他们成为犯罪或毒药谋杀的共犯或参与者。

土星、火星和水星组合,会导致犯罪、背叛、审判和警告。为了寻求经文或神秘知识而负债或花费,会承受不一般的磨难和灾害。在有些情况下,这些行星让人们在商业、事业中敏锐而精明,过着多样化的生活,因为暴力和非法活动而被一些人诽谤。他们偶尔会卷入艰苦而危险的事业,陷入贫困。之后开始责怪命运,亵渎神灵,成为背信弃义者和无神论者。如果行星无力,会受到刑事指控和监禁。如果这些行星们碰巧位于有力量的星座,这些人将为他人进行斗争并获胜,或者他们将从文件、账目或公职中获利,并将因此提高他们的生活水平。

土星、金星和太阳组合,象征着崇高的关系、荣誉和行为,在大众中地位高、杰出而卓越。但是会在财产或其他事情上不稳定,容易卷入跌宕起伏,失去友谊,减少生计,并带来公开曝光或惩罚,因背叛女性或宗教事务而受到处罚,会使人在性交和其他关系中呈现不稳定和双性趋势。

土星、金星和月亮组合,带来了生活的变迁和不稳定,尤其关于妻子、母亲和子女方面。代表不礼貌、忘恩负义、嫉妒、争吵、离婚、指责、公开暴露、不自然的恶习。但在商界,这些人并非没有资源,主机敏,富有成就,从遗产中获利。然而,并没有保留这些财富,会被许多人阴谋反对,他们自己是犯罪和毒药谋杀的帮凶,也是勾引玩弄女性的人。

土星、金星和水星组合,主其人聪明、精明,在事业上精明而善于谋划。但是,在他们最初的事业中是不稳定和僵化的,会变得贪婪他人的财物,同谋许多罪行,探求奇异的知识,代表灵活、治愈,也主变化和旅行。如果这种组合有损伤,被火星从右侧星座映射,会因为中毒、女性、遗产陷入混乱,主生计的损失,或被女性冤枉,遇到痛苦指控。一般而言,命主会在女性、子女和奴仆下属上多有不安和痛苦。

木星、太阳和月亮组合,会造就杰出的、辉煌的人物,为公共、政府和皇室事务的监督者，主总督、将军、无人能比肩、独裁者，也主被人嫉妒、诽谤和背叛，憎恨自己的家庭，这类命变化无常，精神不稳定，傲慢自大，为自己的利益而计划，沉浮无常。他们以钱财为妆饰，却不能享福至终，在某些事情上踌躇不前，最终导致不幸。

木星、火星和太阳组合，会卷入麻烦和危险。面对商业、事业热情并且有效。有荣耀，可以成为领导、官贵、管理者，却会因为官贵的仇恨、恐吓、背叛、家人的谋害、起诉控告等等一堆麻烦而跌落，少数此类命是靠大人物的恩惠而捞来财富，后来破败。

木星、火星和月亮组合，主精明、大胆、朋友众多的公众人物，因为被值得信任而从卑微上升到高位，代表官员、运动员、杰出人物、领导人。他们享有一定的职位、津贴或神职，但是会陷入逆境和刑事指控，被自己的亲戚或女性背叛，会遭受财产损失。后来，由于宗教或其他意想不到的事情，失而复得。

木星、火星和水星组合，使人充满活力、热情、活跃。担任公职、执行军事任务、或从事皇室、公职。但是其生活不稳定，多挥霍，可以成为聪明、值得信赖的管理者，能够纠正错误，并使原本针对他们的批评、诽谤等等逆转过来。这种格局，可以让人成为运动员、获奖者和教练，擅长许多事情，喜欢在国外旅行、赚钱，但在本地不利。

木星、火星和金星组合，使人有许多朋友，容易交往，被认为值得交往、得贵人之力，在女人的帮助下获得成功和进步。这些行星组合，可以使一些人成为大祭司、获奖者、运动员、寺庙或群众的监督者。迎合自己的快乐，有时生活不稳定，会有起伏。这类人在性问题上太随意而受人指责，遭受公开曝光和背叛，在子女和奴仆上会有不利，总是享受新的交往，忍受与女子的分离。

木星、水星和太阳组合，使人很容易在商业、事业中取得成功，有许多朋友，值得信任，主荣誉、管理、与贵人交往、成功。有些命主出身卑微，人生获得荣誉。他们抓不住财富，很容易受骗，在一段时间内变得贫穷。他们做很多事情都是出于宗教原因，生计上得到了意想不到的高阶层的支持。

木星、水星和月亮组合，主高尚、富有之人，在生意上精明，人生多福，多被信任。会有宗教信仰，为聪明、雄辩之人，财产和存款的监护人。事业工作性质与文件和账目有关。为人慷慨大方，也主朋友多、知名、受托人、事务管理者。这种组合也可以使人成为运动员、获奖者、值得尊敬的人物。如果这些行星出现在有利的地方，能够发现宝藏，成为神殿和庙宇的监督者。此类命将重建、重新种植、恢复地貌，并将赢得永恒的名声

木星、水星和金星的组合吉利，会带来生计和事业上的成功。为人聪明、坦率、慷慨、甜蜜、热爱家庭、开朗、参与到教育和文化中、纯洁、体面、荣誉和高地位、大器之人、获得信任、主宰管理。这些人以生计为荣，他们培养年轻人，喜欢教育。他们有很多下属、奴仆，令他们受益，对待下属像对待自己的孩子一样。由于虔诚，命主能得神谕而通晓未来，但也会有不稳定的方面，非常不利妻子和子女。

木星、金星和太阳组合，主辉煌之人，但也造就了心胸狭窄、精神不稳定、傲慢自大之人。有时他们是慷慨和仁慈的，但是变化无常。在人生一段时间内，他们在别人的名望和财产的帮助下被提升，尽管出身卑微，他们还是成为大祭司、获奖者、领袖、领导、政治人物等等。被认为配得上荣誉并因此获得生计，然而，他们会在性生活问题上反常而被人谴责。如果这些行星组合东升，或者在吉位，命主和他们的妻子和孩子

非常幸福。

木星、金星和月亮组合，主精力旺盛、名人、大祭司、获奖者、寺庙和神社的监督者、捐助者、渴望名声的人、为城市或乡村的大众提供娱乐的人。这些人得到信任，被认为值得尊敬。他们被家人和朋友称赞和羡慕，但是会经历嫉妒、敌意和反对。在妻子和密友关系上，主不稳定、多争吵，生活在嫉妒、分离和痛苦中，总是处于悬念中。有时他们与亲戚很亲密，但即使如此，也不会因此而拥有不受干扰的家庭生活。人生会多建立伙伴关系，其生活方式将变得非常壮观，但他们人生中充满了虚假的外表，与真相并不相同。

金星、太阳和月亮组合，主声名显赫、精力充沛之人，生活中喜欢炫耀，被很多人谴责，诽谤，被贵人，朋友所嫉妒或憎恨，事业成功、财富丰厚，在财富的帮助下获得高位，生平在妻子和子女上不安定，为人喜欢朋友、喜欢旅行、喜欢在异域寻找好运。

金星、火星和月亮组合，使人不缺乏资源也不怠惰，但是善变，精神不稳定，开始就混乱，导致事情草草收尾没有结果。有大的计划，大胆、公开、好斗，不加选择的使用男女伙伴，会受到诽谤、侮辱，因为他们的犯罪企图而导致化友为敌，生活陷入困境。

水星、太阳和月亮组合，造就了受人尊敬和纯洁的人，能够扮演好自己的角色，也主管家，有荣誉、地位的人。他们参与神秘事物，解决纠纷，展示了大量财产。可以成为保镖、总管，以及掌管金钱、记录和账目的人。这类人的口才在提供建议或指导方面是最有效的。

水星、太阳和金星组合，主博学家、经验丰富之人。代表高贵与地位，在艺术和科学方面都很突出，为人值得信任。事后易悔，有时摇摆不定，无所适从，或者喜欢职业上的变化。结交许多朋友，通过结识贵人而获得成功,并以获得荣誉而著称,生活水平高,地位高。

水星、月亮和金星组合,为好人,容易相处,坦率、慷慨、有幽默感、有公民意识,代表受教育的人、有节奏的人、乐于助人、参加宗教仪式,代表聪明、经验丰富、整洁、纯洁、简单、嫉妒、憎恨,也代表生计不稳定,会不加选择的与不同阶层的男女交往。

水星、火星和金星组合,主利润、高地位和职业。命主会在给予、接受和从事其他业务方面都很精明,主管家、恶劣、不道德、经验丰富的人,从文件和训练开始他们的职业生涯。他们应该受到谴责,浪费大量财富,沉沦于贷款和债务,拖欠债务,盗用他人钱财,引诱他人,用自己的魅力欺骗,主富有、恶毒,但会后悔自己的所为。

火星、太阳和月亮组合,主勇敢、有男子气概的、不计后果的、精力充沛的人。能成为运动员、士兵、统治者,职业生涯是通过暴力、可憎的行为,从事艰苦的工艺,或使用坚硬的材料。会陷入逆境和危险的境地,遭受敌对和来自上位者的攻击,如果有吉星映射,则命运的财富方面没有损害。

火星、太阳和金星组合,代表朋友多、出名,被认为值得结盟、合作。这类人有很多资源,喜欢他们的伙伴,但比较吹毛求疵、比较八卦。其友谊不会长久,其成就转瞬即逝。他们渴望得多,花得多,会错对女性,而且傲慢无礼,会因鲁莽的决定而陷入挫折和敌意。

火星、太阳和水星的组合,使人有丰富的经验,在商业上有创造性。虽然他们在计算的目标上感到忧虑和挫败,但会出乎意料地取得胜利。因此,这种人精神不稳定、鲁莽、好动、脾气暴躁,匆忙攻击他们的仇敌,告他们有罪、毁谤,接着就后悔了。他们偶尔也有一种怯懦和可鄙的性格。他们能很好地控制自己的情绪,发挥作用,向他们不应该屈服的人屈服。在大多数情况下,他们的生活起伏不定。一旦受到别人的控制,他们就会咒骂自己的命运不佳。

火星、月亮和水星使人变得灵巧、聪明,容易被激发行动,非常有活力,想要迅速行动,但又粗心大意,喜欢寻求奇异知识、神秘事物和秘密知识。代表暴力、不服从、贪婪,易陷入指控和诉讼的损害,陷入审判和危险,会因为文件和金钱而遇到警告。尽管他们的生活不尽人意,但是这种组合也使其生活富有而奢华。

行星组合的内容非常重要,以上这些都是行星之间组合的状态下的表征,当有其他行星映射参与,肯定会对论断内容产生影响。如果行星通过映射产生以上组合,也可以借鉴其意义。总之,星宗、星力、后天宫的意义以及度数距离都会在一定程度上改变以上论断的具体内容。

另外笔者发现,这种格局论断和印度纳迪占星的格局断法非常相似,可以直接在纳迪占星中使用,并且两者能够互参研究,这也充分说明纳迪占星确实属于古老的占星方法。具体可以参考笔者著作的《印度纳迪占星与天文手相》一书。

行星格局的作用在实战中有着非凡的意义,譬如我们研究武术、搏击之类的命造,我们会发现很多此类命盘会出现火土合相、火土相刑、或者火土相冲、火土六合。并且火土的度数会呈现紧密度数,即 3°内(6°内也有着强烈影响)。

譬如国内散打运动员方便的命盘,火星位于巨蟹座 28°,土星位于天秤座 29°,火星和土星精确相刑;散打王柳海龙的命盘中,土星位于天秤座 8°,火星位于摩羯座 7°,火星和土星精确相刑,并且柳海龙的命盘中木星位于天秤座 7°,这是一个扬名立万的星格;美国著名拳击手泰森的命盘,火星位于双子座 23°,土星位于白羊座 30°,他同时木星和太阳合相，彼此距离 3°，属于名声地位的格局；著名武打影星李连杰的命盘，火星位于狮子座 14°，土星位于宝瓶座 22°，彼此相冲，他的命盘中金木 3°内合相，造就演艺闻名的格局；武打影星成龙的命盘，火星位于双子座 13°，土星位于射手座 15°，火星和土星相冲，这种格局往往让命主遇到濒临死亡的危险；著名国际武打影星李小龙的命盘，火星位于天蝎座 5°，土星位于金牛座 10°，火星和土星相冲。

以上都是随机列举的命盘数据，由此可见火土格局的准确性，我们需要注意，很多格局需要复合式分析，譬如武打影星能够出名，就必须有辛苦习武的火土格局，也要有从事演艺的金星相关格局，同时具备出名的格局。根据笔者经验，搏击、武术类格局的星座特质为射手座、狮子座、白羊座、金牛座、天蝎座、摩羯座，命主的上升，天顶或火星、土星会位于这些星座，在实际论断中，论断行星格局，必须注意分析星座特性。

第七门　说五星东出西入

五星先太阳出者，谓之东出。后太阳而入者，谓之西入。东出时，各有度数。土、木、火三星，离太阳不过六十度；金星离太阳不过四十五度；水星离太阳不过二十五度；金、水二星，离太阳至远不过如此度数。五星后太阳入者，度数亦然。土、木、火三星，离太阳六十度之外，不在东出西入之数。

注：古典占星中，日月为尊、为体，五星为用。这种对应关系中，日

月为天地主宰，因此日月和五星的关系就特别重要，也由此产生了五星运行中对应日月产生的关系，这种关系主要分为东出和西入，另外还有一个特殊概念叫作日核。

一、五星东出西入

童年时候，笔者清晰的记得，每当早晨或黄昏，在眺望天空的时候，总会发现在日出前，或日落后，天空有星星在闪闪发光。这种现象是怎么产生的？与太阳光线有光，早晨太阳还没有出现在地平线，由于太阳和东方地平线上方的一些行星在天体运行上距离较远，这些行星就会显得特别亮，黄昏时的原理也类似，这种现象叫做偕日东升，偕日西入。我们都知道，古典占星术源出于人们对天体的大量观察，当天空行星显得闪亮的时候，人们就会对应思考该行星起到了良好的作用，这就是这一概念用法的起源。

根据太阳和五星的运动轨迹，五星在太阳出地平线之前出现在地平线上方，为东出。在太阳入地平线之后，进入地平线下，为西入。在星盘上的观察时，行星位于太阳顺时针方向，为东出方向，在太阳逆时针方向，为西入方向，这是一种最便捷的识别方法。

《天文书》规定，行星东出与西入都有度数标准，一般木星、火星、土星三颗外行星，东出西入都是距离太阳 15°～60° 范围内；金星东出西入距离太阳不超过 45°（金星离日最远 48°）；水星东出西入太阳距离不超过 25°（水星离日最远 28°）；当超过以上度数范围，则不属于东出、西入的概念。

Al－Kindī 认为外行星东出有两种情况，一为东出距离太阳在 30° 内，凡事加速而强，这种力量强大。另外一种为东出距离太阳达到 60°，为弱东出状态。他认为，行星东出如同青年，西入如同老人。日光下，如同隐藏起来的人，与太阳产生行星会合，如同母体子宫中的婴儿，会合后，如同从子宫中出生，脱离太阳映射半径后，如同断奶的孩子一样，需要别的力量支持，到达太阳对宫相冲，如同一个人进入了壮年。Rhetorius 在讨论行星喜乐时认为，土星、木星、火星喜欢东出，月亮与金星喜欢西入，有时候，土星、木星、火星喜欢在第一和第三象限（即东象限），月亮、金星喜欢在第二、四象限（即西象限）。水星无定性，因此观察影响它的行星的特性进行分析。

东升西入的最低标准是 15°（埃及占星的规则），因此当行星位于距离太阳前后 15°内，则视为日光下，此时，行星在视觉上不可见，行星在这种情况下，会被遮蔽、隐藏、无能、无效（Paulus 认为日光下在 9°以内，行星尤其弱化）。有时候日光下也代表身体疾病，隐藏的痛苦等等。而阿拉伯点的定位星位于日光下，也代表其所主宰的事体会枯萎、干涸、消散，而焦灼则会让这些情况加剧。

需要注意的是，当命盘中，如果显示命主出生后 7 天内，日光下的行星东出，这种力量十分显著，为富贵之象。该行星所代表的类象，强而有力。有古籍认为是 9 天，因此指出当木星、土星在日光下太阳 5°或 6°时（东出于日方向），视为木星和土星东出，因为太阳一天行 1°，9 天后太阳行进 9°，已经距离木星、土星达到 15°，完全脱离日光下，处于晨星东出状态，在意义上大吉。如果度数小于 15°，则会有烦恼和不利。由于火星的运行速度快，不同于木星和土星，因此火星东出的规则，为 10 天（也有人认为火星距离太阳 8°，10 天后东出）

行星西入与以上规则是不同的，当西入状态下，木星和土星最小距离太阳 22°，视为西入，因为西入以 7 天为规则，太阳一天行进 1°，7 日后，行 7°，22°−7°=15°，火星最小距离太阳 18°，视为火星西入。

由于金星和水星运行速度快,金星和水星,东出时候距离太阳12°,西入太阳15°。以上的东出和西入概念,不仅仅用于命理预测,也应用于寿主星的年限技术。

Paulus of Alexandria 在其著作中提到一个非常重要的希腊占星概念"Acronychal"(希腊术语为 Akronukots)。意思是在太阳落入西地平线之后行星东升,从现代占星角度诠释,就是行星位于太阳的对冲位,我们译为日夕东升。行星相对太阳的运动除了停驻和逆行,相对太阳的位置主要有晨升、晨降、夕升、夕降和日夕东升五种模式。后期的东升和西入其实是带有一种简化模式的论法。

什么是晨升?晨升就是行星东出距离太阳15°到距离太阳120度范围(右三合相位),譬如太阳位于双鱼座17°,木星位于双鱼座2°,两者相距15°,此时木星晨升。也就是行星会在太阳冒出地平线之前先到达地平线上方。有人声称,甚至距离10°就可以认为是晨升。

但是我们都知道,金星和水星不可能三合映射太阳,所以这个规定特指土星、木星、火星三颗外行星。金星距日最远48°,水星距日最远28°,当金水位于太阳两侧,金水之间间距可达到60°。有人认为,三颗外行星必须考虑晨升、夕降、夕升、晨降。金星和水星必须考虑晨升和夕降。

当太阳落于西地平线下方时,土、木、火三颗行星在太阳对面升起,叫做 Acronychal。

什么是晨降,晨降就是行星东出太阳在15°内,为晨降,或者叫晨伏。晨伏时,Paulus 认为9°以内行星尤其弱化。

什么是夕升?行星西入太阳度数15°~120°范围(左侧三合相位)为夕升。

什么是夕降,当行星西入太阳在15°内。譬如太阳位于双鱼座17°,

土星位于双鱼座 26°,而土星距离太阳在 15°内,因此为夕降,也称之为夕伏,因为行星在距离太阳 15°内的时候,这些行星属于夕伏状态,行星不可视觉看到。

针对金星、水星,有人认为,当金星、水星趋于太阳 15°时,为夕升,之后逐步进入日光下。在第一次停驻后开始逆行,之后逐步进入日光下,当金星、水星距离太阳 15°时,为晨升。

总结归纳,外行星和内行星距离太阳 15°之内,都认为是视觉不可见,处于日光下(Under the beams)(实际天文观测时,15°内依然可见,尤其金星,在 10°内依然可见)。

行星在晨升的时候,积极有效并且活跃,在时间段也在青年时期,朝阳蓬勃的朝着有力行进。在夕升状态的时候,本身的意义也是有效的。晨伏和夕伏或者行星位于果宫,则行星影响力无用,不利于行动,而且是微不足道的。

以上内容,在实践中,读者可以选用,在东升西入的度数限制上,笔者更倾向于《天文书》的规定,具体可以参考后文哈德良的命例。

以下有关东升西入的其他说法,供学者参考研究。

关于晨升、夕降、夕升、晨降,Teucer of Babylon 也有着详细的论述,他将五颗行星分别论述。我们列举如下:

1、土星

土星相对太阳有五个时段。即升、降、第一次停驻、第二次停驻、日夕东升。相对太阳运动出现的时段次序为升、第一次停驻、日夕东升、第二次停驻、降。假设土日同度,当太阳沿着黄道前进,太阳离开土星 10°时,土星开始晨升;当太阳离土星 120°时,第一次停驻;接着土星开始逆行,当太阳离土星 120°时,开始形成日夕东升;接着第二次停驻,太阳离土星 240°时,土星转为正向运动;太阳近土星 10°时,土星进入夕降,这种状态一直持续到土星再次离开太阳 10°。

2、木星

木星相对太阳有五个时段,即升、降、第一次停驻、第二次停驻、日夕东升。相对太阳运动出现的阶段次序为升、第一次停驻、日夕东升、第二次停驻、降。假设木日同度,当太阳离开木星 10°时,木星晨升;太阳离木星 120°时,为第一次停驻;接着,木星开始逆行;当太阳离木星 180°时,开始形成日夕东升;接着形成第二次停驻;距离太阳 240°时转为正向运动,距离太阳 10°时,为夕降,这种状态一直持续到木星再次离太阳 10°。

3、火星

火星相对太阳有七个时段,晨升、90 天周期、第一次停驻、日夕东升、第二次停驻,第二次 90 天周期、夕降。假设火日同度,当太阳离火星 10°时,火星晨升;太阳 90°刑火星时,为 90 天;太阳 120°三合火星时,第一次停驻;与太阳 180°相冲时,火星日夕东升;太阳距离火星 240°时,进入第二次停驻;太阳右相位 90°刑火星时,进入第二次 90 天周期;太阳开始朝火星前行,当太阳距离火星 10°时,夕降。

4、金星

金星相对太阳有六个时段,分别是夕升、夕停驻、夕降、晨升、晨停驻、晨降。当金星离日 20°时候为夕升(注意金星作为晨或夕星在距日 6°内可视化),离日 42°时夕停驻(事实为 30°停驻),太阳追至近金星 6°为夕降,例如金星位于白羊座 10°,太阳位于白羊座 4°,此时为夕降。当金星离日 5°时,进入夕升,太阳离金星 40°时,金星晨停驻(事实为 30°),当金星超过太阳 2°时为晨降。

5、水星

水星相对太阳有四个时段,分别是夕升、夕降、晨升、晨降,水星离相位太阳3°时,夕升;水星离相位太阳2°时为夕降。晨升时,太阳离水星3°;晨降时,太阳离水星2°(事实上水星无论在晨夕时,距日10°～11°才可视化)。

为了更好的理解行星与太阳的东出西入的具体过程,笔者详细列举 Abū Ma′shar 的观念如下:

内行星,为金星、水星。它们与太阳之间有16种关联状态,列举如下:

1、日核,当金、水星与太阳在同一度内,并且在16′范围内,为日核,此时主吉(因为太阳球体范围为32′,其一半即16′)。

2、焦灼,当超过这个范围,一直到距离太阳7°距离都为焦灼。金星比较特殊,有时候它可以在东方或西方被人们看到,但是距离太阳度数却在1′内,事实上金星此时纬度达到最高(Ptolemy认为金星纬度最高是8°56′)。金星处于最大纬度的时候,我们不能认为金星焦灼,因为金星纬度最大化,东出、西入能够呈现可视化状态,一直到它的纬度低于7°,金星就无法可视化了,则处于焦灼状态。

3、脱离焦灼,当金星、水星距离太阳超越7°,一直到距离太阳12°,脱离了焦灼,进入第三状态,这一状态我们简称之为日光下。它们离开焦灼,逐步走向东升,适用于辅星格。

4、强东升,金星、水星在距离太阳12°,一直到第一次停驻,为第四状态,我们称之为强东升状态。

5、第一次停驻,金星和水星第一次停驻,为第五状态。

6、正向运行,金星与水星,东升正向运行,一直到接近太阳,为第六状态。

7、日光下,金星和水星距离太阳 12°,到距离太阳 6°。

8、焦灼,金星和水星距离太阳 6°,到进入日核前,为第八状态。

9、日核,金星和水星进入日核,为第九状态。

10、焦灼,金星和水星出日核,到距离太阳 7°,位于太阳西,为第十状态。

11、日光下,金星和水星前行到距离太阳 15°,为第十一状态。

12、正向运行,金、水正向继续运行,为第十二状态。

13、行星第二次停驻,为第十三状态。

14、行星逆行,金星和水星逆行,到距离太阳 15°,为第十四状态。

15、金星和水星从距离太阳 15°到距离太阳 7°,为第十五状态。

16、日光下焦灼状态,金星和水星从距离太阳 7°,到进入日核之前,为第十六状态。

金星和水星,在离太阳后,就开始逆行东升,波斯叫昼限逆行东出,一直到它们距离太阳 12°。当它们停驻后,靠近太阳,快速正向运行,到与太阳连接,叫昼限正向东出。当金水经过太阳,西入正向运行,一直到距离太阳 15°,叫夜限正向西入,从距离太阳 15°,到与太阳连接,叫夜限逆行西入。

外行星,为土星、木星和火星。它们和太阳之间有 17 种关联状态,列举如下:

1、日核,当它们与太阳在同一度内,并且在 16′ 范围内,为日核,此时主吉(因为太阳球体范围为 32′,其一半即 16′)。

2、焦灼,当超过这个范围,一直到 6°,木土处于日光下焦灼状态,而火星会持续到距离太阳 10° 距离都为焦灼。

3、脱离焦灼,当这三个行星各自超越相应度数后,就脱离了焦灼,进入第三状态,这一状态我们简称之日光下,它们离开焦灼,逐步走向东升,此时它们适用于辅星格。

4、强东升,木土一直到到达距离太阳15°,火星要达到18°,此时才是真正结束第三状态,真正处于东升状态。之后一直到距离太阳60°为第四状态,我们称之为强东升状态。也称之为昼限。此时为辅星格状态,位于太阳右侧星座。

5、弱东升,从距离太阳60°～90°范围,为第五状态,叫弱东升状态。

6、东升后,超过90°,就不能认为它们处于东升状态,因为这个时候太阳从东面升起的时候,这些外行星已经进入了朝西的象限,处于东升后的状态,一直到行星停驻。

7、外行星第一次停驻,为第七状态。Paulus 认为,此时三个外行星距离太阳大约120°左右,与太阳呈右三合相位。

8、外行星转为逆行,一直到太阳对宫180°前,为第八状态。

9、对冲夜限状态,到达太阳对宫180°为第九状态。

10、行星逆行,从距离太阳180°,到外行星开始逆行到第二次停驻前,为第十状态。

11、第二次停驻,从外行星第二次停驻到转为正向运行前,为第十一状态。

12、从外行星正向运行到距离太阳90°,为第十二状态。

13、从距离太阳90°到距离太阳60°,为第十三状态,此时处于向西运行状态,因为此时当太阳在西地平线上消失,行星正好从中天朝下降轴前行。

14、行星不会停止前行,从距离太阳60°到木、土距离太阳22°,火星距离太阳18°,为第十四状态,我们称之为外行星正在西入。

15、从前条论述度数到达距离太阳 15°,为第十五状态,进入西入下降度数。

16、从距离太阳 15°,到与太阳连接之前,为第十六状态,命名为西入夜限状态。

17、焦灼状态,之后到达距离太阳度数的相应条件,木土距日 6°,火星距日 10°,为第十七状态,我们称之为日光下焦灼状态。最后回归到日核。

月亮与其他行星焦灼的意义

Abū Ma′shar 认为,月亮运行与太阳形成十六种状态,月亮在距离太阳 6°内为焦灼,12°内为日光下。关于月亮焦灼,13 世纪的 Bonatti 认为,月亮焦灼的范围是月亮在趋于太阳 15°内,离于太阳 12°内。月亮趋于太阳的障碍损害,大于离于太阳,当月亮离于太阳 5°时候,就已经逃脱,虽然还没有完全脱离,依然呈弱态,但是它已经解放束缚,并向自己未来的方向行进,这是月亮黏合的本质意义,同时他指出月亮对冲太阳进入 12°内的焦灼范围,也是比较差的。Al－KindĪ 认为月亮在进入 5°距离内与太阳相冲时,代表进入逆境和凶性,通过逐步脱离相冲,寻找脱离逆境的机会。

Abū Ma′shar 认为,月亮与金星比较忌讳焦灼,因为金星和月亮的元素特性为冷湿,被太阳的热燥所损伤。而木星与土星焦灼时则损伤较小,因为木星带有热性,土星带有燥性,在元素特性上与太阳有共性。

当火星与水星焦灼的时候正向运行,伤害最小,因为水星和火星的元素特性与太阳有共性(水星冷而干燥),它们的根性没有互相伤损,有时会和太阳混合融汇彼此特性,因此可以说有吉有凶。

当火星焦灼时,它会比土星给太阳造成的不吉更凶。因为有时候火星会以单一形式和太阳形成焦灼,有时候会混合其他特性,当火日都热湿的时候,或一个热一个湿的时候,则会互相融合,减少损害,如果它们都热干,则互相不融合,导致凶性变大,此时火星受到的损害比太阳要大。譬如火星东出则火星热而湿,太阳热而干。太阳和火星都位于白羊座,则它们都热而干,因为白羊座的星座特性热而干。

水星的焦灼损伤低于其他所有行星,元素特性是其中主要原因,但是当水逆的时候,焦灼损坏会变大。当它位于日光下不吉的时候,它会赋予其中一部份给太阳。当它吉利时,也会赋予一部分给太阳,因为水星会把接收到的吉凶都传递给太阳。

当木星、金星、月亮和太阳会合时,如果其中任何一颗行星有力量(远地点和纬度),则受太阳的焦灼影响会变小。当它们一起位于日光下的时候,虽然太阳焦灼它们,破坏它们,但是它们会赋予太阳一些吉利性质。

Rhetorius 指出,当行星位于舍、升、界内,吉星增吉,凶星转吉,并不太忌讳日光焦灼。

Abraham Ibn Ezra 认为,木星和土星距离太阳 $16' \sim 6°$ 为焦灼,火星距离太阳 $16' \sim 10°$ 为焦灼,金星和水星距离太阳 $16' \sim 7°$ 为焦灼。他与 Abū Ma'shar 的观念一致。

最后我们参考 Firmicus 在其著作《Mathesis》中的说法,他将五颗行星与太阳的东升西入分为五种,即 Matutine、Vespertine、Setting、Hidden、Acronychal。

Matutine 即晨升,即太阳升起前,行星在东方出现,Vespertine 即夕降,即太阳落下后,行星在西方出现;Setting,即太阳升起时候,行星位于太阳对宫,落入西方;Hidden 为行星距离太阳过近,位于日光下;Acronychal,即日夕东升,行星在太阳对宫升起。并且 Firmicus 指出,太阳附近会伤害所有行星,除了火星。他指出,有些人认为火星受到太阳映射时,火星也会变吉,因为火日性质类似。

行星在太阳东出时候,则行星会受到太阳的力量而得到非常有力的保护,行星在太阳西入,则会变弱、变的无效。行星在月亮西入时,会受到月亮力量的有力保护。

Firmicus 给出了行星东出西入的度数范围,土星 15°、木星 12°、金星 8°、火星 8°、水星 18°。

<u>由上可见,东出和西入的概念比较复杂,众说纷纭,具体可以参考本书后文的案例。从实战角度,笔者建议遵从 Abū Maʹshar 对于内外行星的东出西入的详细定义,并注意参考文中侧重勾画的重点内容。有关行星焦灼详细的论断方法,参考本书后文章节中的"行星会合"相关内容。</u>

二、日核

日核,是在希腊占星后期出现的一种定义,Rhetorius 的书中认为,古人没有提到过日核,是他(也可能是他引用的说法)观察而得到的实际经验,发现行星在与太阳在 1°内并没有被焦灼,因此他定义这种情形为日心(希腊语 enkardios)。后来中世纪的占星术沿用了这个概念,中世纪早期的 Sahl B. Bishr 在他的作品中定义日核的范围度数与 Rhetorius 相同,但是后期的 al−Qabīsī 和 Abū Maʹshar 则定义为 16ʹ,将之命名为 Cazimi,在此我们将之译为日核。行星位于日核,代表该行星力量得到强化,有吉利的意义,但并非所有占星家都这样认为,有人认为依然具有伤害性。笔者实践证明,日核需要根据不同的格局区分化对待,在凶格局中,确实具有伤害性(有一些权威资料显示,日核条件中必须注意行星的黄纬是否位于 17ʹ范围内)。

Sahl B. Bishr 认为,金星与火星位于日核,位于具有金星力量的地方,命主所讲、所论会被所有人接受,不会被拒绝。近于先知的拜神者,其本命盘中,木星、金星位于日核。

关于晨升、夕降、夕升、晨降,古人有不同的度数定义和说法,矛盾丛生。但是我们必须从实战主义出发理解,因此本篇最后,笔者选取了一个经典古案例来消化以上的疑难知识点。

例:罗马帝国皇帝哈德良。

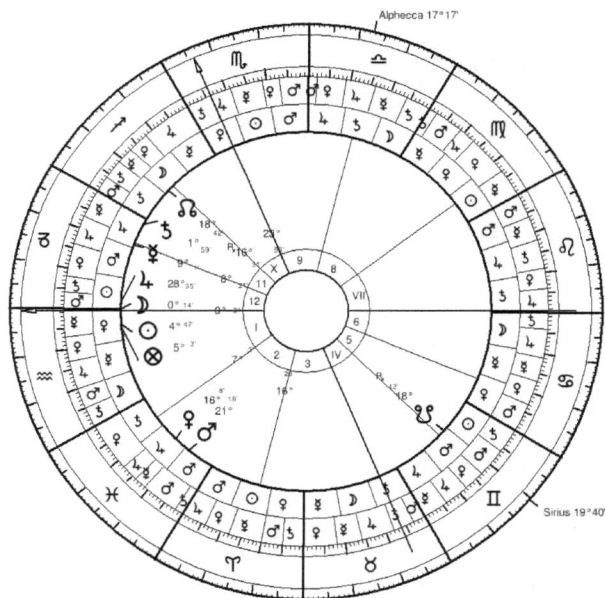

哈德良本命盘电脑排盘

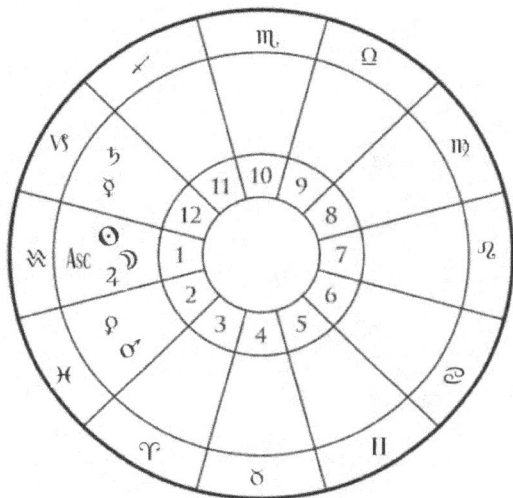

哈德良本命简盘

普布利乌斯·埃利乌斯·哈德良(Publius Aelius Traianus Hadri-anus,公元76年1月24日—公元138年7月10日,绰号勇帝),罗马帝国安敦尼王朝的第三位皇帝,五贤帝之一,117年~138年在位。在位期间,停止东方战争,与帕提亚国王缔结和约,改革官僚制度和法律。又在不列颠岛北部建造了横贯东西的"哈德良长城",以御防"蛮族"的入侵。世人历来对他评价较好,个人爱好也很丰富,他是一位博学多才的皇帝。

哈德良出生于西班牙一个富裕的移民家庭,他是图拉真的表侄,有一个姐姐,叫艾莉亚·多米蒂亚·保利娜,嫁给了三任执政官卢修斯·尤利乌斯·乌苏斯·塞尔维亚努斯。从早年起,他就跟随图拉真转战各地,深得这位皇帝的赏识,被不时委以重任。哈德良身材强壮高大,留着厚密的卷发,眼神犀利。行军打仗时,与士兵们同甘共苦,深得士兵爱戴。

公元 91 年,表叔图拉真担任执政官,他开始成为罗马元老院议员。公元 97 年底,罗马皇帝涅尔瓦收图拉真为养子,并指定他为帝位继承人,从此跻身于帝国最高统治阶层的行列。100 年与图拉真的侄孙女结婚。105 年晋升为平民保民官,并且打破惯例,第二年又晋升为掌兵权的执政官。107 年一度出任多瑙河畔行省下潘诺尼亚的总督,108 年担任执政官,112 年出任雅典执政官。117 年图拉真西巡之前,命他统率在叙利亚集结的重兵。

图拉真在弥留之际,将哈德良收为养子。图拉真死后不久,哈德良便被叙利亚军团推为元首,这一行动不久又得到了元老院的批准。138 年 7 月 10 日,哈德良去世于他在贝阿的庄园,死因据说是心脏衰竭,享年 62 岁。

案例选自 Hephaistio of Thebes 的著作,原书数据:此命为夜间生人,上升轴位于宝瓶座 1°,土星于摩羯座 10°,木星于宝瓶座 1°,火星于双鱼座 22°,太阳位于宝瓶座 8°,金星于双鱼座 12°,水星于摩羯座 12°,月亮于宝瓶座 1°。

此命被同家族的皇帝收为养子并成为接班人,42 岁成为皇帝,受到诸多尊敬,但与亲戚不和,生平只娶了一位妻子,没有子女,有一个姐姐,63 岁时因为水肿气促而死(由于岁差选择不同,软件会有一些度数出入,但是并不影响研究)。

此案例是 Hephaistio of Thebes 在占星师 Antigonus of Nicaea(大约公元 2 世纪晚期)的作品中摘录的。Hephaistio of Thebes 总共从中摘录了三个案例,并且是希腊占星中现存最长的案例,这些案例对研究希腊占星的实战技术具有很高的价值。整理时,笔者参考了 Antigonus of Nicaea 原著中的说法。

哈德良的出生地为 Halica,位于西班牙南部的 Seville 附近,纬度大约为 37N30,出生于公元 76 年 1 月 24 日上午 6 点。

Antigonus of Nicaea 认为,此命月亮的定位星为土星,土星位于舍星座,因此土星取最大限度寿限 56 岁(土星最大寿限当为 57 岁,原文此处为 56 岁),由于金星六合土星,加 8 年,代表寿命为 64 岁。当 61 年 10 个月的时候,主向限中的上升轴和月亮到达与土星刑相位的位置,但是并没有损坏命主寿元,因为金星第二次映射土星。

此命能当皇帝,是因为日月位于上升,月亮符合夜间星宗,并且月亮合相上升轴。七日后,太阳前行 7°,正好距离木星 15°,木星走出日光下,木星晨升东出,极强,并且此命有有辅星格,金星入升星座、金星界,西入月亮辅月,并且太阳辅月,土星入舍星座辅日,同时土星与水星晨升东出,天顶定位星星火星于双鱼座,火星为双鱼座第一三方主,并且又位于火星段,火星夕升,火星距离太阳 45°(松散夕升范围),为大贵之命。

日月位于上升轴,并且为阳性星座,又为人形星座,代表命主器宇轩昂,有风度。水星东出晨现与东出的土星一起辅助太阳,命主聪明而有良好教育。一般晨升的行星都会让人早年有所进步和收获,而夕升会让人们逐步进步。木星位于上升与月同轴,并且是太阳的辅星,代表命主有良好的判断力,为人慷慨而志高。火土两颗凶星夹拱日月,此命会面对很多法律上、阴谋上的反对者,土星晨升又为辅星,火星夕降,代表他战胜了这些人的敌意,因为水星和土星位于土星星座,并且都位于 12 宫。

命主受到所有人尊敬而成为帝王,是因为木星为太阳辅星并且于上升轴上。此命就是典型的日月于轴,五星相辅。当日月位于上升、天顶轴,五星为辅时,往往是大贵之格。

命主之妻从少女时代就和命主结合,并只有一个妻子,并非是金星之故,而是因为月亮位于日光下。一般在命盘中,金星正好位于轴或续宫,月亮趋于金星,或趋于其它和金星在一起的行星,或有其它佐证,会有多次婚姻,如果月亮只趋于金星,代表只有一次婚姻,如果月亮没有趋于金星和其它任何行星,或没有合相任何行星,并且月亮位于新月或满月位,金星合相一颗行星,也代表只有一次婚姻。

命主只有一个姐姐,因为月亮在趋于太阳的相位上,只入相位木星,木星为吉星,如果趋于多星则会有多个兄弟姐妹。但是为何月亮趋于阳性的木星,却没有兄弟呢?因为太阳位于阳性星座,接受月亮的合相,因此主女性。

命主无子女,是因为太阳位于上升宫,这种情况往往无子女。为何他与亲戚不和?因为水土位于 12 宫,为何他为人养子?因为月木于轴。为何他死于水肿气促?因为双凶星夹拱太阳、月亮、上升轴,它们以及凶星所在星座都是潮湿星座。下降轴位于狮子座,被双凶星通过映射夹拱(火星、土星冲室女座与巨蟹座)。

我们接着观察此命的三日宫。论断其死亡,我们观察出生后第 40 天的月亮,第 40 天月亮位于巨蟹座,火星在白羊座右相位刑月,土星在摩羯座冲月,双凶映射月亮,主凶死。此命寿星为月亮,当月亮通过主向限到达金牛座 1°时,是月亮刑相位的位置,为死亡之时,在此期间月亮趋于凶星或太阳,就是关键危机应期。

说明:此案例也属于研究夹拱格、辅星格极佳的参考案例,后文学习到辅星格与夹拱格时,可以参考此例。

第八门　说杂星性情（恒星系统）

　　凡杂星数多，亦有与五星性情相类者，其星本无一定性情。或如金星者，或如土星者，或如木星者，或微如太阴、太阳性情者。杂星大小有六等，有大显者，有微显者。其大显者，乃第一等、第二等并第三等最大之星。

　　凡人作一事，看此时东方是何宫分出地平环上，呼为命宫，却看命宫或第十宫有何大显杂星在其上。又遇太阳、太阴，或木星、或福星在上，又看杂星与何星性同，大相助福也。若杂星与凶星性同者，则其事先吉后凶。若杂星与吉星性同者，则始终皆吉。杂星内，有一等星至凶。凡一切事或人命限遇此星，则事不吉，人命夭。

　　若人要行一事，看此时东方是何宫分出地平环上，以此为命宫。却看命宫主星并太阴在何宫分，看所求何事，以何星为主。如求官，则以太阳为主，即看太阳与太阴并命主星或三合、六合吉照，则事成矣。又看杂星得力者，与太阴或命主星性情相同者，或同度，则事必成，且快利。

　　今将杂星内，选出光显有力者三十星。各星属何宫分，系何等第，是何性情，属何方纬度，及三十星内凶星有几个，具列于后。

　　注：所谓杂星，就是指七大行星之外的其他恒星。Abū Ma'shar 说，古人发现了 1022 颗固定恒星，它们移动缓慢，古人将之归于 48 恒星星座，其中 12 星座位于黄道带，有 15 个星座位于黄道以南，21 个星座位于黄道以北，黄道南的星座中，有 12 个星座在中国观测不到。

　　古代的 30 个星座,是三四千年以前古代巴比伦人创立的,后来希腊天文学家 Ptolemy 列出 48 个星座。星座的名称,是根据其星座内明亮恒星排列的形状而命名的。星座大约有一半是以动物命名的,如大熊座、狮子座、天鹅座等;1/4 是以古代巴比伦和希腊神话中的人物命名的,如仙后座、仙女座、英仙座等;有 1/4 是以用器具命名的,如显微镜座、时钟座、绘架座等。后来欧洲一些天文学家对星座又进行了不断补充和发展。

　　1922 年国际天文学联合会大会将历史上沿用的星座及其名称,进行了整理,根据天球上的赤经圈和赤纬圈重新加以科学地划分,并确定为现代国际通用的 88 个星座。如南船座(也称天舟座),因范围太大,将该座取消后,并将其划分为船底、船尾、罗盘、船帆四个座。1928 年国际天文学联合会正式公布国际通用的 88 个星座方案。同时规定以 1875 年的春分点和赤道为基准,根据 88 个星座在天球上的不同位置和恒星出没的情况,又划成五大区域,即北天拱极星座(5 个)、北天星座(40～90°,19 个)、黄道十二星座(天球上黄道附近的 12 个星座)、赤道带星座(10 个)、南天星座(-30～-90°,42 个)。

　　全天的 88 个星座是:北天拱极星座(5 个):小熊座(最靠近北天极)、大熊座、仙后座、天龙座、仙王座。北天星座(19 个):蝎虎座、仙女座、鹿豹座、御夫座、猎犬座、狐狸座、天鹅座、小狮座、英仙座、牧夫座、武仙座、后发座、北冕座、天猫座、天琴座、海豚座、飞马座、三角座(小星座)、天箭座(小星座)。

　　黄道十二星座(12 个):巨蟹座、白羊座、双子座、宝瓶座、室女座、狮子座、金牛座、双鱼座、摩羯座、天蝎座、天秤座、人马座。赤道带星座(10 个):小马座、小犬座、天鹰座、蛇夫座、巨蛇座、六分仪座、长蛇座、麒麟座、猎户座、鲸鱼座。

南天星座(共 42 个):天坛座、绘架座、苍蝇座、山案座、印第安座、天燕座、飞鱼座、矩尺座、剑鱼座、时钟座、杜鹃座、南三角座、圆规座、蝘蜓座、望远镜座、水蛇座、南十字座(小星座)、凤凰座、孔雀座、南极座、网罟座,天鹤座、南冕座、豺狼座、大犬座、天鸽座、乌鸦座、南鱼座、天兔座,船底座、船尾座、罗盘座、船帆座、玉夫座、半人马座、波江座、盾牌座、天炉座、唧筒座、雕具座、显微镜座、巨爵座。

在古典占星中,主要使用的是 Ptolemy 的 48 星座,这 48 星座分别是:仙女座、宝瓶座 、天鹰座、天坛座、南船座、白羊座、御夫座、牧夫座、巨蟹座、大犬座、小犬座、摩羯座、仙后座、半人马座、仙王座、鲸鱼座、南冕座、北冕座、乌鸦座、巨爵座、天鹅座、海豚座、天龙座、小马座、波江座、双子座、武仙座、长蛇座、狮子座、天兔座、天秤座、天狼座 、天琴座、蛇夫座、猎户座、飞马座、英仙座、双鱼座、南鱼座、天箭座、人马座、天蝎座、巨蛇座、金牛座、三角座、大熊座、小熊座、室女座。

古人在星座中选择了适用的恒星,这些恒星在论断中也是非常重要的,每一个恒星都带有七大行星的特性,在分析的时候,需要考虑其特性。恒星本身没有固定的性质,有的类似金星,有的类似土星,有的类似木星,还有的类似日月的性质。恒星按光度大小分为六等。有光度大显的,有光度微显的。古人将一等、二等、三等归于最大光度恒星。一等恒星有 15 颗,二等恒星有 45 颗,三等恒星有 208 颗,四等恒星有 474 颗,五等恒星有 217 颗,六等恒星有 49 颗。其中有五颗星云状,有九颗显现模糊,总共 1022 颗固定恒星,还有一个单独未列入内,叫 Coma Berenices,即后发星座。

在确定恒星力量时,《天文管窥》认为,第一、星大者权大;第二、色精光者，权大，作事物明白不暗昧；第三、色甚光者，作事物昏暗不明白，光密密不散者，做事稳当长久，光动摇者（如天狼星），喜作乱，作人不平；第四、正在黄道内太阳经过，极有大权；第五、离黄道 3°，在黄道南，其权在南，在黄道北，其权在北；第六、黄道 3°～5°，太阴火星常到；第七、黄道 7°～8°，金星能到，其权小。

经星之权论十二所在，一、在黄道内；二、在黄道 3°～8°，因与五星相会；三、离黄道在北，北边有能；四、离赤道在北；五、在本圈头上与顶近者其力更大；六、各星之经同五星之经；七、离冬至夏至同五星一体；八、出地平或入地平，同五星，能加五星之力；九、有五星同各星午时圈，其力大；十、各星自出地平；十一、自入地平；十二、五星照其光，其力为软。

凡人要占卜、择吉或分析命理的时候，先观察上升轴、天顶轴（原文作命宫与第 10 宫）有没有光度大的恒星出现，看太阳、月亮、木星、福点与福点定位星是否在内。再看恒星是何种行星特性，如果吉利，则主大吉。如果恒星带有凶行星特性，则事情先吉后凶。如果恒星带有吉行星特性，则始终吉利。恒星里面，有的一等星特别凶，占卜、择吉、命盘遇到，都非常凶，论命主夭。Abū Ma'shar 在其著作中指出，古人并未分配恒星的映射半径，所以当行星与恒星会合时，恒星、星云、罗睺、计都、阿拉伯点、12 分部，当位于七大行星映射半径的一半数值内（或更少）为有效范围。Bonatti 在其著作中指出，当我们占卜或择吉分析盘的时候，如果相关类象行星与恒星同度，且有利时，会是最强的隐藏助力，如果恒星同度内超出类象行星 1'～16' 或低于行星 5'，则力量减弱。如果超过 16'～50'，力量再次削弱（凶星影响不吉的时候，度数也如此分析）。

恒星所带的行星特性,是根据色泽而论,如果恒星色泽光圈大,而发白,为木星特性,恒星色泽光大而黄白,为金星特性;恒星色泽黄白有光而不大,为月亮特性;恒星色红有光,或者不太发光,为火星特性;恒星色稍红精明,为太阳特性;恒星暗淡而不光明,为土星特性;恒星如云气状,为水星特性。

恒星星座与恒星属于专业领域,我们研究恒星不仅要研究黄道上的恒星星座,还需要研究黄道外的恒星星座,需要注意十二恒星星座升起时,地球其他方位上升或下降的星座特性。有关这些内容可以参考相关古籍,并结合现代软件 Stellarium 进行观测与研究,这一软件非常强大,在研究中国恒星学时也可以使用这一软件。在研究时需要注意,现代天文 88 星座的划分,对研究古典占星的恒星星座存在干扰,建议从 48 星座入手。

杂星三十

其一,是人坐椅子象上第十二星,在白羊宫第二十度七分,属黄道北,系第三等星,有金、土二星之性。

注:王良一,名为 Caph,即仙后座 β 星,位于位于白羊座 20°7′,黄道北纬,三等恒星,有金星、土星特性。目前位于金牛座 5°26′。

其二,是金牛象上第十四星,在金牛宫二十度四十分,属于黄道南,系第一等星,有火星之性,凶。

注:毕宿四,名为 Prima Hyadum,为金牛座第 14 星,位于金牛座 20°40′,黄道南纬,一等恒星,有火星特性,凶。目前位于双子座 6°05′。(文中描述非常象毕宿五,但是度数不符合)。毕宿四属于毕宿星团

Hyades 中的一颗恒星,Firmicus 认为它位于上升,代表不安、动荡,煽动人民进行激烈斗争,代表一种渴望内部斗争的精神欲望,会经常从事各种令人焦虑的工作,也代表农夫、牧羊人。

其三,是人提猩猩头象上第十二星,在金牛宫十二度四十分,属黄道北,系第二等星,有火、水二星之性,凶。

注:大陵五,名为 Alogol,位于英仙座,黄道星座位于金牛座 12°40′,黄道北纬,二等恒星,有火星、水星的特性,主凶。目前位于金牛座 26°27′。

其四,是人提猩猩头象上第七星,在金牛宫第十七度五十分,属黄道北,系第二等星,有火、水二星之性,凶。

注:天船三,名为 Mirphak,(α Per / 英仙座 α)是英仙座的最亮星。位于金牛座 17°50′,黄道北纬,二等恒星,有水星、火星的特性,主凶。目前位于双子座 2°24′。

其五,是人拿拄杖象上第一星,在阴阳宫第十度,属黄道南,系第六等最小星,有水、火二星之性,凶。

注:猎户座大星云,名为 Ensis,位于双子座 10°,黄道南纬,第六等恒星,有水星、火星特性,凶。目前位于双子座 25°27′。

其六,是人拿拄杖象上第四星,在阴阳宫第十五度,属黄道南,系第一等星,有水、土二星之性,凶。

注:参宿四,名为 Betelgeuse,位于双子座 15°,黄道南纬,一等恒星,有水星、土星的性质,主凶,目前位于双子座 29°02′。

其七,是人拿拄杖象上第五星,在阴阳宫第七度五分,属黄道南,系第二等星,有土、木二星之性。

注:参宿五,名为 Bellatrix,猎户座左肩,位于双子座 7°05′,黄道南纬,二等恒星,有土星、木星特性。目前位于双子座 21°41′。

其八,是人拿拄杖象上第二十九星,在阴阳宫第十度二十分,属黄道南,系第一等星,有木、土二星之性。

注:参宿二,名为 Alnilam,位于双子座 10°20′,黄道南纬,一等恒星,有水星、土星特性,目前位于双子座 23°45′。

其九,是人拿拄杖象上第三十七星,在阴阳宫第二度三分,属黄道南,系第一等星,有木、土二星之性。

注:参宿七,名为 Rigel,位于双子座 2°3′,黄道南纬,一等恒星,有木星、土星特性,目前位于双子座 17°07′。

其十，是人拿马牵胸象上第三星，在阴阳宫第八度，属黄道北，系第一等星，有火、木二星之性。

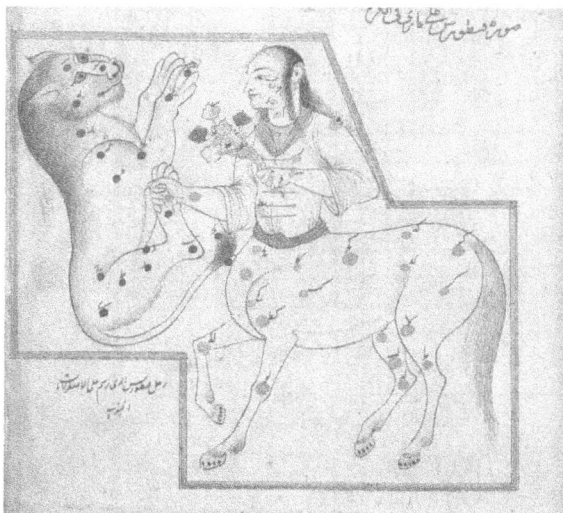

注：五车二，名为 Capella，位于御夫座，双子座 8°，黄道北纬，一等恒星，有火星、木星特性，目前位于双子座 22°10′。

其十一，是人拿马牵胸象上第四星，在阴阳宫第十五度五十分，属黄道北，系第二等星，有火水二星之性。

注：五车三，名为 Menkalinan，意思是"马车夫的肩膀"。位于双子座 15°50′，黄道北纬，二等恒星，火星、水星特性，目前位于位于巨蟹 0°11′。

其十二，是大犬象上第一星，在巨蟹宫初度四十分，属黄道南，系第一等星，有木星性，微兼火星性。

注：天狼星，名为 Sirius，此星为大犬星座第一星，位于大犬之口，黄道星座位于巨蟹座 0°40′，黄道北纬，一等恒星，有木星特性，微带火

星特性。目前位于巨蟹座 14°18′。

其十三，是小犬象上第二星，在巨蟹宫第十二度一十分，属黄道南，系第一等星，有水星性，又门头沟有火星性。

注：南河三，名为 Procyon，此星位于小犬座（Canie Minor）第二星，位于巨蟹座 12°10′，黄道南纬，一等恒星，有火星特性。目前位于巨蟹座 26°04′。

其十四，是两童子并立象上第一星，在巨蟹宫第六度二十分，属黄道北，系第二等星，有水星之性。

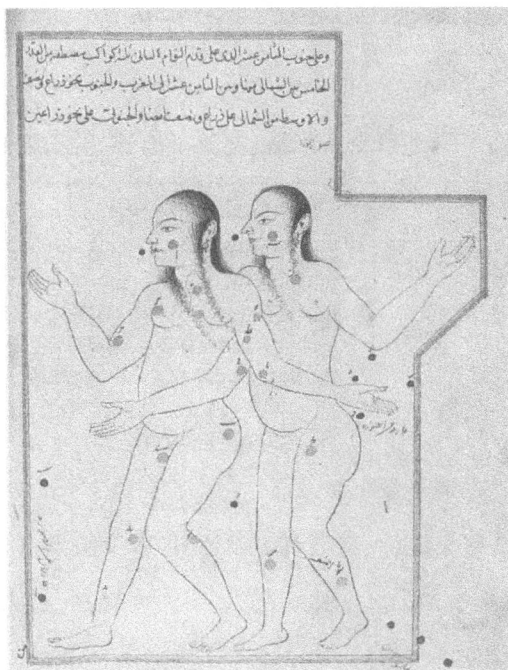

注：北河二，名为 Castor，位于巨蟹座 6°20′，黄道北纬，二等恒星，水星特性，目前位于巨蟹座 20°31′。

其十五,是两童子并立象上第二星,在巨蟹宫第九度四十分,属黄道北,系第二等星,有火星之性。

注:北河三,名为 Pollux,位于巨蟹座 9°40′,黄道北纬,二等恒星,火星特性,目前位于巨蟹座 23°30′。

其十六,是大蟹象上第一星,在巨蟹宫第二十三度二十分,属黄道北,系第六等最小星,有火星、太阴之性,凶。

注:鬼宿星团,中国也称之为积尸气,西方称它为蜂窝星团(Beehive),罗马时代称为秫槽[Praesepe —"Manger",是位于巨蟹座(Cancer)]内的疏散星团。巨蟹座第一星,位于巨蟹座 23°20′,黄道北纬,为第六等最小恒星。有火星、月亮的特性,主凶。目前位于狮子座 7°31′。

其十七,是狮子象上第六星,在狮子宫第十五度一十分,属黄道北,系第二等星,有土星性,又微有火星之性,凶。

注:轩辕十三,狮子座第六星,位于狮子座 15°10′,黄道北纬,二等恒星星,带土星性质,稍有火星性质,主凶。目前位于狮子座 28°11′。也可能是轩辕十一,名为 Adhafera,目前位于狮子座 27°53′。

其十八,是狮子象上第八星,在狮子宫第十六度一十分,属黄道北,系第一等星,有火星性,又微有木星性,凶。又云不甚凶。

注:轩辕十四,名为 Regulus,狮子座第 8 恒星,位于狮子座 16°10′,黄道北纬,一等恒星,有火星特性,又稍有木星特性,主凶,有人认为不太凶。目前位于室女座 0°07′。

其十九,是狮子象上第二十七星,在双女宫第七度三十分,属黄道北,系第一等星,有土、金二星之性。

注:五帝座一,名为 Denebola,为狮子座第 27 恒星,位于室女座 7°30′,黄道北纬,一等恒星,有土星、金星的特性。目前位于室女座 21°54′。

其二十,是人呼叫象外第一星,在天秤宫第十度,属黄道北,系第一等星,有水土二星之性。

注:大角,名为 Arcturus,位于天秤座 10°,位于黄道北纬,一等恒星,有水星、土星的特性。目前位于天秤座 24°31′。

其二十一,是妇人有两翅象上第十四星,在天秤宫第九度四十分,属黄道南,系第一等星,有金星性,微有水星之性。

注:角宿一,名为 Spica,室女座第 14 颗恒星,位于天秤座 9°40′,黄道南纬,一等恒星,有金星特性,稍带水星特性。目前位于天秤座 24°08′。

其二十二,是缺椀象上第一星,在天秤宫第二十七度四十分,属黄道北,系第二等星,有金、水二星之性。

注：贯索四，名为 Alphecca，位于天秤座 27°40′，黄道北纬，二等恒星，有金星、水星特性，目前位于天蝎座 12°35′。

其二十三，是蝎子象上第八星，在天蝎宫第二十五度四十分，属黄道南，系第二等星，有火星性，微有木星之性，凶。

注：心宿二，名为 Antares，位于天蝎座 25°40′，黄道南纬，二等恒星，有火星特性，微带木星特性，凶。目前位于射手座 10°03′。

其二十四，是蝎子象上第二十星，在人马宫第十四度一十分，属黄道南，系第六等最小星，有太阳、火星之性，凶。

注：Acumen（天蝎座 M7 疏散星团），Claudius Ptolemaeus 首次将 M7 记录为"天蝎座毒刺上的星团"，因此 M7 也被称为托勒密星团，位于射手座 14°10′，黄道南纬，第六等恒星，有太阳、火星特性，凶。目前位于射手座 29°02′。

其二十五，是人弯弓骑马象上第七星，在人马宫第二十八度一十分，属黄道北，系第六等最小星，有土、水二星之性，凶。

注：斗宿四，名为 Nunki，位于射手座 28°10′，黄道北纬，第六等恒

星,有土星、水星特性,凶。目前位于摩羯座 12°41′。

其二十六,是龟象上第一星,在磨羯宫初度二十分,属黄道北,系第一等星,有金、水二星之性。

注:织女星,名为 Vega,位于摩羯座 0°20′,黄道北纬,一等恒星,有金星、水星特性,目前位于摩羯座 15°47′。

其二十七,是飞禽象上第三星,在磨羯宫第十六度五十分,属黄道北,系第二等星,有火、木二星之性。

注:河鼓二,名为 Altari,位于恒星星座天鹰座的颈部,摩羯座 16°50′,黄道北纬,二等恒星,有火星、木星特性,目前位于宝瓶座 2°04′。

其二十八,是宝瓶象上第四十二星,在宝瓶宫第二十度,属黄道南,系第一等星,有土、水二星之性。

注:北落师门,名为 Fomalhaut,位于宝瓶座 20°,黄道南纬,一等恒星,有土星、水星特性,目前位于双鱼座 4°09′。

其二十九,是鸡象上第五星,在宝瓶宫第二十二度一十分,属黄道北,系第二等星,有金、水二星之性。

注:天津四,名为 Deneb,位于天鹅座尾部。宝瓶座 22°10′,黄道北纬,二等恒星,有金星、水星特性,目前位于双鱼座 5°38′。《Anonymous of 379》记录天津四的行星特质为金星、水星。Firmicus 指出天津四位于上升,代表捕捉鸟类,交易鸟类,训鸟发声或饲养鸽子。当其出现在下降轴时,代表通过他人的帮助下进行经营时,被敌人俘虏了,或者因

为偷窃战利品而被判决惩罚。

其三十，是大马象上第三星，在双鱼宫第十五度一十分，属黄道北，系第二等星，有火、水二星之性，凶。

注：室宿二，名为 Scheat，为飞马座第 3 星，位于双鱼座 15°10′，属于黄道北纬，二等恒星，有水星、火星的特性，其性凶。目前位于双鱼座 29°39′。

已上星数是三百九十二年之前度数，如此其星皆往东行，一年行五十四秒，十年行九分，六十六年行一度，观者依此推之。

注：此为原书译者的说法，《天文书》所列恒星度数为作者翻译之前 392 年前的恒星度数。《天文书》翻译于 1383 年，392 年之前，约为公元 991 年之前的恒星度数。由于恒星订正非常繁琐，难免出现错讹，因此以上数据仅供读者参考。文中人坐椅子象为仙后座；人提猩猩头象为英仙座；人拿拄杖象为猎户座；人拿马牵胸象为御夫座；大犬象为大犬座；人呼叫象为牧夫座；缺椀象为北冕座；龟象为天琴座；飞禽象为天鹰座；鸡象为天鹅座；大马象为飞马座。

为了进一步了解恒星分类和用法，笔者增补了相关恒星的具体内容。

以下内容大部分根据先贤 Al—Andarzaghar 所言。大富贵的命运需要看是否有特殊恒星。任何富贵命造，如果恒星合相上升或天顶、太阳、月亮、福点，则更佳。或者合相于任何位于上升或天顶的行星，都会提升命运的富贵层次。尤其该行星在命盘中居于主导地位，譬如为上升定位星，将会让该行星以及其星座所代表的意义大幅度提升。月亮合相恒星，会带来富贵、高地位，如果恒星本身带有凶性，那么它带来提升的同时也伴随凶性。

当命盘中，所有的行星都不吉，或位于果宫，而上升轴合相恒星、日月、上升定位星，则此命可以提升到一个高位状态，但是他的家族亲属没有人希望他有高的社会地位。在看行星合相恒星的时候，当行星与恒星纬度相同时，而又位于亮度时，可以成为著名学者，得到显赫高位，到达让人惊讶的高度，如果与吉星合相或者位于吉星界，则更佳。

特别说明：以下恒星在度数方面，根据古籍录入，但是在每一颗恒星的介绍中会增补当前恒星度数（回归制）。

一、恒星特性

1、金星－水星性质的恒星

Spica，天秤座 20′，黄道南，一等恒星。中文名为角宿一，即室女座 α，是角宿第一星。亮度为全天第 16，亦是室女座的最亮星。古希腊天文学家喜帕恰斯根据角宿一的移动发现了岁差运动。目前位于天秤座 24°08′。

Vega，射手座 24°，黄道北，一等恒星。中文名织女星，又称为织女一或天琴座 α，是天琴座中最明亮的恒星。目前位于摩羯座 15°37′。

Fomalhaut，宝瓶座 12°50′，黄道北，一等恒星。中文名北落师门，南鱼座 α 星，属北宫玄武的室宿，同时也是南鱼座的主星。目前位于双鱼座 4°09′。

Northern Crown，天秤座 15°20′，黄道北，一等恒星。即 Alphecca，中文名贯索四，也叫北冕座 α，是位于北冕座的双星系统。其中文传统命名为贯索四，英文传统命名为 Gemma、Alphekka 或 Alphecca。目前位于天蝎座 12°36′。

以上 4 颗恒星,都是一等恒星,性质为金星和水星的特性。如果你发现命盘中上升或天顶有其中一颗恒星,则命主知名、富有、幸运、聪明、博学,性格迷人而和谐,喜好艺术,有艺术气质,得贵人力,为人残暴、声音宏亮、得贵人赏识,为人强而有力,有领导力、掌握很多知识、提升、哲学家、智慧者、歌唱会打动他们,有许多仆人、快乐、做事幸运、稳定的友谊、有时候过于淫乱、爱情变化无常、爱女人、喜欢乱搞男女关系,以卓越的言辞打动人心。如果火星东出,位于地平线上映射金星,则更应以上所论,并主发明奇妙的东西。

以上恒星位于上升,会增进命主研究的知识,也主法学方面。如果火星位于上升宫,则不能主宰,因为火星位于上升宫,暗损此类。土星映射位于上升的这些恒星,主学习预言、术数类的秘本书籍知识,这此类方面很有学问。

当火星合相该类恒星,会增长激情、嗜好,更活跃。尤其火星合相太阳位于上升。

如果金星或火星位于 Ic,合相其中一颗恒星,或者该类恒星、金星或火星位于上升轴或下降轴,彼此相冲时,好运会转变为苦难,命主不道德,女性化,不能和女性性行为或者只生女儿。这些恒星与金星或火星位于轴宫的时候,会带来疾病、女性化等等方面的不利因素。

土星合相或映射这类恒星于轴时,会在预言、神秘文化知识、医学知识等方面非常有学问。

木星映射这些恒星,或木星在盘中也有相关佐证,增加更大的好运,提升富贵程度。水星与这类恒星合相上升或天顶,主预言类、哲学家、占星家,精通秘传知识。夜间生人,更主拜神、预言、行为女性化,有法术咒语知识,并实践法术,特别喜欢此类,一直到折磨苦难发生在他们身上。

在择吉或占卜时,遇到以上恒星与轴、日月或福点合相,意味着事情有良好的开始,过程轻松、受欢迎、增名气。如果木星参与组合,事情更为杰出、权威,如果火星参与,会更快速、更活跃。

贯索四除了以上意义,它还代表著名宗教人士,或首席宗教人士,能结交上位者,得子女迟,被许多人所喜爱。择吉或占卜时遇到,虽然结果有用,但是事情在开始的时候非常缓慢。Firmicus 指出,贯索四位于上升,代表奇思妙想,女性艺术工作,也代表设计,对香味、华丽装饰有着刻意的欲望。有暗中放荡和通奸的潜质。当其出现在下降轴,土星合相,或土星精确映射时,代表早夭,被公共处决,抛尸后被野兽咬碎。

角宿一位于上升或天顶,代表圣职、哲学家、先知、主导神秘仪式之人,女命为神秘学专家或神的代言人之类,诸如祭司、神秘学专家。Firmicus 指出,角宿一位于上升,代表从事农业活动,储存农产品,制作糖果、农产品之类。当位于下降轴时,代表诸多焦虑困扰,如土星凶映射该恒星,则代表贫困潦倒直至终老,火星凶映射该恒星,会因为偷窃或分配不公,被民众疯狂撕碎。

Firmicus 指出,织女一位于上升,代表公正而有野心,适合履行正义的职责。适合审判、司法类。当土星映射时,则代表刽子手,以坚定的热情打击犯罪。当其出现于下降轴,则代表被公开折磨或被烧死,或被刑事审讯折磨,被火星、土星映射尤应。

北落师门位于上升或天顶,一般子女较少,得子女迟晚,或者只有女儿,或无子女,为人口才极佳,相貌英俊。Firmicus 指出,当金星与上升合北落师门时,命主为上位者所赏识,会穿过诸多国家,横渡大海,掌握海军军权,成为战争的胜利者。受到众人喜爱,为人公正而虔诚,喜女色,会因为上位者的忿怒而死。

2、木星－水星性质的恒星。

Castor,双子座27°,二等恒星。中文名北河二(Castor)即双子座α,是全天第23颗亮星。目前位于巨蟹座20°31′。

Zuben Eschemali,天秤座25°,黄道北,二等恒星。即天秤座β,是天秤座中最亮的恒星,Zubeneschamali曾经比现在明亮得多。希腊天文学家Eratosthenes(埃拉托色尼,约前276年－约前194年)指出,这颗恒星比Antares和天蝎座爪子中的其他所有恒星都要亮(天秤座代表了当时的天蝎座的爪子)。Claudius Ptolemy认为,Zubeneschamali和Antares都同样明亮。目前位于天蝎座19°40′。

这二颗恒星,属于二等恒星,混合有木星、水星特质。主为学者,学识渊博、热爱知识、付诸实践、喜欢音乐和艺术、有诗意、喜好美好的事物、精明而机智,主牧师、哲学家、虔诚、喜欢收集财富,也主在金银、经济交易中获得巨大成功的人,昼生人尤应于此。夜生人,主假装聪明、吹牛、装腔作势、伪君子之流,但是也很有学问,记忆力很好,可以成为老师,欲望上是干净的。

在择吉中,主正直的行为,智慧和虔诚,有利于选举那些为废除公共税收提出建议的人。简而言之,利于公益。

3、木星－火星性质的恒星

Heart of Leo,位于狮子座6°10′,黄道北,一等恒星。即Regulus,中文名轩辕十四,亦称狮子座α星,是狮子座中的一个四合星。主星是狮子座中最明亮的恒星,在全天空最明亮的恒星中排行第二十一颗。

目前位于室女座 0°07′。Abraham Ibn Ezra 指出,轩辕十四位于狮心部位,属于死亡恒星之一,目前位于室女座 0°07′。

Heart of Scoprpio,Antares,位于天蝎座 16°20′,黄道北,二等恒星。中文名心宿二,天蝎座 α 星(天蝎座的主星),位于天蝎座尾部,是全天最孤独的一等星。目前位于射手座 10°03′。

Dog,位于双子座 21°20′,黄道北,一等恒星。中文名天狼星,天狼星(Sirius),即大犬座 α 星 A(α Canis Majoris A),位于大犬座。天狼星是除太阳外全天最亮的恒星,但是暗于金星与木星,绝大多数时间亮于火星。目前位于巨蟹座 14°21′(《Anonymous of 379》认为它属于火星、土星性质)。

Menkalinan,意思是"马车夫的肩膀"。位于双子座 6°30′,黄道北,为二等恒星,中文名五车三,御夫座 β 星,全天第 41 亮星。(参考时需要注意,Sahl B. Bishr 认为此星为木火性质,一般都以此星为木土性质)。目前位于巨蟹 0°11′。

Altair,摩羯座 7°30′,黄道北,一等恒星。中文名牛郎星,又名河鼓二、"天鹰座 α"(α Aql/Altair)。目前位于宝瓶座 2°04′。

Arcturus,天秤座 3°20 分,中文名大角星,牧夫座 α 星,是牧夫座中最亮的星,也是北天夜空中第一亮的恒星,亮度排名全天第 4。(Sahl B. Bishr 原文没有包括此星,此星一般都认为是木火性质)。目前位于天秤座 24°31′。

以上恒星,带有木星和火星的特性。

如果发现以上恒星位于上升或天顶轴,命主可成为部队领导,为权力之象,声音宏亮,雄心勃勃,管辖多区域或管理城市,其号令会被贯彻实施,对人民友好慷慨,为上位者。工作能力强、善于管理、让人敬畏、为人精明、不屈居人下、也不服从于他人，为人英勇、能够战胜敌人，为人活跃、聪明、喜欢被称赞、喜好钱财、有很多资产，得善终。这种命造能够在战争中变强大，可以成为部队领导、王者、上位者，但是没有一个好的结局。

择吉时，以上恒星如果位于轴，合相福点，代表上位者与军士，利于让人恐惧和不受约束的人，利于战事的开端、统帅、选举王者、将军等等。

Bonatti 认为，昼生人，轩辕十四合相上升轴，位于轴上 1°内，轴下 3°内，或合相天顶轴，度数规则一样，未与吉星合相或映射，代表命主享有盛名，大有权柄，极其尊贵，哪怕命主出身贫贱也是如此。如有吉星参与映射，则富贵更盛。夜生人，遇到这种格局，要弱一些，吉星映射则吉利会增加四分之一，凶性会减少四分之一。但是无论上面哪一种，都意味着此命惨死，其富贵、崇高等等一切都在凶恶中结束。

Firmicus 认为，大角星位于上升，能忠实保守朋友的秘密，且被托付管理政府财务，如果大角星被凶星映射，则服务民众，或为政府中卑下之职务，或在政府中负责招待来宾。

Firmicus 指出，天狼星位于上升，代表将疯狂的精神应用在荒谬的犯罪行为中，代表采取疯狂、暴躁、可怕暴力行动。为人非常活泼，喋喋不休，不小心说话会陷入各种各样的谩骂，其冲动与疯狂在言谈举止中也有表现。如果火星映射，则更强，代表命主天生勇敢，能够不畏惧森林的恐怖，经常会有来自野生动物的危险。当凶星于此，月亮映射土星，则命主是天生猎人、战士、角斗士。当其出现在下降轴，火星也出现，泽明在会被狼、狗等野生动物吃掉。

Firmicus 指出，河鼓二位于上升时，命主从人们的笑声或战争的战利品中获得生计。会捕捉野生动物并将之驯化，他们是坚强、英勇的士兵。当吉星映射时,会解放自己的祖国,战胜征服其他国家。当火星或土星映射时,代表命主可以成为行政官员,大臣、上位者助手以及管理国家、管理部队之人。如果出现在下降轴,代表被勒死。

案例:乔丹

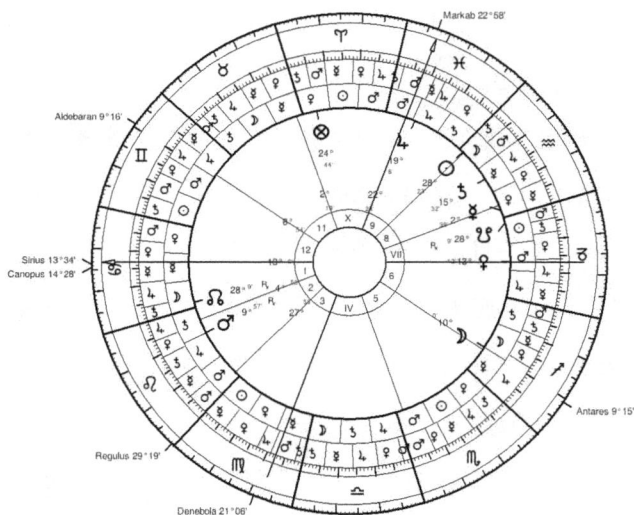

乔丹,1963 年 2 月 17 日 13:40 分,出生于美国纽约州布鲁克林,前美国职业篮球员,司职得分后卫/小前锋,现为夏洛特黄蜂队老板。命盘中,天狼星合相上升轴,伴随木星在天顶,月亮合相心宿二,带有木星、火星特性的恒星占了两个,命盘中火星位于狮子座,木星合相天顶轴,且舍于双鱼座,尤其有力。之所以从事体育,是因为火星位于续宫,木星位于星座第 9 宫,月亮位于第 6 宫,为劳碌之象,均有所减力。福点位于天顶,福点定位星为火星,并且日月六合,月亮趋于天顶木星,并被木星接纳,这些都极强的表现了命主的知名度与精彩人生。

4、木星—土星性质的恒星

Rigel,金牛座 23°50′,黄道南,一等恒星。中文名参宿七,猎户座β,

全天最亮的二十颗恒星中排行第七名，又是最亮的蓝超巨星。目前位于双子座17°07′。

Rukbat，射手座20°40′，黄道北，一等恒星。中文名天渊三，即"人马座α"，英文名Rukbat，是人马座的主星。目前位于射手座16°55′。

Algol，意思是"妖魔"，金牛座3°50′，二等恒星。中文名大陵五，英仙座β星，它是英仙座内一颗明亮的恒星，也是一对著名的食双星。目前位于金牛座26°27′。

Capella，金牛座28°40′，中文名五车二（御夫座α），是御夫座最亮的恒星，也是全天第六亮星，在北半球仅次于天狼星、大角星和织女星，是北天第四亮星。目前位于双子座22°08′。

Alnilam，双子座1°，二等恒星。中文名参宿二（猎户座ε），位于猎户座，是全夜空第30亮的恒星，在猎户座中则名列第4位。目前位于双子座23°46′。

Menkalinan，中文名五车三，此星为木土性质，位于御夫座，目前位于巨蟹座0°13′。

以上恒星，任意一个合相上升或天顶轴，一出生就成为富有之人，拥有财产、土地和权势。喜好农业、种植、建筑。如果月亮映射其中一个，并且恒星位于上升或天顶轴，会有良好的习惯，为人仁慈、幸运、谦虚、耐心，知识丰富、喜欢女人、被长辈所任命，这种情况下，如位于射手座，则命主喜欢鸟、喜欢骑动物、有驯化、马术等教练之类的爱好。也代表工作性质属于使用四足类或属于保护桥梁、道路性质之类。

择吉，合轴、和日月、合福点，主获得促进和帮助，有利于建造船只、城市等等。

Bonatti指出，命盘中，如果火星紧密合大陵五，在16′范围内，火星趋于大陵五,昼日夜月的舍、升、三方、界主,冲火星或刑火星,没有吉星映射上升轴或位于第8宫,命主会被斩首;如果火星合大陵五,之间的纬度没有超过16′,必然发生,绝无错误;如果一颗逆行或焦灼的吉星映射上升,还是很难做到预防被杀头。未逆行,则会避免杀头之祸,会在50岁之前死于一种致命的热性病;如果火星没有这样配置,一颗凶星位于第8宫,代表命主凶死;如果一颗吉星位于第8宫,代表普通死亡、死于家中。吉星受到损害,会死于一些不愉快的情景;昼日夜月位于天顶,在之前配置条件下,代表吊死;一颗凶星位于双子座,另外一颗位于双鱼座,手足被切掉,具体根据其中最凶的行星星座性质论断;火星紧密度数合相上升定位星,位于狮子座,火星在上升星座不占有任何力量,也没有吉星位于第8宫,则命主被烧死,火星逆行或焦灼、或位于果宫,则因为自己的过错而导致,火星没有损坏,则发生的灾祸为无妄之灾。

Firmicus 认为,参宿二位于上升,代表不信教,背信弃义,致力于狩猎。女命则为女汉子。当火星、吉星与其映射时,也会从事狩猎。土星和吉星与其映射时,则代表各种捕鱼活动,甚至代表捕捞海洋大型生物。当位于下降轴时,如果有吉星映射其宫,则命主在睡梦中死亡,火星映射其宫,则招致各种危险,可能在睡觉时候被割喉而死。

Firmicus 认为,五车二位于上升,意味着驯马师,以及以惊人控制力驾驭车辆、马匹之人。五车二位于下降轴,被凶星映射,代表车祸,被战车抛下,身体破碎。或者被雷击中,遭遇突然的毁灭和死亡,也代表被钉在十字架上,或被公开判决打断腿。

5、火星性质的恒星

Pollux,意思是拳师,巨蟹座20°,黄道北,二等恒星,中文名北河三，即双子座 β 星，全天第 17 亮星(《Anonymous of 379》认为带有火星、土星性质)。目前位于巨蟹座 23°30′。

此星位于上升或天顶轴，尤其夜间生人，命主为战争主宰，为首领，为战争执行者，不愿受任何人支配。生性易怒、强势、严厉，是天生的战士，不服从者皆毁灭之。掳掠百姓，让百姓遭灾。如果出生于白天，此恒星位于上升轴，主毫无仁心、缺乏人性、远离仁心、背离虔诚，从被禁止的事务中牟利，不得善终。如果合于天顶轴，主雄辩、领导、不得善终、很有学问，会成为上位者的朋友。

6、火星－水星性质的恒星

Procyon，巨蟹座 4°04′，黄道南，一等恒星。中文名南河三，亦作小犬座 α，其为恒星亮度列表中第 9 亮的恒星，同时也是该星座最亮的恒星。目前位于巨蟹座 26°04′。

Betelgeuse 双子座 5°40′，黄道南，一等恒星。中文名参宿四，为参宿第四星，又称猎户座 α 星，它是空中除太阳外排行第十二亮的恒星。目前位于双子座 29°02′。

Alpheratz，意思是连在一起的人头，双鱼座 21°30′，黄道北，二等恒星。中文名壁宿二，又称仙女座 α，它是飞马座和仙女座所共有，称为飞马座 δ，1928 年后才划归仙女座。目前位于宝瓶座 14°35′。

Bellatrix，意为女战士，金牛座 27°40′，黄道南，一等恒星。中文名参宿五，是猎户座 γ 星，它是全天第 27 亮星，位于猎户的右肩。目前位于双子座 21°14′。

Scheat，双鱼座 5°50′，二等恒星。中文名，室宿二(β Peg / β Pegasi)，是在飞马座的一颗恒星。目前位于双鱼座 29°39′。

以上恒星，其中一个合相上升或天顶轴，尤其于夜间出生，为军队领导，主权力。非常聪明，精通一切。声音严厉、大嗓门、强词夺理、脾气倔强、喜欢文化、喜好收集资产、拥有很多资产、男女通吃、经常发假誓。白天出生，主爱发火、没有怜悯心、性情急躁、没有朋友，代表欺骗、懒惰、小偷、伪造者、疯子、巫师、杀人犯，但是却能获得一些赞誉，代表弄虚作假、引诱童女、愚弄骗色、掌控情欲、下流愚弄他人、喜欢杀戮，但是他们的结局都不好，尤其昼生人。

Firmicus 认为，南河三位于上升，意味着与狩猎的职业相关联，代表制造、准备狩猎武器，养狗，靠嗅觉找到野兽巢穴等等，但是当其出现在下降轴时，与火星刑冲，又缺乏木星的吉利佐证，则代表被疯狗所咬，恐惧水而死亡。

7、金星－木星性质的恒星

Toliman、Rigel Centaurus，天蝎座 12°，黄道南，一等恒星。中文名南门二（Rigil Kent），即半人马座 α 星（α Centauri），位于半人马座，是一个三合星系统，是距离太阳最近的恒星，习惯上将其作为全天第三亮星。目前位于天蝎座 29°43′，位于天蝎腿部。

Acamar 白羊座 3°50′，一等恒星。中文名天苑一，即波江座 γ 星。目前已经不是一等恒星。

以上恒星合相上升、天顶轴，则为人清洁、享受生活、喜欢漂亮的东西，喜好音乐、美术之类，喜欢听人讨论、给予忠告、积累许多财产、信仰虔诚、聪明杰出，为人慷慨、谦虚，在恋爱中彬彬有礼，有女人辅助之福，可以因为女性、富豪、好人而受益，并因此得到升迁和成功，大多这类命造，金发碧眼、长相好看、身材苗条，尤其月亮映射则更应。

择吉，主诚实、虔诚，良好的感情，能促进好人的突出性。

8、金星－土星性质的恒星

Zosma 狮子座 17°18′,黄道北,一等恒星。中文名西上相(δLeo/狮子座 δ),是狮子座的一颗恒星。目前位于室女座 11°36′。

Alphard,狮子座 3°,黄道南,二等恒星。中文名星宿一,长蛇座 α 星,全天第 45 亮星。目前位于狮子座 27°34′,位于星座中勇士之项部位。

Denebola,狮子座 28°10′,黄道北,一等恒星。中文名五帝座一(β Leo/狮子座 β),是狮子座内的第二亮星。目前位于室女座 21°54′,位于狮子尾部。

以上恒星任意一个合相上升、天顶轴,主幸福、富裕、权力,也主声名狼藉、臭名昭著、激情四射,代表出名、美德、高位、乐于知识、满嘴脏话(有本作喜好口交),热衷于种植、建筑,纵情女色,随着年龄的增长,会精通宗教教义,参加一些祭司活动,过着虔诚自控的生活,禁食禁欲,期冀解脱。喜欢占星术等神秘术数,思想内涵有深度,眼睛黑亮,性格甜美,语气柔弱。

择吉,利于开始和获得好运,但是会混杂有不诚实和虚伪。

9、火星—金星性质的恒星

Aldebaran,意思是追随者,金牛座 16°20′,二等恒星。中文名毕宿五,即金牛座 α,是全天第 13 亮星。目前位于双子座 10°04′。

如果合相于上升、天顶,主幸运、富裕、有很多土地、有很多人为其服务、下属和工人很多,为贵族、部队首领、管理国家地区、非常出名、世界闻名、强而有力、拥有好运、凡事获胜,会影响到他的敌人和土地,可以成为极富极贵之人。合于上升轴时,也代表在情感、欲望上极为放荡。

如果和月亮合相升起,其力加倍,因为毕五和心宿二(Antares)在天体位置中相对,当其中一个在东地平线升起,则另外一个在西地平线，所以毕宿五比其他恒星的力量强大一倍。此星如果位于上升，代表因为女人获得很多资产，妻子也为众人所喜爱。女命遇到这种配置，会因善良、富有而出名，声音宏亮、美丽、令人敬畏、内心敏锐，对男人充满激情而至极致，属于最美丽、最优雅的女人，但是寿命不久。Rhetorius认为毕五合相上升轴于金牛座 12°20′～16°20′，命主充满情欲激情，并且非常漂亮。

Abraham Ibn Ezra 认为，毕宿五位于金牛座眼睛部位，是一颗致命恒星，与代表生命的类象星合相时，代表死亡。

择吉，主伟人、幸运、富有，利于东方统治者和将军等等。

案例：维多利亚女王

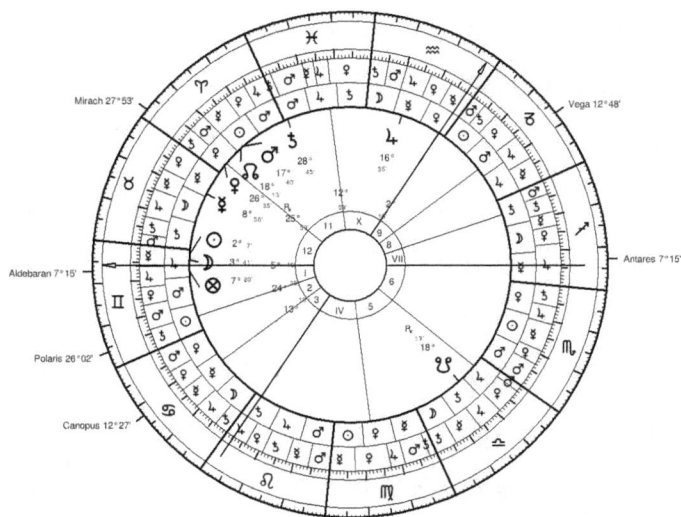

维多利亚女王，1819 年 5 月 24 日 4：14 分大约 53 秒出生于伦敦，其受孕时间为 1818 年 8 月 24 日早上 5：22 分 40 秒左右。女王在位期间，占星师 W. J. Simmonite 在其著作中推导女王出生时间为上午 4：04

分,后来肯辛顿宫的宫廷服装收藏馆长的一封信作为证据,证明女王出生于 4:15 分。笔者就此做了时间校订,并得出以上结论。

观察此盘,我们发现命盘上升、福点合相恒星毕宿五,第 7 轴合相心宿二,火星入白羊座极旺,为极富极贵之命。

维多利亚女王于 1837 年 6 月 20 日,被任命为大不列颠及爱尔兰联合王国女王。1901 年 1 月 22 日,维多利亚女王在怀特岛逝世,享年82 岁。

其他恒星

Abraham Ibn Ezra 认为天船二为代表死亡的恒星之一,即英仙座 γ(γ Persei),英文名:Capulus。目前位于金牛座 24°28′。

Abraham Ibn Ezra 认为,觜宿一,即猎户座 λ(Lambda Orionis),是代表死亡的恒星,位于猎户座的头部,目前位于双子座 24°00′,Abraham Ibn Ezra 认为它是云状恒星。

Rhetorius 认为某些星座和固定恒星出现于第 9 宫或天底轴,或合相上升轴,会得神迹启示、梦境启示。天蝎座如果有这种配置,尤其位于天蝎座 28°16′,蛇夫座的一颗明亮恒星位于此处(蛇夫座 α 星,我国古代称为"侯",属于三垣中的天市垣)会得到医神的力量,有强大医疗能力;位于天秤座 0°20′的角宿一,会得到主宰爱、美、医药的女神的启示;北河二(Castor),即双子座 α,位于双子座 27°,如果位于第 9 宫或天底轴、上升轴,代表会得到赫尔墨斯、阿波罗、泰雷斯富鲁斯(Telesphoros,医神阿斯克勒庇俄斯之子)的帮助;位于巨蟹座 0°20′的北河三,如果位于第 9 宫或天底轴、上升轴,夜间出生,会得到体操运动、战士和水手守护神、大力神之助;位于双子座 21°20′的天狼星如果在以上位置,尤其夜间生人,得冥界、亡灵之神之助力,通过火或火相关以及血或赎罪来避开邪恶；天琴座的恒星（织女一）代表阿波罗和赫尔墨斯；摩羯座的摩羯角上的恒星，诸如：摩羯座 α 星，摩羯座 β 星（牛宿一）、摩羯座 ν 等与五车二，被掌管牧羊、自然之神以及赫尔墨斯所启示，吉星映射则更应。

蛇夫座 α 星目前位于射手座 22°44′；角宿一目前位于天秤座 24°08′；北河二目前位于巨蟹座 20°32′；北河三目前位于巨蟹座 23°31′；天狼星目前位于巨蟹座 14°23′；摩羯座 α 星为双星，目前位于宝瓶座 4°；摩羯座 β 星目前位于宝瓶座 4°19′；摩羯座 ν 目前位于宝瓶座 4°42′；五车二位于双子座 22°10′。

娄宿一，名为 Sharatan，目前位于金牛座 4°15′。Abū Ma'shar 认为娄宿一、娄宿二都是火星、土星特性，并且娄一与娄二在世运、命理中都不吉，代表恶念，坏人、不幸、诸多疾病，尤其不利于头部。

二、恒星星云

最后我们列出损眼或带来眼疾的恒星与恒星星团。Abū Ma'shar 指出，他们时代所列的恒星都是当时的恒星度数，恒星度数随着时间会发生移动，因此要以现代的度数为准。在实际论断中，古人认为，昼日夜月，当与以下恒星度数相合时，尤主眼疾或主堵塞之类的灾害疾病，有时候代表能看见鬼怪，这类恒星特别相似于我国古代术数中的论断术语"厌翳"。

1、金牛座的 Pleiades，Abū Ma'shar 的著作标注其位于金牛座 13°36′～14°30′，北纬 3°～5°。中文译为昴星团，梅西叶星表编号为 M45，位于金牛座天区明亮的疏散星团，构成星团几个亮星在昴宿，由此得名。人类在北半球晴朗的夜空，用肉眼就可以看到它，通常见到有六七颗亮星，所以又常被称为七姊妹星团。目前位于金牛座 29°13′。昴宿六（Alcyone）西方星名为金牛座 η 星，为昴宿星团中最明亮的一颗恒星。Bonatti 认为其行星特性为月亮和火星。Firmicus 指出，昴宿六上升时，则沉溺奢侈与淫荡的享乐中。为人任性而暴躁，用尖刻的言语取笑他人，外表光鲜而时髦，会喜好各种修饰装扮，甚至有女装装扮（变性癖好）。会被野心、疾病困扰，总是认为自己能获得最大的好运，他们会一直沉溺于爱，或假装在沉溺情欲，会后悔自己为男子之身。凶星强映射该宫时，则会失明。当其下降时，被凶星映射该恒星，代表死于沉船。如吉凶星一起映射，则愉快而死，或死于性，或死于宴乐。

2、巨蟹座的星云，Praesepe ，Abū Ma'shar 的著作标注其位于巨蟹座 21°08′，北纬 40′，中文译为鬼星团，是疏散星团之一，在巨蟹座。因为在鬼宿而得名，又称蜂巢星团，中国古代称之为积尸气。在梅西耶星表编号为 M44，目前位于狮子座 7°21′。古代占星家在确定这个位置的时候，通常都是围绕该恒星周围的星团区域，所以在 Rheorius 的著作中标注其位于巨蟹座 10°～15°。根据笔者实战经验，此恒星在占卜中出现过大雾、脑瘤之类，因此该恒星所代表的障碍、堵塞，是其主要类象意义。

3、射手座之箭，即 al—Nasl，Abū Ma'shar 的著作标注其位于射手座 15°20′，南纬 6°20′。译为箕宿一，为射手座的箭头，即射手座 γ，又作 Alnasl、Alnasr、Alwazl、Nasl、Nash、Zuji al Nushshabah，是宇宙已知的亮星之一。目前位于摩羯座 1°16′。

4、天蝎座之刺，Rheorius 著作标注其位于射手座 1°，其特性为金星和火星。即 Shaula 和 lesath（星云），这一对星位于天蝎座的刺旁。尾宿八（Shaula），天蝎座 λ 星，在亮星表上排名第 25，目前位于射手座 24°25′，Rheorius 认为其性质为金星和火星特性。尾宿九（lesath），天蝎座

γ 星。目前位于射手座 24°18′。

5、摩羯座之刺,即摩羯座 ε 星与摩羯座 κ 星,属于昏暗星座中的昏暗恒星,Rheorius 著作标注其位于摩羯座 26°46′～29°之间。为摩羯座 ε 星,即垒壁阵二,目前回归制星座位于宝瓶座 20°29′,恒星制星座位于摩羯座 26°20′。

6、Rheorius 著作中为宝瓶座的水罐,位于 18°16′～19°,被认为是两颗恒星。其中一颗为垒壁阵七,即宝瓶座 λ 星(λ Aqr),另外一颗不明。Abū Ma′shar 的著作中为宝瓶座的出水处,定义为四颗恒星,分别为宝瓶座 λ、ζ、η、π,垒壁阵七目前位于双鱼座 11°53′。

7、射手之眼,Rheorius 著作标注其位于射手座 16°36′,Ptolemy 认为射手之眼为星云,实际上是多颗恒星聚集在一起,为射手座 Nu^1(建增六)和 Nu^2(建增七)。建增六目前位于摩羯座 12°28′,建增七目前位于摩羯座 13°。

8、天蝎前额,Rheorius 著作标注其位于天蝎座 9°06′～10°,其性质为火星和土星特性。实际为天蝎座 δ(房宿三)、天蝎座 π(房宿一)、和天蝎座 β(房宿四),天蝎座 δ 目前位于射手座 2°52′,天蝎座 β 目前位于射手座 3°29′。

9、狮子座的鬃毛位,狮子座尾部上的云状区域。Rheorius 在著作标注其位于狮子座 27°36′～28°。后世的研究者确认这是狮子座尾部的后发座的星 7、星 15,或 α、β、γ,α 即是东上将,位于天秤座 9°15′。有人认为是五帝座一(Denebola,β Leo/狮子座 β)与西上相(Zosma 狮子座 δ 星)。Abraham Ibn Ezra 说五帝座一位于狮子尾,属于一等恒星,其行星特性为土星、金星,目前位于室女座 21°54′,西上相位于室女座 11°37′。

有占星家认为天蝎首为房宿四(Graffias,即天蝎座 β 星,位于射手座 3°29′),天蝎刺为 Acumen(天蝎座 M7 疏散星团)和 Aculeus(天蝎座 M6),前者目前位于射手座 29°02′,后者目前位于射手座 26°03′。

以上所有恒星的现代度数,未经特别说明都是本书成书出版期间的回归制黄道度数,恒星也是移动的,大约每 72 年行走一度,对恒星深入学习,需要了解恒星星座的神话背景,其类比事体,从象、数、理中思考。Firmicus 著作中的论述极具启发性,说明每一颗恒星都必须熟悉其恒星星座的意义,结合行星的格局进行具体的分析,才能得出精准的论断结论。

恒星除了以上用法外,还有一种用法,在《Anonymous of 379》中有所论述,这种恒星占法会使用到偕升(parans)概念,需要在软件的支持下才能使用。行星与恒星之间在四轴关系上会出现各种偕升,譬如太阳偕升,金星偕升等等,这种偕升基于地球相关纬度地区的真实天文现象,由于地球的自转,恒星和行星看起来像是在天空中移动,从上升轴移动到天顶再到下降轴,经过天底轴再回到上升轴,这是昼夜运动的一个周期,以此为单位,我们可以观测到天空行星与恒星运行的轨迹。譬如某地区大角星在地平线上正在上升,在此同时,金星在地平线上即将升起,此时意味着金星与大角星一起升起,恒星与金星产生偕升。这种观测,四轴点是最值得关注的,也会出现当某恒星出现在地平线时,一颗行星出现在天顶,其余情形都可以类推,一般出现在下降轴以及天底轴都会有一定的凶性体现,具体也需要结合偕升行星的特性论断。这种实体天文现象需要通过专业软件的设定,其起源可以追朔到埃及以及美索不达米亚等早期占星系统。

下面我们列举五个案例。

例1 明代正德皇帝

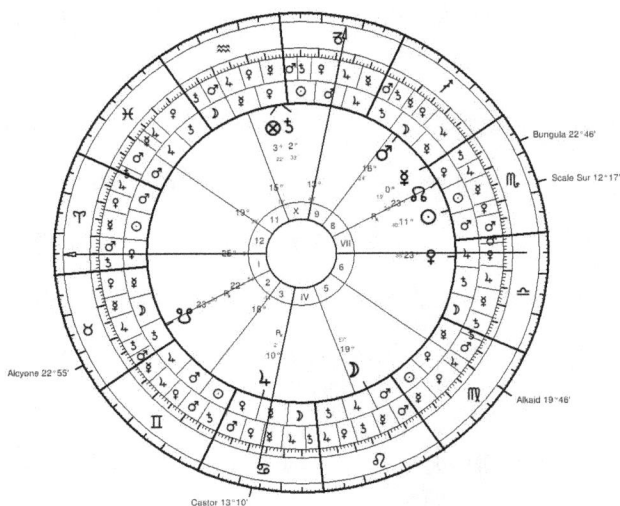

明代正德皇帝,生于公元1491年10月26日当地时间16:07分,受孕于2月13日8:40分。

明武宗朱厚照(1491年10月26日~1521年4月20日),男,汉族,明朝第十位皇帝,1505年~1521年在位,明孝宗朱祐樘和张皇后的长子,年号正德。

朱厚照从小机智聪颖,喜欢骑射。即位不久,便起用以刘瑾为首的宦官马永成、丘聚、谷大用、张永等八人,时称之为"八党"。悉以天下章奏付刘瑾,而刘瑾则日益诱导武宗戏玩娱乐。在西华门别筑宫殿,造密室于两厢,称为"豹房"、"新宅",每日游乐其中。皇帝的荒嬉无度、宦官的恣意枉为,致使原已危机四伏的社会经济不断恶化,阶级矛盾不断激化,农民起义接连不断。

刘瑾伏诛后,武宗日益宠信江彬。在江彬的诱导下,武宗屡屡出巡。正德十二年八月至十四年二月,武宗不顾大臣们的反对,一连四次出巡。在位期间因荒疏朝政,导致宗室安化王朱寘鐇、宁王朱宸濠先后起兵夺位。正德十六年(1521 年)三月,明武宗朱厚照驾崩于豹房,享年三十一岁,在位十六年。

　　此盘,笔者根据可靠方法校订而成。上升位于淫色星座,金星位于舍星座,且位于下降轴,月亮位于狮子座也是淫色星座,月亮以密切相位六合金星,金星于上位以星座相位三合土星,更体现了好色之征,这类命造会有不可告人的羞耻行为。月亮合相恒星轩辕十四,星盘带有辅星格,Mc 定位星入舍星座,与金星成格。并且木星位于天底入升星座,木日以紧密度数三合,日月相刑,福点紧密合相位福点定位星土星,被上位的太阳所刑,大贵之命。如以福点作为命宫,罗睺、太阳入第 10 星座,也是大贵特征。

　　正德皇帝落水受惊,得了肺炎,最后不治而亡。盘中信息很明显,天底轴与死亡相关,位于巨蟹座,为湿性星座,代表水域。月亮位于地平线下为肺,被土星所冲并接受土星管理,主寒凉伤肺,又与第 8 宫定位星火星三合,且水火合相于射手座,射手座属于跌落性质星座,幸好水火度数疏松,代表有动荡、水惊。水星为第 6 宫定位星,所以引发疾病而亡,而第 8 宫内太阳合相罗睺于天蝎座,太阳为上升星座升主星,为其有力佐证,且太阳与月亮相刑,月亮被太阳接纳,月亮居于上位,代表命主因为肺炎高热病变而死。

例 2　太监田义

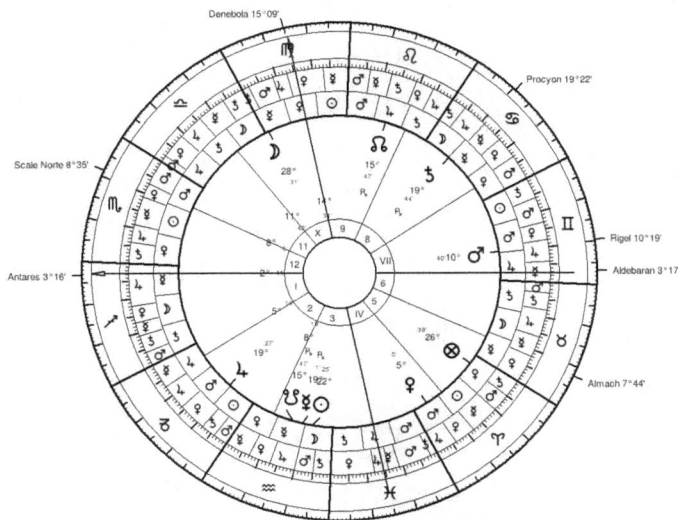

田义(1534 年～1605 年),号渭川,陕西西安府华阴县人,明代司礼监太监。9 岁那年被净身送入宫中,从此便开始了他漫长的宫廷生活。隆庆在位年间,田义被任命为司礼监提督太监下属的六科廊掌司,管理内外章疏和内官档案。

万历三十三年(1605 年),田义卧病不起,万历帝特派医官诊视,不久田义去世,万历帝悲痛不已,特为他辍朝三日,五天之内派三人去谕祭他,并赏给大量冥钱,"赐祭三坛",又赏"东园秘器",下令工匠挖地宫埋葬,特"树享堂碑亭",永久祭祀——这是少有的恩典。至此,田义荣贵善终。

此命生于公元 1534 年 2 月 2 日当地时间 1:39 分。上升轴合相心宿二,下降轴合相毕五,土星合南河三。有很明显的富贵格局。心宿二的行星特性为木星和火星,毕五的行星特性为火星和金星,因此必须在命盘中分析相关行星。木星和土星紧密度数相冲,且木土都位于落陷星座,彼此星座为对方舍升星座,属于为人奴仆,为人服务,先卑后尊的

211

服务者之命。火星位于下降轴,冲上升轴,同时六合金星(金星为第6宫定位星,火星为第12宫定位星),火星与月亮相刑,并且金星位于落陷星座,这是早年成为太监的标志之一,毕五合相第7宫轴,更应。并且第7宫定位星为水星,合相计都,被太阳焦灼,且水星逆行,完全损害婚姻。天顶定位星水星位于第3宫,也是为人奴的表征。上升定位星木星东出,则凡事立业较早,这一点是他富贵格局的关键。火星合相参宿七于下降轴,月亮位于天顶,将恒星的富贵特性发挥了出来。

例3 教皇保罗三世

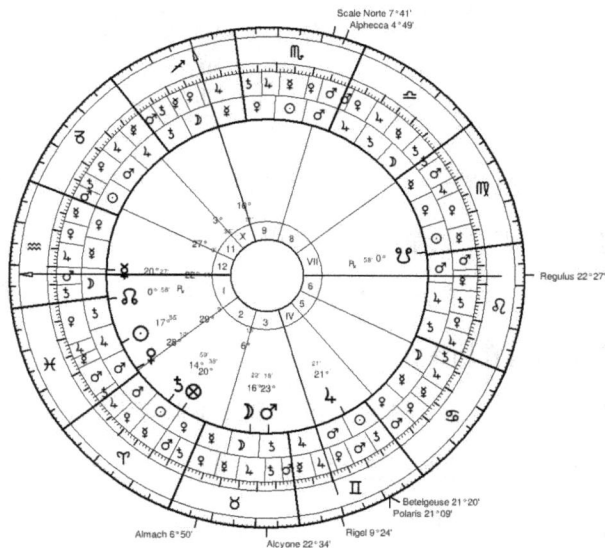

此案例选自薛凤祚的《天步真原》,盘中数据与原书略有差异,原书数据:上升轴位于宝瓶座22°39′、天顶位于射手座9°、土星位于白羊座16°05′、木星位于双子座21°46′、火星位于金牛座21°35′、太阳位于双鱼座18°25′、金星位于双鱼座29°03′、月亮位于金牛座16°34′、水星位于宝瓶座22°39′、福点位于白羊座20°53′。为了方便理解,细节上,读者按原书度数理解即可(原书采用托勒密福点,不分昼夜)。

保罗三世(1468.2.29～1549.11.10),1534 年～1549 年在位的教宗。生于意大利罗马。意大利传教士和罗马天主教会的教皇。原名亚历山大·法尔内塞(Alessandro Farnese)。曾奉人文学者拉艾图斯(Pomponius Lastus)为师。因其姐朱莉亚系教宗亚历山大六世的宠妃而受重用。

保罗三世出身于托斯卡纳贵族家族。1492 年任罗马教会司库,1493 年担任枢机助祭,在利奥十世任命他为枢机学院校长前,还担任过帕尔马和奥斯蒂亚的主教,但他到了 1519 年才正式受神职,1534 年 10 月 13 日以全票当选为教皇。虽然早年在道德方面有瑕疵(与情妇生有 3 男 1 女),他当上教皇之后锐意整顿教会,促成 1545 年特伦托会议的召开,并开始了反宗教改革运动。将英格兰国王亨利八世逐出教会,怂恿神圣罗马帝国皇帝查理五世,镇压信奉新教的路德宗自卫同盟——施马卡尔登同盟,1547 年实际上已将之摧毁。又要求法国的弗朗西斯一世消灭胡格诺派教徒。他也支持罗耀拉·圣依纳爵新成立的耶稣会,还是艺术的赞助者,是最后一个典型的文艺复兴时期教皇。保罗三世主持教廷工作时,日内瓦的约翰·加尔文在宗教改革实践上取得重大进展,于 1540 年建立神权共和政权,日内瓦成为新教的罗马。1549 年 11 月 10 日,81 岁的保罗三世高寿而终。

案例中,保罗三世出生于儒略历 1468 年 2 月 28 日 5:27,出生地 Tuscany。

土星合相双鱼座(恒星星座)恒星,其恒星特性也有土星特性(此处恒星可能是室宿二,位于金牛座 27°3′),因此土星特性必验,并且同时上升轴位于宝瓶座,土星是上升定位星,主命主为人稳重、耐性持久,特别具有土星特性。

　　木星位于双子座 21°46′，与双子座 21°20′ 的 Betelgeuse，即参宿四合相，参宿四为水星和火星特性的恒星，所以木星力量很强，其力真且大，主大位、大权之象。

　　火星位于金牛座 21°35′，与金牛座 22°34′ 的 Alcyone，即昴宿六产生合相，月入相位于火星，太阳三合映射火星，日月会照，主兵马大权。月亮在金牛座，为金星舍星座，月亮升星座，月亮得金星之性助之，主福禄倍增，火星在此也减了凶性。

　　第 7 宫轴位于狮子座 22°39′，与狮子座 22°27′ 的轩辕十四合相，并且第 7 宫星座被火星刑、水星冲、土星三合、木星六合，四大相位映射第七星座，轩辕十四在内，主老年有大名位，第 7 宫主老年。

　　太阳在上升宫，水星东出在前，其余星在太阳后西入。水星紧密合相上升轴，位于喜乐之宫，极为吉利，主聪明之人。并且木星在第 4 宫，角宫内，为大福之象，并且水、木以紧密相位构成三合相位，木日相刑，日月六合，月在舍星座，具为有力。

　　天顶位于木星星座，并且其定位星木星在天底对宫冲之，轩辕十四又在第 7 宫对应，主老年登于王位。

　　根据主向限行运，此命在第 66 年 253 天 9 小时 34 分的时候，太阳行进与水星形成三合相位，登上王位，此时主向限运的太阳与本命盘木星同位于双子座 22°，土星六合映射，外有经星、火星同木星相映射。

　　为何要用水星三合映射论断，因为水星位于上升轴，东出，其力强，并且水星三合双子座（为水星舍星座），同时双子座的三方主星为水星、土星、木星，三星力量汇于一处，木星主权力，水星主才干，土星主稳重，其年命主 66 岁。再看 10 宫，其年 10 宫也在双子座内（指小限），其日太阳位于室女座与本命盘太阳相冲，室女座有月亮与火星三合映射，木星刑映射,其时水星在宝瓶座 20°。本命盘原处也有双子座的上述映射。

火星在昴宿内,太阳六合映射,代表一时众人齐心奉戴,太阳在火星三角,件件相合,升帝位,无可疑。81 年 68 日当死。命主长年,照命星是日与上升。上升有水星极强,木星三合照,月六合照,皆不在地平上,煞星照比本体更凶,星在地平下命多长(星在地平上照在下,在地平下照在上)。八十一年,乃一宫 120°照,斜升小 120°,与 90°同,大因日照在土星界内。

一宫到土星不死(31 年内),一宫是土星本宫,一宫甚强,水星、太阳在内,又有木星三合吉照,到火星不死,火星金牛宫弱。本命 90°照,55年不死,又有火星在内,因月在金牛本升极强,90°斜升小,与 60°同,不当死。61 年内 6 月 3 日几死水内者,因昴星属海,土星照到巨蟹为月宫,巨蟹性湿,土星照其星于地平下,故主落水中(以上使用界向行运法、主向限论断)。

例 4　著名印度占星师 B. V. Raman

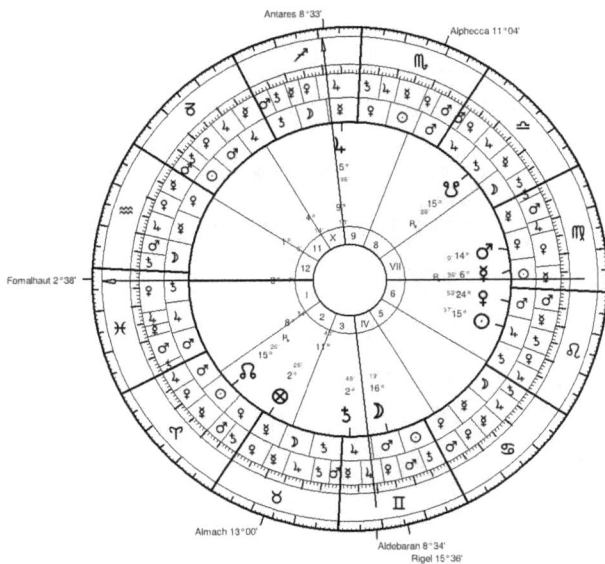

B. V. Raman 于 1912 年 8 月 8 日 19:42 分 40 秒出生于 Bangalore。他论断过自己的命盘,并且其他占星师也对其命盘做过分析。我们以古典占星盘解析其恒星相关内容。

其命盘上升星座为双鱼座,上升定位星木星紧密合天顶 Mc,并且舍于射手座,这是一个强烈信号,代表命主会在宗教、术数、精神领域上达到一定的高度和知名度。北落师门合相于上升轴,伴随木星于天顶升起,强化了这个信息。北落师门的行星特性为金星、水星,水星合相下降轴,并且舍于室女座,代表术数、占星术。水星上位映射木星,并通过逆行紧密趋于木星,代表了占星术方面的精神领域和学问。金星位于第 6 宫,与太阳合相于狮子座,映射木星,狮子座的强化以及木星能量,让此命世界知名。

土星于第 3 宫,第 3 宫为精神宫,代表术数,土星紧密相位刑上升轴,主预言、神秘文化知识、医学知识等方面非常有学问。

B. V. Raman 有九个儿女,其上升星座,第 5 宫星座都是多育星座,并且天顶为子女相关的位置,木星为天顶定位星入舍于射手座。子女点位于室女座 5°54′,水星为子女点,入舍于室女座。所有相关类象都代表子女多。木星第一三方主为太阳,第二三方主为木星,计算上升星座到太阳所在星座,星座数为 8(双体星座计数为 2),加上其间能代表生育子女的行星,大概会有 9~10 个子女。

例 5　部队军工

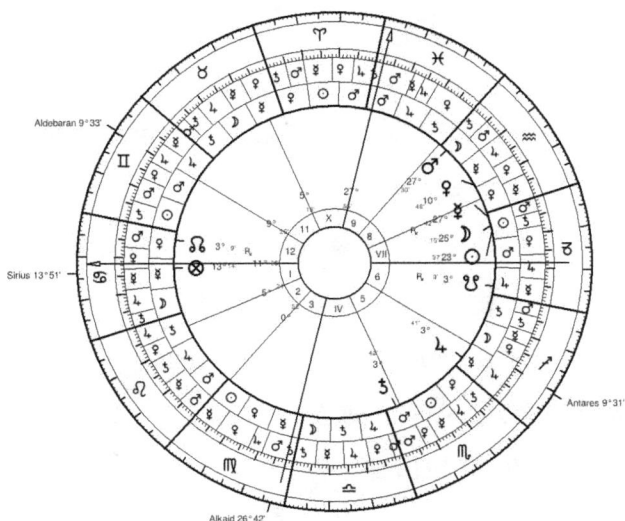

　　男命,生于 1983 年 1 月 14 日。上升轴合天狼星,天狼星的行星特质为木星和火星。天狼星是一颗代表军职性质的恒星,因此十分符合本命职业特点。虽然恒星在论断富贵中非常重要,能够提升人的富贵等级,但是一定要分析其行星特质,此命 Mc 定位星,木星位于射手座,有力量,但是位于第 6 星座为奴宫。火星位于第 9 宫果宫,无力(按 5° 规则已经进入第 9 宫),所以天狼星的吉利特性没有得到好的发挥。尽管如此,恒星也有一定力量,因此主军职。从星格上而言,日月于第 7 轴,为下等辅星格,因为第 7 轴并不是特别有力量,木星东出得力,这里的木星从星座和宫位论,带有指导性和技术性。所以命主在部队上作军工研究,并且目前准备离开部队创业。

　　此命生于新月,月亮离相位太阳在 5° 内,为月亮黏合,月亮趋于水星,这种相位代表命主学业极佳,工作、事业都和学习、研究有关。命主从小就是学霸,学历为博士。

第九门　说十二宫分分为三等（星座类象）

白羊与天秤二宫，太阳到此，昼夜停。自白羊宫至双女宫为北六宫，天秤宫至双鱼宫为南六宫。

入白羊宫转北，入天秤宫转南。太阳至巨蟹宫初度后，渐转于南，至磨羯宫初度，渐转于北。此四宫皆呼为转宫。

金牛宫、狮子宫、天蝎宫、宝瓶宫，呼为定宫。

阴阳宫、双女宫、人马宫、双鱼宫，此四宫呼为二体宫。

白羊宫、金牛宫、阴阳宫属春；巨蟹宫、狮子宫、双女宫属夏；天秤宫、天蝎宫、人马宫属秋；磨羯宫、宝瓶宫、双鱼宫属冬。

注：白羊座与天秤座，当太阳进入这两星座时候，节气为春分和秋分，昼夜时值相等，我们称之为分点星座。白羊座开始到室女座六个星座为北方星座，从天秤座开始到双鱼座为南方星座。由于从白羊座开始入北方星座，从天秤座开始入南方星座，太阳到巨蟹座后，开始转南，到摩羯座开始转北，因此白羊座、天秤座、巨蟹座、摩羯座叫做转宫，现代我们将之译为启动星座；金牛座、狮子座、天蝎座、宝瓶座，叫做定宫，我们将之译为固定星座；双子座、室女座、射手座、双鱼座，叫双体宫，我们将之译为双体星座。白羊座、金牛座、双子座，属于春季星座；巨蟹座、狮子座、室女座，属于夏季星座；天秤座、天蝎座、射手座，属于秋季星座；磨羯座、宝瓶座、双鱼座，属于冬季星座。

十二星座是占星术的基石，在占星术中最主要的两大主体，分别是七大行星与 12 星座。整个占星术都在围绕它们论述。

在天文学上，以太阳为中心，地球环绕太阳所经过的轨迹称为"黄道"。黄道宽18°，环绕太阳一周为360°，黄道面包括了所有行星运转的轨道，也包含了一些星座，恰好约每30°范围内各有一个星座，总计为十二个星座，因此等分这些区域，称之为"黄道十二宫"或"黄道十二星座"。黄道十二星座是东西方占星术的基础，起源于公元前2千年巴比伦占星家的观察，当人们站在地球上，向外望向宇宙时，发现太阳似乎在沿着一条带子一样的路径运行，所有的行星、月亮都在太阳两侧大约8°内运行。在发现这个规律后，大约在公元前1300年巴比伦人第一次给黄道带上的星座和黄道带以外的星座命名。公元前336年，柏拉图的学生，希腊天文学家Eudoxus of Cnidus写了一本地球仪手册，上面有星座分布图，他沿用了许多巴比伦星座的名称，将之改译为希腊文，相应的希腊术语惯例产生了。

在占星学的黄道十二星座，指在黄道带上十二个均分的区域，这种以天空为基点的划分趋于，我们也称之为先天黄道十二宫。学习占星术必须掌握这十二星座的名称与符号，以方便于软件中识别。在学习中需要注意掌握十二星座的基本特性和意义。

占星术源自天文学，因此我们首先要掌握黄道的概念。什么是黄道？地球自转，一天24小时，绕太阳公转需要一年，地球绕太阳的轨迹形成黄道。把黄道等分十二个区域，为黄道十二宫，每宫30°，每一宫都有特定的名称。十二黄道宫，即十二星座名称对应表如下：

黄道十二星座表

星座名	黄道数序	英文名	简称	起始度数	终度数	所属元素	宫主星	阴阳
白羊（戌）	1	Aries	Ar	0°0′0″	29°59′59″	火元素	火星	阳
金牛（酉）	2	Taurus	Ta	30°0′0″	59°59′59″	土元素	金星	阴
双子（申）	3	Gemini	Ge	60°0′0″	89°59′59″	风元素	水星	阳
巨蟹（未）	4	Cancer	Can	90°0′0″	119°59′59″	水元素	月亮	阴
狮子（午）	5	Leo	Le	120°0′0″	149°59′59″	火元素	太阳	阳
室女（巳）	6	Virgo	Vi	150°0′0″	179°59′59″	土元素	水星	阴
天秤（辰）	7	Libra	Li	180°0′0″	209°59′59″	风元素	金星	阳
天蝎（卯）	8	Scorpio	Sc	210°0′0″	239°59′59″	水元素	火星	阴
射手（寅）	9	Sagittarius	Sa	240°0′0″	269°59′59″	火元素	木星	阳
摩羯（丑）	10	Capricorn	Cap	270°0′0″	299°59′59″	土元素	土星	阴
宝瓶（子）	11	Aquarius	Aq	300°0′0″	329°59′59″	风元素	土星	阳
双鱼（亥）	12	Pisces	Pi	330°0′0″	359°59′59″	水元素	木星	阴

为何星座不多不少是 12 个？第一个原因，是因为 12 比其他数字更完美契合。在数学上，12 可以反复有序划分，譬如 $2×6＝12,3×4＝12、4×3＝12$ 等等。还有一种哲学原理，占星家 Arastellus、Abǔ Ma′shar、Aaydimon 指出万物皆由四元素构成，即火元素、风元素、水元素和土元素。任何个体都存在三种秩序，即开始、中间、结束，因此 $4×3＝12$，契合 12 星座，这三者秩序的论法其实非常类似中国术数中的孟、仲、季。还有一种原理认为，日月相逐，每年日月相交于黄道 12 次，形成 12 个月份，因此取数 12。12 星座从白羊座到双鱼座这种数序是固定的，这种数序原理对实战也有着重大的指导意义。数序单数的为阳性星座，数序双数的为阴性星座，这是星座的基本阴阳性质。

我们知道，星座在天空是有序的，而元素本身无序，它们互相交织就形成了星座与元素的搭配。四元素中,每一个元素都有主特性与辅特性组成。火元素热而干、风元素热而湿,水元素冷而湿,土元素冷而干。其中稳定的特性为主特性,火元素的主要特性为热,风元素的主要特性是湿,水元素的主要特性是冷,土元素的主要特性是干。

按12星座的次序,元素分布规律是:火元素、土元素、风元素、水元素。12星座根据元素的特性,分为火元素星座:白羊座、狮子座、射手座;土元素星座:金牛座、室女座、摩羯座;风元素星座:双子座、天秤座、宝瓶座;水元素星座:巨蟹座、天蝎座、双鱼座。这种次序从火元素开始,到水元素结束,从生到灭,代表万事万物的起源与毁灭,可以显化水元素与火元素的重要性。其实这也是为何先哲认为,世界起源于水火,灭绝于水火的缘故。这种划分方法也称之为三方星座。

Manilius在著作中指出,三方星座,可以分为宾主进行理解,譬如射手座、狮子座、白羊座为一组,其对宫的双子座、宝瓶座、天秤座为一组,两者相对,性质相反,前者为兽类星座,后者为人形星座,两者之间存在斗争,人类智慧之能战胜了兽类的力量,所以常见出生于后者星座的人胜于前者。所以中间隔开一个星座的两个星座都属于不同的集团,彼此保持着敌对的状态,呈宾主关系,对冲星座也是如此,彼此呈相反或敌对状态,但是对冲星座彼此阴阳性质一样,即有一定共性,又有矛盾,在克制中保存状态,尤其白羊座和天秤座,不会完全陷入争斗状态,因为两者所处的太阳星座,昼夜等长,春生秋杀,结构上具有相似性。

除了以上论述,我们还需要注意十二星座的各自特点,白羊座与室女座、天秤座、双子座、宝瓶座争斗;金牛座与巨蟹座、天秤座、天蝎座、双鱼座敌对;双子座与白羊座、射手座、狮子座敌对;巨蟹座被摩羯座、天秤座、室女座、金牛座所伤害;狮子座与室女座、天秤座、双子座、宝瓶座争斗,与白羊座也陷入争斗中;室女座恐惧巨蟹座、双鱼座、摩羯座、天蝎座;天秤座的敌对最多,有摩羯座、巨蟹座、金牛座、天蝎座、白羊座、狮子座、射手座;天蝎座的敌对也很多,有宝瓶座、双子座、金牛座、狮子座、室女座、天秤座、射手座,天蝎座令它们恐惧;射手座想要制服双子座、天秤座、室女座、水瓶座;摩羯座与双子座、天秤座、室女座、水瓶座敌对;宝瓶座与狮子座、射手座、白羊座敌对,如同群兽在一个人的勇气面前奔逃而走;双鱼座会受到宝瓶座、双子座、室女座、射手座的攻击。

12星座的变化,也可以从节气入手分析,太阳从进入白羊座开始,进入春分。春分开始昼夜等长,春分之后,北半球各地昼渐长夜渐短,南半球各地夜渐长昼渐短。春分时,全球无极昼极夜现象,这也是阴阳消长的开始,因此白羊座为12星座之首。经过三个星座后,到达双子座的末端时,昼长达到极致,夜短达到极致。之后,太阳进入巨蟹座,为夏至,北半球开始昼短夜长。再经过三个星座,到达天秤座,为秋分,昼夜等长。秋分过后,则夜长昼短,开始变化。一直到太阳经过三个星座到达摩羯座,此时为冬至,冬至日当天,夜晚最长,等过了冬至日后,白昼逐渐变长,黑夜逐渐变短,等到来年春分,又是昼夜等长,一直延续这样的变化到夏至,此消彼长,周而复始。

黄道十二星座的特性,基于恒星黄道十二星座与回归黄道的特性。Manilius根据这些定义了十二星座的特性,他认为十二星座在形象、性质有人形星座、兽形星座、单像星座、双像星座。其中宝瓶座、双子座、室女座、天秤座为人形星座;白羊座、金牛座、巨蟹座、狮子座、天蝎座、摩羯座、双鱼座为兽形星座;射手座为半人半兽;单像星座为白羊座、金牛座、巨蟹座、狮子座、天秤座、天蝎座、水瓶座;双像星座为双子座、处女座、射手座、摩羯座、双鱼座。

这些特质其中主要从恒星形象角度划分,譬如单像星座,其特质主要是一个独立形象,成双成对的双像星座,其双像会一起作用于事体、命运,当面临命运变数的时候,其双像都会做出其选择与决定,双子座臂膀交错在一起,双鱼座两条鱼的方向截然相反,都决定了这两个星座的不同特性。双像星座只对自己双像的领域有兴趣,对自身之外毫无兴趣,也不会为任何损失而哀伤。摩羯座、射手座都是有不同的躯体拼接而成,区别是前者没有人形,而后者有人体形态。室女座成为双像星座,是基于回归制的考量,因为其恒星外观并不是双像,室女座连接着夏季和秋季,代表获得两种不同的力量,所以我们发现双子座、室女座、射手座、双鱼座这四个双像星座都位于白羊座、巨蟹座、天秤座、摩羯座之前,连结了两个季节。恒星星座的外观有的也会通过象形意义参与其中,譬如射手座作为双像星座,半人半兽,连结秋冬,秋季的气候则体现射手人性的一面,而连结冬季的兽形,则是为了适应冬季的寒冷气候。星座的外观需要细腻观察,非常形象化,譬如一些星座缺少肢体,天蝎座的肢体消失在了天秤座,跛脚的金牛座随蜷曲四肢沉下了身子,巨蟹座没有眼睛,这些都有相关的形象吉凶的预示。

下面我们介绍黄道十二星座特性的分类。十二星座特性本身有多种不同的划分法,这些分类都有着实用性。我们列出如下:

1、直向上升与曲向上升星座:摩羯座、宝瓶座、双鱼座、白羊座、金牛座、双子座为曲向上升星座(短赤经上升星座,上升少于30°)。巨蟹座、狮子座、室女座、天秤座、天蝎座、射手座为直向星座(长赤经上升星座,上升大于30°),以上属于北半球的特点,南半球正好相反。这种星座特性,不仅在命理占星中使用,在占卜、择吉中也一样,譬如择吉时,如果直向上升星座,未见损害,代表少障碍、顺利,而曲向上升星座,如果没有吉星佐证，则代表困难、时间长久。

所谓直向上升星座，代表这些星座从东地平线上方以垂直形态出现升起，而曲向上升星座，则相对于地平线倾斜升起，直向上升星座在地平线升起的时间较短，因此也叫做短赤经上升星座，而曲向上升星座也称之为长赤经上升星座。Abū Ma′shar 认为，曲向上升星座服从于直向上升星座，它们之间是一种互相支持、互爱的关系。双子座服从狮子座、金牛座服从巨蟹座、金牛座、摩羯座服从于室女座、天蝎座服从于双鱼座、射手座服从于宝瓶座、摩羯座服从于天蝎座。这其中，诸如狮子座和双子座之间，双子座服从于狮子座，所以它们的六合相位关系更和谐，其中也有例外，譬如白羊座和天秤座，摩羯座和巨蟹座，它们之间相位相冲，即使其中一个服从于另外一方，但是它们彼此之间的冲相位是不和谐的。

2、互视、互听星座。互视星座是与至点星座巨蟹座和摩羯座等距的星座。分别是双子座—狮子座、金牛座—室女座、白羊座—天秤座（凶性）、天蝎座—双鱼座、宝瓶座—射手座。互视代表彼此友爱、善意。互听星座，是与分点星座等距的星座，也叫命令—服从星座，譬如金牛座命令双鱼座，双鱼座服从于金牛座。以此类推，其余分别是双子座—宝瓶座、巨蟹座—摩羯座、狮子座—射手座、室女座—天蝎座。

Manilius 在其著作中指出，白羊座自顾自的聆听自我，视线看向天秤座，对金牛座的爱意受挫；金牛座聆听双鱼座，欺骗白羊座，被投来视线的室女座所吸引；双子座聆听宝瓶座，心系双鱼座，目光注视狮子座；巨蟹座与摩羯座各自注视自己，却又互相聆听，巨蟹座欺骗宝瓶座；狮子座目光注视双子座，聆听射手座，喜欢摩羯座；室女座注视金牛座，聆听天蝎座，欺骗射手座；天秤座只聆听自己，注视白羊座，喜欢天蝎座；

天蝎座注视双鱼座,聆听室女座;射手座注视宝瓶座,聆听狮子座,宠爱室女座;摩羯座注视自己,聆听巨蟹座;宝瓶座注视射手座,聆听双子座,膜拜巨蟹座;双鱼座注视天蝎座,聆听金牛座。12星座中,彼此相连的两个星座,一个为阳性,一个为阴性,彼此中性别相异,因此没有任何和谐关系。这种人性化的星座关系,也诠释了论断星座特性时候的人性特质、人际关系、相位关系。

3、等日光星座、或称为等力量星座。具有命令与服从关系。双子座服从巨蟹座,金牛座服从狮子座,白羊座服从室女座,双鱼座服从天秤座,宝瓶座服从天蝎座,摩羯座服从射手座。简而言之,曲向上升星座服从直向上升星座。两个星座之间,其第一度和另一星座最后一度彼此能量相通,如此依次类推。

4、等赤经上升星座,白羊座、金牛座、双子座、巨蟹座、狮子座、室女座为命令星座,双鱼座、宝瓶座、摩羯座、射手座、天蝎座、天秤座为服从星座。白羊座命令双鱼座、金牛座命令宝瓶座、双子座命令摩羯座,依次类推,这种意义在于两个星座之间,其第一度和另一星座最后一度彼此能量相通,如此依次类推,在实战中会用到。Rhetorius在其著作的前后文内容中,提到等上升星座时,会将3、4交错提及。

5、南北星座:白羊座、金牛座、双子座、巨蟹座、狮子座、室女座为北方星座,也称为热性星座,从天秤座到双鱼座为南方星座,也称为寒性星座。这也是一种阴阳特性的星座划分方法。

6、太阳星座:狮子座、室女座、天秤座、天蝎座、射手座、摩羯座。月亮星座:宝瓶座、双鱼座、白羊座、金牛座、双子座、巨蟹座。太阳星座内,太阳有其主权,因为在太阳的界限范围内。月亮星座内,则月亮有其主权。

7、启动星座分别为白羊座、巨蟹座、天秤座、摩羯座，相比其他星座，它们具有较强的变动性，其变动频繁，持续期短。太阳进入十二星座体现了一年各个时期的变化转折，而太阳在进入这四个星座时，就是春、夏、秋、冬四季的转换，每一个季节都从太阳进入这四个星座的时候开启；固定星座分别是金牛座、狮子座、天蝎座、宝瓶座，当太阳进入这四个星座后，气候、气温就形成了固定季节性特征；双体星座分别为双子座、室女座、射手座、双鱼座。当太阳到达这四个星座的时候，气候会有两种截然相反的特征，譬如前半宫热，后半宫冷。

8、四足星座：白羊座、金牛座、狮子座、摩羯座、和射手座后半段。有人认为，摩羯座的前半段为四足；白羊座和金牛座属于偶蹄动物；狮子座属于犬齿、爪类动物，射手座的后半部属于一切蹄类动物；狮子座、天蝎座、射手座、摩羯座为捕食动物；双子座、室女座、双鱼座和摩羯座的第 2、3 旬为鸟类；巨蟹座，射手座，天蝎座和摩羯座为爬行动物；巨蟹座、天蝎座和双鱼座为水栖动物。

Abū Ma'shar 认为双子座、室女座、射手座为鸟类星座，摩羯座的第二旬和第三旬也属于鸟类；狮子座、天蝎座、射手座、双鱼座属于食肉类动物星座；巨蟹座、天蝎座、射手座和摩羯座是毒蛇、蝎子类动物；水元素星座属于水生动物。

这类取象在实战中有一定的延伸意义，譬如预测失物，当类神星出现在狮子座，判断失物位于床下，因为床有四足，狮子座属于四足星座。有说射手的前半段为偶蹄动物，射手的后半段为四足动物。

9、乔木星座：双子座、狮子座、天秤座、宝瓶座。灌木星座：巨蟹座、天蝎座、双鱼座后半部分。草木植物星座：金牛座、室女座、摩羯座。金牛座属于农作植物，室女座属于种子，摩羯座属于草。水类星座：巨蟹座、双鱼座、天蝎座，巨蟹座主雨水，天蝎座主流水（宝瓶座也主流水），双鱼座属于静水。火类事物星座：白羊座、狮子座、天蝎座、宝瓶座。

10、黑暗星座：天秤座与摩羯座。焦灼星座：天秤座末端和天蝎座起始。

11、弱发声星座：室女座、摩羯座、宝瓶座（有人认为是白羊座、金牛座、狮子座和射手座）。发声星座：金牛座、白羊座、双子座、狮子座、天秤座、射手座。无声星座：巨蟹座、天蝎座、双鱼座。Abū Ma'shar 认为强发声星座是双子座、室女座和天秤座。弱声星座是摩羯座和宝瓶座。当水星位于一个无声星座时，土星通过吉映射相位映射水星，命主可能为聋哑人。

12、艰险山地星座：白羊座、狮子座、射手座。肥沃可居星座：金牛座、室女座、摩羯座。沙地星座：双子座、天秤座、宝瓶座。水湿地、潮湿星座：巨蟹座、天蝎座、双鱼座。

13、少育星座：金牛座、双子座、宝瓶座。多育星座：巨蟹座、天蝎座、双鱼座。不育星座：白羊座、狮子座、室女座、天秤座、射手座、摩羯座。有人认为，摩羯座与宝瓶座无子女。巨蟹座、天蝎座与双鱼座多育，金牛座、双子座、天秤座、摩羯座、宝瓶座少育，狮子座、室女座、射手座不育。Manilius 指出，双鱼座形象为鱼，繁衍极盛，大海又容纳大，因此为多子多孙之象。宝瓶座为何少育，水瓶盛水代表孕育，而倾泻而出的水代表失败、损耗。

Abū Ma'shar 认为，巨蟹座、天蝎座、双鱼座、摩羯座的后半部分属于多育星座，白羊座、金牛座、天秤座、射手座、宝瓶座为少育星座，双子座、狮子座、室女座、金牛座的开端属于不育星座，有时候，宝瓶座、摩羯座的开端也属于不育性质。双胞胎星座：摩羯座的后半部分、双体星

座、双色星座和双向星座(譬如白羊座和天秤座)。Umar Al－Tabarī
认为,狮子座、金牛座、摩羯座、天秤座、宝瓶座为不育星座。

14、淫色星座:白羊座、金牛座、摩羯座、双鱼座、和天秤座的部分
(有不同说法,见本书后文章节)。Abū Ma′shar 认为白羊座、金牛座、
狮子座、摩羯座和双鱼座为淫色和疾病星座,天秤座和射手座在力量程
度上低于以上星座,但是意义上也类似。这些星座代表淫色的程度,当
行星混杂于其中,代表过度性交和疾病。

15、损眼星座:金牛座、巨蟹座、天蝎座、射手座、摩羯座、宝瓶座、狮
子座。这些星座对眼部不利,一些损害视力的厌翳恒星在这些星座,由
于岁差的影响,一些恒星变化位置,这种星座的用法有多大适用性,还
需要实践检验。

16、仁慈和野蛮星座:风元素星座和室女座是仁慈星座,白羊座、金
牛座、狮子座、射手座、摩羯座属于野蛮星座。其中,狮子座和射手座的
后半段为凶猛星座。

17、残缺截肢星座:白羊座、金牛座、狮子座、双鱼座为畸形残缺星
座。用于论断外貌,体征。

18、疾病星座:白羊座、金牛座、巨蟹座、天蝎座、摩羯座。

19、快乐与激情星座:白羊座、金牛座、狮子座、摩羯座的部分、天
秤座。

20、焦虑、悲伤星座:狮子座、天蝎座。严厉、愤怒星座:白羊座、狮
子座、天蝎座。Abū Ma′shar 认为狮子座、天蝎座、摩羯座为焦虑星座,
并且认为它们也是黑暗星座,室女座和天秤座也有一点黑暗。

21、强大、强力星座:金牛座、狮子座、室女座。

22、聋哑、毛发稀疏星座:白羊座、巨蟹座、天蝎座、摩羯座、双鱼座、

射手座、宝瓶座。

23、人形星座、社会阶层星座:双子座、宝瓶座、天秤座、室女座、射手座前半段。双子属于强力、贵族;室女座、天秤座、射手座前半段属于中层;天秤座属于地方法官;宝瓶座属于下层社会。

24、静思星座:双子座、室女座、天秤座、摩羯座。

25、多性交星座:白羊座、金牛座、狮子座、双鱼座。中量性交星座:双子座、巨蟹座、射手座、摩羯座。少量性交星座:室女座、天秤座、天蝎座、宝瓶座。

26、忽悠、能侃、说谎星座:双子座、室女座、天秤座、天蝎座、射手座、双鱼座。当它们作为上升星座,或上升定位星落于该星座,或月亮位于该星座,有相关特性。也代表慷慨大方,有花费能力。Abū Ma'shar 认为,狮子座、射手座、摩羯座、双鱼座是文化、欺骗、狡诈星座。

27、女子贞洁、贞德星座:金牛座、狮子座、天蝎座、宝瓶座。我们注意到,这些星座有些也是淫色星座,但是因为它们都是固定星座,有人将它们归类于更温和一些的意义。放荡、堕落星座:白羊座、巨蟹座、天秤座、摩羯座。中等贞德星座:双子座、室女座、射手座、双鱼座。

28、癣疥、麻风病、斑、聋哑、秃顶、少发、胡须疏稀、无腋毛星座:白羊座、巨蟹座、天蝎座、摩羯座、双鱼座。如果月亮、福点、精神点落入这类星座,并且不吉,会有以上疾病的侵扰。如果有以上类象进入这类星座,并且木星位于 12 宫,主秃顶。如果月亮如上文情形,并且被太阳焦灼,结果也一样。

29、积富星座:白羊座、狮子座和射手座,代表舒适、无忧无虑的生活。奢侈浪费星座:双子座、天秤座、宝瓶座。

30、耗费星座:巨蟹座、天蝎座、双鱼座,这类星座除非处于吉利状态,否则主贫穷。授予星座:金牛座、室女座、摩羯座,代表丰富、大量的舒适安逸。

这些星座特性,在占卜、择吉、命理中都有相关应用,分析每一颗行星必然要分析到星座特性。它能够细化事件的性质。譬如我们为歌手、乐队择吉可以使用发声星座。我们为真相、法律、公正的事情择吉可以使用分点星座,即白羊座和天秤座。我们从一个房子搬家到另外一个房子,可以使用至点星座,即摩羯座和巨蟹座。

第十门 说十二宫分阴阳昼夜 (星座相位与阴阳)

白羊宫属阳,属昼。

金牛宫属阴,属夜。

阴阳宫属阳,属昼。

巨蟹宫属阴,属夜。

狮子宫属阳,属昼。

双女宫属阴,属夜。

天秤宫属阳,属昼。

天蝎宫属阴,属夜。

人马宫属阳,属昼。

摩羯宫属阴,属夜。

宝瓶宫属阳,属昼。

双鱼宫属阴,属夜。

又一云,命宫至第十宫为阳,第七宫至第四宫亦为阳,其余六宫属阴。

注:首先我们需要注意十二星座的先后次序,十二星座的次序是从白羊座开始的,其次序为1、白羊座;2、金牛座;3、双子座;4、巨蟹座;5、狮子座;6、室女座;7、天秤座;8、天蝎座;9、射手座;10、摩羯座;11、宝瓶座;12、双鱼座。

奇数数序星座为阳性星座、昼间星座。偶数数序星座为阴性星座,夜间星座。有人认为毕达哥拉斯就是以数序奇偶对应研究星座的阴阳特性的,或者说占星家是从毕达哥拉斯学派那里受到启悟,总之数序和阴阳有着对应的关系。这些星座的阴阳特性,在论断行星力量、人物性格、儿女性别、以及父母谁先死亡上都有一定的实用意义。

《天文书》定义了十二星座的阴阳和昼夜的属性之后,又说明了后天四象限的阴阳性。四象限的阴阳性,为后天阴阳特性,即上升轴(Asc)到天顶轴(Mc)之间为第一象限;下降轴(Dsc)到天底轴(Ic)为第三象限;天顶轴(Mc)到下降轴(Dsc)之间为第二象限;天底轴(Ic)到上升轴(Asc)之间为第四象限。一、三象限为阳性,二、四象限为阴性。按中国的阴阳四象学说,则第一象限为少阳;第二象限为少阴;第三象限为老阳;第四象限为老阴。

下面我们介绍左右星座的概念,这个概念非常重要,在后文的内容中会被反复提及和使用。

Porphyry在著作中,介绍了一种行星映射相位的配置方向。首先,我们知道行星的相位关系是通过星座产生的,除了同星座内的合相,在不同星座的相位关系中,分别有六合、三合、刑、冲这四种相位映射。当行星在通过星座彼此产生映射的时候,星座的次序会产生影响力,一般位于黄道星座前列的行星会注视黄道星座后列的行星，而黄道后列的行星会做出回应，投射光线到前列星座。有关这些其他概念，我们在本书后文中介绍，这里主要对黄道星座左右次序进行定义。

针对一颗位于某星座的行星而言，黄道星座次序在它之前，我们称之为右侧星座，黄道星座次序在其后者，我们称之为左侧星座。

在产生行星映射的时候，每一颗行星在一个星座内都会发出七道光线，譬如月亮位于巨蟹座，会对摩羯座产生冲相位；对白羊座、天秤座产生刑相位；对金牛座、室女座产生六合相位；对双鱼座、天蝎座产生三合相位，总共七个相位。

这七个相位中，由于白羊座、金牛座、双鱼座，都是位于巨蟹座之前的右侧星座，当巨蟹座的月亮与这些星座内的行星产生相位映射时，属于右相位。室女座、天蝎座、天秤座，都是位于巨蟹座之后的左侧星座，当巨蟹座的月亮与这些星座内的行星产生相位映射时，属于左相位。从映射角度而言，对冲相位不分左右。

在文艺复兴时期，这种左右星座对应的相位关系，被定义为了左相位和右相位。但是其实左右星座的作用不仅仅只应用在相位关系上，在本书中的辅星格、投射格中都有相关应用。

Al－Biruni 在其著作中对左右相位描述的更为清楚，他指出每一个星座都会对它黄道次序第 3 个星座和第 11 个星座分别产生左、右六合相位映射。每一个星座都会对它第 4 和第 10 个星座分别产生左、右刑相位映射。相位映射有力量的大小，自大到小的次序分别是合相、冲相位、右刑、左刑、右三合、左三合、右六合、左六合。

下图以月亮位于巨蟹座举例，演示了月亮对左右星座的映射关系，图解如下：

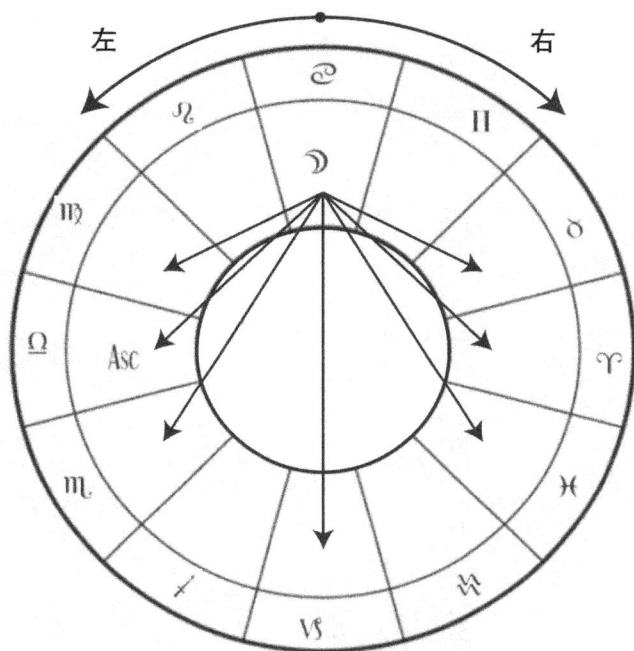

左右相位映射

接着我们介绍一个有关十二星座阴阳度数的概念,有关十二星座,有阴阳度的划分区域,但是存在不同的说法。

Abū Ma'shar 在其著作中提及了三种阴阳度的说法,我们分别列出如下:

Valens 根据十二星座的 12 分部,将星座的阴阳区域进行了划分,有关 12 分部的概念,在本书后面章节介绍。12 分部,是将一个星座每 2.5°划分为一个区间,一个星座 30°,这样划分下来,每一个星座有 12 个区间。Valens 以阳性星座的第一个分部区间为阳性区间,第二个分部为阴性区间,第三个分部为阳性区间,依次类推。阴性星座,以第一个分部为阴性区间,第二个分部为阳性区间,第三个分部为阴性区间,依次类推。

除此外,还有其他古典占星家的使用的第二种划分方法,如果是阳性星座,将其0°~12.5°定为阳性区间,12.5°~25°定为阴性区间,剩下的度数,25°~27.5°为阳性区间,27.5°~30°为阴性区间;如果是阴性星座,将其0°~12.5°定为阴性区间,12.5°~25°定为阳性区间,剩下的度数,25°~27.5°为阴性区间,27.5°~30°为阳性区间。

第三种我们将之列为表格。

星座阴阳度数分区表

	阳	阴	阳	阴	阳	阴	阳
白羊座	0°—6°59′	7°—8°59′	9°—14°59′	15°—21°59′	22°—29°59′		
金牛座	0°—6°59′	7°—14°59′	15°—29°59′				
双子座		0°—5°59′	6°—16°59′	17°—22°59′	23°—26°59′	27°—29°59′	
巨蟹座	0°—1°59′	2°—6°59′	7°—9°59′	10°—11°59′	12°—22°59′	23°—26°59′	27°—29°59′
狮子座	0°—4°59′	5°—6°59′	7°—12°59′	13°—22°59′	23°—29°59′		
室女座		0°—6°59′	7°—11°59′	12°—19°59′	20°—29°59′		
天秤座	0°—4°59′	5°—9°59′	10°—20°59′	21°—27°59′	28°—29°59′		
天蝎座	0°—3°59′	4°—9°59′	10°—13°59′	14°—18°59′	19°—26°59′	27°—29°59′	
射手座	0°—1°59′	2°—4°59′	5°—11°59′	12°—23°59′	24°—29°59′		
摩羯座	0°—10°59′	11°—18°59′	19°—29°59′				
宝瓶座	0°—4°59′	5°—11°59′	12°—17°59′	18°—24°59′	25°—29°59′		
双鱼座	0°—9°59′	10°—19°59′	20°—22°59′	23°—27°59′	28°—29°59′		

从表格中,我们发现,每一个星座的阴阳度区间是不规则的。譬如某行星位于白羊座3°22′,属于白羊座0°~6°59′区间,该区间为阳性区间,因此该行星位于阳性度数,其余类推即可。

Abū Ma′shar指出,在论断的时候,使用这三种方法,有两个或三个都为阳性度数或阴性度数,则其阴阳特性得到强化。由此可见,他采取的是共参的方法。他同时指出,阴阳度用于卜卦或命理,譬如问胎儿性别类问题。占星命理中，男命，则行星位于阳性度则有力；女命，则行星位于阴性度数有力。

第十一门　说十二宫分性情（星座元素、行星亮度与陷度）

白羊宫、狮子宫、人马宫，三宫属火。

金牛宫、双女宫、磨羯宫，三宫属土。

阴阳宫、天秤宫、宝瓶宫，三宫属风。

巨蟹宫、天蝎宫、双鱼宫，三宫属水。

火与风属阳，属昼；土与水属阴，属夜。

注：本节中，《天文书》将星座以不同元素性质划分，分为三类，白羊座、狮子座、射手座为火元素星座，其特性热、干，为东向；金牛座、室女座、摩羯座属于土元素星座，其特性冷、干，为南向；双子座、天秤座、宝瓶座属于风元素星座，其特性热、湿，为西向；巨蟹座、天蝎座、双鱼座属于水元素星座，其特性冷湿，为北向。其中，火元素与风元素为阳性，属于昼；土元素与水元素为阴性，属于夜。

目前可见的最早将星座与四元素联系在一起的，是公元 2 世纪中叶的维提乌斯·瓦伦斯（Vettius Valens）的著作。

	干	湿	干	湿	干	湿
热	白羊座	双子座	狮子座	天秤座	射手座	宝瓶座
冷	金牛座	巨蟹座	室女座	天蝎座	摩羯座	双鱼座

下面我们接着介绍有关星座度数的划分方法,这些方法,并不适用于初学者,仅供研究者在深入学习中参考,下面我们一一介绍相关知识。

首先,我们介绍一种将十二星座的度数区间划分为亮、黑、暗、空度的方法。根据 Abu Ma'shar 著作的内容,我们列表如下:

亮、黑、暗、空度数表

白羊座	3 暗	5 黑	8 暗	4 亮	4 黑	5 亮	1 黑
金牛座	3 暗	7 黑	2 空	8 亮	5 空	3 亮	2 暗
双子座	7 亮	3 暗	5 亮	2 空	6 亮	7 暗	
巨蟹座	7 暗	5 亮	2 暗	4 亮	2 黑	8 亮	2 黑
狮子座	7 亮	3 暗	6 黑	5 空	9 亮		
室女座	5 暗	4 亮	2 空	6 亮	4 黑	7 亮	2 空
天秤座	5 亮	5 黑	8 亮	3 空	7 亮	2 空	
天蝎座	3 暗	5 亮	6 空	6 亮	2 黑	5 亮	3 暗
射手座	9 亮	3 暗	7 亮	4 黑	7 暗		
摩羯座	7 暗	3 亮	5 黑	4 亮	2 暗	4 空	5 亮
宝瓶座	4 黑	5 亮	4 暗	8 亮	4 空	5 亮	
双鱼座	6 暗	6 亮	6 暗	4 亮	3 空	3 亮	2 暗

这个表格如何看懂呢?数值代表度数范围,譬如白羊座 0°～2°59′等 3 度范围属于暗度,3°～7°59′等 5 度范围属于黑度,依次类推,8°～15°59′属于暗度,16°～19°59′属于亮度,20°～23°59′属于黑度,24°～28度 59′属于亮度,29°～29°59′属于黑度。其它星座按表格推导即可。

当行星位于亮度的时候,则力量强大,代表光辉、好运;行星位于黑度代表困难、沮丧和坏运;行星位于暗度和空度,代表小的、可恶的事情。也可以用于论断长相与才智,亮度代表英俊,黑度代表丑陋。

有关这种度数还有其它的不同排法,在此不做进一步介绍。

其次,我们介绍一种行星陷度,英文术语为 Wells。这种划分法,是将十二星座的度数进行分区,如果行星落入该度数区间,则会失去其特性,甚至凶星失去凶性,无力损坏,但是某些时候,在一些宫内的行星凶性也会增长。简而言之,就是这种度数让行星意义变得虚弱。下面我们列出表格。

行星陷度表

白羊座	6°	11°	17°	23°	29°	
金牛座	5°	13°	18°	24°	25°	26°
双子座	2°	12°	17°	26°	0°	
巨蟹座	12°	17°	23°	26°	30°	30°
狮子座	6°	13°	15°	22°	23°	28°
室女座	8°	13°	16°	21°	25°	
天秤座	1°	7°	20°	30°		
天蝎座	9°	10°	17°	22°	23°	27°
射手座	7°	12°	15°	24°	27°	30°
摩羯座	2°	7°17°	22°	24°	28°	
宝瓶座	1°	12°	17°	23°	29°	
双鱼座	4°	9°	24°	27°	28°	

如何看懂这个表格呢?表格中的数值是具体的星座度数范围数值。譬如白羊座的第一个数值是 6°,代表白羊座 5°~5°59′ 属于陷度,第二个数值是 11°,代表白羊座 10°~10°59′ 属于陷度,其余类推即可。

Abū Ma′shar 在著作中指出,行星陷度存在不同的版本,但是波斯、埃及的老占星师都赞同以上表格的用法。笔者认为,以上表格仅供参考,因为在不同占星家的作品中有很多不同意见的划分法。

最后我们介绍星座中的一些特殊度数,具体我们罗列如下:

1、富贵度

金牛座 15°、27°、30°,狮子座 3°、5°,天蝎座 7°,宝瓶座 20°,古人认为这些度数会带来吉运,诸如昼日夜月、福点、上升轴位于此度,代表富贵、成为贵族,即使衰败,都会将他们推向高职位和权力。需要注意的是,15°指的是 14°~14°59′,其余类推。这种富贵度数还有白羊座 18°、金牛座 3°,双子座 11°,巨蟹座 1~3°、14°~15°,狮子座 5°、7°、17°,室女座 2°、12°、20°,天秤座 3°、5°、21°,天蝎座 12°、20°,射手座 13°、20°,摩羯座 12°~14°、20°,宝瓶座 7°、16°~17°、20°,双鱼座 12°、20°。

Sahl B. Bishr 认为当上升轴或昼日夜月位于富贵度,命主富贵。他归纳的富贵度为:白羊座 19°,金牛座 3°,双子座 13°,巨蟹座 1°、13°~15°,狮子座 5°、7°,室女座 2°、13°、20°,摩羯座 12°~13°、20°,宝瓶座 12°、20°。

Thophilus 在其著作中认为,择吉中如果上升轴位于狮子座 3°或 5°,宝瓶座 15°或 27°、30°,室女座 2°,有利于择吉事体,代表有各种成功。

2、慢性疾病度

金牛座 6°~8°、10°,巨蟹座 9°~15°,狮子座 18°、27°、28°,天蝎座 19°、29°,射手座 1°、7°~8°、18°~19°,摩羯座 26°~29°,宝瓶座 10°、18°~19°。Bonatti 认为这些度数代表与身体不可分割的疾病,譬如先天性耳聋、残废等等。

注意以上度数范围,譬如金牛座 15°即金牛座 14°—14°59′,其余度数类推即可。这些度数是否属于恒星星座的恒星影响力,而并非黄道星座度数的影响力,需要实践论证。

第十二门　说十二宫分度数相照（行星相位及其吉凶格局）

凡宫分相照者，隔六宫，一百八十度，呼为相冲。

隔四宫，一百二十度，呼为三合。

隔三宫，九十度，呼为二弦。

隔两宫，六十度，呼为六合。

相冲照，系相离、仇恨，凶。

二弦照，比相冲减半凶。

三合照，主和睦、亲厚，吉。

六合照，比三合减半吉。

若一星在白羊宫二度，与双鱼宫二十八度同；一星在人马宫二十八度，与磨羯宫二度同；一星在阴阳宫二十八度，与巨蟹宫二度同；一星在双女宫二十八度，与天秤宫二度同。

白羊宫初度，至双女宫末度，属北道，高，系升上；天秤宫初度至双鱼宫末度，属南道，低，系降下。

注：《天文书》在这里提出三个概念，分别是行星相位、等赤经上升星座、南北黄道星座。

一、行星相位

什么是相位？所谓的相位（Aspects）是指行星和行星间所形成的角度关系。行星在不同的星座，能够通过一定角度互相注视，互相通过光线看到彼此，这种关系，我们称之为行星相位，或行星映射。所以相位这个概念在希腊占星时期具有视觉意义。在本书原文，古人将之译为宫分相照。当两个行星能够看到彼此的时候，就会产生连结的意义，彼此会互相产生影响，这就是行星相位的实战意义。

行星通过连结、互相注视形成的相位，笔者更愿意称之为行星相位连接，因为行星不仅仅只通过这些相位产生关联，还可以通过一些星座的特殊关系彼此产生关联，而这种关联，笔者称之为星座特性连接。有关星座特性连接，会在后续的章节中介绍，其中包括相同特性星座、等赤经上升星座等等的行星连接。

在古典占星中，有四种行星相位关系。一般而言，相位关系，基于星座相位或基于度数相位。我们介绍四种行星相位和合相位于下：

1、合相。早期合相其实并没有被归类为相位，早期希腊占星学家将它与其他四种相位分开定义，因为合相仅仅是两颗行星在相同星座或相同度数上，一起出现。到希腊占星后期，像 Rhetorius 这样的作者开始将合相与其他四相位一起搭配讨论。《天文书》中就只提到四相位。

2、六合相位。指行星之间距离三个星座或 60°。《天文书》称之为六合。

3、三合相位。指行星之间距离五个星座或 120°。《天文书》称之为三合。

4、刑相位。指行星之间距离四个星座或 90°。《天文书》称之为二弦。

5、冲相位。指行星之间距离七个星座或 180°。《天文书》称之为相冲。

在这些相位关系中，相冲最凶，彼此方向相反、相离，为仇恨和对立的关系；其次为刑相位，次凶；三合相位最吉；六合相位次吉。Paul、Firmicus 认为,在六合相位中,互视、互听星座的力量等同于三合的力量或稍微弱于三合相位,即双子座与狮子座、室女座与天蝎座、射手座与宝瓶座、双鱼座与金牛座,其他星座之间的六合相位力量减半而论。

波菲利(Porphyry)与安条奥库斯(Antiochus Summary)认为,相位映射首先使用星座,然后用度数进行构造。安条奥库斯在这个原始定义的最后提出一个观念,认为相位通常是由星座构造,而不是度数。通常星座构造而成的相位范围是比较宽泛的,表示行星之间能够互相看到彼此,但是这种结构,在力量上强弱不等,而精确的度数则强化了相位力量,譬如水星位于双鱼座,火星位于巨蟹座,这是基于星座的三合相位。如果水星位于双鱼座 10°,火星位于巨蟹座 10°,两者之间恰好是120°,这就构造成为精确的度数三合相位,相当于两颗行星能够高清晰的看到彼此,强化了相位力量,这种基于度数的相位,希腊术语叫做Katopteuō,即密切观察,我们可以译作紧密相位。行星在产生相位映射时,当论及度数时,Abū Ma'shar 认为以 12°内作为强力映射的有效范围,Al−QabĪsĪ 认为 6°内强力有效。实际上 3°内,为更强有力的行星紧密映射范围。

笔者认为,行星的映射,本身基于行星映射半径,每颗行星的映射半径不同,6°低于所有行星中映射半径最低的金星和水星,它们的映射半径为 7°,所以 6°针对所有行星而言都是行星近距离映射,其力量较强,而 3°内,则如同行星肉身紧挨一样,这样去理解度数,在实践中会体会到其有效的作用。

既然相位关系主要基于星座映射,我们需要知道一些规定,一般而言,行星的度数在星座内的影响范围是 3°,譬如古人认为当一颗行星位于一个星座的 29°(即 28°00′~28°59′)时,该行星的星座内有效力量就位于该星座。因为其有效范围为 27°00~29°59′(3°规则),并未出星座。但是当一颗行星度数高于 28°59′时,则该行星的影响力已经进入了下一个星座。

二、行星特殊映射。

除了以上映射,还有其他几种特殊的映射关系,我们一一介绍如下:

1、上位映射。

希腊术语称之为"Kathuperter",英文叫"Overcoming",意思就是战胜,笔者将之命名为上位映射,或称之为高位映射。Porphyry 认为,上位映射,就是行星映射时,右相位行星强而有力,居于主导。具体而言,就是一颗行星落于另外一颗行星起算的第 9、10、11 个星座(三合、刑、六合)。譬如,以下星座产生相位映射时,位于摩羯座的行星比金牛座的行星有力,位于天秤的行星比位于摩羯的行星有力。有力者居于上位,无力者居于下位,以此类推。

这种定义是以黄道十二星座顺序为在前者为右,在后者为左。Porphyry 的这个定义是早期一种构建在黄道十二星座左右映射基础上的概念,这种概念下,任何两颗行星互相映射,总是右相位的行星占上风,占吉凶的主导性作用。这是为什么呢?因为从行星运行次序角度而言,右相位行星是朝着被映射的行星方向前进运行的。在论断的时候,吉利的行星占上位,则会产生积极而吉利的结果,凶星占上位,则会产生消极、凶性的结果。

从实战角度,Porphyry 认为三合相位和刑相位是其中最强的,刑相位有一种特殊情形,被赋予专用术语 Epidekateia,只要 A 行星位于 B 行星的第十个星座,就认为 A 行星对 B 行星产生强力上位映射,这是一种纯粹针对星座相位产生的定义，无关度数。第 10 个星座的行星具有格局的支配权力，而第 11 个星座则为三合相位的上位映射，其力量次于第 10 个星座。

下面我们列举一个案例：

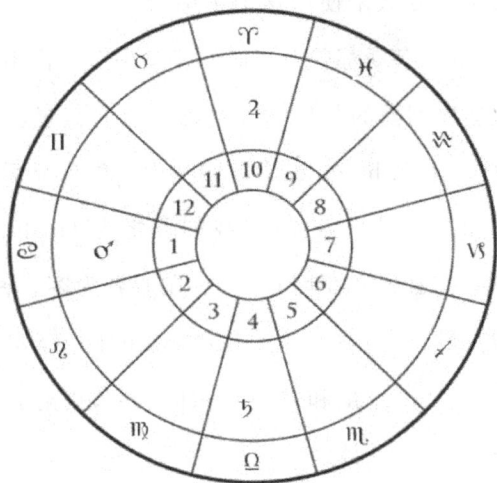

命盘中，火星和木星相刑，火星位于巨蟹座，木星位于白羊座，在黄道十二星座序上，白羊座在前，因此木星和火星映射时，木星战胜火星，木星居于上位，火星居于下位，古代占星家往往会根据上下位关系得出结论。

譬如 Firmicus 指出，木星和火星形成刑相位，如果木星位于上位，战胜火星，代表著名、高位，有时候代表参与军事活动，担任政府要职，在职位上获得重要晋升。但是他们无法保存住父亲的遗产，得子女很晚，会因为孩子的意外而痛苦。当火星处于上位，火星战胜木星时，代表极度的精神焦虑，会卷入各种各样的错误和困难，会有来自政府和官方的麻烦，面对各种敌人的指控和危险。

由此可见，上位映射在论断时候非常重要，居于上位的行星在吉凶、取象上处于主导地位。

2、投射

术语名称"Aktinobolia"，翻译为投掷光，笔者将之译为投射。在整个希腊占星系统中，这个术语是极难理解的概念之一，因为不同的占星家用不同的定义方式来使用这个术语，使其变得更为复杂。安条奥库斯、波菲利和瑞托乌斯都曾在自己的作品中对它作出过定义。

黄道星座序列前的行星向在序列靠后的行星注视光线，产生相位映射，我们称之为 Beholding，即注视映射。序列靠后的行星响应映射，会向序列靠前的行星投射光线，我们称之为 Hurling of ray，即投射。我们可以认为黄道序列在前者为主，在后者为客。譬如白羊座的行星刑摩羯座的行星，三合射手座的行星，白羊座位于黄道星座之前，向随后的星座注射光线，摩羯和射手会积极响应，投射光线到白羊座，对白羊座内的行星产生投射影响。

简单的讲，就像两个通电话的人，在黄道星座前端的行星就是电话的发起人，也就是说在黄道星座次序居前的行星具有映射的主动权，而在其后方星座则处于接听响应的状态。这个时候位于黄道星座前方的行星为主，后方的为客。而在后方星座的行星收到信号，会投射光线到前方，这就叫做投射。

关于投射的定义和理解有两种不同的流派。一种情况是，黄道序列靠后的行星，向序列靠前的行星投射光线，这种关系主要是刑相位。即一颗行星位于黄道星座前面的星座，另外一颗行星位于黄道星座后面的星座且正在离开该星座，二者形成成刑相位，后者向前者投射。譬如巨蟹座内的行星向白羊座内的行星投射；白羊座内的行星注视巨蟹座内的行星，如果白羊座内的行星是凶星的话，它可以毁坏巨蟹座内的行星。如果两个行星冲相位,则互相注视,互相投射,三合相位映射,则不产生投射。Thrasyllus 认为投射是具有破坏性的,而被毁坏的行星都是处于刑或冲度数相位关系中(三合并未参与其中)。

另外一种情况,Thrasyllus 认为从行星左侧或右侧都可以产生投射,并没有按星座次序进行。

根据 Valens 的观念,在使用投射这个概念的时候,我们增加了一个行星紧密相位的 3°规则(综合前人理论,月亮为 13°,其余行星 3°),即双方在行星左右 3°内发生映射,属于强力影响,所以这个投射概念基于星座,也基于度数,度数上将力量更为强化,并且结合入相位、离相位细化论断。

案例:幼年丧父

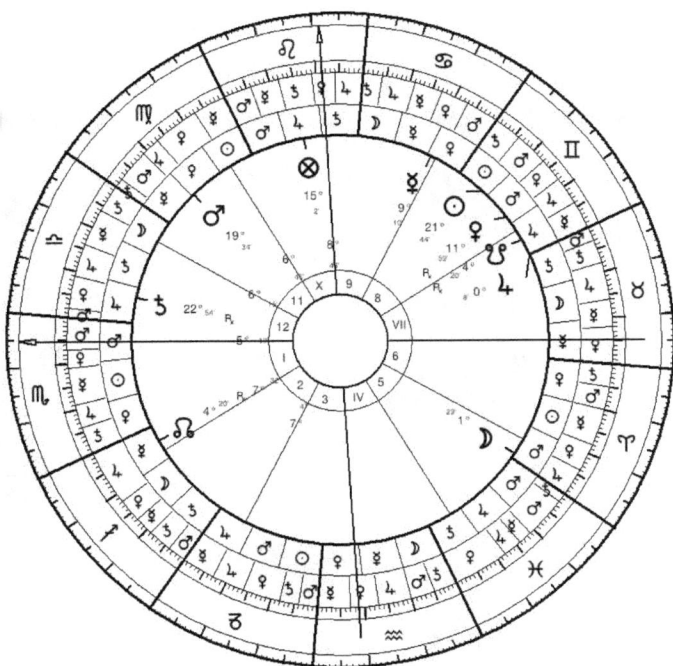

命盘中,太阳位于双子座 21°44′,火星位于室女座 19°34′,双子座相对室女座而言位于黄道次序前列星座,太阳注射光线到火星,火星投射太阳,由于火星是凶星,在这种投射力量上起到强破坏性,并且度数非常近,为紧密度数 3°范围,结果居于上位的太阳,受到了破坏,并且土星也紧密投射太阳,因此命主父亲早逝。根据此案例,我们可以看出,居于下位星座的凶星,可以通过投射损害上位星座的行星,所以占星是一种实践学科,需要在案例中获得真知。此命父亲点位于双鱼座 6°27′,读者可以通过本书的学习研究这张盘中的父亲点。

注视和投射是一对概念,其形式正好相反,它们通过星座的形式表现,注视是自上而下的俯视,而投射则代表自下而上的仰视。后世的一些占星作品中使用了这样的比喻进行描述。

三、吉凶格局

根据以上内容,总结有关增吉,增凶的论法。根据增吉,可以锁定吉利的程度和特点,根据增凶可以锁定凶的大小程度,这种格局的雏形,非常有利于实战分析(夹拱的定义,请参考本书后文的内容)。

1)增凶格局

a、被凶星投射。

b、被凶星夹拱。

c、凶星会和连结于 3°内,月亮紧密度数为 13°。

d、与凶星 3°内映射,尤其特指快星趋于慢星的映射相位关系(入相位)。

e、被凶星冲。

f、被凶星上位映射。

g、定位星为凶星,且定位星位于凶位。

2)增吉格局

a、被吉星投射。

b、被吉星夹拱。

c、吉星会和连结于 3°内,月亮紧密度数为 13°。

d、与吉星 3°内映射,尤其特指快星趋于慢星的映射相位关系。

e、被吉星三合。

f、被吉星上位映射。

g、定位星为吉星,且定位星位于吉位。

四、相同特性星座、等赤经上升星座、等日光星座,为星座内特殊连接关系。这些内容在本书后面章节介绍。《天文书》中的南北黄道星座,指的是从白羊座至室女座为北黄道星座,从天秤座至双鱼座为南黄道星座。

五、行星相位组合意义。

木星和太阳三合,为官贵荣耀之人。太阳位于上升轴,则应于命主和其父亲,位于其他轴,主父母有名望,但是不如之前的格局。如果命盘没有其他吉利的组合搭配,命主也不会有什么不同寻常的造化。

土星在太阳左相位三合太阳,并且太阳位于上升,代表地位高,有自己的土地财产。如果火星与木星一样映射太阳,为暴力份子,尤其太阳位于上升,此类命会对地区有控制权、或军权,土星参与映射,父亲为部队领导,但不是一个好战残暴之徒。土星三合太阳,尤其利于昼生人,土星和太阳位于阳性星座尤佳,命主和父母得富贵、得名望。夜生人,则不利于父业,命主自食其力。

木星刑太阳,位于无力之位,不吉,行星变吉为凶。如果木星位于升星座,尤其又位于一个角宫,主地位和财富。Firmicus 认为,木星上位刑太阳,命主会通过自己或父亲的功绩,获得尊贵,代表巨大荣誉,富贵之象。太阳上位刑木星,则命主著名、高贵,但是父亲的财富会被悲惨没收,会遇到强大的敌人和危险。

木星与太阳相冲,是最令人不快的,不仅木星的良好影响全部消失,而且命主会被上下级所敌对。当刑冲精确到度数时,情况会更严重。Firmicus 认为,木日相冲,代表财富损失,地位降低,地位比其低的人总是比他们更有权力。昼生人,这些会减弱,夜生人会更强化这些表现。

金星东出与太阳六合,父亲和命主将是杰出人物。当金星被搭配吉利的精神点或福点时,命主得女性之力。

土星左相位刑日,在父亲在世的时候损耗祖辈的财富。尤其当土星位于阴性星座或位于落陷星座。如果土星冲日,这种情况更不利。命主会被伤痛和痛苦所折磨,会被亲戚和客户所背叛。如果土星在右相位映射,结果会更糟。如果它位于上升点或在天顶,逆境会减少。Firmicus 认为,土星上位刑太阳,代表尊严丧失,荣誉丧失,父亲先于母亲去世,命主会犯各种错误和不幸的经历,肌肉畸形而萎缩,寒冷的体液会导致严重疾病,耗财并且不利于事业,频繁的疾病困扰。太阳上位刑土星,破耗父业,计划、行动没有好的结果。早年多病,代表连年疾病导致身体衰弱。

土星冲太阳,Dorotheus 认为,如果没有木星映射,父亲在生活上困难重重,受慢性疾病所苦,资产也严重损耗。如果父亲死亡,命主也会迅速败坏父亲产业,且父亲死于非命,命主将跌入罪恶深渊,土星位于阴性星座尤甚。

火星三合太阳,夜间生人,尤其火星位于阴性星座,太阳右相位合火星,主富贵名流,掌控生死,前提是命盘其他地方有相关格局。此外,如果木星也右三合,主为王者、城市统治者、大众之领袖。如果命主为女性,金星参与,命主为女王,拥有许多地区的权力。无论男女,如果一颗行星居于强旺之位,其他行星位于其三方星座,没有冲相位,主为王者。其中一颗行星为三方主星,另外一颗为三方次主星,或者都为福点定位星或上升定位星,则更确。如果位于阳性星座,则减力变弱。六合、冲相位都会削弱。Firmicus认为,夜间生人,火星三合太阳,为权贵之象,尤其太阳右相位三合火星,为公共部门的最高权力,木星于四轴三合映射此格,月亮三合此格,则富贵至极,当火星、太阳、木星位于阳性星座时,更强。

火星刑太阳,不利父亲、不利自己,会带来伤害和痛苦。如果火星位于落陷的星座或凶界,会导致关节受伤。如果火星在太阳的第十个星座映射太阳,情况会更糟糕,除了其他外,也主命主会发疯。Dorotheus认为火星左相位刑太阳,对父亲而言是凶兆,命主的灵魂更为邪恶,资产遭受损耗,直至他掌控的一切都陷入困境,代表命主会变得恐惧、怀疑,作不实的指控,或视力损坏,错误见解。白天生人,损害更为严重,甚至主死亡或毁灭。如果火星在太阳第10宫,早年快乐幸福,晚年多病,厄运突来,生活动荡不安。Firmicus认为,火星上位刑太阳,会连续损坏各种晋升机会。太阳上位刑火星,命主和父亲有灾害和不好的结局,各种灾害,主暴动、争斗、惩罚,会扰乱人的思想,代表失明以及各种危险,白天生人尤凶,尤其当这种配置出现在上升,或凶相位映射上升,或者火星位于下降轴、天顶轴,映射到盈月,则更凶,代表公开惩罚、四肢撕裂、荣誉剥夺,更大的灾难在死后持续进行。夜生人,也会发生类似的事情。

火星冲太阳,伴随木星和土星从右相位三合太阳,命主为身份崇高的领导。如果为土星冲日,命主被亲友所反对,但是能够克服、制服他们。如果土星和火星三合太阳,并且木星位于木星星座、木星界冲之,主命主专横而高贵,如果为六合相位,以上所论减轻。Firmicus 认为,火星和太阳相冲,白天出生,父亲惨死,会疾病损眼,命主会从高处摔落,遇到严重危险,所有行动都遇到反对、障碍。夜间生人,不利身体,不利资产,会带来贫穷。

火星冲太阳,Dorotheus 认为,如果是昼生人,代表父亲死于非命,命主视力退化,地位下降,苦难随之而来。夜间生人,代表工作损害,资产破耗。

土星三合月亮,Firmicus 认为,盈月,代表命主受到推荐而得到王者、上位者的青睐,这种格局代表最伟大的名声。亏月,则以上好运会减损。夜生人,月亮在第 8 宫是吉利的,尤其月亮为盈月,位于有力量的星座或界内,代表财富、富贵。白天生人,月亮在第 8 宫,并且木星位于 11 宫时,意义也一样,

土星刑月亮,Firmicus 认为,当土星上位刑月亮时,会使身体疲惫不堪,代表性格迟钝,导致无法自理,什么也不能做或不敢做,这种格局也会损耗母亲的财产,或者让子女对母亲有敌意,克母。

土星冲月亮,Dorotheus 认为,命主母亲的资产破败,也代表隐藏的疾病和痛苦、悲伤,没有吉星映射,母亲身体会有缺陷,生计受损。如果土星在四足星座,受到动物伤害;土星位于野生动物星座,会被野兽或毒蛇所伤;位于人形星座,灾害从人的阴谋伤害中产生,会伤损命主;位于潮湿星座,则命主因为水或潮湿而受到伤害,或因为潮湿生病;如吉星反厌,命主会患慢性疾病或眼盲,或因为生计而离乡背井。

木星三合月亮，Firmicus认为，盈月时，代表名望、良好名声，有的命会获得权力，管理军队，管理省份。有些人因为廉洁、诚实而闻名。

木星冲月亮，Dorotheus认为盈月时，命主生计引人注目且有名望，为人有主见，尤其月亮度数低于木星。如果月亮度数高于木星，代表生计损耗，困难随之而来。

火星三合月亮，Firmicus认为，位于吉宫，未受损坏时，亏月时，夜间生人，代表繁荣与持续好运，会以简单方式获得所得。木星参与佐证，则代表极大荣誉、尊贵、名望。白天生人，月亮盈月，则影响生计和身体。如果月亮为盈月，则身体虚弱，长期疾病。

昼生人，火星左相位刑月亮，火星位于其他行星星座，母亲面临诸多逆境和痛苦，社会地位低下。也主命主旅行、当兵，辛苦而暴力。以上论断基于命盘其他信息的支持，尤其是符合昼日夜月的三方主或昼生昼星、夜生人夜星位于果宫，反厌上升，则更确，这种情况下，代表被俘虏、处决。火星冲月，则更凶，更难避免。当火星右相位刑月，代表突然失去一切。火星位于白羊座，月亮位于巨蟹座，则结果大异，类似火月三合一样。火星位于天蝎座，月亮位于金牛座，不但不会有逆境，反而主事业成功，提升地位。

火星刑月亮，Dorotheus认为，火星在右相位刑月，命主的母亲是寡妇，命主的生计和资产也会损耗，母亲或兄弟死于非命或经历强烈的不幸、灾害，其中有受疯狂所苦而去宗教场所礼拜者，有视力疾病或心智混乱之灾，尤其火星位于土星界，月亮位于水星界或火星界。如果火星左相位刑月，即月亮往下注视火星，代表母亲社会地位地下，生计困难，命主本身败坏家业，生活难以安定。Firmicus认为，火星上位刑月亮，母亲寡居，也代表出血、不幸死亡，代表恶灵附体，尤其火星位于土星界，月亮位于水星或火星界，当位于吉星界则有所减轻。当这种命造想逃离这种危险时，就要逃到某个神祇有益的庇护下，才能摆脱危险。月亮上位刑火星，代表母亲出身低下，财运败 坏，妻子不吉，霉运增加。

火星冲月亮，Dorotheus 认为极为不利，代表命主生计缩水，灾难不断，有的命会未婚死亡，或死于非命，手足被截断或捆绑。Firmicus 认为，火星和月亮相冲，代表短命，经常会带来压力和危险，代表不结婚，如果其他行星支持或产生婚姻象，则主克妻，妻子悲惨而死，命主自己也会凶死或受到公开惩罚，尤其是盈月时。

火星三合金星，Firmicus 认为，它们位于吉宫，不受干扰，代表从持续不断的商业利益中获得利润，婚姻美满，行为举止令人愉悦、爱装饰、高姿态，花费钱财娶得美丽的新娘，会有多次婚姻，多个女人。

火星刑金星，Dorotheus 认为，火星于上位刑金星，对命主影响很大，会制造混乱和邪恶，代表各种凶，命主会因为女人致病或招灾，面临争吵和指控。如果火星位于启动星座，代表命主女性化或荒淫，婚姻上会娶奴仆或失德之女，或与妓女纵情声色，甚至会强迫妻子通奸、卖淫或允许妻子通奸。命主为女性，则成为妓女，或与男人淫乐，如果金星位于火星第 10 星座，上述亦然损害命主，但是命主低调，这些事会被掩盖，命主最后会忏悔改过。

火星冲金星，Dorotheus 认为，命主心性不定，子女与婚姻也受到损害，火星如果在启动星座，代表因为女性导致灾害。Firmicus 强调，尤其是火星和金星分别位于摩羯座和巨蟹座对冲，木星未参与佐证，并且认为金星和火星在启动星座相冲，其结果如金火相刑一样。他认为，金星和火星相冲，白天生人，容易卷入不道德，面临各种失败，也会带来持续不断的疾病困扰，不利婚姻、子女。

　　金星三合月亮,夜间出生,位于阴性星座,使人富有魅力而幸运,代表有社会地位,这一点取决于命盘为贵命与否。也代表哲学家、艺术家和学者。金月组合,在命盘中有贵命特质时,是因为其中一个是三方主,另外一个是命盘寿星,代表王者、快乐、著名。当金星和月亮互相六合时,则力量中度,当其为福点和精神点定位星时,与三合作用力一样,尤其位于固定星座和双体星座,尤其它们映射双鱼座和金牛座时。Firmicus 认为金月三合,夜间出生,无论月亮为盈月或亏月,都代表好运、名望、稳固的婚姻、兄弟友爱。

　　金星刑月亮,代表成功、迷人、财富。尤其金星位于金星星座或金星界,代表人生有一些起伏,这些行星所代表的事物容易失去。如果它们不在舍星座,或非星宗,或落陷,代表暴力、不稳定,或女子招致的损失、耻辱。如果金月对冲,则更糟糕。Dorotheus 认为,金星和月亮相刑,如果月亮往下注视金星(即月亮右相位刑金星),命主为富裕之人。男命则容易因为女性被谴责。月亮左相位刑金星,会给命主带来诸多好处,身体健康、生活富裕、面容英俊,清洁且口才迷人,但是与女性的关系不太稳定,命主的母亲贞洁且有资产,命主的女人也会长相漂亮,但是会觊觎丈夫之外的其他男性。

　　金星冲月亮,Dorotheus 认为,代表命主伤妻克子,无法有美好的婚姻,也无法生儿育女,有子女也容易死亡,命主会因为女性而失去名誉或发生灾害。

　　水星与月亮三合,如果是白天生人,水星晨星东出,与月亮三合,主有创造力、成功、聪明、容易激动。整体格局上佳时,命主为国王之大臣、城市或地区统治者、学者、演说家、数学家。若水星为夜星西入,命主为博学之人、哲学家、神秘学家,夜间生人更确。若其他行星吉,命格更贵者，命主地位高贵，万众敬仰，与国王、伟人相熟，尤其水星作为三方主次主星，则强化其他行星的影响力。若水星位于无力位置，则不能提供任何自身影响力。Firmicus认为，水星与月亮三合，位于吉宫，代表流利的语言、杰出的艺术、美妙的音乐，代表因为艺术的杰出表现而闻名之人，或主商业事务，具体根据星座、宫位论断。

水星与月亮六合，影响与三合相似，但是更弱。水星与月亮相刑，命主机敏精明，但会用之于犯罪，成为恶毒之人、诽谤者，从事欺诈、暴力活动，易受不健康念头影响。若月亮、水星呈冲相位，除前述邪恶影响外，命主还会内心矛盾，行事粗鲁，所以会因各种际遇而受害。

水星与月亮相刑，Dorotheus认为，水星于上位刑月亮时，命主有头脑、有智识、口才佳、比较理性，但是会因为人们起义给命主带来危险，如果有凶星在上位刑映射水星，命主会因为许诺或书籍而入狱。月亮在水星第10星座刑水星时，命主轻浮、愚蠢、爱开玩笑、心口不一、无法让人信任。并且他认为，水星和月亮相冲，代表来自众人的冲突、灾难，命主的思想和语言表现胆怯。

Firmicus认为，水星和月亮相刑，当水星上位刑月亮，并有凶星于上位刑水星而冲月亮时，命主会因为伪造犯罪，而被拘留或入狱，并被公开审判。如果月亮上位刑水星，命主是轻率而不稳重之人，心态不稳定，做事善变。水星和月亮相冲，则主众多攻击、骚乱和血腥危机，参与集体公众骚乱，其思想、言语因为恐惧、沮丧而胆怯。

水星与土星三合，尤其是在自己的三方星座时，命主为皇室管家、检察官，或监管航运、地产之人，以及类似职业。他们精明睿智、心思专一。水星与土星相刑时，命主人生暗淡，缺乏活力、喜欢争吵、刚愎自用、行动迟缓，以诽谤、背叛、欺骗与暴力为生。也可能听力、语言能力出现问题。当火星映射土星或水星,同时它们不在舍星座或界,或未互换星座,或月亮未从右侧形成相位,或它们与月亮无映射,或它们不是三方主的第一主星和第二主星时,前述的语言障碍就会消失,这就是星盘的细微变化所带来的强大影响!

水星与土星相冲,命主会遭遇姐妹的死亡。水星位于 Asc 或 Mc,命主少年博学聪慧,受良好教育,但无法因天资受益,因为这些行星所赐之福会被对宫之行星影响。若水星与土星相冲,并且为紧密度数时,其影响更重,命主有听说障碍,会遁入寺院成为先知,甚至精神错乱。

水星刑土星,Dorotheus 认为,土星于上位刑水星,代表命主人生动荡,地位低下,工作运气萎靡不振,擅长欺骗,乐于做人副手,却因此受到伤害,或天生口齿不清,或为聋哑人士。土星冲水星,主命主口吃、沉默少言或口齿不清,尤其水星位于无声星座(巨蟹座、双鱼座、天蝎座),且在日光下,又映射月亮。如果火星映射水星,虽然减免邪恶,但是也会带来困难,命主有深刻的理解力,认真且会因理解力而受益,成为有知识的聪慧之人,命主也较自己的其他兄弟姐妹更受喜爱,即使命主是兄弟里最小的,年长的兄姐也会先他而去,自己成为兄弟姐妹中的老大,父亲也会先于母亲死亡。

水星与木星三合,尤其是当水星在晨升时,命主会成就一番事业。他会成为国王之大臣,城市、大众管理者、财政官员。因为水星本身与职业相关,并带有吉力,命主会地位高贵,生活富足,当水星位于吉位则更确。若水星与木星成六合相位,结果相同,但力度减弱。若成刑相位且配置佳,会给命主带来一定的财富和地位,但伴有仇恨。若配置不佳,仇恨还伴随毁灭,以及上司的敌对。Firmicus 认为,水星三合木星,位于吉宫,会成为有才能,明智之人,天赋敏锐,做事幸运,以其自身功绩,会比其他人更快的提升到权力显赫地位,能赢得赞扬讨人喜爱,能成为机构或财政秘书,将不受任何指责的执行公共指责,懂得占星术等术数。

<u>水星与木星相冲</u>,命主会招来更强的毁谤,与人难睦,人生挫折起伏。若成对冲的同时还位于 12 宫,命主会参与聚众起义,并被最高统治者镇压,命主兄弟很少,并与兄弟、子女、亲戚多争吵、仇恨。

<u>水星与木星相刑</u>,Dorotheus 认为,木星右相位映射水星,命主会成为作家,博学多能,或擅长计算、会计、审计、语法、文学等等,受他人或亲人的保护,过着良好的生活。当水星右相位刑木星时,命主虽为大方之人,但是事事受挫,即便家里有好事好运,仍然会受到困扰,或在工作中尖酸刻薄,对他人不存心感激。Firmicus 认为,水星和木星相刑,水星上位映射木星时,会带来足够的财富,但是命主在每一个行动中,遇到机会时总有胆怯的心态而回避一切,无论别人想要得到什么,他都会以顽固的理智鄙视这种人,这类命不希望从别人那里得到好处,也不为自己谋取任何好处。

<u>水星与火星三合</u>,Firmicus 认为,如果位于吉宫,代表命主是聪明人,在每一个商业团体中都能带来好的结果,是处理商务、计算或文件工作的精明能干之人。

<u>水星与火星三合、水星右相位六合火星时</u>,命主可能会从事各类职业,比如大臣,商人,翻译,数学家,律师,哲学家等,都是与恶性、痛苦、智力、撒谎相关的职业。因为火星的原因,命主还可能是武器教练或角斗士。若木星参与,尤其是位置得力时,命主会成为军人,占卜师,祭司,先知,拥有超常知识之人。

<u>水星与火星相刑</u>,会产生更多的职业可能性,诸如魔术师、流浪者、

祭司、医生、占星师、煽动者、银行家、仿冒者、造假者等，那些依靠犯罪、暴力和欺骗谋生的职业。命主还可能成为小偷、作伪证者、无神论者，他可能喜欢祸害同类、唯利是图、坑蒙拐骗，总之全是令人不齿之辈。命主会因此卷入许多罪行中，有羁押、流放、牢狱经历。火星与水星还会带来更坏的后果，尤其是位于无力宫位或度数时。当它们同时位于 Ic 或 Dsc，或一方位于 Dsc、另一方位于 Ic 时，会带来谋杀事件；命主会是帮凶，且以当匪徒为生。少数还会杀害手足同胞，最终死于暴力，当行星（包括月亮）参与时更确。他们会惨死，或自杀，并暴尸于外。若它们位于四足星座，命主会死于猛兽之口；若位于人形星座，则死于匪徒之手；位于固定星座，死于高空坠亡；位于火元素星座，死于烈火；位于湿性星座，死于水难；位于启动星座，死于竞技场。它们交换星座或合相时，作用相同。

Firmicus 认为，水星和火星彼此相刑，火星上位映射水星，则代表各种凶性的可怕。总是有一连串的有害的痛苦来削弱一个人。被人以各种矛盾态度反对其行为，并且会招致恶毒的谣言诋毁，受到严厉指控，甚至被拘留，或关进监狱，昼生人，这些凶星尤强，夜生人则弱化。当水星居于上位，则代表命主为邪恶、恶毒之人，有传播坏事的欲望，欺诈而贪婪，进行各种欺诈，会因为自己的欺诈，最后失去所有财产。

Dorotheus 认为，火星于上位刑水星，命主会独排众议，为所欲为，也因此处处受挫，在争斗、劳作等一切作为中受到损害，会因为亲人或秘密被揭露而遭中伤。昼生人，则伤害更重，夜生人则较轻。火星左相位刑水星，命主为有文化之人，性格多变，会掠夺他人的财产，因为没有仔细看管，而失去了财产的掌控权，父亲将他视为坏人而与其争辩，导致命主没有自己的思想，命主也与亲戚不合，其个性喜好猎奇，或成为恶毒之人，贪图钱财，一生只为追求金钱。

水星和火星相冲，Firmicus 认为，代表巨大的灾难和不幸。代表修改表格、文档，造成伪造罪，或者参与各种罪行，与坏人、投毒者为伍，会面临沉重的债务利息，名誉扫地，被迫接受司法审判。或被贪婪、堕落所控制，失信、背叛，会面临公开判刑的危险，会受到司法限制、良心折磨，如果水星位于土星界或昼生人水星位于土星星座，木星没有通过三合映射其中任何一个，会因此离开祖国。

水星和火星相冲，Dorotheus 认为，命主不知谦逊，善于说谎，有知识文化，或精于巫术，或通过伤害他人而获利，命主资产稀少，难以遇到合适的女性，虽然不断有人将事项和责任托付于他，但是他却逃避责任，因为招致仲裁与是非冲突，领导也会找他麻烦，命主会被迫离开家乡，尤其水星位于土星界，或在水星界、水星星座，更应。

水星与金星六合或合相，一为三方主星、一为寿星时，命主聪明、迷人，有艺术天分，喜欢游戏，富有幽默感。也代表诗人、歌词作者、演说家、演员、哑剧演员、运动员、获胜者。在这些行星作用下，命主的职业非常多样化。若命主是女性，可能会成为音乐家，作风放荡，靠出卖肉体为生，爱好文学，喜欢朗诵。

金星与土星三合，代表命主为人严肃、傲慢、缺少幽默感、爱情中粗鲁、作风上放荡，会与出身低贱或年长的女人上床，或者嫖娼。他们会与兄弟、主人、父亲的妻子或继母通奸。他们的妻子会与丈夫的奴隶、朋友偷情。当然，必须指出的是，当星座和度数变化时，断语也会迥异：同样的格局，即使是行星完全一样，命主既可能内心肮脏、沉迷欲望、作风放荡，但也可能感情淡漠、享受独处。Firmicus 认为，土金三合时，如果位于吉宫，会以生活温和节制而出名，因贞洁而出名，甚至因为名声被人妒忌，晚年才有婚姻。

　　<u>金星与土星相刑</u>，则更糟，二者呈三合相位时的不吉影响会增大。命主会娶妓女为妻，颓废堕落，令人憎恶。若该格局位于 Dsc 或 Ic，情况更确。当该格局同时出现火星合相、刑或对冲时，命主更堕落，行事可耻，万民唾弃。命主通常会成为丑闻主角，身陷囹圄，不得善终。若这些行星位于摩羯座或宝瓶座的木星界时，命主的趣味肮脏、变态。

　　Firmicus 认为当土星于上位刑金星时，此时土星居于上位，金星居于下位，代表破耗、损害，由于女性而遭受痛苦灾害。如果土星左相位刑金星，金星上位，土星下位，这种组合赋予妻子荣誉和纯洁，忠诚于自己的丈夫，两人恩爱的结合在一起，但是他们都试图伪装或隐藏自己的爱。

　　Dorotheus 认为，土星刑金星时，命主会被女性抛弃，被拒绝，好运擦肩而过，坏运接踵而至，金星上位刑土星，则命主身体虚弱，运气差，但是仍然能遇到合适的女性，对方地位高于命主，并且其靠自身成就获得尊敬，并能与命主的父亲和睦相处。土星和金星相冲，代表命主荒淫无度、无耻、无法结婚，如果有机会结婚，也会娶低下的歌手、外地人、慢性疾病患者、奴仆或体弱多病之女，无法从金星相关事项获得快乐、无法享受性快感等等。

　　<u>金星和土星六合</u>，其影响与三合时相似，但力度变弱。若二者同为昼星东升，命主为男性化的女人，不仅白天举止装扮类似男人，甚至同女人睡觉时也会扮演男性角色。如果行星西入，命主为女性化的男人，有些在与男性睡觉时扮演女性角色，但是通常会成为阉人。

　　<u>土星与木星三合</u>，为吉格，命主为土地领主、农场主、葡萄园主、粮农、农村与城市的建造商，天性严肃傲慢。火星于右边映射时，格局更

贵,在土星与木星的影响下,命主为将军、陆军、海军统帅,少部分会成为国王或暴君。若该格局落入土星三方星座(双子座、天秤座、宝瓶座),尤其是木星落入宝瓶座、且火星反厌时,命主卑下,常怀忧惧,各行各业都不出色,难以胜任办公室工作,喜好乡野退休生活。当星座与宫位不同时,所主职业也会变化。行星同时出现在同星座且得力时,结果也一样。

土星和木星三合,Firmicus 认为,要避开 2、8、6、12 宫,都位于吉宫,有力量,紧密映射上升轴,尤其盈月被土星或木星映射,代表无限繁荣富贵,土星赋予无限财富、牧场、庄园,也代表神圣建筑的公共建造者,负责财政或神圣基金之人,获得最大权威,能够从他人遗产、代理职责、外国劳工获得利润。如果水星参与到这种格局,代表神圣的宗教秘密托付于命主,处理大城市、地区事务,上位者付托事务,或指派其担任某委员会职务。但是此类命,孩子会遭遇事故,或遭遇不幸,因此疲惫不堪,会被要求抚养别人的后代,或者在抚养其他人的孩子较长时间后,肯定会得到自己的孩子,但是这些必须是白天生人,火星未参与佐证! 如火星参与这种格局,则以上所论都会减弱,火星代表隐藏的恶意打击,火星参与佐证,则一切吉利都会被其反对。

Dorotheus 认为,土星于上位三合木星,且木星位于吉宫,代表资产、土地、林木之类,命主为政府官员,与父亲关系融洽,或为管理地区、土地资产之人,或因为外国人而受益,受到有名望的人的信任与尊敬。土星于上位三合木星和水星,命主为人谨慎,对神秘事物有丰富的知识,管理国家或官贵的事务,信仰虔诚,抚养非亲生子女,或无法因自己的子女受益,子女早死或分离,如火星参与映射,则减吉,会为命主带来灾难,名声受损,人生多舛。如土星上位刑木星,会减少命主资产之类,并产生坏的结果。命主的行动会受到阻碍,也损坏父母。无论左右相位相刑,都会损坏父母的资产,两者交换位置也是如此,当土星位于上位刑木星时,损坏更大。木星位于上位刑土星时,伤害减轻,父母地位难以提升,命主资产也受到限制,既不富裕,也不匮乏。

木星和土星相冲,代表不利于命主的生活与工作,并因为子女而悲伤,子女有意外事故。土星在上升轴,木星在下降轴,代表命主生活早年悲惨,晚年快乐。

木星与土星相刑,木星吉力减弱,土星上位映射木星则更确,代表命主成功路上阻力重重,常遭罪罚,历尽辛劳方有收获,损坏父亲、败父财业、子女运不足,或无后、或子女先亡。位于兄弟宫也对命主不利,亲密的兄弟会被死神夺去,其余的兄弟对其充满怨恨,尤其行星未于轴,则更确。当木星上位刑土星时,凶性变弱,代表父亲的名望,随着时间的推移,命主的境况有所进步。土星与木星对冲时,其影响更为残酷粗暴,会给命主带来苦难与挫折。

土星与火星三合,命主生活不安稳,无法承受苦难。头脑愚蠢、行为粗暴、少子女,或子女出生即夭折,命主会成为俘虏或受伤(譬如散打、格斗被对方制服)。

土星与火星相刑,这种格局要更差,严重损伤子女,或子女被毁灭,也体现在兄弟上,或者兄弟姐妹因为仇恨憎恨而分离。容易变成不可救药之人或受伤受损。其行为容易冒犯别人,被官贵所责难,并被他们所暗算。这种格局会带来很大的危险性,譬如因为土匪或海难而死亡,被囚禁,被火、刀剑、武力所伤,疾病困扰等等。土火冲相位,会使前面提到的情况变得更严重,除了以上内容,还主穷困、苦恼、劳作。从事辛苦而被人鄙视的工作。

然而，在这些组合中会有很多的变化，不仅与星座和度数的特性有关，也和命盘总体有关。当木星、月亮和太阳反厌这种格局时，则为卑下之命。如果这种映射从右边映射，一边是这些行星，另一边是这些行星的定位星，前面提到的论断就会发生，在 3 和 9 宫很凶，在 11 宫和第10 宫程度要弱化很多，最可怕、最激烈的是第 12 宫和 6 宫。

Firmicus 认为火土相刑的时候，土星于上位刑火星，这种格局总是带有不好的影响，妨碍命主的事业、行为，让命主对每一项职责都怀有敌意，内心觉得无趣而无精打采。也会产生各种疾病，冷热相混的疾病困扰，会破坏身体让他们的身体颤抖，也代表兄弟凶死，破坏父亲资产等等。如果火星于右相位刑土星，代表母亲早死，卓有成效的工作会使命主走上幸福，一切耻辱、不幸都会逐步烟消云散。但是也会毁坏父系资产。命主会对持续不断的损害，而感到不安，家庭内部的不诚实也会给命主带来伤害。

Dorotheus 认为土星右相位刑火星，命主会体弱多病，且少有机会接受治疗，经常发烧感冒。父亲资产毁坏，兄弟死亡。火星右相位刑土星，则父亲先死，命主无法长寿，父亲的资产损坏。

土星与火星相冲，Dorotheus 认为，命主会面临千幸万苦，饱受灾害、疾病、耗损，子女稀少，到处树敌且受遣责，与亲戚争论不休，父亲早死，坏运连连。如果两颗行星中有行星位于潮湿星座，代表命主受苦于河流或海水，因潮湿染上疾病（譬如海难、暴风雨、洪水）；位于四足星座，代表被野兽所伤，在人生晚期，被毒害凶死。火土相刑也一样，或命主运气由盛转衰，至死方休；如果两凶星又映射位于四轴的月亮，且没有木星映射，则更甚；两者位于续宫对冲，命主生无可恋，或堕落不堪，土星位于阴性星座尤甚；两者位于果宫，虽然不至于如此凶，但是命主仍然衰落悲伤,太阳映射,则能化解。

木星与火星三合,一颗是三方主、另一颗是寿星时,命主为伟人、领袖、独裁者。当行星位于舍、三方、界等有力量的位置时,或交换星座、交换界,又为福点定位星或为三方主时更确。命主会肩负大任,为国王、海军或陆军最高统帅,城市重建者,或城市毁灭者。Firmicus认为,木星三合火星,代表富贵,以最幸运的形式完成其事业或行为,得尊荣、荣誉。

木星和火星六合,类似三合,但是行星力量减退。如果位于轴,前文所述之凶力不再影响命主,而转为影响其他人。命主为战场上的菜鸟、匪帮头目、暴虐首领、施虐狂、嗜血者。如果为公证员、律师等职业人士,则会成为告密者。若水星、月亮与火星连结,作用更恐怖,命主会比野兽还要凶残。

木星与火星相刑,若其中一颗位于Asc、另一颗位于Mc或11宫,其力更强,比三合更有力,其中有一个位于固定星座则更确(木星、火星位于同一星座时,力量更强)。刑与三合的结果类似,但伴有危险和挫折。二星对冲且星座无力时,其影响更加残酷粗暴。若盘中其他要素均锁定命主为领导者,命主会有巨大危险,被亲戚与敌人背叛。若所有行星均不为三方主,次三方主或寿主星,该组合为平庸格局,命主为军队或政府官员。若盘中其他行星或强力行星相助,命主的官衔品级会更高。他会成为城市统治者、法官。若太阳、月亮或土星形成军人格,他会成为小型战斗或小城市中的十夫长或百夫长。若太阳、月亮与其他行星组合为卑下之命,出身卑微,或火星、木星与它们三合,命主会是低贱之人,为官员之奴隶,总督之随从,也很可能成为猎人、角斗士、武器制造者。星座、宫位的不同决定了其作用的效果与时间:若行星落入角宫,少年时期即得其福;若行星在续宫,成年之始即得其福;若在果宫,命主低贱堕落。

木星与火星相刑,Firmicus 认为,木星于上位刑火星,则代表著名、荣誉。有的命会涉及军方、政府。代表高贵和公共活动中的责任,代表得到巨大提升。但是此类命无法保存父辈继承来的财产,也不利于子女,或子女上有意外事故,或没有子女、晚育。火星上位映射木星,则受到口攻笔伐的攻击,生计被毁,徒劳为政府工作、为企业工作,一生中卷入各种各样的错误,有来自政府的针对,有来自敌人侵略、指责的危险。

木星和火星相冲,Firmicus 认为,代表生活不平衡,财富反复损失,由于鲁莽或喧闹而引起危险,被朋友仇恨而群起攻之。

木星和金星相刑,Firmicus 认为,木星于上位刑金星,命主会有很多朋友,得到女性的帮助,利于其职业和收益,有高职位,以虔诚遵守教义。金星于上位刑木星时,代表不正当男女关系,命主会在衣服、身体护理上花费时间,会对装饰、奢侈、快乐等渴望,每当获得幸福和繁荣的时候,人生就会反转。木星和金星相冲,代表不会对朋友忠诚,也没有忠诚的朋友,朋友们会通过诡计之类反对命主,不对命主说真话,用虚假的谎言欺骗命主,也有朋友因为愤慨而与其争吵。施人恩惠,反招敌意。但有好的收入,拥有足够的财富,婚姻感情不稳定,在合法的婚姻中不稳定,在与他人的性关系上却是成功的。

太阳和月亮或四轴形成刑相,Dorotheus 认为,两者都受吉星映射,代表荣华富贵。如果凶星映射,将为生计而惶惶不安。月亮连结木星映射太阳,凶星映射月亮,命主为高贵之人,但是也会陷入困境,遭遇他人嫉妒和诅咒。如果木星未映射月亮,毁灭性的凶象却映射月亮,命主将经历诸多痛苦。

　　Firmicus 认为,太阳和月亮相刑,位于轴时,无论左右相位,其力量分配和其他行星的佐证有关。当吉星参与映射,则名利兴旺。当凶星凶映射,日月没有得到吉星保护,则代表巨大的不幸和灾祸。盈月趋于木星,木星接纳月亮,则富贵伴随嫉妒,没有这种木星连结保护,则凶星的凶性会更强。

　　实际论断的时候要考虑各种行星之间的格局变化,需要分析行星力量、反厌、四轴行星影响,甚至要考虑该行星第 2 星座内的行星影响(属于行星动态分析思路)。下面笔者列举几个分析组合。

　　木星位于天顶,命主会与肮脏的女性发生性关系,火星同度,则另一个人会粗暴的占有其妻。如金星参与,代表一个不工作、不赚钱的女人成为名人的配偶。当太阳刑此格时,代表命主因为犯罪的欲望,想和父亲的情妇或继母结合在一起,会和父亲抛弃的妻子或情人结婚,但是这段婚姻在堕落的欲望结束时,会以女方的出走而解体。

　　火星位于天顶,土星位于火星开始的第 2 个星座,代表辛勤工作的穷人或通过体力劳动之命,面容常带悲苦。

　　太阳、月亮位于阴性星座,上升位于阴性星座,水星紧密合上升,命主会被迫亲手切掉生殖器。

　　木星、金星位于土星星座同度合相,土星位于其第 2 个星座,土星首先会受到金星的入相位连结,火星映射月亮,映射金星,土星紧密映射月亮,太阳位于天顶,月亮、上升轴位于巨蟹座,命主会有乱伦的欲望,与母亲结婚。女命会与父亲或继父结婚。

第十三门　说七曜所属宫分

狮子宫,属太阳。巨蟹宫,属太阴。

与二宫相对者,宝瓶宫,磨羯宫,属土星。因土星性情与太阳、太阴相拗。

土星轮下是木星,因此,人马宫紧依磨羯宫,双鱼宫紧依宝瓶宫,此二宫属木星。

白羊宫与天蝎宫,属火星。天蝎宫紧依人马宫,白羊宫紧依双鱼宫。

金牛宫与天秤宫,属金星。金牛宫紧依白羊宫,天秤宫紧依天蝎宫。

阴阳宫与双鱼宫,属水星。阴阳宫紧依金牛宫,双女宫紧依天秤宫。

木星二宫,与太阴太阳宫分三合照;金星二宫,与太阴太阳宫分六合照;土星二宫,与太阴、太阳宫分相冲照;火星二宫,与太阴太阳二弦相照。各星在本宫有力,在对照宫无力。

注:十二星座的舍、升、陷、降以及行星吉凶大小,都有一定的原理,这些原理和星座在天空的位置相关,首先我们强调日月的星座,因为日月为尊,太阳舍星座是狮子座,月亮舍星座是巨蟹座,与这两个星座呈 180°对冲关系的是宝瓶座和摩羯座,其定位星为土星,土星的性质与日月的性质相反,彼此居于对方星座时,为陷落。因此土星为第一凶星。

射手座紧挨着摩羯座，双鱼座紧挨着宝瓶座，这两个星座定位星是木星，它们分别和狮子，巨蟹座呈三合相位关系，因此木星为第一吉星。

白羊座和天蝎座定位星是火星，紧挨着射手座和双鱼座，它们与狮子座和巨蟹座分别呈刑相位，刑的力量弱于冲，因此火星为第二凶星。

同理，天秤座和金牛座与狮子座和巨蟹座，为六合相位，金星为第二吉星。可以参考本书后面章节中的宇宙诞生命盘相关内容。

第十四门　说七曜庙旺宫分度数（行星舍升陷降）

自古论七曜庙旺度数，并无不同。太阳在白羊宫第十九度，太阴在金牛宫第三度，土星在天秤宫二十一度，木星在巨蟹宫十五度，火星在摩羯宫二十八度，金星在双鱼宫二十七度，水星在双女宫十五度，计都在阴阳宫第三度，罗睺在人马宫第三度。

已上各星，皆为庙旺。各星在庙旺宫分固旺，到本度数上，为极旺，各星离旺度则无力。

如太阳在白羊宫十九度至二十五度，为庙旺有力，到二十六度，则无力。

太阴在金牛宫第三度至二十三度，为庙旺有力，到二十四度，则无力。

木星在巨蟹宫十五度至二十六度，为庙旺有力，到二十七度，则无力。

火星在摩羯宫二十八度至三十度，为庙旺有力。

金星在双鱼宫二十七度至白羊宫十二度，为庙旺有力。

水星在双鱼宫十五度至二十一度，为庙旺有力，过此皆无力。

何为旺宫旺度，言各星到本位上高贵有力，与旺宫旺度对照者，是各星无力弱处。

注：古典占星术中行星的五种力量，分别为舍、升、三方、界、旬。并且古人为了量化，将它们做了数值分配，需要注意的是，这些数值观念，不同人有不同观念，略有差异，有些差异和计算一些特定领域有关。《天文书》中，主要使用四种力量分值，分别是舍 4 分，升 3 分，三方第一主星 2 分，界 1 分。行星同时具有多种力量，其五种力量本身可以互相叠加，古人为了方便实战还有一些特殊定义，譬如太阳升于白羊座，火星舍于白羊座，太阳和白羊共同联合主宰白羊座，所以论断白羊座的主宰行星时候，即要考虑定位星火星，也要考虑舍主星太阳。如果太阳和火星同时位于白羊座，代表联合控制了白羊座，强化了意义。

所谓舍，就是家的意思，代表行星位于自己的家中，即行星位于本星座，譬如太阳在狮子座、月亮在巨蟹座、火星在白羊座或天蝎座、水星在双子座或室女座、木星在双鱼座或射手座、金星在天秤座或金牛座，这种力量分配 5 分值，属于第一等力量，舍的对宫叫陷，陷的意义，好比失去家而无家可归，或者如同如同于敌营之中寄宿。譬如太阳舍于狮子座，则陷于其对宫宝瓶座，陷主丧失力量。

所谓升，《天文书》原文叫做庙旺，升好比一个人登堂入室，在社会上，在工作中，这种状态有尊贵和提升地位的表现，规定太阳在白羊座、月亮在金牛座、火星在摩羯座、水星在室女座、木星在巨蟹座、金星在双鱼座、土星在天秤座，为升的状态，是一种旺的力量，居于第二，分值为 4

分,升的对宫为降,譬如狮子升于白羊座,则降于天秤座。降的意义,类似失去社会地位,失去工作,如同病人或被监禁一样,代表丧失力量。

行星力量在论命时候至关重要,《天步真原》认为,五星在本宫,其人福稳易得而长远,水星到宫,人善做事;金星到宫,人有文明;木星到宫,人性纯良,善使人;太阳到宫,必尊贵;火星到宫,胆大;土星到宫,为人难交;太阴到宫,喜远游。

有关舍、陷、升、降列表如下:

行星	舍	陷	升	降
太阳	狮子座	宝瓶座	白羊座 19°	天秤座 19°
月亮	巨蟹座	摩羯座	金牛座 3°	天蝎座 3°
火星	白羊座、天蝎座	天秤座、金牛座	摩羯座 28°	巨蟹座 28°
水星	双子座、室女座	射手座、双鱼座	室女座 15°	双鱼座 15°
木星	双鱼座、射手座	室女座、双子座	巨蟹座 15°	摩羯座 15°
金星	金牛座、天秤座	天蝎座、白羊座	双鱼座 27°	室女座 27°
土星	宝瓶座、摩羯座	狮子座、巨蟹座	天秤座 21°	白羊座 21°
罗睺			双子座 3°	射手座 3°
计都			射手座 3°	双子座 3°

在《天文书》原文内,补充了一段关于行星度数范围的力量,特别指出如太阳在白羊座 19°～25°度为庙旺有力,到 26°,则无力。月亮在金牛座 3°～23° 为庙旺有力,到 24°,则无力。木星在巨蟹座 15°～26° 为庙旺有力,到 27°,则无力。火星在磨羯座 28°～30° 为庙旺有力。金星在双鱼座 27°～白羊座 12° 为庙旺有力。水星在双鱼座 15°～21° 为庙旺有力,过此皆无力。

在实战中,力量形态可以产生组合,譬如 Rhetorius 在其著作中提出了 Joint possession,即联合领域,当两颗行星位于同一个星座或映射同一个星座时,一颗行星舍于该星座,另外一颗行星升于该星座。譬如太阳和火星位于白羊座或一起映射白羊座。

第十五门　说三合宫分主星（三方主）

凡十二宫分，均分为作四分，每分三宫，呼为三合。

白羊宫、狮子宫、人马宫，属火，属东北方。主星：昼太阳、木星；夜木星、太阳；昼夜相助者土星。

金牛宫、双女宫、磨羯宫，属土，属东南方。主星：昼金星、太阴；夜太阴、金星；昼夜相助者火星。

阴阳宫、天秤宫、宝瓶宫，属风，属西南方。主星：昼土星、水星；夜水星、土星；昼夜相助者木星。

巨蟹宫、天蝎宫、双鱼宫，属水，属西北方。主星：昼火星、金星；夜金星、火星；昼夜相助者太阴。

三合主星，如火局，太阳性热燥，木星性热润，土星性寒燥，故以解太阳、木星之性，寒以解热，燥以解润，故平和。

土局，金星性热而润，润多于热，太阴性润，火星性极燥，燥以解润，故平和。

风局，土星性寒燥，木星性热而润，水星性随土木之性，木性热润，解土星寒燥，以此平和。

水局，火性极燥，金星性热而润，润多于热，太阴性极润，以解火金之燥热，故平和。

又：但是有人烟生物之处，亦分作四分，从中道上纬度往北分起，至纬度六十六度处止。经度自东海边至西海边一百八十度，经纬取中处，纬度三十三度，经度九十度，东西南北，共分为四分。

但是地方纬度三十三度以下，经度九十度以下者，此一分属东南。

若纬度三十三度以下，经度九十度之上者，此一分属西南。

若纬度三十三度以上，经度九十度之下者，此一分属东北。

若纬度三十三度之上，经度九十度之上者，此一分属西北。

注：三方主，我国唐宋时期译作三方主、竹罗三限，《天文书》译做三合宫分主星，笔者采用三方主作为术语。这种方法以元素为基点，按四大元素将十二星座划分四类星座，每一类为一种元素特性，一类三个星座，每三个星座，各有昼夜两个主星和一个昼夜助星。《天步真原》将之译为三角之权，并认为，主天下之国，人若生此星内，亦增力量，为官亦有才能。Bonatti 认为三方主的力量，类似一个人位于同盟者与追随者之间，他们追随并服从他，但是彼此没有亲属关系。

三方主在古典占星中有多种排法，其中主要有 Dorotheus 三方主和 Ptolemy 三方主。很多希腊、波斯、阿拉伯占星家采纳 Dorotheus 的三方主（《天文书》原文对水元素星座的三方主的排列次序为昼火星，夜金星，与诸家说法不同）。

Dorotheus 三方主列表如下：

元素	星座	所主方位	昼主	夜主	助星
火	白羊、狮子、射手	东北方	太阳	木星	土星
土	金牛、室女、摩羯	东南方	金星	月亮	火星（水星）
风	双子、天秤、宝瓶	西南方	土星	水星	木星
水	巨蟹、天蝎、双鱼	西北方	金星	火星	月亮

以上表格中，我们可以发现，每三个星座，根据昼夜进行划分，有三颗主宰行星，一颗于白天主宰，另外一颗于夜间主宰，这两颗为主，还有一颗昼夜混搭的助星。Dorotheus 特别指出，金牛座、室女座、摩羯座的第三助星为火星或水星，这个怎么理解或应用呢？它是有使用条件的，

当任何行星或阿拉伯点位于室女座的时候,其第一三方主和第二三方主都依旧不变,但是第三三方主,我们优先取水星,因此这里的水星规定属于特例。

三方主的原理和星座元素以及行星性质有关,譬如火元素的三个星座,太阳性质为热、干,适合火元素的性质,而木星温润,适合夜间,它能够调和火元素的热性。因此白天三方主星为太阳,夜间三方主星为木星。由于土星性质寒燥,既能缓和火元素的燥热性质,也能中和太阳、木星的性质,起到调和作用,并且土星本身就是一颗昼行星,所以其昼夜皆利,成为助星。其他皆可以类推。根据行星特性,诸如金星性热润、火星性极燥、月亮极润、水星湿润的特性进行相关推导。

三方主的力量分配3分值。三方主在古典占星中有着举足轻重的作用,几乎各种人事都会使用三方主进行判断。在实际操作的时候,《天文书》中,三方主第一主和第二主都会参与分值计算,第一主分配2分值,第二主分配1分值。Masha′allā、al－Kindī赋予第一分主2分值,Ibn Ezra和Al－Qabīsī则赋予3分值。

三方主是一个非常重要的概念,在 Dorotheus 的五经中,开篇就提到三方主,并且强调,所有命理、人事中的事项都由三方主所决定,在他的作品中,不仅仅以发光体行星的三方主论断富贵贫贱、终身三限,还在各种不同分类事项中大量使用三方主,这种方法被后世的波斯占星家、阿拉伯占星家所继承并使用。

在拿到一个命盘后,大多占星家最先做的事情,一定是分辨命盘的富贵贫贱层次以及终身大致吉凶。古典占星家中,Dorotheus、Valens、Umar Al－Tabarī 在面对这个问题的时候,都使用三方主技术。

首先我们介绍 Dorotheus 的论断方法:

Dorotheus 的著作对后世占星术的影响力极大,可以说三方主的广泛应用,与他的观念有着密切的关系。在他的著作中,开篇就强调了三方主的重要性,在论断一个命终身富贵贫贱方面,他会根据昼夜生人的不同,使用日月的三方主进行论断,这种方法在后世的占星作品中被反复提及。譬如 Umar Al－Tabarī、Al－Andarzaghar、Theophilus 等人都在论断富贵层次时候使用三方主进行判断。

Dorotheus 强调,论断一个人的富贵贫贱地位的时候,昼生人,看太阳及其三方主星,夜生人,看月亮及其三方主星。三方主星的第一和第二主星会合于吉宫,或各自都位于吉宫,命主从早年到晚年,事业成就和财富地位会不断提升;三方主第一主星在吉宫,第二主星在凶宫,则早年有成,中晚年破败;第一主星在凶宫,第二主星位于吉宫,人生中年运气佳,但是难以维持,境遇容易逆转变化;第二个主星位于地平线下或凶宫,第一主星位于吉宫,命主会遭遇一些灾难,有些灾害无法避免;第一和第二主星都位于地平线下或位于凶宫,一生困苦,如凶星又刑冲,且凶星位于轴宫,尤差;三方主星焦灼,且位于土星星座,代表好运无法持久,难以积累财富,空有能力而行动不足。

论断三方主时,好命的格局,需要注意昼日夜月的三方主位于吉宫,与月会合,或通过三合、刑、冲产生关系。如果三方主既反厌上升,也反厌月亮、反厌昼日夜月,反厌昼日夜月的定位星,这是不吉的征兆。如果金星、木星,或水星也未出现在这些位置,则更可怕,这种情况甚至代表命主短命,火星、土星在这些位置则更确。如果吉星在这些位置,且在舍、升、三方星座,未焦灼、顺行,三方主星又映射上升,但反厌月亮,主命主过着平凡、吉凶混杂的生活。如果白天出生,太阳的三方主星位于凶宫,而月亮的三方主星在吉宫,命主虽然难以有好运,但却可以有少量的财运和事业运,命主辛苦努力,所得有限,夜间盘以同样的原理推导即可。

当昼日夜月三方主位不吉时,必须看福点,观察福点落于吉宫还是凶宫,是否在日光下,被什么行星所映射,福点定位星所在星座等等进行综合论断。当福点定位星于凶宫映射福点,在 6、12 宫,或受凶星映射,被焦灼等等,都主凶,不利于事业财运。如果昼生人,土星、木星或太阳映射福点,夜生人,火星、金星、月亮映射福点,都是吉利的,无论昼夜,水星映射福点,也主吉利。福点定位星位于舍、升、三分星座或界上都是吉利的。如果福点位于果宫,金木也落于凶宫,月亮又反厌吉星,则更凶,如果凶星又在角或续宫,命主会遇到厄运,受到伤害。福点位于轴或续宫,福点定位星东出并且没有受到凶星干扰,并在强吉位映射福点,吉星位于强吉位映射它们,并且凶星未映射它们,则命主为大富贵,尤其福点、福点定位星与昼日夜月三方主在一起更验。昼盘中,昼星位于自己的升、界、三方,映射福点或福点定位星;夜盘中,夜星位于自己的升、界、三方,映射福点或福点定位星,皆大吉。

当福点和福点定位星不吉时,我们还需要注意上升、天顶的定位星,以及第 2 宫的定位星,如果这些行星位于角、续宫,且有强旺力量,被吉星映射,未受到凶星影响,也主人生富贵。如上述行星既不在吉宫也不在凶宫,人生普通。如上述行星位于果宫,则看 7、8、11、5、4 宫的定位星,如这些定位星不在轴上,而位于果宫,夜生人反厌月亮,昼生人反厌太阳,则人生为生计而劳苦,凶星在轴,则更辛苦。

在分析三方主的时候,需要注意三方主距离轴的远近。在距离轴 15°以内为最佳富贵层次的力量。可以让命主拥有最强的运势,一旦登上高位,则富贵永久。在距离轴 15~30°为次吉运力量,在距离轴 30°~45°,主命主普通，富贵一般。如果在距离轴 45°之后，主穷困命运。需要注意，这种度数并非黄道经度。这种 15°一个区间，将轴分为不同区间论断三方主力量的方法，使用的是赤经上升度数。这些度数都是根据赤经上升计算，虽然每一个星座都是等分的 30°黄经，但是因为有些星座为曲向上升星座，有些星座为直向上升星座，所以赤经上升时间并不均等。一般，曲向上升星座的赤经上升时间较快，直向上升星座的赤经上升时间较慢。而不同地区的上升速度也是不同的。一般每四分钟移动一个赤经度数，因此 15°赤经可以换算为 60 分钟，利用这个规律，我们可以手动设置在软件中把出生时间推进 60 分钟排盘观察第一个 15°区间轴位于何处，也就是说此时所有经过轴的行星位于第一个区间。第二、第三区间可以依次类推，但是这种方法，在有些极端纬度地区无法适用。

除此外，还需要注意自然吉凶星和第 2 宫的影响力，如果凶星位于轴，吉星位于续宫，月亮离相位凶星，入相位吉星，主命主早年运差，中晚年起运富贵。如果吉星增进了上升和天顶之吉，但是凶星在第 7 宫未映射吉星，主命主运佳，但是很快会出现跌宕起伏。如果福点位于凶宫，或凶星会合、冲、刑福点，福点定位星反厌福点，福点定位星西入，或不符合昼夜星宗，或没有力量，未映射对应的日月，没有吉星映射福点定位星，这些状态都不利于事业财运，主多灾害，人生困顿，对应的日月三方主也是如此，人生尤其落魄。土星、火星位于吉位，尤其位于第 2 宫，但是不符合星宗，则为财富地位破败之象。凶星位于天底轴，也是如此，如果凶星彼此对冲，没有木星映射，则更加凶险，不但不利财富，还容易死于非命。如果火星位于 11 宫，主财富跌落破败，因为 11 宫不喜欢凶星在内，主破败之象，吉星在 11 宫则主迅速发财。福点位于吉星界，且在吉宫被吉星映射，则命主能靠自身资源累积更多的财富。如果福点的三方主第一主星未映射福点,但是第二主星映射福点,主财富挥霍破耗,但是可以保住部分。如果都反厌福点,但福点受吉星映射,会因为外国人而获得财富,同时有凶星映射,则生活吉凶参半。昼生人,昼星映射福点,夜生人,夜星映射福点,也主吉利,反之则不利。土星在轴上合月亮,纵然富贵也枉然,会跌落神坛,如果火星映射,则更差,同时木星会合轴上,则财富能保留一段时间,但是依然会从富贵中跌落。

进一步,还可以检查第 2 宫,第 2 宫定位星、财产点等进行分析。另外,Dorotheus 也会使用月亮、月亮第 10 宫、出生后第 3 天的月亮格局论断一个人的生平生计。

例 1

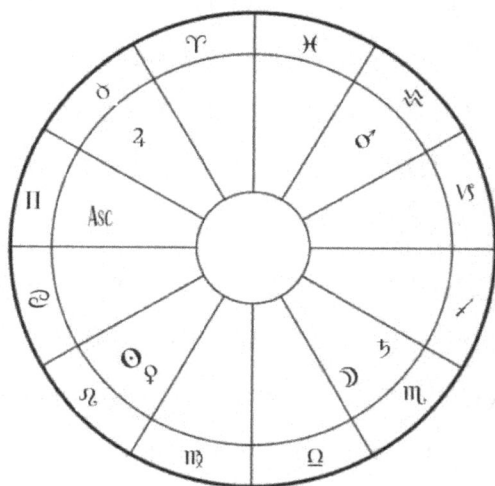

此盘为夜间生人,月亮位于天蝎座,三方主第一和第二主分别是火星和金星,都位于果宫,为穷困之命。

例 2

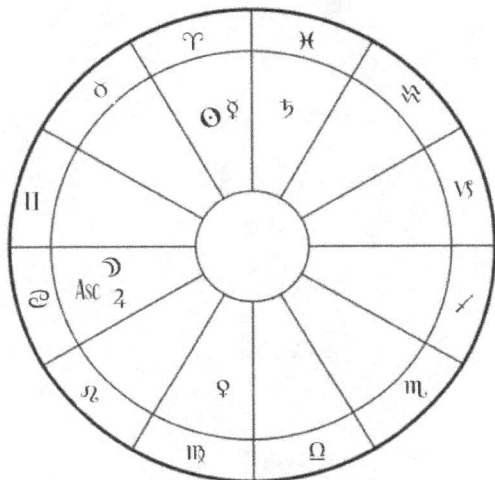

　　此命为昼生人,三方主第一主星和第二主星分别是太阳和木星,都位于角宫,且都位于升星座,会得上位者之助力。土星为第三个三方主星,位于果宫,远离轴,但是位于木星星座,并且被木星三合映射所接纳,也主得贵人力。

　　其次我们介绍 Valens 的论断方法:

　　Valens 在论断命运富贵层次的时候,会使用三方主并搭配其他组合技术进行分析,以下论断使用了他常用的三方主、福点第 11 宫(以及其他福点衍生宫)、和阿拉伯点中的贵命点等组合技术。在论断命格的时候,Valens 还会应用辅星格和其他阿拉伯点组合分析。

　　Valens 的组合论断,是非常有借鉴价值的,因为从古至今的任何占星师,都是根据组合加减进行计算的,中国术数称之为消息,即加减,只不过不同的占星师根据经验,选择不同的组合进行加减罢了,这也是所有术数的实战精髓。

　　Valens 认为,白天生人,必须要看太阳位于哪一个三方星座,然后根据三方星座,定出第一主星,第二主星和第三主星。看它们位于角宫、续宫还是果宫，东升还是西入，是否位于舍星座，是否有吉星或凶星映射它，确定这一切，然后做出判断。如果这三主，位于命度或天顶，或者位于一个起作用的星座，则主命主有幸运的人生，位于续宫，则中等际遇，位于果宫，则代表不幸。也要看太阳自己所在位置如何，以及有何星映射太阳。夜间生人，看法类似，看三主星状态和月亮。无论昼夜生人，三方主第一主星，位于无力位置，而第二主星位于角宫或其他有利位置，代表命主早年人生起伏波荡，但是之后会有所上升而充满活力（除了不稳定和焦虑）。如果第一主星吉利，后续的三方主星不吉利，代表早年充裕，但是随后的人生路走下坡。

三主星都吉利，则吉运持久而非凡（除非有凶星对冲或上位映射），并且命主的行运不会变差。无论任何行星作为三方主星，如果位于果宫，都是负面和带有损害人生的特性，会把人置于其他人的权力掌控之下，让命运沧桑、降低地位，带来疾病、伤害、穷困。

三主星位于其他三方星座，或位于自己昼夜相反的星宗星座，繁荣充裕将会减少，并且增加了焦虑干扰。如果三主星所在位置不吉，有必要检查一下福点和福点定位星。如果福点和福点定位星位于角宫或续宫，并且被吉星映射，则命主会有一些好运和地位，主有时会兴衰起伏，但是不至于不知所措。

福点和福点定位星的位置不好，人生平庸，甚至环境严酷，这类人在事业上很难成功，主穷困潦倒，褒渎神明。如果其位置有凶星映射，则更差，主苦工、流浪、不幸、残疾、危险。有吉星映射时，他们自己运气不吉，但是可以依靠别人的怜悯或收养，在一段时间内过着体面的生活，做一些工作或能够接受到财物。但是其生涯不可能不受干扰、不受阻碍的继续这样生活。

　　观察每一个与三方主的映射关系和相关配置,看它们是吉还是凶。譬如,夜生命造,土星刑冲三主星之类,则会带来挫折、毁灭、疾病、灾害、以及事业上的迟缓。昼生人,火星会导致炎热、鲁莽、生计不稳定,代表经历监禁、审判、虐待、割伤、烧伤、流血和事故等等。火土之类的凶星,并非在所有情况下都是凶性的,昼土夜火,符合星宗,则代表吉利的特性,譬如昼生人,土星与三方主星有良好的配置关系,并且木星和太阳参与映射,会使人富有、出名、从遗产中获利、成为地产和奴隶的主人、他人事务的监护人和监督者。如夜间生人,土星与三方主配置良好,它也将导致失去所得,地位下降和不利的方面。火星的论断思路也类似于此。

　　在论断三方主的时候,还有必要注意其定位星,三方主位置不吉,而其定位星吉利,则能够从其定位星获得一定的帮助。

　　例 1

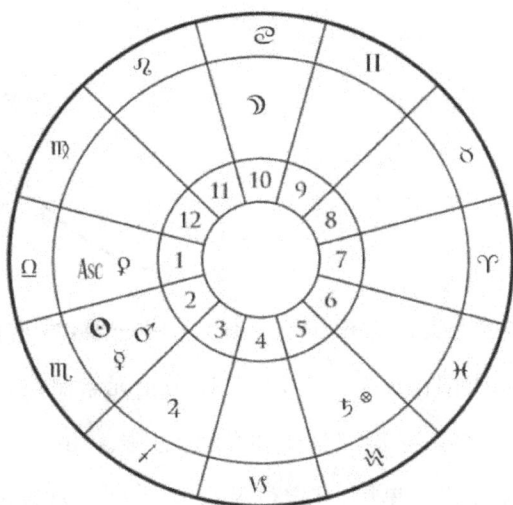

夜间生人,观察月亮三方主,月亮位于巨蟹座,巨蟹座为水元素星座,

其三方主星分别是火星、金星、月亮。第一主星火星位于第 2 宫续宫，入舍，并且为夜宗行星；第二主星金星入舍于上升宫；第三主星月亮入舍于天顶宫。三方主的宫位力量，星座力量都极佳，为好命，终身行运吉利。

接着 Valens 考察了福点，福点位于宝瓶座，福点定位星（也可以称作福主）为土星，与福点合相于第 5 宫，主吉利，并且土星位于舍星座。福点第 11 宫，为射手座，木星在射手座入舍，强吉有力。

最后 Valens 使用贵命点，公式为 Asc ＋白羊座 19°－太阳（昼）Asc ＋金牛座 3°－月亮（夜），根据计算贵命点位于狮子座，位于 11 宫，主吉利。并且贵命定位星太阳位于福点第 10 宫，使此命更为杰出。

例 2

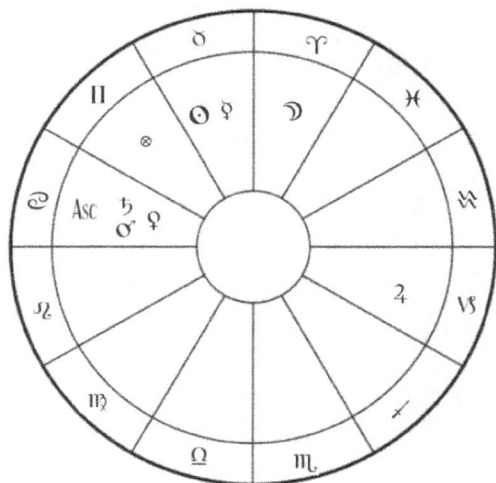

此命福点与贵命点位于双子座，出身一般，后来成为地方行政长官。昼生人，太阳位于金牛座，金牛座为土元素星座，其三方主分别是金星、月亮和火星，它们都位于四角宫，很强。由于福点和贵命点位于果宫，因此早年出身卑微，其定位星水星位于 11 宫吉宫，主后运佳。

例 3

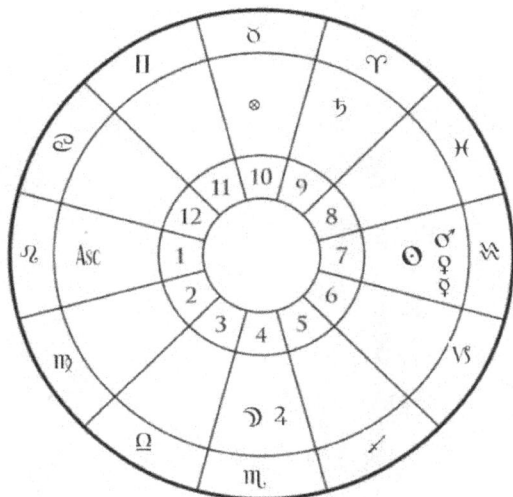

命主出身卑微,拥有普通的财富,后来成为地方行政长官,成为富人。昼生人,太阳位于宝瓶座,三方主分别是土星、水星和木星,土星位于第 9 宫果宫,早年出身普通。三方主第二主星水星,位于第 7 宫,居于角宫,福点位于金牛座,贵命点位于天秤座,这两点的定位星金星位于福点第 10 宫,位于上升第 7 宫,都为角宫,主后运富贵。

例 4

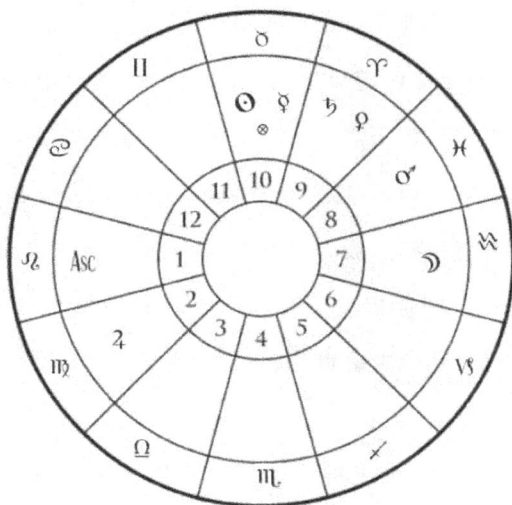

　　昼生人，太阳位于金牛座，三方主星分别是金星、月亮、火星。金星作为第一主星，位于第9宫，为果宫，因此早年一般，出身卑微。但是第二主星月亮进入第7宫轴，为角宫，因此后来进入政府，获得有利的环境。福点位于金牛座，贵命点位于巨蟹座，月亮作为贵命点定位星，位于福点第10宫，主命主巨富并获得地位。火星位于福点11宫，代表其财富通过掠夺、贼赃、暴力而获得，在其死后，财产会遭遇极其恶劣的掠夺。

　　Valens在论断命格高低的时候，也会使用辅星格和行星的基本配置。他认为每颗行星的排列都有其自身的有效方式，当你将它们进行比较时，你会发现一颗行星在星盘处于舍升星座，提升了星盘的命格档次，却发现另一颗行星在星盘受到损害，又拉低了星格局盘。这个时候分析思路会受到干扰，所以我们有必要进一步深入分析。我们必须检查精神点，论断方法和福点类似。以同样的方式分析金星点（Valens 的基础点）。

　　如果其定位星互相换位，譬如福点定位星位于金星点所在星座，金星点定位星位于精神点所在星座，精神点定位星位于福点所在星座，主命主富贵；如果金星点定位星与精神点定位星合相，位于精神点星座，主命主富贵；精神点、福点、金星点的定位星位于吉位，主命主富贵；如果精神点与太阳合相，其定位星旺或晨升东出，命主富贵；金星为福点、精神点、金星点定位星，晨升东出，位于吉位，命主富贵；如果其定位星位于金星点与月亮合相，主命主幸运而杰出；如果其定位星位于精神点，与太阳合相，主命主富贵、杰出、独裁。

例 5

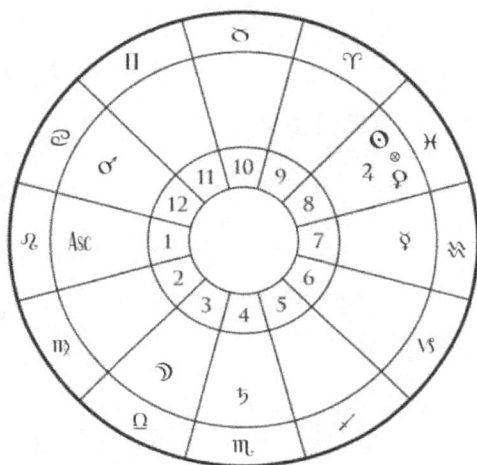

命主富有而有名望，因为太阳位于双鱼座合相福点、福点定位星，吉星相辅。太阳位于双鱼座，其三方主星分别是金星、火星、月亮。金星虽然位于升星座，但是位于续宫，火星位于果宫不吉，月亮位于第 3 宫不吉。精神点定位星反厌精神点，为凶象，命主被流放并自杀。另外，火星冲福点 11 宫摩羯座，贵命点位于室女座，其定位星水星位置不吉，并且被土星上位映射，主凶。

Umar Al－Tabarī 在其著作中，也使用了昼日夜月三方主分人生三限的方法。除此外，他另外提供了两套思路。他指出 Asc 代表人生初阶，Mc 代表中年，Dsc 代表晚年，Ic 代表死亡，以及死后的荣辱。Asc 的果宫，即 12 宫，代表命主分娩时候的痛苦、状态以及在胎儿时期的母亲状态。而 Asc 则代表出生的行为和出生后的情况。第 2 宫，作为续宫，代表人生初阶段的末端时段。同理，Mc 代表中年中阶，第 9 宫代表中年初阶，11 宫代表中年的最后阶段。第 6 宫代表中年初阶，Dsc 代表晚年的中间阶段，第 8 宫代表晚年的最后阶段。第 3 宫代表死亡之前的行运，Ic 代表死亡，第 5 宫，代表死后的情况。他声称，这种划分法，Ptolemy 等诸多智者都有所论述，可以用此法大概论断人一生的富贵贫贱，以上宫位见吉则应吉，见凶则应凶，同时结合这些宫位的定位星以及这些宫位所在的最强类神星进行判断。另外，Umar Al－Tabarī 还列出了月亮趋离大概论断终身的方法，在论断月亮趋离时，如果月亮未连结行星，则观察月亮所在的星座、月亮强弱、月亮的定位星的强弱趋离状态。有关月亮趋离可以参考本书中的相关内容。

Rhetorius 认为，日、月的第一、第二三方主彼此不和谐或彼此相冲，被昼日夜月反厌，则会因为本土发生凶祸而被俘虏、奴役或逃亡。月亮和土星位于同一个星座，代表流放，如果位于吉利宫位，代表 36 岁之后才能返回故土，福点定位星位于第 7 宫或天底，会被驱逐，在第 8 宫会有一些收获，但是不长久。凶星单独通过刑或六合相位支配日、月，会造成巨大危险，甚至暴毙（凶星上位映射）。

根据以上内容，我们可以知道，在实际操作三方主判断终身的时候，需要考核各种力量，才能得出正确结论，下面我们列举一个现代案例：

分析：女命，生于 1983 年 2 月。昼生人，太阳合相月亮于宝瓶座，第一三方主为水星，第二三方主为土星，水星位于第 10 宫角轴宫，土星位于第 7 宫，抛开其他力量而言，这两种表象还可以，但是它只能代表命主生平顺遂。我们仔细观察，会发现水星、土星游隼，没有先天力量，并且木星反厌它们，只有金星与它们映射，这种游隼的行星需要借助外力，金星虽然升于双鱼座，却位于 12 宫果宫，力量不足以发挥，此时我们应该重点分析金星，金星为夫妻宫定位星，与火星紧密合相，火星为上升定位星，并且与福点一起位于 12 宫，而火星又是福点定位星，火金

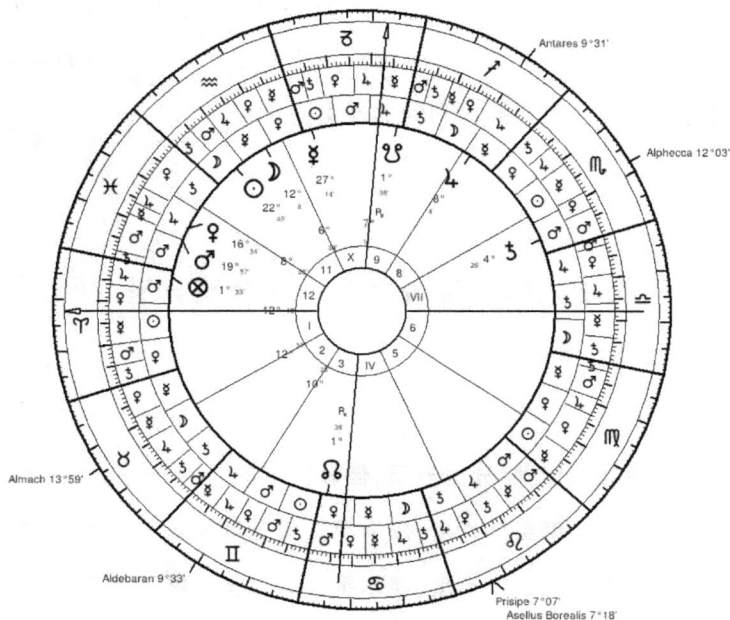

合相的关系中,火星被强力的金星所管理,所以金星成为关键,这种信息代表命主生平顺遂,缺少自身能力,经济来源来自婚姻,也就说来自丈夫的支持,而个人在生平中没有创造力,同时我们需要注意,火星合相金星,与木星产生刑相位,射手座的木星赋予它们力量,明显体现在钱财方面。而太阳作为第 5 宫定位星,又是上升宫、福点的升主星,月日同宫位于 11 宫,代表命主的人生中还会从子女处得到经济来源,但是月居日后,并且太阳落陷于宝瓶座,也并不代表丰裕。

如果我们观察出生后第 3 天的月亮,月亮位于双鱼座 12°8′,与金星、火星产生较为密切的合相位,信息尤其明显,更强烈佐证上文所论。

在《天文书》本节的最后部分,提到了世界地理四分法,这种方法就是世界地理三方主划分法。Ptolemy 在其著作中,用两条轴线将已知的世界分为四部分,并定义了世界的中心。横轴从直布罗陀海峡穿过伊苏斯湾,到达塔鲁斯山脉,垂直轴从波斯/阿拉伯海湾延伸到黑海和亚速海。Ptolemy 将每个区域划分为特定的三方主和行星,应用此法解释不同地区的民族之间的广泛文化差异。

第十六门 说每宫分度数分属五星（60 界）

凡每宫分度数,分属五星,但多寡不同。

白羊宫初度至第六度,属木星。第七度至第十二度,属金星。

第十三度至第二十度,属水星。第二十一度至二十五度,属火星。

第二十六度至第三十度,属土星。

金牛宫初度至第八度,属金星。第九度至第十四度,属水星。

第十五度至第二十二度,属木星。第二十三度至第二十七度,属土星。

第二十八度至第三十度,属火星。

阴阳宫初度至第六度,属水星。第七度至第十二度,属木星。

第十三度至第十七度,属金星。第十八度至第二十四度,属火星。

第二十五度至第三十度,属土星。

巨蟹宫初度至第七度属火星。第八度至第十三度属金星。

第十四度至第十九度,属水星。第二十度至第二十六度,属木星。

第二十七度三十度,属土星。

狮子宫初度至第六度,属木星。第七度至第十一度,属金星。

第十二度至第十八度,属土星。第十九度至第二十七度,属水星。

第二十八度至第三十度,属火星。

双女宫初度至第七度,属水星。第八度至第十六度,属金星。

第十七度至第二十一度,属木星。第二十二度至第二十八度,属火星。

第二十九度至第三十度,属土星。

天秤宫初度至第六度,属土星。第七度至第十四度,属水星。

第十五度至第二十一度,属木星。第二十二度至第二十八度属金星。

第二十九度至第三十度,属火星。

天蝎宫初度至第七度,属火星。第八度至第十一度,属金星。

第十二度至第十九度,属水星。第二十度至第二十五度,属木星。

第二十六度至第三十度,属土星。

人马宫初度至第十二度,属木星。第十三度至第十七度,属金星。

第十八度至第二十一度,属水星。第二十二度至第二十四度,属土星。

第二十五度至第三十度,属火星。

磨羯宫初度至第七度,属水星。第八度至第十四度,属木星。

第十五度至第二十二度,属金星。第二十三度至第二十七度,属土星。

第二十八度至第三十度,属火星。

宝瓶宫初度至第七度,属水星。第八度至第十三度,属金星。

第十四度至第二十度,属木星。第二十一度至第二十五度,属火星。

第二十六度至第三十度,属土星。

双鱼宫初度至第十二度,属金星。第十三度至第十六度,属木星。

第十七度至第十九度,属水星。第二十度至第二十八度,属火星。

第二十九度至第三十度,属土星。

如本星行至所属度上,则有力。不言太阳、太阴者,若木星到所属度上,则有太阳之力。金星到所属度上,则有太阴之力。每宫度数分属五星者,有六家说,今特选此一家之说。

注:所谓宫分度数,即将每一个星座,不等分的划分为五个区间,每一个区间称之为界或段,其主星为界主星,或称之为段主星。

我们知道,占星术有十二星座,每一个星座30°,如果星座没有进一步的划分,那么就会特别粗糙,因此在占星术中,对星座区间的划分成为细分化星座的关键。当黄道十二星座被细分化为更小部分的时候,就可以在同一个星座中体现出不同程度的细节类象。对星座的划分有不同的系统方法,其中有着各自的作用,最基本的划分法有旬(Decans)、界(Bound)、十二分部、九分部,除此外还有其他一些功能性划分,譬如亮、黑、暗、空度,阴阳度等等。

《天文书》这一段讲的就是界。所谓界,是界限的意思,在英文相关书籍称之为“Bound”,也有人将之翻译作段,在界的分值上,Umar Al－TabarĪ、Masha′allā 和 Al－KindĪ 赋予它 3 分值。Ibn Ezra 和 Al－QabĪsĪ 则赋予其 2 分值。中世纪的阿拉伯占星家认为,行星位于自己的界内,就像一个人处于父母与亲戚之间。

界有不同种类,Claudius Ptolemy 提出两种界,即埃及界和迦勒底界(源出不同文化),而 Abū Ma′shar 提出了五种界,分别是埃及界、托勒密界、迦勒底界、Astrātū(拉丁版称之为 Asthoatol)界和印度界,《天文书》作者则提出有六种。需要注意的是,Astrātū 界把日月分配在其中,用七大行星将每一个星座划分为七个界。

Claudius Ptolemy 介绍了埃及界和迦勒底界后,他声称,在一本很古的书中,讲述了界的原理。所有土星界的度数数序加起来等于 57,木星界加起来等于 79,火星界加起来等于 66,金星界加起来等于 82,水星界加起来等于 76,总数正好是周天 360,而行星在寿星年限的最大年份取法也源出于此。

Abū Maʹshar 声称,他发现所有的古代学者都使用埃及界进行实际操作,因为埃及界更正确。

埃及界的流行根源于法老 Nechepso 和祭司 Petosiris 的著作。最近的研究表明,这套用法可能源出于较早的美索不达米亚文化。在希腊占星家中,诸如 Dorotheus、Valens、Firmicus、Paulus 等占星家都是使用埃及界的,所以我们只需要学习了解埃及界即可。

在埃及界中,将每一个星座细分为非等分的五个区间,每一个区间,分别属于除了日月之外的土、木、火、金、水行星中的一个,由于日月尊贵,并不参与到这种力量分配。这些行星表示一个星座在不同区间拥有不同的力量。《天文书》还专门指出,当木星位于木星界,有太阳之力,金星于金星界,有月亮之力。

在实际论断界的时候,我们需要考虑界主星的自然吉凶,行星落入的界主星是否与该行星的昼夜星宗同宗,同时还要考量界主星在星盘中的力量如何,这种种细节都会对界的分析产生不同的影响。

最后我们列出埃及界的列表如下:

埃及界

白羊座	木星 0°—5°59′	金星 6°—11°59′	水星 12°—19°59′	火星 20°—24°59′	土星 25°—29°59′
金牛座	金星 0°—7°59′	水星 8°—13°59′	木星 14°—21°59′	土星 22°—26°59′	火星 27°—29°59′
双子座	水星 0°—5°59′	木星 6°—11°59′	金星 12°—16°59′	火星 17°—23°59′	土星 24°—29°59′
巨蟹座	火星 0°—6°59′	金星 7°—12°59′	水星 13°—18°59′	木星 19°—25°59′	土星 26°—29°59′
狮子座	木星 0°—5°59′	金星 6°—10°59′	土星 11°—17°59′	水星 18°—23°59′	火星 24°—29°59′
室女座	水星 0°—6°59′	金星 7°—16°59′	木星 17°—20°59′	火星 21°—27°59′	土星 28°—29°59′
天秤座	土星 0°—5°59′	水星 6°—13°59′	木星 14°—20°59′	金星 21°—27°59′	火星 28°—29°59′
天蝎座	火星 0°—6°59′	金星 7°—10°59′	水星 11°—18°59′	木星 19°—23°59′	土星 24°—29°59′
射手座	木星 0°—11°59′	金星 12°—16°59′	水星 17°—20°59′	土星 21°—25°59′	火星 26°—29°59′
摩羯座	水星 0°—6°59′	木星 7°—13°59′	金星 14°—21°59′	土星 22°—25°59′	火星 26°—29°59′
宝瓶座	水星 0°—6°59′	金星 7°—12°59′	木星 13°—19°59′	火星 20°—24°59′	土星 25°—29°59′
双鱼座	金星 0°—11°59′	木星 12°—15°59′	水星 16°—18°59′	火星 19°—27°59′	土星 28°—29°59′

界的力量,在五种力量中,分配 2 分值。界在用法上还有进一步的拓展,每一个区间都有一颗主宰行星,这些行星有自然吉凶性质,这些区间之间前后连贯,如果是两个吉星相连,则相连点为大利之点,反之,如果两个凶星区间相连的点则为大凶之位。

下面列出大吉和大凶之点:

大吉之点:白羊座 7°、双子座 15°、狮子座 20°、室女座 14°、天秤座 12°、天蝎座 15°、射手座 9°、宝瓶座 21°、双鱼座 9°;大凶之点:白羊座 26°、金牛座 26°、双子座 25°、室女座 24°、室女座 30°、射手座 25°、摩羯座 25°、双鱼座 30°。

界的用法意义:宫定位星通过舍、升、三方、界、旬的加减而定,界会参与其中;同界内的行星合相,或者彼此映射的两颗行星位于同一颗行星的界内,都会强化其意义;界具有加减吉凶的意义,譬如当一颗行星位于吉星星座,却位于凶星界内,则该行星代表的吉利会缩减,变的吉凶混杂。

Valens 在其著作中论述了每一个界的意义,我们列出如下:

白羊座第一界为木星界,代表温和、健壮、多育,有益;第二界为金星界,代表开朗、聪明、容光焕发、匀称、纯洁、英俊;第三界为水星界,代表多变、聪明、懒惰、多风、暴风雨、雷电;第四界为火星界,代表恶毒、炽热、不稳定、鲁莽、邪恶;第五界为土星界,代表寒冷、不育、恶意、受伤。

金牛座第一界为金星界,代表多育、有很多孩子、潮湿、下降趋势、定罪、恨其子女;善良、大胆、幸运、第二界为水星界,代表聪明、明智、犯罪、很少有后代、阴险、致命;第三界为木星界,代表善良、大胆、幸运、统治、仁慈、宽宏大量、温和、谦虚;第四界为土星界,代表不育、太监、流浪汉、挑剔、戏剧化、阴郁、辛苦;第五界为火星界,代表阳刚、暴虐、暴躁、苛刻、凶残、寺庙抢劫者与罪犯,极具破坏性,意味着短命。

双子座第一界为水星界,代表温和、天气良好、聪明、多才多艺、熟练、活跃、诗意,多育;第二界为木星界,代表竞争、温和、天气良好,多育、繁茂、有益;第三界为金星界,代表开花、艺术、沉迷于戏剧和哑剧、诗意、比赛冠军、受欢迎、开朗,多育;第四界为火星界,代表负担沉重、无兄弟、无孩子、漂泊不定、有良好的收入,具有破坏性,代表血腥、好奇;第五界为土星,代表温和、检察官、拥有财产、知识渊博、杰出、以智慧著称、安排大事者,最著名的。

巨蟹座第一界为火星,代表暴雷、去往不同方向、不平衡、愿望矛盾、狂躁、多育、贫穷、破坏性、最后、卑鄙;第二界为金星界,代表多育、挑剔、湿润、多变、熟练、受欢迎、滥交;第三界为水星界,代表精确、强盗、公众事务的领导者、收税者、在公众眼中、富有、创造财富;第四界为木星界,代表王者、专横、光荣、审判、伟大的心、温和、统治、非常高尚;

第五界为土星，这一界中，所见皆水，代表潮湿、贫乏，最后相当贫困。

狮子座第一界为木星界，代表经验丰富、阳刚、专横，通常具有领导素质，为人积极、卓越，没有卑鄙的特质；第二界为金星界，代表非常温和、顺从、有才华、奢华；第三界为土星界，代表有很多经验、恐惧、科学、天生聪明、狭隘、宗教、有很多孩子、寻找秘密知识，不孕，没有后代；第四界为水星界，代表沉迷于戏剧和哑剧，受欢迎，学问家，指导，处方，聪明。这一界为不育，也是长寿之命的特质；第五界为火星界，代表非常卑鄙和可怕、破坏性、受伤、迟钝、责难、不幸。

室女座第一界为水星界，代表崇高、检察官、组织者、英俊、组织重大事务、非常聪明，代表高贵、卓越。然而，这一界在爱情中并不吉利。这种不幸通常对室女座而言，尤其体现在这一界内和金星上。这一界会产生那些乐于接受批评之人，金星使人不断犯错。他们阳刚之气不足；第二界为金星界，代表被谴责，错误的婚姻、并因此陷入困境，而呈戏剧性发展。其情感是最不自然的，尤其当土星产生相位映射的时候；当水星产生相位时，命主会通奸；当木星产生相位时，他们犯了大量错误，但是这些罪是可以赦免的，但仍然有谴责；太阳映射时，命主就做隐秘之事；当月亮映射时，命主会遇到挫折和政治上的反对。如果这一界被凶星注视，就会导致卖淫；第三界为木星界，代表农业、适当、隐居但不无知，出生在这一界的人，都是值得信任的受托者、多育者，为人正直；第四界为火星界，代表阳刚、苛刻、公众、煽动家、夜间徘徊者、雇佣者、伪造者、冒名顶替者。这些度数攻击人，使命主被锁链、残害、折磨和监禁；第五界为土星界，代表巨大的、冰冷的、破坏性的、短寿、欺骗。

天秤座第一界为土星界，代表王权、崇高，尤其应于昼生者，夜生者，则不吉利。浙以界也代表不育、潮湿、破坏性；第二界为水星界，代表商业、工艺、营销、交易和数字工具、收集，总的来说，公正而聪明；第三界为木星界，代表财富的产生，但尽管如此，这一界有不幸的之命的特质，不愉快地囤积他们的财产，生活不炫耀，生活方式肮脏，不懂得欣赏美丽事物，为人挑剔，并且无子女；第四界为金星界，代表爱美、热爱工艺、为工匠，例如雕塑家、画家、雕刻师。总的来说，这一界是有节奏的、虔诚的、温和而缓慢的、幸运的，不费力就能进步，在婚姻上非常幸运，在一切事情上都幸运；第五界为火界星，代表统治、领导、军事事务方面皆幸运，代表乐观、稳定、成功、伟大的心，但是兄弟少，总体而言，也没有那么幸运。

天蝎座第一界为火星界，代表烦躁不安、不稳定、暴躁、坦率、傲慢、子女很少但兄弟很多、运气不平衡、易怒，这一界非常适合参与竞选和海外旅行的命造；第二界为金星界，代表婚姻幸运、虔诚、被每个人爱、爱孩子、富有、容易被选中获得职位、生活优雅；第三界为水星界，代表军事、竞争、获奖，这些体现在言语方面，代表痛苦、有争议、不可轻视。这一界是多育的。总的来说，他们制造是非，特别是针对那些企图作恶或作恶之人；第四界为木星界，代表有才华、幸运、高级祭司，伟人、大贵等等。这个界是有益的；第五界为土星界，代表兄弟子女少、憎恨亲人、毒药、忧郁、厌恶女性，有暗伤，通常代表被命运诅咒惩罚之命。人神共愤，他们反抗上级，却遭到下级的鄙视。

射手座第一界为木星界，代表活跃之人，这段度数潮湿而温和，代表涉猎各种工艺和技能，代表多育，子女与兄弟多，但主贫穷；第二界为金星界，代表温和、突出、胜利、获奖、虔诚、受到群众与上位者的尊敬、有孩子和兄弟、与许多女性生活在一起；第三界为水星界，代表言语、敏锐、积极、产生永恒的真理、哲学，在科学和智慧方面突出。如果水星突出或佐证,命主喜欢学习。如果火星突出或佐证,则命主喜欢武器、战术、武术之类;第四界为土星界,代表不育的、有害的、寒冷的、有害的,是完全不幸之人的特质;第五界为火星界,代表炎热、鲁莽、暴力、无耻、破坏性。这一界在所有事情上都不安分。射手座的所有界表明在所有事情上都有不同的可能性。

摩羯座第一界为水星界,代表戏剧、喜剧、舞台上、撒谎、嫖娼、诱惑、贪婪他人的东西、没有名声、才华横溢。代表有福、富有,但地位不高;第二界为木星界,代表荣耀与耻辱、财富与贫穷、慷慨与公众嘲笑的变迁。这一界是不育的,有女儿或畸形的孩子,地位低、粗俗;第三界为金星界,代表挥霍、好色、堕落、轻率、被指责、有很多疑问、死得不好、婚姻也不稳定;第四界为土星界,代表严厉、不快乐、陌生,与子女及兄弟方面不吉,代表血腥、破坏性、冷酷、无情、恶意、行动缓慢、狡猾;第五界为火星界,代表崇高、繁荣、独裁,旨在统治一切,代表贫穷、不利自己的亲戚和兄弟。代表流浪、爱孤独、争吵到底。

宝瓶座第一界为水星界,代表富有、吝啬、乐于囤积财富、聪明、在法律上有学问、精确地定义一切。也代表专横、小气、关心,热爱教育和所有的纪律,代表监督、慈善;第二界为金星界,代表极佳的爱体验、虔诚、易富、受益于意外的好运、繁荣、航海。这些都是多产的度数范围。凡在这一界度数内出生的人,与老、弱、病妇或太监结亲,从不孕或年老的人那里得利,都是有益的;第三界为木星界,代表幸运、小气、宅在家里、不在乎他的名声、生活默默无闻、子女幸运、厌世;第四界为火星界,代表患病(尤其内脏)、被诉讼困扰、这一界是邪恶的、顽固的、无能之辈的特质,只不过这些人总是图谋不轨;第五界为土星界,代表不育,潮湿、怀孕困难、虚弱,特别是硬脑膜和内脏,患有浮肿和痉挛,代表贫穷,无兄弟或孩子、嫉妒、结局不幸。

双鱼座第一界为金星界,代表快乐、多育、下降趋势、奢华、生活优雅、友好的问候、庆祝、爱、易进步、亲近神灵。第二界为木星界,代表文学、有学问、在群众中出类拔萃,其的言辞征服了所有人、兄弟伙伴多、多育、子女多;第三界为水星界,代表多育、统治、高级别、朋友多、慷慨、爱其父母、慈善、虔诚、温和;第四界为火星界,代表活跃,海军战士、大胆的向导、在神秘的知识中获得成功、劫掠后又恢复、变化、非自然死亡;第五界为土星界,代表虚弱、潮湿、容易发作、完全不吉利。

界在古典占星中至关重要,譬如当一颗行星落入木星界时,其意义与落入木星星座同论,并且,结合星座与界,会让象意更为具体化。我们一定不要被星盘中粗犷的星座与行星关系所迷惑,立体的判断思路才是王道。

第十七门　说每宫分为三分 (星座 36 旬与从阴从阳)

凡十二宫,每宫分为三分。每分一十度,每十度为一面,每一面分与一星。

自白羊宫起,白羊宫一度至十度,分与火星,火星系本宫主星,故为始。其后依天轮次第排去,周而复始。十一度至二十度,分与太阳;二十一度至三十度,分与金星。

金牛宫一度至十度,分与水星,十一度至二十度,分与太阴,二十一度至三十度,分与土星。

阴阳宫一度至十度,分与木星,十一度至二十度,分与火星,二十一度至三十度,分与太阳。

巨蟹宫一度至十度,分与金星,十一度至二十度,分与水星,二十一度至三十度,分与太阴。

狮子宫一度至十度,分与土星,十一度至二十度,分与木星,二十一度至三十度,分与火星。

双女宫一度至十度,分与太阳,十一度至二十度,分与金星,二十一度至三十度,分与水星。

天秤宫一度至十度,分与太阴,十一度至二十度,分与土星,二十一度至三十度,分与木星。

天蝎宫一度至十度,分与火星,十一度至二十度,分与太阳,二十一度至三十度,分与金星。

人马宫一度至十度,分与水星,十一度至二十度,分与太阴,二十一度至三十度,分与土星。

磨羯宫一度至十度,分与木星,十一度至二十度,分与火星,二十一度至三十度,分与太阳。

宝瓶宫一度至十度,分与金星,十一度至二十度,分与水星,二十一度至三十度,分与太阴。

双鱼宫一度至十度,分与土星,十一度至二十度,分与木星,二十一度至三十度,分与火星。

注:将每一个星座,等分为三段区间,每一个区间分别有一颗行星主宰,现代称之为旬,英文称之为 Decans 或 Face。《明译天文书》译为面,本书中译为旬或首,一个星座由三个区间组成,每一个

区间为 10°,每十度有一颗主宰行星,称之为旬星,一周天 360°,总共有 36 旬,分别有 36 个主宰旬星。Al－Qabīsī 赋予旬星 1 分值,而有的占星师并不参考旬星计算力量。星座为何要划分为三旬? Manilius 认为,没有一个星座可以完全拥有自己的全部掌控力,十二星座连贯而成,尤其恒星星座,或大或小,因此十二星座连贯中参差相叠,这代表星座的一部分天域会让给连贯的其他星座,这种形式通过旬的确定来进行表示。

在一些现存资料中提到,三十六旬还可以进一步划分,每一旬再分三种神性,希腊术语叫 Leitourgoi,意思就是执行上级命令的人员,在赫尔墨斯文献中有提及,赫尔墨斯说,这些力量作用于人类的各种事件,诸如王国的覆灭,城市的叛乱,饥荒,瘟疫,洪水,地震等等。但是我们可以在公元四世纪的占星师 Firmicus Maternus 的著作《Mathesis 》中看到,希腊占星系统是忽略这种划分法的。近代有人认为这种方法,是印度占星中的九分盘 Navamsas 的根本起源,也就是说印度九分盘是希腊占星中这种方法的进一步衍生。

有关旬的设定,是从早期的埃及占星传统继承而来,最初三十六旬每一个都与特定的恒星或星宿有关,但是在希腊时期,演变为黄道十二星座的十度划分法。从希腊时期到后来的占星术发展中可以看出,旬的重要性明显次于界的应用,但是我们也不可以忽略这种力量。譬如在论断长相的时候,占卜事物、人物外观的时候,旬星有相关的具体应用,并且在五种力量划分中,也有它的一席之位,尽管有些占星家可能会忽略旬星,但是也有一些占星家是使用旬星的。

在希腊占星传统中,有几种不同体系来赋予旬星意义,有些旬星意义似乎在延用古埃及的一些传统,譬如 Hephaestio 把每个旬定义为特定的埃及名称,但是在某种程度上而言,旬只是希腊占星中黄道十二星座的十度细分,而不是基于特定的恒星或星宿标记,它们基本上与早期的埃及传统不再有关联。

在公元 1 世纪的 Teucer of Babylon(透克洛斯,来自巴比伦)的系统中创建了一种行星与旬之间的关联关系。根据这种方法,白羊座的第一旬分配给白羊座主星火星,然后其余行星按土、木、火、日、金、水、月的次序轮流当值,我们称之为迦勒底旬。

我们将迦勒底旬列为中文图表,内容如下:

迦勒底旬

星座	0°～9°59′	10°～19°59′	20°～29°59′
白羊座	火星	太阳	金星
金牛座	水星	月亮	土星
双子座	木星	火星	太阳
巨蟹座	金星	水星	月亮
狮子座	土星	木星	火星
室女座	太阳	金星	水星
天秤座	月亮	土星	木星
天蝎座	火星	太阳	金星
射手座	水星	月亮	土星
摩羯座	木星	火星	太阳
宝瓶座	金星	水星	月亮
双鱼座	土星	木星	火星

如图所示,白羊座第一区间为火星,第二区间为太阳,第三区间为金星。在五种力量中,Masha'allā 以及大多占星家将其力量分配 1 分值。

仔细观察这个表格,我们会发现,从白羊座开始的第一旬是从白羊座定位星火星开始计算,其次序符合行星周期:日、月、火、水、木、金、土

的次序,全部区间都按这个次序排列,但是这样也不方便记忆。下面提供一种简单的推导方法:

首先我们需要记住行星次序土、木、火、日、金、水、月,这种次序是按行星距离地球距离的远近划分的,如果我们知道了这两种行星次序,就可以马上知道任何一个星座里的三个旬星是什么行星。

譬如我们现在计算宝瓶座第一和第二旬星,根据日、月、火、水、木、金、土的次序,我们知道从白羊座开始起为火星,则白羊座火星、金牛座水星、双子座木星,按此次序推下去,就可以知道宝瓶座为金星,因此宝瓶座第一旬星为金星,第二和第三旬星直接按土、木、火、日、金、水、月这种次序推导即可,按这个次序,金星之后为水星,因此,宝瓶座第二旬星为水星,其他任何星座内的旬星都可以按此法推算,这是最简便快捷的一种推法。

另外,还有一种推导旬星的方法。从白羊座开始计数,数到所计算的星座停下来,得到的数字乘以 3,加 3,再除以 7,看余数,余数就是该星座的第一旬星。譬如我们计算室女座第二旬星,白羊到狮子座为 5,5 $\times 3 = 15 + 3 = 18/7 = 2 \cdots 4$,最后这个余数,按土、木、火、日、金、水、月的次序计数即可,这种数序第四个是日,因此室女座第一旬星是日,按次序,第二旬星是水星,其余类推即可。

旬星这个概念的出现,将一个星座划分三个不同的区间,非常有利于细分化星座力量。为了便于大家理解,我们从现代占星角度启悟一下,众所周知,现代星座学,以太阳星座看人的性格,可能很多人发现有些星座的性格论断并不太准,譬如狮子座的人,也许有的狮子座生人,性格并不太像狮子座,这是为什么呢? 这其中有多种原因,其中一个原因就是因为每一个星座其实有不同力量,狮子座按旬星划分,有三个类型,分别是土、木、火,所以出生在狮子座的人按三个等分时间段,可以划分出三种不同的性格特点。说到这里,想必大家都明白了。其实旬星在古典占星中有着更多细腻的用法。

Manilius 的著作中,将每个星座分为三旬,每一个旬赋予一个星座特性,这些星座特性可以让我们更清晰的了解每十度的特性变化,我们列出如下:

星座	0°～9°59′	10°～19°59′	20°～29°59′
白羊座	白羊座	金牛座	双子座
金牛座	巨蟹座	狮子座	室女座
双子座	天秤座	天蝎座	射手座
巨蟹座	摩羯座	宝瓶座	双鱼座
狮子座	白羊座	金牛座	双子座
室女座	巨蟹座	狮子座	室女座
天秤座	天秤座	天蝎座	射手座
天蝎座	摩羯座	宝瓶座	双鱼座
射手座	白羊座	金牛座	双子座
摩羯座	巨蟹座	狮子座	室女座
宝瓶座	天秤座	天蝎座	射手座
双鱼座	白羊座	金牛座	双鱼座

结合前面章节,我们已经完整的学习了五种力量。旬和界的应用除了在力量取象上存在作用,古人还列出了其他相关经验。譬如上升定位星,代表命主的生活、工作,上升轴的旬主星则代表了命主在群体中是否具有声望,上升界主星代表命主出生的环境家居,根据界主星的吉凶以及遇到的吉凶星映射进行论断,也代表命主的环境变化。譬如界主星位于第 9 宫,命主会远离出生地死于异乡,界主星位于上升宫,则很难离开出生地。

关于舍、升、三方、界、旬等五种力量,在一些占星师的理论中还增加了从阴从阳,譬如《天步真原》中的五种力量分别是:舍、升、三方、界、五星从阴从阳。所谓五星从阳,术语称之为"Facing",笔者译为"从阳、从阴"。这种原理,基于宇宙诞生命盘图,涉及图中黄道十二星座、行星的次序以及五星与日月的固定位置关系。12星座以狮子座为太阳舍星座,巨蟹座为月亮舍星座,因此从这两个星座开始划分阴阳,五星的舍星座各自从阳或从阴。譬如黄道十二宫次序中,狮子座的第2个星座是室女座,室女座定位星为水星,所以当水星在星盘中位于太阳第2个星座的时候则从阳;第3个星座是天秤座,金星为其定位星,当金星在星盘中位于太阳第3个星座的时候则金星从阳;双子座位于巨蟹座第12个星座,因此当水星位于月亮第12个星座的时候,则水星从阴,依次类推即可。这种原理,是将行星星座与日月星座的固定距离活用于实际星盘。行星从阳或从阴,则强化了其自身力量。归纳起来,当水星位于太阳第2星座、金星位于太阳第3星座、火星位于太阳第4星座、木星位于太阳第5星座、土星位于太阳第6星座,则视为从阳。水星位于月亮第12星座、金星位于月亮第11星座、火星位于月亮第10星座、木星位于月亮第9星座、土星位于月亮第8星座等位置,视为从阴。

例题:克劳利的星盘中有哪几颗行星从阳,哪几颗行星从阴?

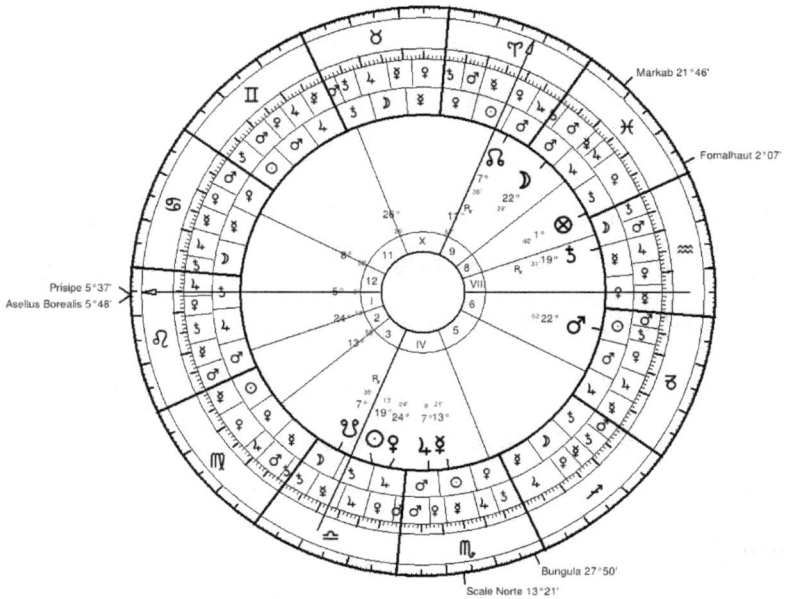

正确答案:水星从阳、火星从阳、木星从阴。这几颗行星,都会在他的命运中体现出一定的能量表现。

下面我们列出不同作者对有关旬星意义的定义,其中包括 Teucer of Babylon、Hephaistio of Thebes 和 Rhetorius。这些旬星的意义并非古典占星发展中的主流,而是对早期旬星的意义引述,主要针对古老文化内容的保存和延续,仅供学习中参考研究。

一、出自 Rhetorius(瑞托乌斯)的作品。瑞托乌斯是活跃于公元 6 世纪或 7 世纪初的最后一位希腊占星学家。他写了一本占星学纲要,其中大部分是早期占星家的作品摘录,譬如 Antiochus of Athens 的著作。

1、白羊座

第一旬:主危险、阴谋和变动。

第二句：主富有、尊贵，但早死。

第三句：主疾病、呻吟，年轻时候健康不佳，晚年快乐。

2、金牛座

第一句：因人而富有、知名。

第二句：年轻时候运差，逃离兵役之险。

第三句：士兵、充盈、坚定、长寿。

3、双子座

第一句：不幸、不友好，因子女而伤心。

第二句：婚姻不相称，军人一样的耐力。

第三句：富贵、荣耀、早死。

4、巨蟹座

第一句：忙碌于公共事业，为孩子而悲痛，年轻时候不吉，老年幸福。

第二句：婚后富足，在别人的事上得益，因为妻子而悲伤。

第三句：有口才，年轻时候非常不吉，老年享受生活。

5、狮子座

第一句：主权威、富足，晚年丰裕，妻子先死。

第二句：邪恶、不道德，给远方人、国外居住的人造成伤害。

第三句：邪恶、不道德，给远方人、国外居住的人造成伤害。

6、室女座

第一句：危险，命主很快变成孤儿。

第二句：因为女人发富，但是为父母子女而伤心。

第三句：因为女人发富，但是为父母子女而伤心。

7、天秤座

第一旬:年轻时候多不吉,之后通过借口,或其因为发现物品而在地下发现财宝。

第二旬:因为四足动物而发财,但是会早死。

第三旬:年轻时候多病,老年有各种享受。

8、天蝎座

第一旬:得意外之财,成为继承人,得荣耀而引入注目。

第二旬:年轻时候经得起灾害。

第三旬:服兵役,收获周期长,妻子先死,老年富有。

9、射手座

第一旬:不会娶妻,因为子女而悲伤。

第二旬:生活安然,死于外地。

第三旬:富贵尊荣,从妻子处得遗产。

10、摩羯座

第一旬:忙碌公共事业,为子女而悲伤,年轻时候有灾害不顺,晚年幸运。

第二旬:有用之人,受益于他人的功绩。

第三旬:聪明、雄辩,失去祖产,年轻时候穷困,老了享福。

11、宝瓶座

第一旬:出身良好,妻子匹配。

第二旬:年轻时候堕落、不道德,毁灭事物,有水火之灾。

第三旬:年轻时候堕落、不道德,毁灭事物,有水火之灾。

12、双鱼座

第一旬:不道德、骗子、有水类灾害损失,很快死去。

第二旬:受益于他人行为,婚姻幸运,子女方面不吉。

第三旬:受益于他人行为,婚姻幸运,子女方面不吉。

二、《Apotelesmatika》中对旬星意义的论述(作者 Hephaistio of Thebes ,译为底比斯的赫菲斯提奥)。

1、白羊座

第一旬:名为 Chontare,命主早年婚姻不好,晚年会嫁得好,落得一个好归宿,胸部比较消瘦,没有赘肉,双腿瘦削,身体左边或左腋窝有一个标记。这一旬的关键年龄是 9、12、21、33、49、52、64、74 岁。

第二旬:名为 Chontachre,命主早年生活充裕,但是成长中伴随着一些灾害不顺,精神谨慎,好学,能成为领导,有好的结局。眼睛睁开的时候显得大,容易生气,身高匀称。关键年龄是 7、17、19、24、32、39、41、52、64、71、86 岁。

第三旬:名为 Siket,命主人生多不顺,远离出生地,与父母分离,会发现父母留下的房产用不到,婚姻生活痛苦,后来会引诱妇女,并为其生子,愉快的度过终身。生来肤黄,体型匀称,但是身高有瑕疵,关键年龄为 7、11、19、28、33、35、40、52、67、74、88、97 岁。

如果有人命盘上升位于白羊座和金牛座之间的间隙度上,主为人沉默、迟钝,不聪明,并且死亡时间周期和白羊座第三旬一样。

2、金牛座

第一旬:名为 Chōou,命主和蔼可亲,被许多人所喜爱,生活甜蜜,会努力工作,拒绝第一次婚姻后,会娶一个被他引诱的女子,这对他来说是极大的幸福。头比较大,眼睛也大,嘴唇大,喉咙、胸口、右肋骨附近会有标记,关键年龄为 1、4、8、11、22、33、49、56、69、72 岁。

第二旬:名为 Erō,命主富有、机智、盛气凌人、婚姻美满、值得信任。脸部宽、胸部相当宽阔、眼形好、耳朵宽大,腰部或胸部下附近的肌肉上有黑色胎记。关键年份为 7、13、22、31、43、56、61、74、84、91 岁。

第三旬：名为 Hrombromare，命主父母了不起，将会和父母分离，不会管理自己的房产，离开家在外，会经历沉船事故，喜欢讲情感和性的内容，性爱会受到损伤，而导致无法正常享受性爱。其中有些此类命会早死。脸很漂亮，像女性一样精致，左眼或一只脚上有瑕疵或标记，中等身高，身体略瘦。关键年龄为 9、12、23、31、46、59、61、74 岁。

当命盘上升轴位于金牛座和双子座间隙度数时，命主有两重性格，没有后代，四肢不体面，不成形。

3、双子座

第一旬：名为 Thosolk，命主聪明好学、性情快乐、好色、憎恶工作、为琐事生气、生活在海边，和妻子很难安居下来，与妻子非感情结合，会学习天文。头发卷曲，身材高，头上有两旋，手上有多余手指。关键年龄为 9、24、34、43、53、65、73 岁。

第二旬：名为 Ouare，命主生来富足，因为父母死亡而失去双亲或损耗财产，通过自己的努力比父母更为辉煌。在牧师中有着高的荣誉，擅长营谋，会因为血亲关系而娶妻，经过早年的不稳定后，将会有良好的收获。中等身材，姣好的面部，好的身材，腋下有一个胎记。关键年龄为 7、12、19、21、26、36、43、56、65、84、92 岁。

第三旬：名为 Phouori，命主少年受苦，与父母分离，减少家业，大部分时间居住在异地外乡，会因为破耗损失而亵渎神灵，在与女人交往中犯错，娶了一个不配自己的妻子，或者这个妻子有很多过去经历。脸瘦、小眼睛、身体皮肤黄、会吹牛。关键年龄为 7、12、21、32、43、52、64、74、86、92 岁。

命盘上升轴位于双子座和巨蟹座间隙度数时，视觉器官周围会受到伤害，或者有白色斑点，如果木星映射此位，代表一只眼损伤。

4、巨蟹座

第一旬：名为 Sōthis，命主为人善良、气质安静，言行值得信任，为人谨慎，对人和悦，能因为创造力或收获良多，能战胜敌人，与女性打交道会犯错，婚后会收敛年轻时候的心态，会有一个好的结局。身材高大、头发卷曲、眉目悦人、高鼻宽肩、脚部肌腱突出、腋下或乳房下会有一个标记，右肘上也有一个标记。关键年龄为 9、11、21、33、49、56、71、86 岁。

第二旬：名为 Sit，命主能够提升财富，比父母强，见证兄弟的死亡，公众、政府服务工作，为群众所尊重，得法律委托，对妻子不忠，不利子女。身材矮小、皮肤黝黑、下巴无须、胸部窄小，肚脐上方有一个黑胎记或黑痣。喜欢以言语取乐于人，但是行动却不讨人欢喜。关键年龄为 4、7、12、23、24、42、54、62、73、88 岁。

第三旬：名为 Chnoumis，命主为人谨慎，会以死亡的形式抛下父母。父母将会消耗他的遗产，喜欢朋友，年轻时候多苦难，与女性交往也会有障碍，练武为生，或从事金属行业，有一个好的结局。中等身材，皮肤发黄、油性、眉大胸宽、大腹便便，内脏脏腑会出问题。关键年龄为 4、7、12、24、33、49、52、63、69、72、86 岁。

当命盘上升轴位于巨蟹座和狮子座间隙度数时，如果命盘没有其它吉利佐证，会变得疯狂，被父母和亲属所驱逐，与四足动物生活在一起，当吉利行星映射时，也有疾病和伤痛。

5、狮子座

第一旬：名为 Charchnoumis，此命会被诸多人保卫，为人敏锐急性，会因研究而收获许多，会严厉谴责一个女性。身材高大，面部显年轻、红润、眼睛大、腿瘦。脚容易有疾患,有胃胀气的毛病。其关键年龄为 1、11、23、32、46、57、69、72、74、88 岁。

第二句:名为 Ēpē,命主为管理者、上位者,拥有权利,许多人尊敬他,很有精神思想,荣誉如神一般。身材非常高大、胸部宽阔、大腿到脚比较干瘪一些,为人健谈,肌腱会有问题,会突然死亡。关键年龄为 9、21、34、46、52、70 岁。

第三句:名为 Phoupē,命主富足兴旺,学问通达,为众人所喜爱。身上有伤疤或胎记,会与上位者斗争或面对阴谋反对,最后必战胜他们,能掌管财产,善于经营,得女子喜爱,四肢受伤。在女人面前无拘无束,死后在葬礼上受到众人尊敬。关键年龄为 7、13、23、43、52、66、74 岁。

上升轴位于巨蟹座与室女座间隙度数时,默默无闻之命,接近神,有些人终身未嫁。

6、室女座

第一句:名为 Tōm,命主善良、乐观,被许多人喜爱,过着奢侈的生活,没有妻子,因为他没有和任何一个女人在一起,虽然身体不健康,但是也会找到医疗救治。年轻时候,受到女性青睐,会有一个良好的晚年结局。身材高大,很勇敢,面部姣好,眼睛可爱,鼻子有点扁、有点粗。胸部会有印记。其关键年龄为 7、12、23、41、57、63、86 岁。

第二句:名为 Ouestebkōt,命主为人谨慎机智,有学问,为人优雅,拥有私人财产,鄙弃祖产。如果金星与此句信息相应,则因为音乐、和谐、仁慈而被人们爱戴。身材高大,面容姣好,敬畏神灵,有良好的书法和悦耳的声音,会管理很多人,有大的名声,会有一个良好的结局。关键年龄为 4、9、16、22、35、43、57、63、75、82、96 岁。

第三句：名为 Aphoso，命主富有、有学问，节制而公正，关心自己的事业，为人虔诚、慷慨、成功。但在子女和妻子上有痛苦，会有一个好的结局。身材中等，小个头，嗅觉敏锐，不缺衣禄，但是会短命，死于铁器之下。关键年龄为 9、18、24、35、42、66、74、86 岁。

上升轴位于室女座与天秤座间隙度，会被阉割，男命与男人厮混。女命，会与女人厮混，在女女关系中扮演男角。

7、天秤座

第一句：名为 Souchōe，命主早产，或为老大。离开父母，尝试过诸多损失和痛苦，会留下祖产给亲属，经历诸多困难后，又回来得到祖产，之后运气提升，看着孩子长大。为人有暴君、独裁之名，有伤在头部，手足会烧伤，曾从悬崖或高处摔伤，但未死。关键年龄为 9、16、22、36、49、59、66、77 岁。

第二句：名为 Ptēchout，命主才华横溢而富有，为人刚愎自用，离开家发展，并获得荣誉。会偶遇一个好的伴侣，看着孩子出生成长。身材中等、脸黑、头发细、胸部有黑胎记或痣，腰上也有一个黑痣。关键年龄为 12、14、36、41、58、63、74、88 岁。

第三句：名为 Chontare，命主不知疲倦，身材好，慷慨大方，在公正场合倍受喜爱，在很多领域都很博学，擅长神性之事，很难与妻子安定下来，或娶二婚之人，并有后代，少数此类命主会统治城市，成为尊贵之人。脸黄、眉毛覆眼，会收养一个养子，肌腱会有问题。关键年龄为 9、11、23、36、42、59、68、79 岁。

上升轴位于天秤座与天蝎座间隙度，会有溃疡，腐败，穿孔，水肿，咽喉癌，硬化，静脉曲张等等疾病。

8、天蝎座

第一旬：名为 Stōchnēne，命主聪明、好学、正直，与父母分离，被罚款而多变动，会管辖地区和财务，并且自由从事诸多事体。如果金星映射，会从事金银首饰或财务工作，能得女人青睐。身材佳、头部有伤、眼睛大、胸和肩部宽、左脚有一个标记、右手有一个标记。关键年龄为 9、12、22、33、42、56、63、69、76、85、93 岁。

第二旬：名为 Sesme，命主富足、好学，为人跋扈，嘴巴甜，凭借自己的能力做许多事，懂得方面多，为人服务，学习过诸多艺术、音乐或其它，有的命会成为一名船长，有的命能成为军事指挥官。如果被火星映射，主四肢割伤、烧伤。中等身高、头大、眼形佳、肢体优美、胸部和腰部有标记，关键年龄为 7、11、22、33、42、57、61、73、84、89 岁。

第三旬：名为 Sisieme，命主多破耗、损失，居于外地，在海外或外地身心都不舒服，会经常被人算计，在妻子问题上不安定，与奴仆或与有夫之妇、或与受伤害之人淫合，子女上有不幸，在人生第一阶段，收获较多，并主宰其它领域，有好的结局。如果金星映射，会很迷人，在音乐舞蹈、金银方面有名望有天赋。身材小、皮肤黑、身上必有瑕疵，会被人陷害，死于毒品或毒药。关键年龄为 3、9、14、18、22、31、43、55、65、74、83、87 岁。

上升轴位于天蝎座与射手座间隙度，会被父母抛弃。如果木星映射，会给收养命主的人带来回报。

9、射手座

第一旬：名为 Hrēouō，命主是一个有缺陷的人，将面临嫉妒（因为射手座代表丢弃者或接受者）。他懂得神，善于做事业，会看到亲人的死亡，在危险中得神佑。容易有多余的四肢，因为善良而被许多人支持。会养马、做监护人、或成为市场职员、大祭司，能得女人青睐。身材非常好、眼睛可爱、鼻子大、眉毛纤细、肋骨上有一个印记。关键年龄为11、22、31、46、53、63、77、86岁。

第二旬:名为Sesme,命主与父母分离,受穷苦,住在他乡,遇到他所预想不到的人或事物,精神、灵魂得到提升。并且会经历刀伤流血,如果命盘中吉星抑凶,代表随着年岁的增长,运气会变得更好,命主会铸金银钱财之术。脸色灰黄、眉毛宽、胸部有印记、后背消瘦。关键年龄为11、19、21、32、46、51、61、72、86、91岁。

第三旬:名为Komme,命主会变得富有,父母了不起,为人敏锐,有学问,为公众服务,成为上位者身边的主宰生死之人,能施行王者的命令,参与战役。如果木星佐证,会成为领导、王者之师,或城市主宰。如果土星佐证,或上升位于土星界,代表群众背叛或金钱损耗、敌意。个子矮小、面容可爱、左眼有白内障、胸部宽、为人勇敢,左腿有标记。关键年龄为11、26、36、42、51、67、72岁,会突然死亡(尼禄、伊丽莎白二世的命盘非常符合本条断语)。

上升轴位于射手座与摩羯座间隙度,早年应受谴责,女命则善于交际,会被一个伟人或贵人所爱,与前夫离婚,之后与其在一起,会有一个好的结局。

10、摩羯座

第一旬:名为Smat,命主为头胎,或是第一个抚育成的子女。有智慧、有学问,为人善良,能畅所欲言,能制服敌人,当处于危险的时候,能够使用自己的方法保护自己。早年有所损耗,会对女人见异思迁。如果木星于此旬或为佐证,会有好时运,能管理许多人,有好的结局。个子矮、胸宽、走路时候,肌腱会动,腋窝有一个黑斑。关键年龄为1、4、9、11、17、22、31、42、56、63、72、81、89岁。

第二旬：名为 Srō，命主会早丧父母，并且缩减遗产，有所损耗，生活于外地，为人精细，伴随贵人身边，以水类行业谋生。不会为女性而安定下来，晚婚，会被已婚女子、寡妇、奴婢所诽谤。在早年之后，会得到一个女性的好处，最后有一个美好的结局。身材高大、眼睛漂亮、高鼻梁、眼神充满喜悦，但是却居心不良，易怒而卑鄙。关键年龄为 6、9、11、22、31、41、52、63、76、81 岁。

第三旬：名为 Isrō，命主出身高贵，大有家财，有所依靠。很有学问而众人钦佩，为人敏锐，对骗子憎恨，为人放荡易变，对一个女人见异思迁，但是后来却得其青睐。会收获良多，管理诸多。寿命较短，死于外地。气色灰黄，左肘和大腿有一个印记。关键年龄为 4、7、11、22、33、46、52、63、72 岁。

上升轴位于摩羯座与宝瓶座间隙度，会被驱逐或被野兽吞食。

11、宝瓶座

第一旬：名为 Ptiau，命主富贵，有学问，被人喜爱，为人敢言，公正公义，众人钦佩投靠，值得后人敬仰，会受到女人青睐，但是子女先故。胸部或左脚、肋部有一个标记，脚趾蜷缩。关键年龄为 7、11、19、22、31、57、62、76、81、92 岁。

第二旬：名为 Aue，命主一生身心俱疲，会有抱怨、药罐、诽谤之类灾害。头部有灾害，多破耗，要小心火灾、沉船等事故，和妻子关系变化无常，这些都是早年的运气遭遇，之后会从厄运中解脱，有所收获。身材不好，皮肤比较黑，在出生地比较有福气，腰部、腋下、乳房有标记，脚趾比较分开。关键年龄为 12、26、33、44、56、65、73、84、95 岁。

第三旬：名为 Ptēbuou，命主为神之子女，遵守神的宗教仪式，要成为世界之主，有许多人顺从他，如果吉星佐证，并且没有凶星影响，则能有诸多收获。眼睛黄褐色或灰黄色,右肩和腋下有一个标记。关键年龄为 6、9、12、21、42、51、64、74、80 岁。

上升轴位于宝瓶座与双鱼座间隙度,会有异常,譬如流产、雌雄同体、白化病。孪生或双头。

12、双鱼座

第一旬:名为 Biou,命主对服从自己的人是坚定的、仁慈的,在子女上有伤痛,虔诚而善于经商,颈部会有灾厄,但是可以逃脱危险,身边一些女人会离开,经历一段不规则的时运后,会有一段美好时光,得到女子青睐,有了子女。身材高,脸型好,肩部宽。腋下和脚底有标记。关键年龄为 12、22、25、27、33、42、52、64、73、82 岁。

第二旬:名为 Chontare,命主会提升财富,会离开父母,并且会减损祖产,通过自己努力获得良多。擅长于商业,贪婪、博爱、博学之人,内心和平,但是却被朋友抢夺。婚后妻子背叛自己,他将妻子赶走。会有很多小人、敌人,他也会注意到他们。如果有吉星映射,则会娶到好女人,生活就会平静下来,有一个好的结局。命主个子不高,相貌清秀,头发细密而黑,右脚和肚脐有标记,关键年龄为 7、10、16、20、31、42、51、61、72、77、79 岁。

第三旬:名为 Ptibious,命主文雅有学问,为众人喜爱,好宴乐,但是身体必然有伤害,亲属,妻子早死。在江海中谋生,会减损父母财产,会与掌权人相争,但是会娶比自己门第高的女人为妻,会死的很突然。如果吉星映射,收获良多也会浪费、奢侈。关键年龄为 2、6、9、12、21、31、42、51、67、74、80 岁。

上升轴位于双鱼座与白羊座间隙度,会死于饮用药物,或被勒死,或扔下悬崖,被野兽吃掉,会被斩首,死未埋尸。

以上内容源出埃及占星,笔者研究发现在使用恒星制时,即参考恒星星座的意义时,以上断法有一定的准确性。

三、Teucer of Babylon 对十二星座以及旬星的定义(参考其他作者)。

其旬星,经过笔者验证,有一定的准确性和参考价值。

1、白羊座

白羊座,为阳性星座、曲向上升星座、启动星座、不育星座、春季星座、皇家星座、四足星座、火元素星座,为红色,代表热性、昼夜相等、陆地、有害、生活在干燥的土地上、易怒、易变、炽烈,为宇宙的天顶,代表增长、雄辩、放肆、火热、残疾、肉欲、弱视、卑屈、弱发声、不守规则、命令、双色调、双象。风向里,狮子座、射手座都是东方,白羊座为东部的中心,代表东风。

根据 Ptolemy 划分的气候带,白羊座代表不列颠、加拉太、日耳曼尼亚、巴斯塔尼亚、朱迪亚(古巴勒斯坦南部地区)、叙利亚、伊杜马亚。

在身体部位上,代表头部,和脸部,以及所有和头部有关的状况,譬如头疼、视力差、中风、耳聋、失明、麻风病、坏血病、脱发、昏迷、伤口和牙齿之类。

Abū Ma'shar 认为,白羊座代表头部、面部、瞳孔以及这些部位的内部,也代表眼、耳中出现的疾病。

上升或月亮位于此星座,主其人面色红润,长鼻子,眼睛黑亮,前额光秃,端庄而苗条,身体均匀,腿显瘦,声音悦耳,宽宏大量。

出生在这个星座的人,将是杰出的、专制的、公正的、对冒犯者严厉、自由、有统治力、思想大胆、自负、勇敢、不安、不稳定、傲慢、膨胀、令人畏惧、变化迅速、富有的。当定位星吉利并被吉星映射时,为富贵之人,能够主宰他人的生死。一般来说,定位星都会通过其本性体现吉凶,或好或坏,或多或少,这都要需要根据定位星的搭配格局而具体论断(每一个星座论断都要遵从这个规则,后文不再复述)。

第一旬:有活力,喜欢支配,放弃或逃离出生地,经过许多地方,喜欢在国外或外地,一段时间会回来,但是损害了很多事情。父亲死的不易,遗产会消散,抛弃兄弟,会失去身体的秘密部位。

第二旬:富有,但是被悲伤、破耗所围绕。

第三旬:经历许多艰辛,面临危险或监禁,由于仇恨,早年离开家,回来的很晚,并且会再次与家乡分离,在大多情况下,没有子女。

2、金牛座

金牛座为阴性星座、夜间星座、北方星座、四足星座、曲向上升星座、固定星座,为残缺、不育、不变、春天、土地、半完成、陆地、淫荡。为宇宙盘的财富宫。代表秩序、土地、乡村,与农业有关,代表自由、少后代、弱发声和哑巴、高贵、精力充沛、未完成,代表财物和财产。风向里,金牛座、室女座、摩羯座都是南向,金牛座偏东南风。

Abraham ibn Ezra 认为,植物类象上,金牛座代表高大的植物,因为金牛座是土元素。当太阳进入金牛座后,气候非常稳定,它代表生殖,是因为它是金星星座。其特性为冷热混杂。天气的冷干特性,令它有黑胆汁特性,而天气的湿热特性,令它代表甜蜜的味道。

根据 Ptolemy 划分的气候带,金牛座代表帕提亚、莫斯迪亚、波斯、塞浦路斯、小亚细亚海岸、基克拉底群岛。

身体部位主颈部、食道、颈部腺体肿大、窒息、鼻孔、眼睛受伤或眼疾。

Abū Ma'shar 认为,金牛座代表颈部、脊椎骨、喉咙,代表这些部位的相关疾病,譬如淋巴结核、脓肿、鼻窦炎、驼背、眼疾等等。

皮肤丰满光滑,嘴巴大,头发细,精神矍铄,离家在外之人。

出生在这个星座的人,主高贵、精力充沛、勤劳、善于打理事情,喜欢享乐、喜欢音乐、慷慨大方。有些命是劳动者、培育者、种植者。如果此位吉利,或者定位星处于有利的位置,可以成为牧师和学校的领导,以及那些被认为配得上王冠、纪念碑和雕像的人,也代表寺庙监督者、杰出人物。

第一旬:会有诸多危险,奢侈,无子女,兄弟很少或无兄弟。

第二旬:未受教育,苦力,不幸之人,失去遗产,有兄弟姐妹。

第三旬:尊贵、富有、英俊、有名,过着奢华的生活,后来会陷入焦虑和麻烦。

3、双子座

双子座为阳性星座、昼间星座、发声星座、双体星座、人形星座、曲向上升星座、半不育星座。代表西南,为宇宙命盘第 12 宫。风向里,双子座、宝瓶座、天秤座都是西方,双子座偏西北风。

代表卡帕多西亚,根据 Ptolemy 划分的气候带,双子座代表亚美尼亚、海尔卡尼亚、马提亚纳、马莫利卡、埃及底部。

在身体部位上主肩膀、手、手臂。

Abū Ma'shar 认为,双子座代表肩膀、上臂、手、肩胛骨。

皮肤黝黑,大胡子,浓眉,额头光秃,走路敏捷。

出生在这个星座的人,代表学者、从事教育和文学工作的人、诗人、音乐爱好者、演说家、管理人员和受信托的人、翻译者、商人、分辨善恶的法官、明智的人、神奇艺术的实践者和神秘学问追寻者。

第一旬:掌管重要事务、尊贵之人,继承祖产,也代表聪明、努力而不太成功的体操运动员。

第二句:非常危险,通奸,与父母不合,憎恨无赖,为人明智,容易有勇无谋,但是比较富有。

第三句:容易征服而获得荣耀,管理当地。

4、巨蟹座

巨蟹座为阴性星座、夜间星座、启动星座、夏季星座、无声星座、直向上升星座,代表多变、水域、粗皮肤、淫荡,为宇宙命盘的上升星座。风向里,双鱼座、天蝎座、巨蟹座代表北方,巨蟹座为正北方。

Abraham ibn Ezra 指出,巨蟹座是直向上升星座,是因为在所有的气候带,巨蟹座的赤经上升都超过 30°,从巨蟹座开始到射手座结束,都是直向上升星座,从摩羯座开始到双子座结束,都属于曲向上升星座,曲向上升星座赤经上升都小于 30°。

代表亚美尼亚,根据 Ptolemy 划分的气候带,巨蟹座代表努米底亚、查切顿、非洲、庇推尼亚、弗里尼亚、科尔基斯。

在身体部位上,代表胸部、胃部、乳房、心脏、脾脏和其它隐私部位。根据巨蟹座的星云和恒星特性,也主苔藓状麻风病、皮肤病、中风、水肿、驼背、痣。

Abū Ma′shar 认为,巨蟹座代表胸部、女性乳房、心脏、胃、肋部、脾、肺部,代表以上部位相关疾病,也代表弱视等相关眼疾、胸部隐私疾患等等。

肤色黝黑,胸部小,罗圈腿或走路侧身而行,身体匀称。

出生在这个星座的人,野心勃勃、快乐、受欢迎、喜欢享乐,代表聚会、公众,也代表不断变化、戏剧性、容易沮丧,为人思想不稳定,说一套做一套,凡事难以坚持,人生多动荡,或成为旅行者。

第一旬:必然富足,人际关系好。

第二旬:心胸狭窄,长期患病,成功,住在国外,眼睛受伤,有技术。

第三旬:从属于他人,危险,兄弟少,与家人疏远,喜爱大海,为利益而行事鲁莽,得子女之福,身体受伤。

5、狮子座

狮子座为阳性星座、昼间星座、夏季星座、发声星座、直向上升星座、固定星座、火元素星座、上升星座,代表统治、命令、炎热、暴躁、不变、不屈不挠、公众、政治、不育、四肢发达、残缺不全、淫荡,代表只有一个后代,为宇宙命盘的第2宫,风向里,狮子座偏东北风。

Abraham ibn Ezra 指出,12 星座从头到脚各有分配,狮子座代表心脏,所以 Ptolemy 认为,金星位于狮子座的人,对女性有强烈的情感欲望,因为金星为情感、性交。

根据 Ptolemy 划分的气候带,狮子座代表亚洲、意大利、西西里、阿普利亚、腓尼基、迦勒底、奥奇尼亚。

身体部位为肌肉,骨骼,臀部,心脏,视力,男子气概、刚毅。

Abū Ma'shar 认为,狮子座代表上腹部、心脏、肌肉、侧部、骨骼、后背两部分、背部。

脸色苍白、残废、眼睛锐利、嘴巴大、牙齿细、脖子粗、鼻子短、胸部宽、腹部平坦、身材苗条、骨骼精致、声音低沉、体格健壮。

出生在这个星座的人,杰出、高贵、稳重、公正,讨厌邪恶,为人独立,讨厌奉承,为人慈善,有膨胀而崇高的思想。如果定位星位于轴并且被吉星映射,则主聪明、辉煌,暴君、王者。

第一旬:喜欢兄弟姐妹,喜登山,辛苦。

第二旬:高贵,大胆,心高,统治,短命,失去继承权。

第三句：肮脏，冷酷，富有，发号施令，在外地服务，善待多人，但也虐待多人，抛弃兄弟，并错误的将他们处死。

6、室女座

室女座为阴性星座、夜间星座、夏季星座、发声星座、土元素星座、人形星座、不育星座、双体星座、直向上升星座，代表混合、翅膀、三面、理性、多变、神秘、顺从、西南，为宇宙命盘第 3 宫，风向里，室女座偏西南风。

Abraham ibn Ezra 认为，室女座代表人和鸟类，这是因为它是双体星座。它代表所有的小型植物，是因为室女座的定位星水星属于内行星中最小的行星。

根据 Ptolemy 划分的气候带，室女座代表希腊、爱奥尼亚、美不达米亚、埃塞俄比亚中部、克里特岛。

身体部位代表腹部、五脏、隐私部位，代表肠道和横膈膜。

Abū Ma′shar 认为，室女座代表腹部以及其内部，诸如肠子、隔膜、内脏。Al—Lindi 认为，室女座代表背部、两侧。

肤色好，身材匀称，容易相处，性格开朗，和蔼和亲，喜欢和孩子打交道，大多喜欢男孩。

出生在这个星座的人，主高贵、谦虚、虔诚、细心，生活多样化，会管理别人的财物，受人信赖，代表好管家、秘书、会计、演员、从事新奇艺术的人，代表追求神秘知识，早年挥霍浪费，晚年兴旺。

第一句：长寿、勤劳，在富贵者的帮助下进步，但是经常被自己所爱的男人所伤害。

第二句：聪明、淫荡，年轻时候多耗损，晚年成功，易生病。

第三句：生活简陋，处于从属地位，忍受其所应得。

7、天秤座

天秤座为阳性星座、启动星座、秋季星座、分点星座、直向上升星座、昼间星座、发声星座、人形星座、上升星座、风元素星座，代表公正、多变。为宇宙命盘第4宫，代表普通，政治。风向里，天秤座为正西向。

根据 Ptolemy 划分的气候带，天秤座代表巴克特里亚地区（主要疆域在阿姆河以南）、利比亚、昔兰尼、中国或其西部、萨基斯。

身体部位代表臀部、腹股沟、腹部、结肠、后部、膀胱，代表淫荡、多产。

Abū Ma'shar 认为，天秤座代表下腹、肚脐以下至外生殖器、腰部、臀部、耻骨区。Al－Kindi 认为天秤座为肾脏。

黑眼睛，漂亮头发，有耐心，为人公正。

出生在这个星座的人，代表温柔，有女人味，心底善良而善变，倾向于实践手工艺，譬如农场，或者某种需要计算、测量形式的工作。天性善良，遵守习俗和规则，意味着他们活的体面、文明，有着平静而公正的气质。有的天秤座，也会诽谤别人，觊觎别人的好东西，喜欢和周围的人比较。天秤座有时候会破坏或者毁掉他们在人生最初建立起来的快乐，有时候也是命运起起伏伏，生活质量不稳定，他们会把自己置于衡量和自我判断的标准里，不断的将自己与他人，或他们自己认定的标准进行比较。有些天秤座，运气兴旺发达，足够富有。

第一句：有男子气概，喜欢朋友，四处流浪。

第二句：聪明、漂亮、有指挥能力，有名望、喜欢女人、在国外服务、正直、兄弟少。

第三句：英俊、奢侈、浮躁易变，但是并非无害。

8、天蝎座

天蝎座为阴性星座、夜间星座、直向上升星座、固定星座、秋季星座、无声星座、多产星座、水元素星座。代表弯曲、导致破坏、粗皮肤、麻风病、易怒、穿刺、狡猾、雕刻家,宇宙命盘第5宫,风向里,天蝎座代表偏西北风。

根据 Ptolemy 划分的气候带,天蝎座代表意大利、毛里塔尼亚、盖图利亚、叙利亚、卡帕多西亚。

身体部位,为阴部、膀胱、腹股沟,代表坐骨、刺痛、视力模糊、肾结石、奇症、肿瘤、喉部肿瘤、难以形容的恶习、性乱交、瘘管、癌症、出血,天蝎座属于畸形星座,也代表癌症、疥疮、麻风病、秃顶、眼疾、坏血病之类。

Abū Ma'shar 认为,天蝎座代表阴茎、睾丸、臀部、膀胱、卵巢、会阴、女性外阴以及内部,代表的疾病诸如排尿困难、阴囊疝、痔疮、癌症、眼膜之类的疾病等等。

肤色黑,眼睛黑,严肃,头发卷缩,声音微弱,勇敢,敏捷,沮丧。

出生在这个星座的人,狡猾、卑鄙、小偷、杀人犯、叛徒、不可救药、破坏他人财物的人、同谋者、窃贼、伪证者、贪婪的人、投毒或其他罪行的人,以及憎恨自己的家庭的人。也代表热衷于战斗、竞技、杀戮之人。

第一旬:不义之人,流浪,经历过许多危险,有男子气概,在生活中是温和的。

第二旬:努力工作,理智,固执己见,生活在外地,参与重大事件,没有子女,身体有损。

第三旬:狡猾,弯弯绕绕,灾害多,对许多人做错事,抛弃亲戚,过着艰苦的生活,短命。

9、射手座

射手座为阳性星座、双体星座、直向上升星座、秋季星座、半不育星座、火元素星座、弱发声星座，它有着半人半兽的形式，代表两面、四足、陆地、强壮、弱视。风向里，射手座代表偏东南风，射手座为宇宙命盘第6宫。

Abraham ibn Ezra 认为，射手座象征所有高的事物，像天空一样，这是因为它特性为风，它位于遥远的北方，位于太阳的远地点。

根据 Ptolemy 划分的气候带，射手座代表泰伦尼亚、克利克、西班牙、阿拉伯费利克斯。

身体部位上，代表大腿和腹股沟，经常代表多余的肢体、有胎记的、或秃头、弱视之人，癫痫、损眼，受伤残疾，高处摔伤（因为在射手座第一旬有一个颠倒的神像，名叫 Tala）、或者来自四足动物的危险，失去四肢，被野兽伤害（与仙王座有关）。

Abū Ma'shar 认为，射手座代表大腿、胎记、痕迹、四肢上长出来的（譬如手指）、赘生物，代表失明、独眼、秃顶、高处坠落、骑行动物或捕食动物时遇到灾害（车祸）、跛脚、脱臼、截肢等等。Al－Kindi 认为，射手座代表臀部与肛门。

肤色适中，嘴巴、眼睛漂亮，身材匀称，敏捷，不可战胜，心胸狭窄，不稳定的人。

出生在这个星座的人，脾气比较好，有均匀而平衡的气质，灵魂往往是伟大而华丽的，射手座倾向于批判性的思考问题，给予自己洞察力的力量，尤其在学术上的努力，有判断的倾向，可以说他们是为了爱而爱。也主高贵、公正、伟大、法官、慷慨，爱他们的兄弟和朋友。他们失去了很多原本已经获得的东西，譬如财之类，但又重新获得了它们。他们比自己的敌人更为优越，追求高贵的名声，也为慈善捐助者、卓越者，行为神秘。基于射手座张弓射箭的形态,它代表四肢有力量,心态敏锐,代表迅捷灵敏的运动和不屈不挠的心灵。

第一旬:被家族、亲属所毁,独自生活,辛苦劳碌,居住于外地或国外,并终老于外。

第二旬:喜欢吹牛,卷入许多商业事务中,得失相伴,失去祖辈遗产,住在外地,通常不安定,因为妻子、子女而痛苦。

第三旬:尊贵,在外邦受人尊敬,有淫乱关系,性情浮躁。

10、摩羯座

摩羯座是阴性星座、夜间星座、曲向上升星座、弱发声星座、冬季星座、下降星座,代表海陆、粗糙皮肤、麻风病、破坏、不育、寒冷、淫荡、制造谜题、双象、极湿、农业、半成品、驼背、瘸腿、残忍、残废、鳞状。宇宙命盘的第7宫,风向里,摩羯座代表正南方向。摩羯座前半部有蹄的陆生动物,后半部为水生动物,所以它代表有蹄的四足动物,也代表水生动物,还代表蠕虫、跳蚤和苍蝇。

根据 Ptolemy 划分的气候带,摩羯座代表叙利亚、印度、色雷斯、马其顿、伊利里亚。

身体部位,代表膝盖和肌腱。因脊椎骨问题而导致视力模糊,致残,代表体液,或体液的流动导致疯狂和痛苦,也代表淫荡和无耻的行为。

Abū Ma′shar 认为,摩羯座代表膝盖以及相关肌腱,黑内障之类的眼疾。

小脸,脚踝纤细,喜欢女人,代表骗子、自负、卑屈、宗教,也代表喜欢朋友、可靠、接受帮助、雄辩、有勇无谋。

出生在这个星座的人,会从事与火相关的技艺行业,譬如熔炼、防寒等等。主人性坏,性格扭曲,伪装善良和真诚,吃苦耐劳,为人小心翼翼,容易失眠,喜欢开玩笑,策划大的行为,容易犯不幸的错误。也代表善变、犯罪、说谎、批评指责、不道德,由于摩羯座属于冬季星座,昼短夜长,阴阳失衡,代表运势的波动,时而浮动的心灵波动,摩羯座末端象鱼一般,这代表摩羯座利于老年运势,但是女命摩羯为上升星座不利。

第一旬:长寿、迷人、水上,在国外或外地受到尊敬,身体有病,陷入损耗。

第二旬:流浪、离家、好人、下属,在潮湿的地方受过伤或遇到危险,晚年过的比青年时期好。

第三旬:决定性的、流浪、著名,在国外或外地受人欢迎而获得赞誉。命主为善人,讨人喜欢的人。

11、宝瓶座

宝瓶座为阳性星座、昼间星座、曲向上升星座、人形星座、发声星座、冬季星座、风元素星座、曲向上升星座,代表结露、极冷、不改变、无子女、恐惧、苔藓、鳞片、像尸体一样、驼背,为宇宙命盘第 8 宫,代表死亡。风向里,宝瓶座代表偏西南风。

根据 Ptolemy 划分的气候带,宝瓶座代表阿拉伯半岛、阿扎尼亚、埃塞俄比亚中部、奥希纳、索格迪亚纳。

身体部位上代表小腿、腿部、肌肉。代表患有水肿、关节炎、疯子、阉割、受伤、象皮病、黑胆汁、黄疸、四肢残疾。

Abū Ma'shar 认为,宝瓶座代表两条小腿至脚踝底部及其肌腱,代表黄疸、黑胆汁、骨折、截肢、静脉曲张等等。

好的肤色,容易疗愈,敏感,爱慕虚荣,喜欢清洁,爱吹牛。

出生在这个星座的人,恶意、厌恶原生家庭,无可救药、任性、欺骗、狡猾、隐瞒一切、厌世、不信神、抱怨者、背弃名誉和真相、嫉妒、小气、偶尔慷慨、无法控制。Manilius 认为宝瓶座的人温柔而讨人喜欢，内心干净，易于遭受损失，并且根据水瓶座的外观形态，他认为宝瓶座代表探查地下水，改变河流走向，水的运输等等行业与宝瓶座相关。

第一旬：行善，但是往往表现出忘恩负义，生活在外地，婚姻幸福，受毒品困扰。

第二旬：快乐、顽皮而诚实，在水域有困难，在军队中极有名。

第三旬：为王者，或伴随王者，经历许多危险，有水灾。

12、双鱼座

双鱼座为阴性星座、双体星座、冬季星座、夜间星座、曲向上升星座、水元素星座、多产星座、无声星座，代表好的、多变化、淫荡、极湿、颜色多样化、残废、麻风病、有鳞的、普通的、有鳍的，为宇宙命盘第 9 宫。风向里，双鱼座代表偏西北风。

根据 Ptolemy 划分的气候带，双鱼座代表帕扎尼亚、纳萨梅尼迪斯、加拉曼迪克、吕底亚、基利家、旁非利亚。

身体部位主脚底、脚掌、脚筋、脚踝。主关节炎、痛风、驼背、皮肤粗糙、麻风病、坏血病、结痂、淫荡、值得指责的人、受体液疾病困扰。

Abū Ma'shar 认为，双鱼座代表脚、脚趾、神经，代表神经疼、痛风、麻木。

面色苍白，头发漂亮，聪明，嗜酒如命，挥霍无度。

出生在这个星座的人，不稳定、不可靠、能脱离坏运转为好运、性感、狡猾、无耻、多产、受欢迎。Manilius 根据星座形态，认为双鱼座与大海相关，代表港口、航行、船舶。他认为双鱼座的人子孙多，性情友好，运动敏捷，一生中一切都在不停变化。

第一句：由于贪婪而鲁莽，不公正，生活舒适，对知识好奇，有许多朋友，有技术，受人尊敬，被女人喜欢。

第二句：贪吃、好奇、生活在外地。

第三句：致力于享乐、学术，著名，经验丰富，受女性青睐，挥金如土，为人冲动，观众很多，或粉丝很多，易得易失。

注：有关气候带划分，做了省略处理，涉及诸多古地名，并且星座地理有诸多不同说法，因此以上地理内容仅供参考。

上文内容中，提及了星座间隙度，即星座歧度的意义，直接套用，是不准确的，笔者经过长期研究，实践论证，总结了歧度的实战意义，下面举例说明。

案例：歧度案例

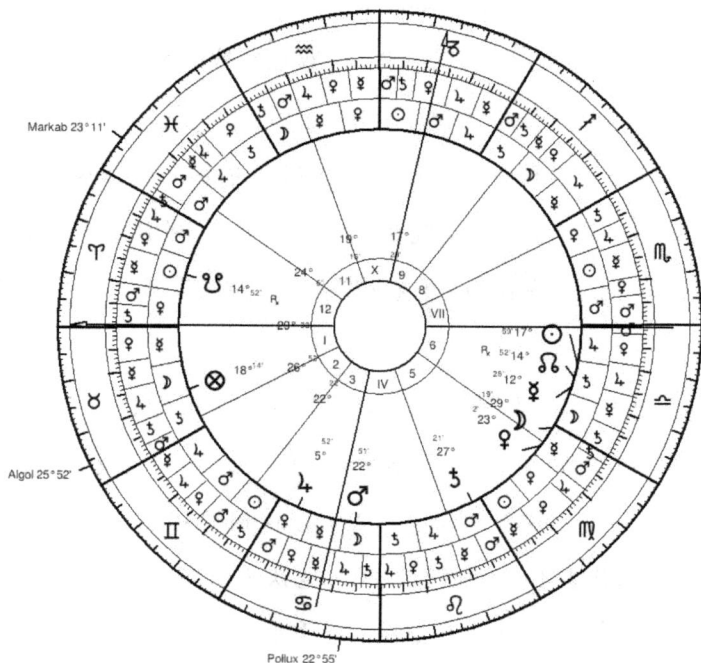

男命,生于 1977 年 10 月 11 日,上升轴位于白羊座与金牛座之间的歧度。火星为上升轴定位星,太阳为上升轴升主星,火星和太阳能够主要主宰上升宫的特性,火星同时是 Mc 的升主星,因此火星带有其职业特色,火星合相 Pollux,即北河三,该恒星行星特性为火星,为军警特性,结合火星、太阳状态与上升星座白羊座的特性,此命为警察。火星、太阳、土星都落于落陷星座,人生不如意。

由于上升轴歧度,本命上升宫还受到金牛座影响,因此本命的上升宫的主宰是火星与金星,并且两者兼备,两者具动摇不定,这是歧度的意义。因此火金都动摇不定。火星主宰男性,金星主宰女性,代表婚姻不定,或者难有婚姻。同时月亮为妻星,月亮也位于天秤座和室女座之间的歧度,代表婚姻存在障碍,此命至今未婚。

如上所论,金火的动摇,导致金星和火星的力量都存在问题,因此本命常年在办理病退,一直未果。金星、月亮、太阳、罗睺都在第 6 宫,充分体现此事,罗睺代表长久的障碍。并且全部行星都在地平线下,代表人生事业会受人欺压,不得显达。

歧度,是笔者在研究古典占星中所发现的重要技术。一旦行星位于一个星座的 29°~0°59′ 则为歧度。歧度会极度弱化该位置的轴或行星,会让该位置带有前后两个星座的特性,如同在夹缝中生存。前后两个星座定位星也都会对歧度解读产生影响力。

歧度的意义是什么?歧度如同墙头草,让力量摇摆不定,就会发生相关举棋不定,变化不停的特性,譬如金星位于金牛座和白羊座之间,可以代表整容,因为白羊座为头部,金牛座为颈部,金星代表美丽,火星代表手术,都摇摆不定,就会产生整容的影响。具体要结合命盘其他地方的反应。所以歧度一定要考虑在哪两个星座之间,以及在命盘中的后天宫位等等，做出综合论断。也要注意行星特性，譬如金星歧度，就很容易整容、烂桃花、出轨等等。

当上升轴歧度的时候，务必注意歧度前后星座及其定位星，它们对命主的影响力都非常大。其他轴点位于歧度时，断法类推。

第十八门　说各星宫度位分（行星入域、行星喜乐与 12 分部）

凡各星，有宫度位分，并喜乐位分，及看各星离太阴、太阳远近度数，又看各星在何宫分度数。

何谓宫度位分，属阳属昼之星，昼在地上，夜在地下。属阴属夜之星，夜在地上，昼在地下。

何谓喜乐位分，水星在命宫，太阴在第三宫，金星在第五宫，火星在第六宫，太阳在第九宫，木星在第十一宫，土星在第十二宫，皆为喜乐宫分。

各星若在本宫，看与太阴或太阳，相离几度。如金星在金牛宫，太阴在巨蟹宫；又如金星在天秤宫，太阳在狮子宫；皆是本宫位分，六合相照，极旺有力。

又说，各星在本宫，或在庙旺宫，或在四正，又与吉星相照，十分有力。如金星在命居天秤宫，或土星在命居磨羯宫，或土星居天秤宫，或火星在磨羯宫，则十分有力。

又每一宫三十度，将三十度分作十二分，每分二度半，不问何宫，以第一分，分与本宫主星；第二分，分与第二宫主星；第三分，分与第三宫主星。余依此例分去。

　　要知安命宫度数，在十二分内第几分，每一度作十二度，每一分作十二分，将总合度数，以三十除之，看余剩若干。如安命在人马宫二十六度一十五分，将此两数用十二乘之，该三百一十五度，从人马宫向磨羯宫数去，每宫散与三十度，至天秤宫则与十五度。天秤宫第一分二度半，分与金星；第二分二度半，分与火星；第三分二度半，分与木星；第四分二度半，分与土星；第五分二度半，亦分与土星；第六分二度半，分与木星。若别一星，到此木星分定度数上，同相照一般。遇吉则吉，遇凶则凶。余星皆同此论。此木星是每宫分十二分的主星，极与命宫出力。其余财帛等宫，依上例取用。

　　注：《天文书》提出了四种力量相关的概念，分别是行星入域、喜乐宫位、强相位格局、十二分部。我们一一介绍如下：

　　1、宫度位分，我们称之为行星入域。之所以这样定义，是因为在七大行星中，日月为体，五星为用，五星需要围绕日月进行力量划分。日月代表阴阳，五星会随之而分化形成不同宗派，这属于时间力量，我们已经定义为星宗。行星所谓的位分属于空间力量，我们称之为行星入域，星宗与行星入域是一对概念，行星入域是星宗力量的进一步的衡量。

　　所谓领域，就是一个环境。行星分昼夜、有阴阳，因此随着昼夜变化，昼夜就是其环境。我们以地平线为界限，分为上下两个区域，昼夜行星各自有适合的区域，这种概念非常重要，可以定义行星的吉凶特性，并且这种特性不仅仅影响行星的吉凶，还与综合评定格局力量有关。在命理、占卜中都至关重要。

　　所谓行星入域，指行星处于同类阴阳性质的区域。当昼盘中的阳性行星,位于地平线上(夜间盘位于地平线下),并且位于阳性星座;阴性行星白天位于地平线下(夜间盘位于地平线上),并且位于阴性星座,即为行星入域。需要注意火星的特殊性,火星是一个阳性行星,但是它却是一个夜间行星。一般而言,太阳、土星、木星、火星、水星为阳性行星,月亮、金星为阴性行星。昼行星为太阳、木星、土星,夜行星为月亮、金星、火星,水星东出则为昼行星,西入则为夜行星。

我们也可以这样定义,昼星白天位于地平线上,夜间位于地平线下;夜星夜于地平线上,昼于地平线下,阳星位于阳性星座,阴星位于阴性星座,此时我们称之为行星入域。我们可以发现,白天的时候,昼行星和太阳一起在地平线上方,夜行星在和太阳相反的地平线另外一方,每一颗行星都会根据自己的特性排列,就和物以类聚,人以群分的道理一样。

当行星入域的时候,会有强的特性,更加平衡、舒适,有好的特性,能够更好的发挥出行星的作用力。反之,行星失域,则不相称,导致行星不安、缺乏能力,甚至发挥出凶的特性。

譬如夜间盘,金星位于地平线上第 8 宫天蝎座,火星位于第 9 宫射手座,金星与火星都入域。

以上是较为严格的综合定义。其实,昼夜行星位于各自对应的地平线上下域,阿拉伯术语称之为 Halb,而阳性行星位于阳性星座,阴性行星位于阴性星座,阿拉伯术语称之为 Hayyiz。为了详细分辨,我们将行星位于适合的地平线上下,定义为行星上下域,将相应的阴阳星座,定义为行星阴阳域。

另外土星、木星、火星喜乐于 1、3 象限,月亮、金星喜乐于 2、4 象限。

2、所谓喜乐位分,即行星喜乐宫位。水星喜乐于上升宫,月亮喜乐于 3 宫,金星喜乐于第 5 宫,火星喜乐于第 6 宫,太阳喜乐于第 9 宫,木星喜乐于 11 宫,土星喜乐于 12 宫。我们可以注意到一种分布规律,即昼星都喜乐于地平线上的位置,夜星都分布于地平线下。

说到喜乐宫,就不得不提到一位希腊占星师,马库斯·马尼利厄斯(Marcus Manilius)他是一位罗马诗人,在公元 1 世纪初期某个时候写了一篇关于占星术的教学诗。由于缺少更早的原始文献,他的著作《Astronomica》成为最早的希腊占星教科书,至今仍完整保存下来。他认为金星喜乐于第 10 宫,土星喜乐于第 4 宫,但是这个说法并没有被任何人沿用。

还有一种喜乐星座的说法,即土星喜乐于宝瓶座,因为宝瓶座为阳性星座;木星喜乐于射手座;火星喜乐于天蝎座,因为火星是夜间行星,天蝎座是夜间星座;太阳喜乐于狮子座;金星喜乐于金牛座、水星喜乐于室女座、月亮喜乐于巨蟹座。喜乐星座基于阴阳同性,术数都讲究合于合于阴阳,所以阳星位于阳性星座,阴星位于阴性星座,符合其自身阴阳的特性。在古典占星中,当阳星位于阳性舍星座,阴星位于阴性舍星座,称之为 Proper Face。

3、强相位格局,《天文书》提到了行星在舍位被日月映射的强力格局,譬如金星位于金牛座,巨蟹座的月亮与金牛座为六合相位映射。金星位于天秤座,被狮子座的太阳以六合相位映射,都是极旺的。并提出行星位于舍、升星座或位于四轴,被吉星映射,是十分有力的强映射。

4、十二分部,希腊占星术语中,称之为 Dōdekatēmorion。这种方法将每一个星座划分为十二个星座分区,每一个分区 2.5°,全部十二星座共有 144 个分区。这样每一个星座就拥有了十二星座的不同特性。我们列表如下:

	0°—2.5°	2.5°—5°	5°—7.5°	7.5°—10°	10°—12.5°	12.5°—15°	15°—17.5°	17.5°—20°	20°—22.5°	22.5°—25°	25°—27.5°	27.5°—30°
♈	♈	♉	♊	♋	♌	♍	♎	♏	♐	♑	♒	♓
♉	♉	♊	♋	♌	♍	♎	♏	♐	♑	♒	♓	♈
♊	♊	♋	♌	♍	♎	♏	♐	♑	♒	♓	♈	♉
♋	♋	♌	♍	♎	♏	♐	♑	♒	♓	♈	♉	♊
♌	♌	♍	♎	♏	♐	♑	♒	♓	♈	♉	♊	♋
♍	♍	♎	♏	♐	♑	♒	♓	♈	♉	♊	♋	♌
♎	♎	♏	♐	♑	♒	♓	♈	♉	♊	♋	♌	♍
♏	♏	♐	♑	♒	♓	♈	♉	♊	♋	♌	♍	♎
♐	♐	♑	♒	♓	♈	♉	♊	♋	♌	♍	♎	♏
♑	♑	♒	♓	♈	♉	♊	♋	♌	♍	♎	♏	♐
♒	♒	♓	♈	♉	♊	♋	♌	♍	♎	♏	♐	♑
♓	♓	♈	♉	♊	♋	♌	♍	♎	♏	♐	♑	♒

这样划分是为了细分十二星座,将一个星座再细分十二个星座,我们可以在星盘里找到任何一个度数的 12 分部。

计算方法简单,用需要计算的行星、阿拉伯点、轴度数乘以 12,再从该度数所在星座开始计算,一个星座 30°,依次找到算出的度数,譬如上升轴位于射手座 26°15 分,我们乘以 12,结果是 315°,从上升星座射手座开始计算,射手座 30°、摩羯座 30°、宝瓶座 30°,一直到室女座总共 300°,剩下 15°到达天秤座,结果为天秤座 15°。天秤座 15°就是上升轴的 12 分部,如果有任何行星位于此位,就可以对上升轴产生影响力,和相位映射的影响力一样。我们也可以通过表格查找,譬如太阳位于白羊座 5°5′,我们通过表格观察白羊座 5°5′,发现其 12 分部位于双子座,是否正确?我们来验算,5°5′乘以 12,为 61°,从白羊座 0°开始计数 61°,正好是双子座 1°,因此完全正确。

这种方法可以追溯到美索不达米亚占星传统。Firmicus 指出,有些占星师认为从 12 分部可以看出星盘的全部本质,星盘里隐藏的信息都可以通过 12 分部分析出来。并且他认为,命盘中木星代表吉利,当它的 12 分部落在凶星所在星座时,木星吉利会被障碍,其余可以类推。

Paul 在其著作中指出,吉星的 12 分部位于太阳、月亮或水星所在的星座,或位于四轴,位于福点、精神点、必要点[Paulus 的公式为 Asc ＋福点－水星(昼) Asc＋水星－福点(夜)]、或位于出生前的新月、满月点,能产生大量吉利,代表成功、长寿、幸福。反之,如果凶星的 12 分部落于以上位置,代表短寿、凶死、多病。

另外在 Hermes 系统中,存在另外一种 12 分部的细分化的划分法,将每一个星座的每一度都划分为一个星座,譬如白羊座 0°为白羊座,1°为金牛座,2°为双子座,3°为巨蟹座,依次类推,白羊座 29°为室女座。赫尔墨斯在其作品中对每一个度的星座针对卜卦、命理都做了陈述。

有关 12 分部的用法,非常类似于我国干支术数中的遁法,可以查看某干支的进一步变化的细节吉凶信息。遁法可以改变一个干支五行的特性,而赋予吉凶变化。由此可见,不同的术数之间存在很多共性的闪亮知识点,而知识是不分地域的。

在 12 分部中,尤其太阳、月亮和上升轴的 12 分部,非常重要,其重要性不次于其它行星。当一颗有力量的行星,其 12 分部位于吉位,则吉利会增长。

Rhetorius 在其著作的第 60 节论述了有关 12 分部的论断内容,列举如下:

月亮的 12 分部三合月亮,代表命主有名望,冲月亮代表不名誉。月亮的 12 分部与月亮相冲,并位于四足星座,被火星映射,会被野兽吃掉,位于人形星座,会被强盗杀死。命主夜生,则代表贵命;被土星映射,代表母亲处于从属地位,或者为外国人、外地人,或者命主自己居于从属地位。虽然为贵命,但主失去生计,尤应于夜生人;被水星映射,代表为学者,受过教育的博学之人;被木星映射,代表令人敬畏,神一般的人;被金星映射,代表友好愉快,快乐之人;被太阳映射,为聪明人、谈论神灵、谈论世界之人;伴随凶星映射 Mc,主入狱,变凶变差。如果映射行星刑之,则本身有利,此时金木参与,则吉。如果土星的 12 分部三合土星,代表命主不名誉,如果它利于太阳或月亮,则代表命主如王者一般。

其他行星的 12 分部的论断方法如上述一样。土星和火星的 12 分部落在日月所在,则不吉利。如果它们的 12 分部与自己三合,都会带来一定的吉利。落于上升星座,代表因为子女而悲伤,他们会生病;落于下降轴,代表会遇到危机以及眼疾;落于 Mc,代表声誉损坏;落于 Ic,代表被隐藏的地方或事物所困扰。火星的 12 分部也类似。

土星的 12 分部落在木星位,代表与上位者产生争执;落在土星位,代表卷入法律判决;落入水星位,代表会为子女、兄弟而悲伤,与家庭人员或兄弟姐妹不和;落入太阳位,会损害父亲财富,或自己不利于父亲;火星的 12 分部落入金星位,为通奸者;落入水星位,会与家庭成员或兄弟产生争执;落入太阳位,自己或父亲有火灾或外伤。水星 12 分部落入木星位,代表信托金钱,以语言或智慧谋为,与有权力的人交往;落在月亮位,代表没有受到足够的教育,总是在书写或与文字打交道;位于火星、水星、或金星所在位置,会因为女人而受诸多责难,会与年长的女性或女奴交往。

除了 12 分部,还有一种九分部,我们列表如下:

	0°—3°20′	3°20′—6°40′	6°40′—10°	10°—13°20′	13°20′—16°40′	16°40′—20°	20°—23°20′	23°20′—26°40′	26°40′—30°
白羊座	火星	金星	水星	月亮	太阳	水星	金星	火星	木星
金牛座	土星	土星	木星	火星	金星	水星	月亮	太阳	水星
双子座	金星	火星	木星	土星	土星	木星	火星	金星	水星
巨蟹座	月亮	太阳	水星	金星	火星	木星	土星	土星	木星
狮子座	火星	金星	水星	月亮	太阳	水星	金星	火星	木星
室女座	土星	土星	木星	火星	金星	水星	月亮	太阳	水星
天秤座	金星	火星	木星	土星	土星	木星	火星	金星	水星
天蝎座	月亮	太阳	水星	金星	火星	木星	土星	土星	木星
射手座	火星	金星	水星	月亮	太阳	水星	金星	火星	木星
摩羯座	土星	土星	木星	火星	金星	水星	月亮	太阳	水星
宝瓶座	金星	火星	木星	土星	土星	木星	火星	金星	水星
双鱼座	月亮	太阳	水星	金星	火星	木星	土星	土星	木星

这种方法源出于印度，将每一个星座九分之一，分为九份，每一个区间为 3°20′。划分方法非常简单，从三方星座中的启动星座开始计数，以其定位星为区间主宰行星。譬如白羊座，其三方星座分别是白羊座、室女座和射手座，白羊座为启动星座，因此第一个区间从白羊座定位星开始，第一个区间属于火星，为白羊座定位星；第二个区间属于金星，为金牛座定位星；第三个区间属于水星，为双子座定位星，依次类推即可。如果是金牛座的九分部，金牛座的三方星座分别是金牛座、室女座和摩羯座，其中的启动星座为摩羯座，因此九分部的第一区间属于土星，为摩羯座定位星，第二区间属于土星，为宝瓶座定位星，第三区间属于木星，为双鱼座定位星，其余类推即可。

譬如某行星位于宝瓶座 19°，按九分部的方法，它位于宝瓶座的第六区间，属于木星主宰。

九分部还有其它排法，Abū Ma′shar 认为以上排法为准确的排法。

第十九门　说七曜相照（行星、星座映射格局）

凡七曜相照，在经度上，有八等。一相会、一相冲、二弦、二六合、二三合，共八等。太阳前后光一十五度，太阴，一十二度，土、木、火三星，各九度，金、水二星，各七度。

假如火星追逐土星，相离九度，则二星沾光，呼为初会。凡星光度数均者，初会则各星度数减半，同沾光。若星光度数多少不同者，初会时，度数多者先沾光，少者光未沾。及少者度数相及，则二星同沾光，为正会。

凡二星同度为相会，但过一分，为相离。虽相离，力尚在，为二星后光未尽也。若二星相会后，相离一分，或二分，却再有一星在后追及，星虽未到，光已相沾，即与后星又为初会。各星相会，并同此例。此是论各星经度。

若各星在纬度相会，或黄道南，或黄道北，尤为紧要。如二星纬度同，经度亦同，则下星掩却上星，故相会为尤紧。

注：《天文书》在本节首先介绍了相位概念，将行星的相位关系细分为八个，行星位于同一个星座，为相会；行星之间距离七个星座或180°，为相冲；行星之间距离四个星座或 90°，为二弦，也叫做刑相位，这种相位在黄道星座上会有两个，譬如白羊座和巨蟹座、摩羯座都距离四

个星座,这是因为黄道星座前后连贯的原因;同理,距离五个星座的为三合,三合相位有两个;距离三个星座为六合,其相位有两个。所有相位关系可以细分为八个。

行星互相映射,存在度数上的范围距离,每一颗行星都有自己的映射距离,我们称之为行星映射半径。一般规定太阳为 15°,月亮为 12°,土木为 9°,火星为 8°,金水为 7°(《天文书》认为火星为 9°),譬如太阳映射半径为 15°,则有任何行星位于或映射到太阳前后 15°以内时候,就会受到太阳的映射注视,由此产生有效的映射关系(包括同星座,刑冲合等相位)。在行星入相位连结的时候,3°视为星体紧密度数连结,这种连结非常重要,希腊占星称之为 kollêsis,这种紧密度数月亮规定为13°,由于月亮运行速度很快,因此以一日内月亮的平均速度 13°作为标准,其他类推。

《天文书》第十九门的内容十分重要,关系到行星各种相位关系的细节知识,但是有些古典占星的重要基础,《天文书》并没有直接介绍,在细节知识中却有应用,因此笔者针对这个问题,对古典占星的基础内容做相关补充,也同时包含了《天文书》原文的知识点。

我们系统介绍古典占星最重要的行星关系。具体内容包括:行星接纳、行星拦截、行星连结、行星会合、行星空亡、行星落野、行星反射、行星躲避、行星截光、行星撤退、行星阻碍、行星酬恩、行星夹拱、星座连接、行星聚光,行星递光、主传客星、主授客星、主客互传、主管客星等 20种行星关系。

一、Reception,译为行星接纳。所谓行星接纳,有两种形式,第一种为主要形式,即 A 行星与其所处位置的任意五种力量之一的行星,产生"连接",则为接纳。吉星接纳则增吉,凶星接纳则减凶。

　　例如：月亮位于白羊座，月亮入相位火星，则火星接纳月亮，因为白羊座是火星舍星座。

　　例如：火星位于白羊座 12°，土星位于白羊座 15°，此时火星趋于土星，火星接纳了土星，因为白羊座为火星舍星座，火星有力量，但是土星并没有接纳火星。

　　例如：土星位于白羊座 12°，火星位于摩羯座 10°，没有其他行星比火星更靠近土星，火星刑土星，此时土星位于火星星座，火星位于土星星座，彼此落于对方行星的力量位置，这种情况叫做互相接纳，简称<u>互容</u>。

　　例如：太阳位于白羊座 10°，火星位于摩羯座 10°，太阳趋于火星，火星接纳太阳，因为太阳在火星的本星座，但是太阳不接纳火星，因为火星所在位置没有太阳的力量。

　　例如：太阳位于天秤座 1°，土星位于白羊座 13°，没有其他行星位于白羊座并比太阳更接近土星，并且太阳追上土星时，土星也没有离开白羊座，太阳和土星互相接纳，因为太阳位于土星升星座，土星位于太阳的升星座。

　　第二种形式，A 行星"连接"B 行星，A 行星在 B 行星星座内有五种力量之一，则形成接纳，譬如月亮于白羊座，刑巨蟹座的木星，由于月亮舍于巨蟹座，因此月亮接纳木星。

　　<u>这里笔者要解释一下"连接"，它在这里代表合相、三合、六合、刑、冲等等行星相位连结，也代表星座特性连接，诸如同主星星座、相同上升星座等等，都支持接纳这个概念。譬如水星位于天秤座 10°，金星位于室女座 20°，彼此为等赤经上升星座，星座共性导致彼此接纳，但是这种形态的接纳本身都较弱，如同时具有五种力量之一，则强化。譬如火星位于白羊座，太阳位于天蝎座，两个星座为同主星星座，火星又于白</u>

羊座接纳太阳。

Abū Ma′shar 特别指出,行星接纳时,通过星座映射就可以完成,区别在于,两颗行星通过映射度数连结产生的接纳力量较强。吉星彼此接纳,归结于吉星本性温和,火星、土星这种凶星之间接纳,要同时行星会合、六合或三合。接纳分为强力、中等、较低三种,最强的是月亮和太阳之间的接纳,月亮在任何星座,都被太阳接纳,因为月亮本身借日发光,除了日月对冲是一种憎恶关系,理解月亮的接纳从两方面,其一是它们天性就互相接纳,其二是上文的两种形式接纳。水星接纳位于室女座的行星时,强力。中等力量接纳,是行星彼此因为舍、升、界、三方、旬而接纳,当占据两种力量互相接纳时,为强力接纳。其余为较低力量接纳。

在论断的时候需要注意,接纳中,最强的是舍、升两种力量,而三方主、界、旬的力量单独出现,都比较弱,如果同时占有其中两个,才属于较为完整的接纳关系。行星之间只是通过星座映射也会产生接纳,但是度数连结要更强。另外,两颗行星如果互相接纳,而相位却是刑相位和冲相位,都避免不了事件过程,具有辛苦、劳作、错误、焦虑和矛盾。接纳和后文的主传客星,主授客星等模式分析时候互相有关联,分析时候一定要注意这一点。

Al－kindī 认为最吉利的接纳是三合相位。刑相位的接纳,主缓慢、推迟成功。六合的接纳类似三合,但是稍弱一些,冲相位的接纳,有明显的灾祸和逆境。行星会合,不可能产生上述的这种接纳,因为不可能每一颗行星都拥有另外一颗行星的宫位,但是它们可以同等程度的存在,彼此拥有对方的一些力量,譬如木星和月亮行星会合于巨蟹座,此时木星拥有月亮星座,月亮获得木星的主权。所以更强的吉星映射,来自行星会合、三合和六合,刑冲所代表的相关吉利最少。更强的凶星映射来自行星会合和刑冲,三合与六合的凶性则少。

Al－kindī 举例了一些特殊情形,譬如月亮位于天蝎座,映射金牛座的火星,两者呈冲相位,并且彼此互相接纳,月亮趋于火星,但是月亮落陷于天蝎座,火星落陷于金牛座,相当于彼此位于自己的敌人所在阵营里,火星处于被憎恶嫌厌的位置,它会承担起表达最差信息的角色,这是一种与其本性相反的传递,其结果是,当不幸降临的时候,会与自己的家人以及钱财帮助下,去驱除所有的不幸,这种组合,两颗行星是从对方损坏中获取能量。再譬如火星位于天秤座,月亮从白羊座或摩羯座趋于火星,火星接纳月亮,火星位于天秤座落陷,处于一种不友好的方式,但是它是愉快而受益的。

以下从特殊关系和占卜角度,补充一些细节知识。

1、月亮连接某行星,该行星连接月亮所在星座的舍主星或升主星,月亮被接纳。

2、月亮空亡,也称为月亮历虚(即月亮在星座中没有趋相位任何其他行星),月亮进入下一个星座后,在相位上连接其原先星座的舍主星或升主星,这种情况近似接纳。如果连接舍、升外的其他力量行星,则逐渐损毁月亮。

3、相对接纳的另外一个概念,就是不接纳。譬如月亮或上升定位星,连接某颗行星,该行星在上升定位星或月亮所在位置没有任何力量,此时没有接纳(譬如室女座的月亮趋于土星)。月亮或上升定位星,连接某一颗行星,月亮或上升定位星位于自己或该行星的落陷宫,不接纳。譬如月亮在白羊座趋于土星,月亮在天蝎座趋于土星。月亮趋于白羊座的土星,月亮趋于天蝎座的土星。

接纳与否,属于后天力量的一种,在命理、占卜、择吉中都是十分重要的,学者务必高度重视。

4、法国占星师 Jean－Baptiste Morin(吉恩－巴蒂斯特·莫林)认为,每一颗行星,当不在自己星座的时候,就被认为被其他行星所接纳,接纳形式有舍、升、三方等,譬如木星位于天秤座,则它被天秤座的舍主星金星所接纳,被天秤座升主星土星所接纳,被天秤座的三方主星金星、土星和水星所接纳(注意此处三方主星与古法不同,为莫林个人观念)。

在接纳时,有两种情形,一种是出席,一种是缺席。所谓出席,就是接纳行星与被接纳行星的力量位于同一个星座。所谓缺席就是两者力量不在同一个星座。一定要注意行星是被喜星还是忌星所接纳,以及星座相关特性。譬如月亮位于巨蟹,被木星接纳,木星为其所喜,木星升于巨蟹,这是很好的接纳形式,非常吉利,两者出席。火星在天蝎座接纳金星,这种接纳就很不好,很凶,极大的扭曲了金星的影响。

此外,缺席的接纳可以是相互的,也可以是非相互的。其互相接纳的形式,譬如木星以任何形式接纳金星,金星也以互惠的方式接受木星,通常以两种方式互相影响,第一种互相接纳的影响方式,是它们力量相近,同时舍或升,譬如木星在天秤座,金星在射手座。这种接纳,在吉凶表现上都是非常强烈的。如火星位于狮子座,太阳升于白羊座,这个时候火星是非常强大的。月亮位于双鱼座,木星升于巨蟹座,这些都是吉利的。当凶的时候,是因为行星位于陷降星座,譬如太阳位于宝瓶座,土星位于狮子座;或者太阳位于天秤座,土星位于白羊座;火星位于巨蟹座,木星位于摩羯座,这些都是相互的极端力量。搞懂这些,其他中等力量也就很容易掌握了。第二种互相接纳的方式,是行星以不同的力量互相接纳。譬如木星通过舍星座接纳金星,金星通过升或三方主接纳,这种互相接纳要弱于第一种形式,吉凶根据其具体情况而论。

缺席的接纳,有吉星或凶星映射,或没有映射接纳的行星,就会见吉则吉,见凶则凶。譬如太阳位于白羊座,火星位于狮子座,月亮位于双鱼座,木星位于巨蟹座,这种组合彼此三合相位映射,接纳吉利。但是太阳位于宝瓶座,土星位于狮子座,或火星位于巨蟹座,木星位于摩羯座,这种冲相位,则不吉利,非常凶。

当土星位于狮子座,冲宝瓶座太阳的时候,比土星在摩羯座冲巨蟹座的太阳,要少一些凶,这是因为狮子座的缘故,也就是舍星座的对冲,会减少一些凶性,这种特性同样适用于太阳在天秤座冲白羊座的土星,或巨蟹座的火星刑白羊座的月亮。此外,水星位于双鱼座,木星位于双子座,彼此相刑,这种接纳产生中等力量的凶性。火星位于金牛座,月亮位于摩羯座,彼此三合相位,这种接纳产生中等力量的吉性,所以论断接纳的时候,需要考虑相位的吉凶性质。

以上为莫林的经验论述,笔者持保留意见,并不完全赞同莫林的观念,其观点仅供读者参考。需要注意的是,古代占星家认为,互相容纳,只要是舍、升都是吉利的。关于接纳具体的用法,需要在实战案例中多实践检验。

二、Returning,译为行星返还。A 行星位于日光下,B 行星趋于 A 行星,或 A 行星逆行,B 行星趋于 A 行星。这两种情况都是因为 A 行星弱,导致无法保持从 B 行星传递来的能量,返还了能量。虽然表面看返还不利,但是我们需要细分其力量,有时候有用,有时候不利。

返还有益的格局有三种,第一种是焦灼的 A 行星接纳 B 行星;第二种是 A 行星和 B 行星都位于角或续宫;第三种是焦灼或逆行的 A 行星位于果宫,B 行星位于角或续宫。但是要注意,这几种情况,如果 B 行星位吉,则事情在遇到挫折麻烦后,得到进一步的改善提升。

返还不吉的格局有两种类型,第一种是 B 行星位于果宫,而逆行或焦灼的 A 行星位于角宫或续宫,此时当 A 行星将力量返还给 B 行星时,B 行星位于果宫,没有能力保持,因此代表返还后的结果无法持续,事情失败;第二种是 B 行星和 A 行星都位于果宫或焦灼,主客星的无力直接的导致传导无力,事情即没有起点也没有终点。

三、Prohibition,译为行星拦截。其性质类似半路杀出一个程咬金。Abū Ma'shar 认为它有两种形式,即下面的第二和第三。而 Sahl B. Bishr 认为它有三种形式,我们列出如下:

第一种情况,上升定位星 A 与事情类象星 B 之间有一颗快速行星 C,C 行星的度数小于 A 行星或 B 行星其中一个,在 A 行星和 B 行星连结之前,C 行星与其中一颗行星连结,起到半路破坏的作用。譬如上升轴位于室女座,求测婚姻,上升定位星水星位于巨蟹座 10°,第 7 宫定位星木星位于双鱼座 15°,火星位于白羊座 13°,水星趋于木星,但是火星度数低于木星,水星和火星先达成连结,因此火星破坏了此事。火星位于第 8 宫,代表嫁妆,代表因为嫁妆的争议导致婚姻被破坏。

第二种情况,一颗快速行星和一颗慢速行星位于同一个星座,它们之间有一颗行星,先一步趋于慢速行星。譬如上升轴位于巨蟹座,占卜婚姻,月亮位于双子座 8°,火星位于双子座 10°,土星位于双子座 11°,火星在中间破坏了月土连结。

第三种情况,快速行星趋于同星座的一颗慢速行星,但是有另外一颗度数小于快速行星行星映射慢速行星。例如上升轴位于巨蟹座,月亮作为上升定位星位于天蝎座 15°,火星位于金牛座 18°,土星位于金牛座 23°,火星在这里起到拦截月土会和的作用。永远记住,同星座连结力量大于映射,这就是近水楼台先得月的道理,映射破坏不了同星座连结,但是同星座连结可以破坏映射。相位映射和相位映射之间不能互相阻断,但是彼此能够障碍对方的目的性。

我们需要注意两种情形,第一种,当 A 行星要连结 B 行星,但是它到达之前,却连结了 C 行星,之前的连结意义被毁灭了。第二种,当 A 行星连结同星座的 B 行星时,同时 A 行星映射位于其他星座的行星(带有 A 行星所在星座的力量),譬如月亮位于金牛座 10°,火星位于金牛座 20°,金星位于巨蟹座 15°,月亮位于金牛座,其定位星金星位于巨蟹(互相接纳,力量比较强),表面看月亮趋于金星,并且金星距离月亮更近,但是真正论断其实最后要归于火星,因为月亮和火星同星座。这就是同星座连结能够废除映射,但是映射废除不了同星座连结,我们可以将之总结为"近水楼台先得月"。

案例:行星拦截

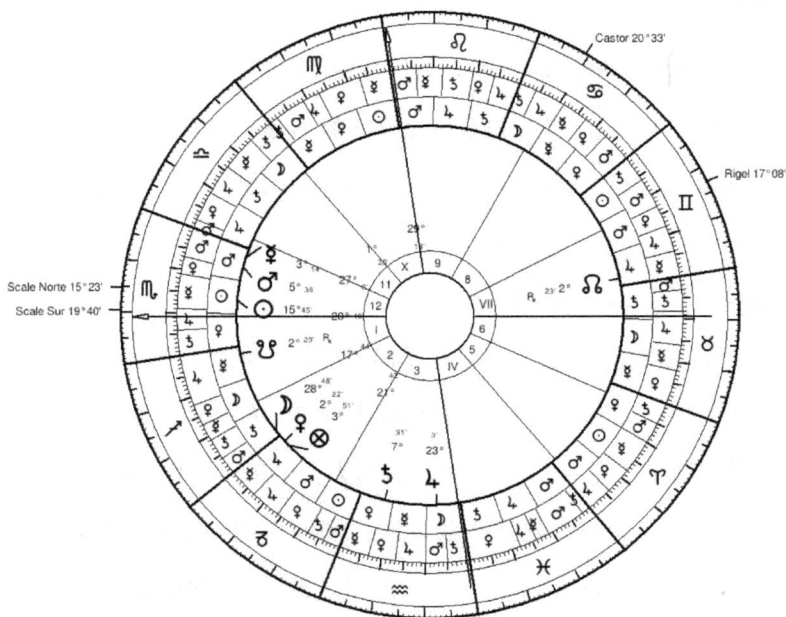

男子占卜,与女方已经分手,问后续如何。计都位于上升轴,罗睺位于第 7 宫,罗睺和计都为强分离性行星,计都代表结束,罗睺代表开始。说明双方关系已经结束,男方也已经结束这段关系。上升定位星火星为男方,第 7 宫定位星金星为女方,金星位于摩羯座 2°22′ 入相位天蝎座 5°38′ 的火星,被火星接纳,但是水星于天蝎座 3°14′ 合相火星,起到行星拦截的作用,说明女方与男方还有联系,但仅限于文字、信息联系。水星合相火星,这种格局为虚伪、不真实,因此代表男方虚以委蛇,不想继续联系,水星的拦截,也说明两人也不会有后续情感交集。而火星、水星位于 12 宫,更说明男方想彻底脱离、结束,同时也表明两人的文字、信息联系也不涉及情感问题。火星位于日光下,水星趋于火星,属于行星返还,其实很多格局使用的时候,以实战经验为主,千万不要教条主义,此盘火星介于焦灼和日光下之间,属于行星返还。所以男方对于女方的联系信息有所顾忌,并不愿意接收,太阳就是其所顾忌之事,太阳位于固定星座,并且位于上升轴,这种顾忌会长时期存在。

月亮作为普通用神,位于续宫,火星作为上升定位星位于果宫,续宫有中等力量,说明男方想结束、不积极,因为月亮反厌上升星座,而火星位于果宫,但是此事还有一定力量持续,因为月亮于续宫,并且即将进入摩羯座,月亮的光线半径照射到金星,因此代表双方还有微弱联系,但是并不能有情感交集,因为月亮和金星不能形成相位,超越星座的光线映射,仅仅应于表象。同时,月亮空亡,代表无果。

通过以上分析,我们可以发现,在实践中我们会经常遇到多种格局交汇,此时要理清关系,根据力量程度逻辑性的进行缜密分析,分析的关键在于分清楚宾主关系和力量的程度。

四、Connection,译为行星连结。行星连结有两种,一种为行星的黄道经度连结,另一种是行星的纬度连结。

行星之间的连结方式也分为两种,一种是同星座连结,另一种是通过六合、三合、刑、冲等相位关系在不同星座之间连结。Abū Ma'shar 认为,两颗行星通过四种星座相位映射时,有力、有效范围是彼此之间在 12°内,当多颗行星互相通过相位映射时,分为两种情况,一种是 A 行星同时映射同度的 B 行星和 C 行星,谁在主传客星或主授客星中占有更多力量,则先和谁会合。譬如昼盘,月亮于天秤座 12°六合射手座 12° 的水星和土星,土星升于天秤座,土星是天秤座三方主星,月亮又位于土星旬,土星力量多,所以月亮先与土星连结,之后与水星连结。另外一种情况,同度的 A 行星和 B 行星,映射 C 行星,谁被 C 行星接纳则谁先连结。

归纳而言,行星连结就是快速行星追赶慢速行星,条件是快速行星的经度要少于慢速行星的经度。这样快速行星才能在后方追赶慢速行星,靠近它,在追赶的过程中,叫某快速行星趋于某慢星,简称入相位。当同度同分时,则两星并行,完全会和了。当快速行星度数大于慢速行星时,则已经超越了慢速行星,我们称之为某快星离于某慢星,简称离相位。

当两颗行星在相位关系中到达同度时候,我们称之为相会。快速行星超过慢速行星 1'时,我们称之为离相位,虽然行星相离,但力量还在,因为还在行星半径内,这个时候如果后面有一颗快速行星追到,慢速星又和后面的快速行星进入到相会状态。

在离相位关系中,只有快速行星超过慢速行星的半径度数之后,才是真正意义的离开慢速行星。

《天文书》中认为火星的映射半径为 9°,并且举例,火星运行速度快，土星运行速度慢，快速行星度数低于慢速行星，并产生相位关系，一般称之为行星入相位。《天文书》的案例中认为火星通过相位关系追逐土星，火星和土星的映射半径，都是 9°（《天文书》中火土半径都是 9°），当彼此距离 9°的时候，彼此刚好能够看到彼此，入相位关系刚刚达标，原书称之为初会，由于火土映射半径相同，此时它们的力量是对等的。

如果两颗行星互相映射，半径度数小的一方，还没看到半径度数大的一方，而半径度数大的一方已经看到半径度数小的一方，这个时候，半径度数小的行星并未看到对方，因此只有半径度数小的行星继续前行，一直到能看到半径大的行星，此时称之为正会，所谓正会，就是映射中彼此都能看到对方。

如果某行星位于星座的末端时候，其前方没有其它行星，但是下一个星座开端有行星，并且两者在彼此映射半径内，这种也属于行星连结，虽然在星座意义上，两颗行星互相看不到，但是两者也存在连结的意象，这种意象要弱化很多，在论断的时候取小的类像意义。一般而言，行星连结较强范围为 6°内，因为 6°低于所有行星的映射半径，3°内极为有力，此时行星为紧密映射关系。

以上所论，都是行星通过黄道经度产生相位关系。如果行星于纬度连结，两颗行星都位于黄道南纬，或都位于黄道北纬时，关系最为密切。Claudius Ptolemy 认为，行星在合相的时候，必须在同纬度，但是其他相位映射这一点并不重要。

行星纬度连结，有三种情形，第一种情形，行星同星座连结，两颗行星连结，纬度相同，譬如都位于北纬 2°，此时快速行星会遮掩慢速行星的光线；第二种情形是两颗行星对冲，纬度一样；第三种情形，两星六合、三合、刑相位，两颗行星纬度相反。譬如其中一颗位于北纬 2°，另外一颗位于南纬 2°。以上三种纬度的连结,以最低纬度的行星向较高纬度行星连结作为标准,这属于纬度连结的特殊规定,不分快慢行星,当两颗行星同时位于纬度一侧同纬度,则完全连结。如果两颗行星位于南北纬时,一颗上升行进,一颗下降行进,则视为纬度连结分离。

关于纬度连结,还有另外一种情形,譬如两星纬度连结,其中一颗位于北纬,纬度连续向北升高度数,另外一颗位于南纬,纬度连续缩减南纬度数向北纬靠近,此时看两颗行星的黄经度数,如果黄经度数小于 60°、90°、120°、180°,则快速行星正在连结慢速行星。如果正好是这些度数,代表两星连结已经完全完成。如果度数大于以上度数,则两颗行星已经分离。

有时候,A 行星在经度上与 B 行星连结,同时在纬度上与 C 行星连结。Dorotheus 曾举例,当占卜奴仆逃跑时,月亮与火星经度连结,与木星纬度连结(或与木星经度连结,与火星纬度连结),通过和火星连结,我们可以得知主人会发现其逃跑,但是同时又和木星连结,说明主人喜欢他,并没有对他做出惩戒。

Abraham ibn Ezra 认为,当黄道上两颗行星对冲时,两颗行星黄道纬度一样,都位于北纬或南纬,则不能完全相冲,因为此时它们之间的纬度低于 180°,如果两颗行星,一颗位于北纬,另一颗位于南纬,纬度度数相同,此时为完全相冲,因为两者正好此升彼降,彼此相对,如果纬度度数不同,依然不是完全相冲。

五、Assembly,译为行星会合、行星汇聚。两颗或两颗以上行星位于同一个星座内会产生互相的影响,就称之为行星会合。此时就像两颗行星之间建立友谊关系一样。两颗行星距离越近,其会合力量就越强,行星之间的影响程度,基于行星映射半径的距离。行星之间,一般以 15°为会合有效的界限,当两颗行星距离 15°以内,才是真正意义的双星混合,彼此混合有对方特性,3°内的会合强烈,行星在同一界内会合,最为强烈,所谓混合,指的是双方不同的元素之间产生融合关系。Sahl 在行星会合的有效度数方面,认为是 12°。

在行星会合时,慢速行星会带有快速行星的特性,如果它与快速行星之间超过两颗行星中最低映射半径,将弱化混合快速行星的特性,直至不再混合其特性。当多星会合的时候,多星混合共享并保留彼此特性,一直到彼此脱离映射半径才会减弱。另外,当一颗快速行星与多星会合的时候,它会先与距离最近的行星连结。在分析趋离的时候,要注意逆行行星,譬如两颗逆行行星会合,或一颗正向行星与一颗逆行行星会合,这种情况注意行星方向分析其趋离关系。

当行星位于不同星座,彼此度数较近,不能视为行星会和,此时这些行星之间仅带有微弱的混合性质。

Abū Ma′shar 指出,行星彼此混合的时候,有两个条件,一是两者的性质,二是两者的力量。针对两者的性质而言,混合其性质,主要归因于其本性,即行星自身冷热湿干的特性,这些特性有五种因素,包括行星的自身元素特性、行星在远地点的升降位置、行星所在星座的性质、行星和太阳的关系、行星受所在象限性质的影响。譬如土星本性冷干,当它从远地点向近地点移动时,其固定的特性冷就会减弱,变得更湿。在水元素星座中,它的冷被加强,也同时变湿。

针对两者的力量而言,由于行星在远地点的升降不同,位于远地点顶点影响力大于远离顶点的行星;北纬度数高的力量大于北纬度数低的;北纬比南纬力量强;南纬上升的强于南纬下降;南纬低纬度力量强于南纬高纬度。

　　Abū Maʹshar 指出，古人认为火星和土星合相吉利，因为彼此中和抵消了双方特质。这种说法是正确的，只是需要加以分类。因为火星、土星双方都具有两种特性，其中一个是固有的特性，另外一个为易变特性，有时候会转向反面。土星的特性是冷和干，但是有时候它会转变为冷湿。火星的特性是热和干，但是有时候它会转变为热湿。它们的力量也会因为环境不同而变化，譬如火星合相土星于火元素星座，火星的热会变强，其湿性会减弱，土星的冷湿在减少，其干性在增强；当它们合相于土元素星座的时候，火星的干性增强，湿星减弱。土星的冷干增强；当它们合相于风元素星座时，它们的适度和混合特性得到加强，也会加强它们的湿润；当它们合相于水元素星座时，火星的热性减弱，干性转为湿性，土星的冷干特性加强。

　　当火星合相土星，两者的特性通过结合形成两种特性，双方的力量就会得到节制，就会极大的体现好运。当火土结合，形成单一特性时候，其吉利会减弱很多。火土合相形成两种特性有三种形式，第一种是火星热而湿，土星冷而干，两者保持明显的不同，互相节制；第二种是火星热而干，土星冷而湿，两者保持不同，互相节制；第三种是火星热而湿，土星冷而湿，虽然共有一种湿性，湿会带走火星的热性和土星的冷，使其温和，预示着好运。

　　如果火星热而干，土星冷而干，则形成单一特性，此时火星和土星都带有干性，增加了火星的干性，增加了土星的寒冷，降低了适度性，仅主小吉。由于它们的不吉特性，代表辛劳、努力、麻烦、伤害、可憎的事物等等，如果吉星救助，则从灾难中解救出来，如果没有，则毁灭随之而来。实践中我们会发现，无论是命理还是世运占星，火星和土星在巨蟹座合相是比较凶的，巨蟹座是一个水元素星座，似乎火土互相节制，体现了吉利,但是实际上,土星和火星陷降于此,这是一种凶象表现,可能元素性质让其得到缓和,在事件中也会体现凶灾,得到救助、援救之类的表征。

当太阳合相行星时,和其他行星合相不同,太阳合相行星,会让行星在其光线下灼烧,其中伤害最大的是月亮和金星,因为它们的特性是冷湿,当它们靠近太阳,太阳会通过它的热性驱逐它们的湿性,损坏它们的本质(注意,Abū Ma'shar 在论及金星时,在此处指出金星性质为冷湿,而他在著作中其他地方,认为金星性质为热湿)。

就木星、土星而言,焦灼对它们的损坏较少,因为它们与太阳协调,木星带有热性,土星带有干性。火星和水星在正向运行被焦灼时,伤害最小,因为它们都带有太阳的本质特性。当火星和土星被焦灼的时候,也会给太阳带来损坏,但是相较而言,它们给太阳带来的损坏要小于太阳给它们带来的损坏。太阳从火星那里受到的损坏要大于来自土星的损坏,因为太阳和土星有时候混合两种特质,有时候混合一种特性,但是太阳和火星只混合一种特性。

太阳和土星合相,混合两种特性,则凶性小。混合一种特性,它们都为干性,则凶,尤其太阳力量强于土星,土星落陷,则更差。火星和太阳合相时,有时候火星和太阳混合一种特质,有时候完全不混合(譬如火日合于白羊座,完全热干特性),火日混合时,一般两者皆为热湿,或其中一个是热湿(譬如火星东出,则火星热湿,太阳热干)。当完全不混合的时候,损坏更大。

水星合相太阳,被太阳焦灼所受到的影响小于其他任何行星。当它逆行被焦灼,则损坏变大。水星在日光下会将自己的接收到吉与不吉传递给太阳。木星、金星、月亮会合太阳的时候,如果它们任何一个有力量,太阳焦灼的损害都会变少,这三颗行星在焦灼时候也会赋予太阳少量的吉利。所有的行星,当位于日核时,在许多方面都代表好运。

月亮合相火星、土星都是凶性,一般而言,合相土星更凶。盈月(上半月)为热性,它会和土星的冷性混合,凶性变小,和火星不混合,月火合相此时更凶。亏月时,月性冷,与火星的热性混合中和,凶性变小,和土星冷性不融合,此时月土合更凶。一般而言,月亮力量强化,则凶性小,火土力量强化,则更凶。

土星合相木星的时候,其中强者的性质会更明显。当多颗行星会合的时候,最强的行星最活跃。

六、Emptiness of course,译为行星空亡。也叫做行星历虚,即某行星在离相位其它行星后,在所在星座内未连结任何行星。Abraham ibn Ezra 认为离开合相15°或离开映射相位6°之后,该行星未与任何行星连结或映射。

七、Wildness,译为行星落野。一颗行星位于一个星座内,没有和任何行星合相或映射,也没有与任何行星相离。这种情况大多发生在月亮身上,因为它运行速度快,月亮在所在界内会意向与其界主星连结,当进入下一界,又意向与下一界主星连结,一直到整个星座行尽,因此其连结关系非常重要。

八、Relflection,译为行星反射。有两种类型。第一种情形,两颗行星彼此反厌,但是它们都映射第三颗行星。譬如月亮位于金牛座12°,金星位于白羊座10°,木星位于狮子座15°,此时木星就会收集金星和月亮的光线,木星通过自己的映射,将自己的收集到的金星和月亮的特性传递过去。譬如这里木星刑天蝎座,木星就会携带金星和月亮的特性,传递到天蝎座,使它们之间产生意义关联。

第二种情形,上升定位星和事情类象星之间反厌或彼此离相位,但是第三颗行星在其中间传递光线,譬如上升定位星月亮位于双子座23°,事情类象星火星位于摩羯座29°,两者之间反厌,水星于室女座26°,月亮趋于水星,水星趋于火星,起到了传递反射的作用。

九、Escape,译为行星躲避。A 行星趋于 B 行星,但是在 A 行星到达 B 行星之前,B 行星进入了下一个星座,并且进入下一个星座后,B 行星连结距离它度数更近的 C 行星。

十、Cutting of light,译为行星截光。有三种情形,第一种是 A 行星趋于同星座的 B 行星,在 B 行星下一个星座有一颗逆行 C 行星,在 A 行星未连结前,C 行星逆行进入 B 星星座与 B 星连结,切断了 A 行星和 B 行星的关系。第二种情形,是 A 行星趋于同星座的 B 行星,B 行星趋于同星座的 C 行星,在 A 行星赶上之前,B 行星率先连结并超越了 C 行星,所以 B 行星不但连结了 C 行星,还甩掉了 A 行星。第三种情形,有两种,一颗行星连结一颗非事情类象行星,或者 A 行星连结 B 行星,B 行星将之传递给与事情无关的 C 行星。譬如上升定位星火星位于宝瓶座 12°,事体类象星木星位于金牛座 29°,土星位于金牛座 15°,此时火星趋于土星,土星非事体类象行星,起到截光的作用。

十一、Revoking,译为行星撤退。当 A 行星趋于 B 行星时,A 行星在连结前转为逆行,导致连结无效,代表扰乱,临时变卦。

十二、Resistance,译为行星阻碍。三颗行星前后相连,快速的 A 行星在星座中度数大,B 行星比 A 行星慢,度数小于 A 行星,一颗更快速的 C 行星趋于 B 行星想与之连结,由于 A 行星逆行,A 行星先与 B 行星合相,再与 C 行星合相。最后 C 行星并未达成与 B 行星连结的目的。

十三、Favor and Recompense,译为行星酬恩。当 A 行星落于行星陷度（wells，行星陷度内容参考本书前文内容）或落陷降的时候，另外一颗 B 行星与之吉利连结，B 行星在 A 行星星座内有力量，譬如为其三方主，此时 A 行星得到了 B 行星的营救，从无力状态中解救出来，而此时并未停止关系，当 B 行星进入无力状态时，A 行星会酬恩报答去解救 B 行星。

十四、Besiegement，译为行星夹拱。希腊术语叫 Emperischesis。特指一颗行星被前后的行星或映射相位所夹，有两种情形，即双吉夹拱和双凶夹拱。在形式上主要分为两种情况，一种基于星座，一种基于度数。

当基于星座时，叫做 Perischesis。这种情况有多种，星座内的行星可以被其第 2、12 星座内的两颗吉星或两颗凶星所夹，也可以通过前后星座之一与其他星座的行星映射搭配而夹。需要注意的是，如果上升被前后凶星夹，或某空宫被前后夹，也有凶的影响。刑、冲映射都能形成夹拱的格局。

最低限度，是一颗行星被另外一颗行星通过映射所夹拱，没有其他行星通过相位映射该行星。譬如月亮或上升轴位于室女座，火星位于白羊座，火星三合狮子座、冲天蝎座，这两个星座夹室女座，并且也没有其他行星映射月亮或上升轴，则符合，主短命。这种被凶星映射星座所夹的格局，带有破坏性，如果吉星参与到这种配置中，会遏制凶性。

当基于度数时，叫做 Emperischesis。这是一种度数严格的封闭式夹拱。当两行星同一星座内夹拱一个距离两行星 7°内的行星，没有其他行星干涉，则成立。或当两颗行星通过映射在该行星 7°内范围夹拱该行星，并且没有其他行星映射进入该行星 7°内，则成立。譬如火星位于巨蟹座 10°，土星位于白羊座 18°，月亮位于天秤座 17°，月亮离火星趋于土星，尤其凶。

如果有其他行星 7°内进入干涉，则夹拱会被破坏。尤其需要注意，当太阳或吉星落入其中或通过各种相位映射进被夹拱行星的 7°内，可以化解这种双凶夹拱。

需要注意：基于度数的夹拱力量明显要更强。

再说二星相遇，若二星东出度数，与对黄道的赤道度数相同。如双鱼宫二十五度，与白羊宫五度同。或二星在两处，日长短同，如一星在阴阳宫二十五度，一星在巨蟹宫五度，似此之类，亦呼为相遇。

注：以上介绍了行星通过相位映射所产生的各种情形。除了自然相位关系外，行星还存在其它星座特性连接关系，譬如通过星座的一些共性或特性而互相影响。下面我们分别介绍星座特性连接的几种情况：

1、相同特性星座，也叫同规则星座。即白羊座－天蝎座、金牛座－天秤座、双子座－室女座、射手座－双鱼座、摩羯座－宝瓶座、巨蟹座－狮子座。我们可以发现除了巨蟹座和狮子座，其他都有着相同的定位星，代表同气相求、同声相应。狮子座和巨蟹座分别是日月的星座，月亮借太阳之光，彼此互相关联，因此也在这种规则中。

这种星座内如果有行星在内，这些星座之间并未产生映射关系，在古典占星中，未与上升产生映射的星座或星座之间未映射，是一种不和谐的反厌关系，但是在这里是一种缓和性质的反厌关系。Paul 认为，相同特性星座中，彼此反厌的两个星座，右侧星座的力量更强。譬如白羊座强于天蝎座，金牛座强于天秤座。其余的相同特性星座之间彼此相刑,彼此之间加倍相互嫌厌。但是 Abū Ma'shar 认为,相同特性星座可以让相位映射更加和谐,因此双子座和室女座、射手座和双鱼座之间的刑带有和谐性。

2、等赤经上升星座、托勒密命令-服从星座、也叫做反映点星座(Contra-antiscions)。白羊座-双鱼座、金牛座-宝瓶座、双子座-摩羯座、巨蟹座-射手座、狮子座-天蝎座、室女座-天秤座。这种情形就是《天文书》所说的二星相遇的第一种情形。它们是一种命令服从关系,白羊座命令双鱼座、金牛座命令宝瓶座、双子座命令摩羯座,依次类推。

为何叫等赤经上升星座?因为这些星座之间的赤经上升时间相同。这种星座之间彼此具有共性,彼此认同,彼此合作。位于它们星座内的行星会产生相应的关系。在占星术中具体表现是,两个星座之中,A 星座初度,会影响到 B 星座的末度,依次类推。譬如案例中 A 星位于双鱼座 25°,B 星位于白羊座 5°,两星互相影响。这种对应关系我们可以类推,1°对应 29°,2°对应 28°,总之两度数相加等于 30°即可。

为何叫反映点星座?譬如当双子座对应的映点星座为巨蟹座,而巨蟹座的对冲星座为摩羯座,反映点位于摩羯座,因此双子座和摩羯座之间就互为反映点星座,反映点位于映点对宫同度,譬如映点位于巨蟹座 5°,则反映点位于摩羯座 5°(有关映点请参考下文第 3 条)。

由于等赤经上升星座互相有关联,因此 Abū Ma'shar 认为可以影响到相位映射吉凶,他指出不是所有的刑相位都一定只具有敌对性质,譬如金牛座和宝瓶座虽然彼此是刑相位,但是由于两个星座为等赤经上升星座,所以彼此存有情感,有和谐性质,与此类似的还有狮子座和天蝎座之间的刑相位。

Rhetorius 对刑相位进行了归纳，认为金牛座与宝瓶座、狮子座与天蝎座基于等上升赤经；狮子座与金牛座、天蝎座与宝瓶座基于等日光星座；双子座与室女座，射手座与双鱼座基于相同特性星座。这几对刑相位彼此和谐交感，其他刑相位则不具有和谐性。等赤经上升星座、等日光星座以及相同特性星座这三种交互和谐的星座定义中，同时又属于反厌关系的星座：白羊座－双鱼座、双子座－摩羯座、巨蟹座－射手座、室女座－天秤座（等赤经上升星座），双子座－巨蟹座、室女座－白羊座、天秤座－双鱼座、射手座－摩羯座（等日光星座），金牛座－天秤座、白羊座－天蝎座，这些星座彼此和谐，但是其他的反厌关系星座，无效。这种方法也可以用于男女合盘、夫妻合盘、父母合盘，各种人际关系合盘，考察上升星座等等。

Rhetorius 针对反厌星座的论断，认为月亮反厌太阳，代表父母分离、无常、疏远；月亮反厌土星，是好命、意外、痛苦的原因；月亮反厌木星，低效、卑微，无法应付日常生活；月亮反厌火星，为人温和而不鲁莽，为人怠惰，离开父母；月亮反厌金星，不优雅，婚姻爱情都不成功；月亮反厌水星，为不活跃、痴傻之人。这些论断都基于相同特性星座、等赤经上升星座、等日光星座的反厌星座。

3、等日光星座，也叫映点星座、等力量星座。这些星座距离夏至和冬至点等距离，当太阳经过这种星座的时候，地球上会出现大致相同的白昼时间，因此这种星座彼此具有相通性质。等日光星座分别为：巨蟹座－双子座、狮子座－金牛座、室女座－白羊座、天秤座－双鱼座、天蝎座－宝瓶座、射手座－摩羯座，这些星座也叫命令－服从星座。希腊术语叫 Antisca，意思就是映点，因此我们将之译为映点星座，代表两个星座之间能够互相影响。这个关系比较重要，这种映点，代表行星会将自己的光线能量投射到对应的位置,几乎可以认为它类似于相位映射,因为这些星座彼此力量相等。Abū Ma'shar 认为等日光星座可以影响到相位映射吉凶,譬如金牛座与狮子座,宝瓶座与天蝎座之间的刑相位具有和谐性。

这种情形体现在,A 星座末度和 B 星座的初度小时等长。正如《天文书》所举例,譬如双子座和巨蟹座是一对等日光星座,A 星位于双子座 25°,会与位于巨蟹座 5°的 B 星,彼此产生互相影响关系,而这种确切度数我们称之为映点。

在细节上,我们需要注意星座边界度数。当古人指出度数为 29°的时候,其实指的是 28°~28°59′的范围,其余可以类推。每一个度数会影响到包括自己在内的 3°内范围,譬如任何星座的 28°~28°59′的影响范围都在本星座内。但是一旦超过 28°59′,其影响力已经进入下一个星座,这个叫做 3°星座范围。任何星座的 30°其实已经属于下一个星座。基于这个原理,Firmicus 指出星座上不存在 30°的映点,但是也有些现代占星家认为这个不完全正确,譬如他们举例说狮子座 30°会映射到白羊座 30°。但是古人对映点有星座要求,所以在古人眼中,这种配对不符合星座要求。按这个原理,某行星位于某星座 5°,适用范围是 4°00′~4°59′,对应的映点在其他星座是 25°01′~26°00′。如果按现代占星家或者巴比伦占星家的计算方法,5°指的是 5°00′~5°59′,对应的映点位于 25°01′~26°00。

Firmicus 强调映点星座的功能性很强。他举例如下:

命主的父亲在成为双领事职位后,被流放。命主本人也被人算计,因为通奸罪被流放,流放回来后,管理帕尼亚省,后来又管理其他省,最后管辖罗马城。在他的命盘中,太阳和木星位于第 5 宫并且同度,第 5

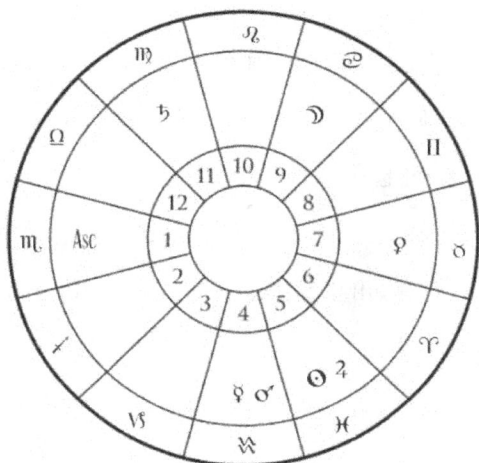

宫为吉宫，并且木星又舍于双鱼座，代表父亲的吉利、权利。如果不使用映点，我们无法解读出关于流放和反复被人暗算的事情。太阳和木星位于双鱼座同度，映点星座为天秤座，我们可以看到天秤座位于命盘十二宫，代表耻辱、小人、灾祸。也就是说，太阳和木星也等于位于天秤座，这代表父亲出身地位低，也显示了父亲被流放的事情。强有力的木星的映点星座是 12 宫天秤座，代表强有力的敌人、小人，代表父亲会面临强大的敌人。

父亲被流放以及其他不吉利的事情，是因为土星位于室女座冲太阳和木星，土星的映点位于白羊座，太阳和木星的映点正好位于天秤座，彼此的映点又形成了对冲相位，加重了这种冲的凶性，代表通过最高法令裁决，让他被流放。

月亮位于巨蟹座，发送其映点到双子座，被宝瓶座的火星从右相位三合，火星三合盈月，代表凶性增长，因此有诸多疾病，最后因为通奸罪而被流放。宝瓶座的火星发送其映点到天蝎座，上升轴位于此星座，第4 宫内的火星投射上升，这是一个暴力的刑映射，并且火星三合双子座的月亮映点星座，火星自己的映点星座位于上升星座，并三合映射月亮，多重力量集中在火星，体现非常明显。

盈月受到火星的影响，代表他有许多身体疾病，最后被流放。如果不是双鱼座木星和上升三合，他永远不会在流放中解脱出来。如果不是因为木星位于舍星座映射月亮，他会凶死。但是木星的这种好处被中止了，根据三日宫，出生后第 3 天，月亮位于狮子座，是一个充满光的星座，和火星对冲。

我们接着来看有关通奸罪这个事，宝瓶座的火星，映点星座为天蝎，对冲第 7 宫金星，这是一个不幸的金星，又遭遇了火星的投射相刑，金星的映点位于狮子座，正好和宝瓶座的火星对冲，这些相位模式，非刑即冲，并且都是位于角宫，影响特别激烈，火星和金星之间互相攻击，代表了通奸罪。

水星位于宝瓶座，没有木星佐证，土星位于水星星座，彼此互换星座，代表他擅长秘密知识的写作。但是因为金星的映点星座为狮子座，并且位于天顶，代表皇帝会对他的罪行进行宣判。

月亮位于第 9 宫，位于舍星座，为盈月，代表他有至高的荣誉，因为他是夜间出生，月亮力量更强。土星和水星的交换星座，代表他有丰富的文字知识，其风格可以与古代作家媲美。

最后 Firmicus 再次强调了映点星座对于详细论断命盘的重要性，并认为详细论断时候，使用映点星座，必无差错。

映点星座的论断方法，在我国七政四余占星术中也使用，《星学大成》卷一将之命名为地盘通关，《星命总括》亦有论述。通关之意，就是两个星座之间互相产生相通的影响力。很明显，这种用法源出古典占星术。

Abū Maʿshar 在其著作中说，等赤经上升星座和等日光星座，属于两种自然特性的特殊趋离关系。这些星座彼此之间无法互相通过注视光线产生映射，却与映射同效。并且他说，古代的学者确实将之应用于命理、占卜的一些特定领域。这些占星家中，也有人不太理解而拒绝使用。但是波斯、巴比伦、埃及占星家在他们的书籍《Bizidajāt》中提到了等赤经上升星座和等日光星座的用法。譬如等赤经上升星座中，当 A 行星位于白羊座 10°的时候，就会与双鱼座 20°的 B 行星产生连结。当 A 行星到达 11°的时候，已经离相位双鱼座 20°的 B 行星，去连结在双鱼座小于 20°的行星，以此类推。等日光星座之间的关系与此相同。

4、Paulus of Alexandria 在其著作第 8 节中提到互视星座，即双子座与狮子座互相注视，金牛座注视室女座，白羊座注视天秤座（攻击），天蝎座与双鱼座彼此注视，宝瓶座与射手座互相注视，这些星座互相注视，彼此联结，意味着同情和善意。与中国术数观念的阴阳相制有情义是一个道理，而其他的六合相位就没有这么和谐，譬如金牛座与巨蟹座、双鱼座与金牛座、狮子座和天秤座这些。同时，他还提到一种命令一服从星座，即金牛座命令双鱼座（双鱼座服从金牛座，其他类推），双子座命令宝瓶座，巨蟹座命令摩羯座，狮子座命令射手座，室女座命令天蝎座（即互听星座）。

从实战角度，譬如双子座与狮子座的六合相位则更吉利一些，天秤和狮子座的六合相位则一般，因为前者有互相注视的成分在内。同样的道理，天蝎座和室女座之间的六合相位是和谐的，因为室女座命令天蝎座，而天蝎座服从室女座。

若二星相会后，一星前去追及一星，即将先会星光，移向后相会之

星。如火星在白羊宫，木星在双女宫，金星在阴阳宫，金星离火星，追及木星，却将火星之光，移向木星，似此火星与木星亦为相遇。为金星先与火星六合照，后与木星相弦照也。

注：《天文书》描述的这种相遇，英文术语为 Transmission，我们称之为行星递光，当一颗快速行星，离于某慢速行星，趋于另一颗慢速行星，叫行星递光，这种递光将前者的能量传递给后者。

譬如占卜婚姻，上升轴位于室女座，月亮位于双子座 10°，水星位于狮子座 8°，木星位于双鱼座 13°，水星为上升定位星，木星为第 7 宫婚姻宫定位星，水星和木星本来没有相位关系，但是月离于水而趋于木，成为水星和木星之间的使者，起到递光的作用。这个时候快速行星起到一个媒介的作用，从占卜角度说，当一颗行星把上升定位星传递给所占卜的事情的类像星时，代表求测者通过中间人实现了自己的事情。

行星递光还有第二种形式，即一颗快速 A 行星与一颗慢速 B 行星会合，后面还有一颗慢速 C 行星，此时 B 行星充当媒介作用，将 A 行星的力量传递到 C 行星。

又火星在白羊宫，木星在双女宫，土星在阴阳宫，土星与火星六合，与木星弦照。土星将木、火二星光，聚于一处，似此亦为相遇。

注：此处描述的相遇案例，即 The Collection，我们称之为行星聚光。Abū Maʼshar 认为，所谓行星聚光，即两颗或两颗以上行星入相位连结一颗行星，这颗行星汇聚了它们光线，集中并接受它们的特性。在占卜中，譬如上升定位星和事主星连结于一颗比它们慢的行星，这颗慢

速行星,接受并集合了它们的力量。它们与单星的连接关系可以参考后文所讲的主传客星、主授客星。

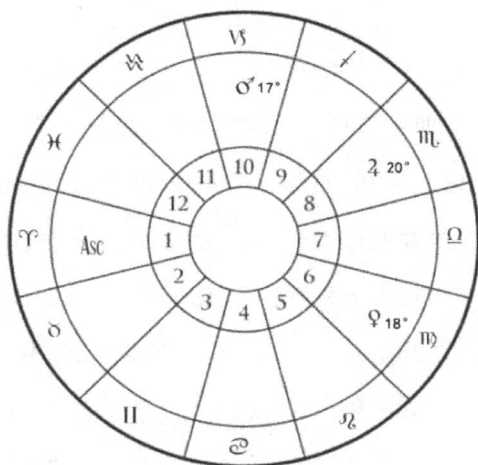

譬如上升白羊座,火星位于摩羯座 17°,木星位于天蝎座 20°,金星位于室女座 18°,金星作为第 7 宫定位星,离相位上升定位星火星,但是金星和火星都入相位木星,木星位于火星星座、火星三方主星座,被火星接纳,木星位于金星三方主星座,被金星接纳。

譬如火星位于金牛座 7°,金星位于白羊座 8°,土星位于巨蟹座 10°,火金之间没有相位,但是它们都入相位土星,土星聚集了它们的光线,形成行星聚光。这种格局,无论接纳、互容,或不接纳,都能产生作用,但是对吉凶和结果的影响不同。

若一星在本宫或旺宫,或在分定度数上,却有一星来与相会或三合照,则主星受客星之喜,吉。如木星在双鱼宫,太阴与之同度,木星与土星在天秤宫同度,即主星受客星之喜也。若不在本宫及旺宫,及分定度数上,则无力。

若一星在本宫，又在分定度数上，与一星或三合，或六合，或对冲，二弦相照，主星喜受相照星之力。比上文所言之星，其力稍轻。

注：我们介绍一个较为复杂的概念，结合天文书的译法，笔者将之译为主传客星，即主星把力量传递给客星。《天文书》定义为主星受客星之喜，英文称之为 Pushing power，也叫 Handing over power，即一颗行星在星座中占有五种力量之一，映射另外一颗行星。譬如火星位于天蝎座 18°，木星位于宝瓶座 20°，此时火星位于天蝎座舍星座，火星力强，将自身的能量推向木星，并同时管理木星（参下文的主管客星）。《天文书》认为此格吉利，并且以相位、力量大小评定了吉利程度。这种格局也存在互相加强的形式，譬如土星位于宝瓶座，金星位于金牛座，彼此相刑，互相把自己力量传递给对方。占卜时候，上升定位星主传客星于事体类象星的时候，代表求测者对事情有极度的渴望，并会完成事情。如果所问的事体类象星通过主传客星的形式传与上升定位星，代表事情不需要努力就能完成。在论断这些关系的时候，要注意其吉凶，吉传吉，凶传凶，或吉凶互传，代表事情的吉凶以及吉凶变化，主星强力的把自身能量推向客星，影响客星。

另外一种相反模式，叫 Push nature，我们译为主授客星，意思是主星将自己的性质赋予客星。即一颗客居行星与其所在星座的舍、升、三方、旬、界主星连接，将会将该主星的特性推向自己。譬如月亮位于白羊座，映射连接火星。其实这也属于接纳的一种。这种模式还可以双向输出，譬如太阳位于射手座，木星位于狮子座，两者三合映射，互相接纳，彼此位于对方的舍星座，互相授予性质。还要注意一种特殊情形，譬如土星位于白羊座，太阳位于天秤座，两者互相相冲，此时土星落陷，太阳也落陷，但是彼此位于对方的升星座，好似先苦后甜，通过挫折环境变化后产生吉利的结果（本书中太监田义的案例就属于此类）。这两种模式，Abū Ma'shar 强调，要更注重分析行星的元素特性。

在命理论断中需要注意行星吉凶特性，譬如古籍论断疾病时，有这样的断语，月亮位于 11 宫，映射第 2 宫的一颗凶星，通过主授客星的模式，将其凶星特性推向自己，如果凶星为火星，则损伤身体，如果凶星为土星代表从高处跌下。

在这里解释一下主客的概念，中国术数中也称之为宾主。宾主概念是实战中非常重要的核心要素。什么是主？主就是主人、主宰者。客就是客人，代表非主宰。主客概念可以将任何复杂的事物分解成为阴阳两种相对类象，并且可以从中分层次、分力量的得到精准结果。当一颗行星，譬如金星，位于金牛座的时候，金牛座属于金星星座，所以金星就在自己的家里，属于主星。当金星位于其他星座不占据该星座任何力量的时候，它就是客星。当金星位于射手座与其他星座的木星产生映射时，金星在射手座不占据力量，此时它就是客星，木星在金星所在的射手座占据力量，木星就是主星。此时主星木星将力量加载在客星金星身上，我们称之为主授客星。主星能够占有主导性力量和作用，在取象的时候就有主次，有层次性。客星会受到主星的管理和制约。譬如本命盘上升定位星和第 6 宫定位星产生映射相位，如果上升定位星为主星，第 6 宫定位星为客星，则命主暴饮暴食，导致肠胃肥满，体重增多，出现隐患而死。反过来，6 宫定位星为主星，上升定位星为客星，则代表获得战利品，没有疾病。

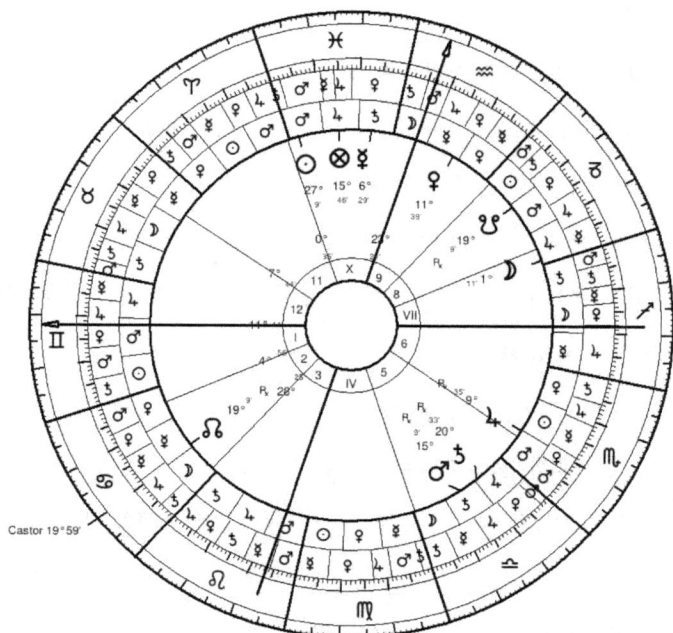

Castor 19°59′

此盘中,水星位于双鱼座 6°29′,木星位于天蝎座 9°35′,水星入相位三合木星,水星位于木星舍星座,这种格局就属于 Push nature,即主授客星,位于双鱼座的水星,将木星能量传递给自己,此时水星获得了木星的性能和力量。此盘中,太阳、水星位于天顶,水星代表文书、文秘、口才、文件,并且水星是职业三行星之一,又为上升定位星,天顶是职业象征,也是重要轴。太阳在此代表政府,木星代表吉利、权力,木日组合更代表官贵,并且福点位于天顶,强化了此格,同时福点定位星木星,三合映射福点,这种种力量聚于天顶,其事业工作的特性非常明显,因此命主在政府做文秘工作。

与以上对应的,还有一个概念,叫做主客互传,英文名为 Handing over two nature。主客互传,有两种情形,一是 A 星在所在星座有力量,它通过相位连接 B 行星,B 行星在 A 星的星座也有其他力量,譬如金星位于双鱼座映射天蝎座的木星。金星升于双鱼座,木星舍于双鱼座。另外一种情形是,当 A 行星映射 B 行星,A、B 两颗行星的星宗相同,譬如都是昼宗行星,并且位于对应的昼夜星座,譬如太阳位于狮子座,三合位于射手座的木星,木日都属于昼宗行星,位于昼星座。

最后我们介绍一个更宽泛的概念,叫做 Pushing management,叫做主管客星。就是 A 行星以任何形式连结、映射 B 行星,会管理、安排 B 行星。这种构造需要看双方是否接纳,如果三合、六合,并且接纳,同星座合相于 15°内者,则属于和谐的关系。一般慢速行星为接受管理的客方。这个概念非常宽泛,在以上主客关系中会同时出现,论断时候需要注意。

以上主传客星、主授客星、主客互传、主管客星四个概念和接纳的概念,非常重要,并且它们之间存在互相共存的关系。在占星盘中,行星有吉凶特性,先天有五种力量,后天有映射力量,先后天如何互相力量加减,产生结果,主要依赖的就是这几种模式,它们是在常规论断中决定细断与铁断的一大关键,另一关键为佐证。

主传客星、主授客星、主客互传、主管客星使用的时候,需要注意被管理、影响的客星的力量。当客星接受管理时具备力量,没有缺陷,则吉利。行星强力有十一种,分别是第一、行星位于吉宫吉位,即位于轴或续宫,能够映射到上升;第二、行星位于舍、升、三方、旬、界五种力量之一,或位于喜乐宫;第三、行星正向运行;第四、没有凶星和该行星同星座或与之会合,没有凶星与之刑冲;第五、没有和落于果宫的行星连结,没有与一颗落陷行星合相,或自己落陷;第六、位于角、续宫;第七、土星、木星、火星等阳星东升;第八、昼盘昼星,夜盘夜星,即合星宗;第九、行星位于固定星座;第十、行星位于日核,即与太阳位于同一度内,此时吉星增吉,凶星降凶;第十一、阳星位于1、3阳性象限,阴星位于2、4阴性象限,阳星位于阳性星座,阴星位于阴性星座。这十一种分类,基本涵括了行星大部分的基本特性。以上状态下,行星力量强,会有利于判断结果,尤其行星接受主星管理时,会得到相关类象的承诺。

与之相对的是行星无力,无论命理还是占卜,都有损害意义。有十种类型,分别是第一、行星位于果宫,未映射上升,即行星位于6宫、12宫;第二、行星逆行;第三、行星于日光下;第四、行星通过会合、刑冲与凶星连结;第五、行星被两颗凶星夹拱,离于凶星,趋于凶星;第六、行星落陷;第七、连结落于果宫的行星,离相位于接纳它的行星;第八、行星在一个宫内没有力量,处于游隼状态,行星西入;第九、行星合相罗睺、计都,之间不存在纬度距离;第十、行星落于舍星座对宫,即陷落星座,为"不健康"之位。在行星接受主星管理的时候,就会损害相关事体。

有关月亮的各种损害,参考本书前面相关章节内容。

若金水二星在白羊宫,或在狮子宫,与太阳虽无相照,太阳亦喜受二星在其宫也。言喜受之理者,不问大小一切事,成就顺快。

若一星与一星同宫同度,一星逆行,或在太阳光下,主星无力,则阻客星。若主星在四正分定度数上,虽阻不甚。若本星不在四正,并本宫分定度数上,则甚阻客星,不吉。阻者,凡一应事务,不能成就,有损伤败坏之理,不吉。

注:《天文书》定义了金星和水星的特殊力量状态,即金星和水星位于在白羊座或狮子座时,会存在一定力量,因为金星和水星一直在太阳附近运行,三者关系亲和,金星和水星位于太阳舍升星座时候就会拥

有力量。

《天文书》指出，当两颗行星同星座或同度时，其中一颗行星逆行或在日光下，则会损力，并且会妨碍到另外一颗行星，具体看行星的力量，如果逆行或日光下的行星位于轴或位于舍升星座，或位于自身界内，带有力量，则妨碍轻微。

第二十门　说各星力气（行星力量总述）

凡各星力气，有三等：一等是本体之力，一等是相助之力，一等是福气之力。

本体力者，各星在本宫，或庙旺宫，或三合，或在分定度数，或在喜乐宫，或一宫均分作三分，每分十度，其星在本度上，皆是各星本体有力气处位分，此是总论如此。

若人求见君上，或求名分，或干系官事，其星在庙旺宫，胜如在本宫，利且吉。其余一切求请，皆依此论。

凡星在本宫，如人在本宅房屋内安居。若星在庙旺宫，如人在高贵位上坐；若星在三合，如人得志，诸事吉，得人相助；若星在各宫分定度数上，如人在亲戚处居住；若星在每宫分三分之一度数上，如人在自己田产内。

若星在喜乐宫，如人在喜乐之处。若属阳之星，昼在地上；属阴之星，夜在地上。如人与亲戚朋友相会之喜。此各星本体之力也。

又一说，如各星在升高度数上有力，九十度之下为升高，有力；九十度以上为降，无力。如太阳在巨蟹宫初度，为最高处。木星在天秤宫第二度，为最高处之类。其余以此推之。

又一说，各星顺行、疾，为有力。土、木、火先太阳东出，有力。金、水后太阳西入，有力。又星在纬度黄道北，渐往北行时，有力。以上皆说各星本体之力。

次言相助之力者，若一星在四正中之一位，其第二位，系相助本星之位。若星在四正宫，或相助之宫，为有力。最有力者是命宫，其次第十宫、其次第七宫、其次第四宫、其次第十一宫、其次第五宫、其次第九宫、其次第三宫、其次第二宫、其次第八宫，唯第六宫并第十二宫是至弱宫，无力。以上亦是总说，若人求一公事，官禄宫主星有力于命宫主星者，吉。其余宫分以此例推之。

第三言福气之力者，若一星遇吉星，其吉星又顺行，或吉星遇本星，皆为受喜。又前后宫分或度数，又遇吉星，此为全吉。若一星在命宫，又有吉星在第二宫，又有吉星在第十二宫，谓之拱夹有力，吉。本体与相助者，皆有力也。凡人命入此格，为大贵大贤之人。若人命宫前后遇凶星拱夹者，为低微至贱之人。

大凡要知人有聪明识见，并身体安宁者，须看命主星有本体之力。要见人有声名者，须看命主星有相助之力。要论财帛，却看财帛宫主星。若财帛宫主星有本体之力，主有财，得受用。若得相助之力，亦主有财，其财不得受用。

若一星在命宫，一星在第十宫，第十宫之星旺，高于命宫之星；若星在第十一宫，虽高且旺，比第十宫为次也；若一星在本轮小轮上近高，比其余星在小轮下者有力。

注：《天文书》将行星力量分为三种，分别为本体星力、相助之力、福气之力。

1、本体星力，所谓本体星力就是行星自身的先天力量。其中主要的先天力量就是行星的五种先天力量，即舍、升、三分、界、旬或位于行星喜乐宫，这是本体力量中最主要的。

行星在本宫，就是行星入舍，就相当于一个人在自己的家里，能够最大能量发挥自己的行为能力；行星在庙旺宫，就是行星入升位，相当于一个人拥有高的地位和权力，如果择吉见贵人、求名望，或涉及官方的事情，行星在升位更适合；行星在三合，就是行星位于自己的三方主，相当于一个人得亲友之助力；行星在分定度数，就是行星位于自己的界内，在星座上，界是一个固定的范围，相当于一个人在自己的位置上发挥自己的力量，或者在亲戚家居住得外力；行星位于自己的旬星内，则类似一个人穿着自己喜欢的、得体的衣物或者在自己的田产内。

当行星不具备五种力量的时候，我们称之为游隼或游魂，行星如同没有定性一样，游离不定，其本身的能量发挥受到了限制，这个时候，如果该行星落入一个后天有力量的宫位，则吉利，譬如位于天顶或 11 宫。需要注意，凶星游隼时，则其凶性会增长。

行星处于陷星座，即行星落在自己舍星座的对面星座，代表求测的问题有恐惧、担心，求测者面临一些严峻的问题。这个时候行星就像遇到敌人一样。

行星位于降星座，则对所在的位置憎恨。此时行星失宠，代表痛苦和困难。

本书在后文中，陷星座与降星座，统称之为落陷。

最后《天文书》指出，当行星入域的时候，类似人们和亲戚朋友聚会一样，代表得力。以上都是行星本身的先天力量。

有关行星本体力量的第二种情况,每一颗行星都有自己的运行特性,每一颗行星都会在运行轨道中的远地点的位置升到最高,此时我们看该行星就会感觉光度降低,不够明亮,也显的越来越小,这种情况是行星在远地点前后距离远地点距离小于 90°。如果行星与远地点距离正好是 90°,则光度、大小正是最均衡的时候。在这两位以外的地方,则行星光度、大小和运动速度都会提升。

行星本体力量的第三种情况,是行星的速度和运行方向。行星速度快、正向运动,则有力量。土星、木星、火星三颗外行星东出则有力量,而金星和水星两颗内行星,西入则有力量,也要注意行星的纬度,行星在北纬有力量,在南纬无力。

行星运行的快慢以行星平均速度为参考值,下面我们列出行星平均运行速度表格:

行星平均速度表

行星	平均运行速度
土星	00°02′01″
木星	00°04′59″
火星	00°31′27″
太阳	00°59′08″
金星	00°59′08″
水星	00°59′08″
月亮	13°10′36″

三颗外行星,速度高于自身平均速度,即视为速行,低于平均速度则视为缓行。金星、水星两颗内行星速度低于太阳平均速度时,即视为缓行。速行就像一个年轻人在奔跑,缓行就像一个疲惫的人一样,在行星的运动轨迹中没有力量。

2、行星相助之力。相助之力,是强化用神的力量,得其助力。譬如12 宫位的力量,符合事体性质则更加强化,成为重要佐证。

关于 12 宫,这里介绍它们的一些基本概念和力量法则,具体如下:

1)Approach,也叫做 Advancement,代表积极活跃的意思。将先天12 星座或后天 12 宫,分为角宫(1、4、7、10)续宫(2、5、8、11)和果宫(3、6、9、12),将 12 宫三等分,按先后次序排列。当行星位于角宫和续宫时,就叫做 Advancement。代表前进、提升、希望、有利、活跃的状态。在角宫,类似进步、提升;在续宫,类似有着希望。

2)Retreat,代表消极。当行星位于果宫时,代表不利、消极、衰落、无力。以上 1 与 2 为一对力量,前者代表积极,后者代表消极,符合阴阳相对的原理。

这种划分方法,将 12 宫分为强弱两种状态,一种分流,分为四个弱宫,八个强宫。我们称之为八强四弱,Nechepso、Abū Ma′shar、Al－QabĪsĪ 使用。还有另外一种分法,为七强五弱,即 1、10、7、4、5、11、9 宫属于强宫,其余属于弱宫,这种划分方法,为 Timaeus 、Dorotheus、Sahl B. Bishr 使用,并且在 Antiochus、Prophyry、Rhetorius 的作品中有所提及。注意这些划分方法,既可以基于上升星座,也可以基于后天 12 宫。

不同的作者从实践主义出发,对十二宫的强弱都有着不同认知。我们看下列表格:

12 宫强弱表

	吉	吉	吉	吉	吉	吉	吉	中	中	凶	凶	凶
天文书	1	10	7	4	11	5	9	3	2	8	6	12
Sahl	1	10	7	4	11	9	5	3	2	8	6	12
Dorotheus	1	10	11	5	7	4	9	3	2	8	6	12

《天文书》中的后天十二宫强弱次序分别是 1、10、7、4、11、5、9、3、2、

8、6、12 宫，与 Sahl B. Bishr 的吉凶宫力量排序接近。

《天文书》指出，行星位于十二宫中，可以获得对应的相助之力。譬如四正宫次序为 1、10、7、4，上升宫的行星，以第 10 宫的行星为相助之力，第 10 宫的行星以第 7 宫的行星为相助之力，这是最强的相助之力。其余相应能够相助的宫位分别按以上所论的吉凶次序论断即可。

在实际论断的时候，我们必须知道，果宫有时候也是有效应的。Paulus of Alexandria 在其书中指出，当一颗位于果宫的行星，通过三合相位，以紧密相位度数，即 3°范围内，映射其他轴或行星，则被视为有效。

如上升位于狮子座 15°，木星位于第 9 宫白羊座 16°，木星通过三合相位映射到上升轴。如 Mc 位于金牛座 15°，金星位于第 6 宫摩羯座 16°，金星与 Mc 产生紧密右三合相位关系，此时其映射范围涉及到 Mc 之后所在的范围内，金星产生有效影响，变强、变活跃，它们会参与到轴宫的意义中来。

通过以上我们发现，第 6 宫和第 9 宫变活跃的区别在于，第 6 宫和天顶星座有三合相位，第 9 宫和上升星座有三合相位。由于天顶的力量更强，这种情况下，第 6 宫的行星会更有效。通过类似原理，续宫中的第 2 宫也优胜于其他续宫，因为第 2 宫三合第 10 宫。

我们通过一个案例解释这种关系的用法。譬如木星位于天顶，金星位于第 6 宫，于天顶右侧星座三合木星，木星为收获者，而金星为制造者。假如火、土凶星位于天顶，金星位于第 6 宫映射，代表不吉之事因女性而生。

当一颗凶星位于果宫，而另外一颗凶星位于轴，此时由于以上所论的原因，果宫的凶星会在破坏、灾害上变得非常活跃，尤其是第 6 宫的凶星。

如果木星位于第 6 宫,而第 10 宫和第 2 宫都没有行星,则第 6 宫的行星会变得闲置无用,不活跃了,尤其是在吉利方面和生计方面,没有作用了。

3、福气之力。所谓福气之力,指通过格局遇到的行星。譬如行星与其他吉星会和或被其映射,或吉星映射自已的定位星,这都是获得力量的标志。格局中,如果两颗吉星前后夹拱一颗行星,为吉格;被两颗凶星前后夹拱,为凶格,这两种都是夹拱格。《天文书》接着又提到上位映射,这两类在本书前面章节已经介绍。最后,《天文书》指出,如果命盘本体、相助都有力,为富贵之命。

第二十一门　说命宫等十二位分（12 宫类象）

凡看各星在何宫分,一命宫者何谓,言人初生时,看东方是何宫分出地平环上,即为命宫。命宫,系人性体寿数,一切创生之事。

第二宫,系人生财帛,衣禄,生理,相济助,并未来之事。

第三宫,系亲近,并相助之人,及兄弟,姊妹,亲戚,及近出挪移之事。

第四宫,主父,并田宅,并一切结末之事。

第五宫,主男女,喜乐,使客,信息,庆贺,并收成五谷果木之类。

第六宫,系疾病,奴仆,并小畜孳生。

第七宫,主祖,并妻妾,婚媾,伙伴,并仇隙。

第八宫,系死亡,凶险,并妻财。

第九宫,系迁移远方,诸事更改,并才学识见,梦寐之类。

第十宫,主官禄高贵,并母。

第十一宫,主福禄,并想望之事,又朋友之事。

第十二宫,系仇人,争竞,并牢狱,及大畜头匹等类。

若一星在命宫前,离安命度数五度以下,属命宫。五度以上,不属命宫,属第十二宫。其余宫分,一体推之。此取用之法,前贤多曾体验如此。

注:十二星座为先天黄道十二宫,整宫制即基于这个概念,以上升轴所在的整个星座作为命宫,哪怕位于该星座的 29°,也是如此。

而其它宫位制,则根据四轴位置划分十二宫,我们称之为后天十二宫,《天文书》称之为十二位分。后天十二宫总共有十二个宫位,需要注意 5°规则,譬如在第 12 宫内距离上升轴 5°内的行星,依然属于命宫,这是特殊规则,这种规则适用于所有十二宫的宫轴。

有关十二宫的具体内容,我们介绍如下:

1、命宫,即上升宫,我们也称之为第 1 宫。它紧随地平线上的十二宫而出现,代表着从危险与黑暗中脱离,开始进入光明与生命状态,因此它代表万事万物之始终,代表生命的诞生。命宫代表人的性格、长相、健康、体态、精神、寿命,以及一切事物创始,生命起源。命宫是和命运关系最为密切的宫位。

命宫代表自我,而其他十一个宫都代表他人。命宫为体,其他十一宫为用。在十二宫中以命宫为主,第 7 宫为宾,因为上升轴和下降轴作为地球的地平线将天空划分为上半球和下半球。在上为阳,在下为阴,阳性主宰精神,阴性主宰物质。因此在地平线上方的 11 宫主宰好的精神,第 12 宫主宰坏的精神,而地平线下方的第 5 宫主宰好运,第 6 宫主宰厄运。在整个占星学中,阴阳无处不在,譬如 Valens 将精神点和太阳,与精神领域挂钩,将福点和月亮,与身体挂钩。除了上升轴和下降轴外,天顶轴与天底轴也将天空划分为一对阴阳,这样整个后天十二宫划分为四种不同阴阳特性的象限,而这种特性影响着十二宫的意义。

Abū Ma'shar 认为,七大行星中,土星距离地球最高、最远,所以命宫的意义和土星类似。土星代表黑暗,精子射入、在子宫中的身体,因此命宫也带有这些意义。因为上升轴代表从地平线下方脱离并出现,代表了婴儿的身体从子宫中分离,来到这个世界上,所以命宫代表命主的身体条件和状况。土星为命宫的类神星。Al—Andarzaghar 指出,第1宫的第一三方主代表生命、性格,来人所问,喜怒哀乐,所喜所憎,以及人生初段的吉凶,第二主代表生命、身体、精力和力量,以及生命中间阶段的各种情形,第三主代表生命的最后阶段直至死亡。

2、第二宫,为财帛宫。Abū Ma'shar 认为,木星为土星之下的第二颗行星,类似第二宫,当婴儿离开母体,就需要摄取食物,木星代表赖以生存的手段和资产,而这些事物都是通过资产聚集在一起的,因此第2宫叫财帛宫。Abraham ibn Ezra 认为,第2宫紧挨上升宫,因此代表生活,代表财富和帮助命主的人。

第二宫代表基本生活来源、生存手段、物质资产、钱财、相互济助、未来的事情。在十二宫次序上,它是命宫的次序延续,因此它可以代表一个人出生后需要继续生存的条件,代表未来的希望或期望,本质上它属于出生后灵魂进入物质世界所发生的事情。Paulus 认为,第2宫代表职业,也就是命主会做什么。因为第2宫是第10宫的三方宫位。Valens 认为,第2宫代表给予和接受,或者花钱和挣钱。第2宫也被称之为冥界之门,因为任何行星包括太阳,要从地平线上升起,第2宫是它们经过的最后一个区域,类似黎明前的黑暗一般,Valens 称之为阴影,因此第 2 宫也带有一些凶性意义,譬如懒惰、监狱、拘禁、墓地、死亡。关于死亡,是因为它与第 8 宫对冲,彼此为宾主关系,并且他认为吉星位于 2 宫是不吉的。Al—Andarzaghar 指出,第 2 宫的第一三方主代表早年资产,第二主代表中年资产,第三主代表晚年资产。

当吉星落于 2 宫的时候,会使其闲散,但是它能代表命主所期待的好的事情,会授予人来自亡人的财物,当凶星位于 2 宫的时候,使人不切实际、懒惰、损眼等等。如果福点位于 2 宫,福点定位星、上升定位星为凶星并且注视映射 2 宫,代表监护人死亡、因此而居住偏僻之所,被狗所吃,有时候代表被父母驱离,具体根据凶星性质论断。

Valens 认为,如果福点位于第 2 宫,凶星为福点或上升定位星位于 2 宫,命主就会成为墓地守卫,在城门外生活;土星为福点定位星,位于第 2 宫,如同灵魂死亡一般,代表那些身体虚弱、长期痛苦或监禁很长一段时间,直到土星的主宰时间结束为止。木星在第 2 宫,代表命主耗损财物资源,直到最后,什么都没有留下,它能带来子女,却带不来好运;火星为福点或上升定位星位于第 2 宫,使人易于被冒犯,受到惩罚,其行为受到阻碍。有些人会成为俘虏,但后来被释放。如果火星在火星界或舍星座上,并主宰福点,当福点位于第 2 宫时,命主会成为狱卒,在监狱里谋生或在牢房里谋生;太阳为福点或上升定位星位于第 2 宫,并且位于舍星座,而火星位于上升,或者在土星星座,命主将在火星的主宰运中损害视力,祖先财产被掠夺,并将成为乞丐;金星为福点或上升定位星位于第 2 宫,金星晨升,它将带来公共的、不体面的职业;水星在第 2 宫,在太阳的光线下,主愚蠢、文盲。它同时是精神点定位星,则会使人聋哑。如果水星晨升,命主就会从事稀奇的艺术,尝试他们从别人那里没有学到的东西，但在他们的学问上仍然成功；如果月亮在第2宫，土星在上升轴，命主会患白内障或青光眼。

3、第三宫，叫做女神之宫、月亮之宫，也称之为兄弟宫。火星为行星轮的第3位行星。火星类似土星，凶性相投，类似兄弟姐妹和姻亲一般。因此火星代表兄弟姐妹和亲戚等等。第3宫也代表财富的累积，主情感和帮助，有时候也代表生活在国外，因为它和第9宫对冲。第3宫代表兄弟姐妹的情况、亲戚、姻亲、朋友、主张、宗教、理解力（尤其宗教与精神方面）、宗教争论、书籍、谣言、信息、短程旅行、女人、梦、王后。Al－Andarzaghar指出，第3宫的第一三方主代表兄、姐，第二主代表排行中间的兄弟姐妹，第三主代表弟弟、妹妹。Paul认为，月亮喜乐于此，符合昼夜星宗的行星位于此宫，代表增加生计、财富，得到兄弟、朋友、有名望的人帮助，凶星在此则结论相反。

Valens认为，月亮为上升或福点定位星，位于第3宫，位于巨蟹座，命主为上位者，管理城市或地域，命令于众人，管理国库。当月亮刚过新月时，太阳月亮一起位于第3宫，命主将成为女神的祭司或女祭司，享有无与伦比的生计。如果土星和月亮位于第3宫，命主将激怒神灵而受到惩罚，会经常受到审判，发生在他身上的事情多次亵渎神灵。木星合相月亮位于第3宫，命主为先知，幸运、著名而富有。火星合相月亮位于第3宫，命主成功，但是邪恶，会挪用存款，通过谋杀或抢劫为生，四处旅行。火星在第3宫位于天蝎座，命主是一个城镇的领导，但是为人不公正，做伪证，贪图他人货物，被当权者忿怒而因此灭亡。金星作为福点定位星位于第3宫，并位于舍星座，尤其是夜间生人，主命主富有，像女人。如果水星合相月亮位于第3宫，并为上升或福点定位星，命主会预言未来，分享众神奥秘。

4、第四宫，称之为父亲宫。太阳为第4宫的类神星，第4宫代表老年、自己的妻子、子女、老人、父母、父母房宅、财产、父亲的情况、出身、家庭门第、家庭物品、土地、村庄、城市、建筑、水域、所有隐藏的事物、地下、宝藏、结局、危险、监禁、宗教事物、死亡、死后的情形（诸如葬礼、风水等等身后事）。在占卜或择吉盘中，代表占星师的行为，根据行星以及映射论断，譬如金星、木星主收获与赞扬，土星、火星代表被谴责。Dortheus 指出，有人认为论断死亡，须要检查第4宫和其三方主星，第一三方主代表死亡，第二主代表慢性疾病。Al－Andarzaghar 指出，第4宫的第一三方主代表父亲，第二主代表城市、土地，第三主代表事情结束和监禁。

Valens 认为，吉星为上升或福点的定位星，位于第4宫，命主会生活在庙里，火星为福点或上升定位星位于第4宫，命主会过着混乱而耻辱的生活，陷入困境，与他人参与犯罪活动，遭遇暴力或自杀的痛苦。必须注意，第4宫代表死后声誉。如果第4宫有凶星，命主将把他的财产遗赠给任何他所希望的人。

Sahl 认为，两颗凶星位于第四宫，同界内，必主卑劣，声名狼藉。

5、第五宫，也叫吉运宫，我们称之为子女宫。金星为第5宫的类神星，第5宫代表子女、信差使节、礼物、慈善施舍、希望、恋爱、交友、房地产收益、死后名誉。Abraham ibn Ezra 认为，第5宫和上升宫呈三合映射关系，所以象征着绝对的爱，诸如子女、饮食、衣服，这些都是人类生活中必须的（Abraham ibn Ezra 的原理解释基于整宫制原理）。Al－Andarzaghar 认为，第5宫的第一三方主代表子女以及祖产，第二主代表高兴、快乐，第三主代表使者。

Valens 认为，吉星于第5宫，映射上升或福点，命主尊崇，领导群众,为他们制定法律。金星为上升或福点定位星位于第5宫时,特别尊贵、亲和,尤其位于合于阴阳的舍星座,代表富贵。其他行星如果为上升或福点定位星位于第5宫时候,都会产生相应的吉利。火星位于第5宫,命主将成为不同地域或层级的统治者,成为生死的主宰,凌驾于下级,也凌驾于高地位之人。如果土星在第5宫,命主将成为庄园、羊群和牛群的主人,会建立城邑村庄。太阳位于第5宫,命主会与上位者为友。水星于第5宫,会通过语言赢得大量金钱。月亮为福点或上升定位星位于第5宫,并且配置吉,月亮定位星也位于此,命主长寿,至老繁荣。吉星位于第5宫,助益很大。凶星位于第5宫而无损。

6、第六宫,也叫凶运宫,称之为疾病宫。水星为第6宫的类神星,第6宫代表疾病、慢性疾病、腿足病、奴仆、女奴、下属、阴谋、暴动、价格下跌、压迫、从一个地方迁移到另外一个地方。有时候,第6宫也代表人的行动力、工作,因为它三合第10宫。Abraham ibn Ezra 认为,第6宫位于地平线下,所以意味着隐藏的战争,代表疾病和缺陷。Al－An-darzaghar 认为,第6宫第一三方主代表疾病和痊愈,第二主代表家用织物和奴仆,第三主代表这些事对于命主的利弊。Paul 认为,火星喜乐于此宫,其他行星位于第6宫,没有吉星位于天顶或第2宫,则其影响力会变得软弱无力,第6宫也主女性仇恨。

Valens 认为,吉星位于第6宫,命主会失去自己所拥有的一切。中年后会因为罚款而损失。如果太阳位于第6宫,并为福点或上升定位星,会被政府、权威所损害;土星为福点或上升定位星位于第6宫,命主将是一个流浪者,喜欢挑衅,他将逃离家园,勉强维持自己的生计;木星为福点或上升定位星位于第6宫,命主将在民事诉讼中失去财产;金星为福点或上升定位星位于第6宫,命主会因为女人而遭受审判和惩罚。

这样的人令人讨厌,对爱情是麻木不仁的;火星为福点或上升定位星位于第 6 宫,会在火星所在星座代表的位置造成伤口和疾病,主乞丐、悲惨结局;水星为福点或上升定位星位于第 6 宫,为阴谋者、小偷、诽谤者和在公众面前被辱骂的人;月亮位于第 6 宫,命主为奴隶、无助,除非其它行星与月亮在一起,如果其他行星处于有利的位置,命主自由、受人尊敬。

7、第七宫,称之为妻妾宫。月亮为第 7 宫的类神星,第 7 宫代表女人、婚姻以及其起因、旅行、海外居住、孩子出世、中老年、对立与辩论、死亡、手、足、膀胱、毁灭以及其原因,有时主遗产继承,此宫有益于壮年后。代表战争、诉讼、两人之间的交易、寻找的人(贼、逃犯、失踪人口)。

Dortheus 指出,有人使用第 7 宫以及其三方主星论断命主的死亡。Abraham ibn Ezra 认为,第 7 宫在上升宫的对面,是生命的对面,因此意味着死亡,并指出 Dortheu、Valens 以及巴比伦占星师都认为第 7 宫代表死亡。Al－Andarzaghar 指出,第 7 宫的三方主星,第一三方主代表女人(妻子),第二主代表争端、战争,第三主星代表合伙、伙伴。

Valens 认为,吉星位于第 7 宫,如果为上升或福点定位星,主吉利,代表遗产、突然获得的其他财产以及死后的好处。如果吉星不在自己的舍升星座,主命主不那么富裕,但也并不贫困。水星单独位于第 7 宫,老年得利,并得贵人赏识赋予事务。凶星为上升或福点的定位星位于第 7 宫,位于符合自己阴阳的舍星座,则人生起伏,尤其老年,但是也不会贫穷,消费来自诽谤、谩骂的收入。如果凶星为福点定位星,不在符合自己阴阳的舍星座,不合星宗,晚年悲惨,少数此类命会进监狱,主衰老、疾病。木星右相位映射第 7 宫,命主因为疾病入庙服务。会有来自生殖器或手指等疾病的困扰。水星合相火星位于下降轴星座,成为强盗或谋杀的帮凶,自己也悲惨而死。凶星落陷于此,主自杀。吉星位于此宫,会有很多经验,老年幸福。

8、第八宫,也叫闲置宫,或称之为死亡宫。土星为第8宫的类神星,第8宫代表死亡、继承、杀戮、悲伤、毁灭、遗产、疾病、法律、致命的毒药、因死亡获利、对死亡或毁灭事物的恐惧、闲散、痛苦、焦虑、疏忽、混乱。

Al—Andarzaghar 认为第8宫第一三方主代表死亡,第二主代表古老的事物,第三主代表遗产。Abraham ibn Ezra 在其著作中认为,Al—Andarzaghar 对于第8宫的三方主的分配是:第一三方主代表死亡,第二主代表遗产,第三主代表烦恼。笔者认为前一个更为准确。

Valens 认为,吉星出现在第8宫,无效而力量微弱,没有被赋予适当的吉利。除此之外,如果它们还是上升定位星或福点定位星,就会更加无能多变。凶星位于第8宫,并且是福点定位星,命主为无业游民,或如同流浪汉一般,失去所得到的一切。如果福点落于此位,凶星连结,并且凶星为福点定位星,主命主穷困,无法自给。如果凶星又是上升定位星,代表潦倒一生。如果福点定位星或上升定位星,位于日光下,主命主伸手乞讨。如果水星单独位于此宫,为精神点定位星,代表傻瓜、白痴、语言障碍和文盲。如果福点于此,人除了愚钝之外,还会是愚蠢的、贫穷的,尤其福点位于日光下时。这种情况下凶星连结,则命主聋哑。月亮为盈月时,喜欢位于第8宫。

9、第九宫,称之为迁移宫。木星为第9宫的类神星,第9宫代表旅行、道路、远离家乡、来自外国人的好处、神性、王者、梦境、先知、宗教、宗教场所、哲学、美德、虔诚、慈善行为、先见之明、占星术、占卜、书、信息、预言、神秘事物。第9宫代表对神的认知,对无形事物的认知,代表遥远、被解雇的人。Abraham ibn Ezra 认为,第9宫为果宫,远离轴,当太阳在此，代表太阳从天顶走向衰落，所以代表旅行、降职，因为智慧在人的身体灵魂中就像从一个地方到另外一个地方一样去寻找、探索，所以第9宫是智慧之宫，也是信仰之宫，因为信仰源出于智慧，第3宫也主各种智慧。Paul指出，第9宫代表神、梦、海外，当太阳、土星、木星、水星在此宫起作用时，会赐予神和王者的恩惠，这些行星造就哲学家、优秀商人、传授者，有时候造就神圣事务的职务。

Al－Andarzaghar认为，第9宫第一三方主代表和旅行、朝圣相关的一切事物，第二主代表忠诚、宗教、信仰，第三主代表智慧、梦、占星等等以及实践这些学科的人的真伪。

Valens认为，吉星为上升或福点定位星位于9宫，命主必蒙祝福，受人敬畏，成为神的先知，他会像上帝一样被诸人服从。如果吉星不在此处，水星映射，命主会学习占卜，他会向大众展示他的手艺，中年会成为政府职员。如果凶星为上升或福点定位星位于第9宫，或右相位映射福点，命主为暴君，会解雇很多人，邪恶的掠夺很多人。如果精神点或福点正好位于12宫，但是其定位星、上升主星位于第9宫，命主会卷入很多罪恶之事、变动之事，并且会失去所有，或者因为欲望、痛苦之类而躲避在寺庙里。

10、第十宫，称之为官禄宫。火星为第10宫的类神星，第10宫主上位者、国王、管理者、权威、征服、战争、法官、贵族、声望、母亲、青壮年时期、变化、行动力、婚姻、子女、父母的资产。Al－Andarzaghar认为10宫第一三方主代表工作、晋升和地位，第二主代表事业上的魄力，第三主代表事业上的稳定性和耐久性。他还认为，第一三方主代表母亲，第二主代表地位，第三主代表职业。Paul认为，第10宫代表中年、名誉、地位、父亲、婚姻、儿子，当太阳位于此位，没有任何凶星干涉，代表权威、著名，父亲著名。夜生人，月亮于第 10 宫，未被火土刑冲时，代表著名、富有，为王者收税或为城市管理者，母亲出身优越。

Valens 认为，吉星和凶星为福点、精神点、上升的定位星位于第 10 宫，都主吉利。如果吉星东出于此，与月亮连结，主官贵显赫闻名。第 10 宫定位星位于吉宫，代表成功且充满活力，位于凶位，则主失败。如果第 10 宫定位星落陷且连结凶星，或凶星冲第 10 宫，主不育、无子女。

11、第十一宫，称之为福禄宫。太阳为第 11 宫的类神星，第 11 宫主期望、好运、辉煌、朋友、值得赞扬的行为、子女、帮手、奴仆、自由。代表官贵的资产、助手。Abraham ibn Ezra 认为，11 宫为续宫，与上升星座六合，所以象征爱的另一半，代表恋人，由于它贴近天顶，因此有一定力量，代表美丽与荣誉。Al－Andarzaghar 认为，11 宫第一三方主代表值得信任的事物，第二主代表朋友，第三主代表以上有效性、有益性。Rhetorius 认为，所有阿拉伯点和其定位星、轴定位星、宫定位星、三方主落入 11 宫，都代表相关的吉利特质，如被凶星映射、位于日光下、落陷、逆行，则降吉。当凶星落于此宫，未处于以上描述的不吉状态下，则增吉减凶。

Valens 认为，吉星位于 11 宫，位于合于阴阳的舍星座，年轻时候就声名显赫而富有，如果右三合福点或六合上升，则更确。当一颗吉星位于 11 宫对宫与其相冲，其定位星也出现于此，会带来巨大的吉利和成功。凶星位于 11 宫，不会带来任何凶性。最有力的是这些行星为福点或上升的定位星，并且晨升，如果诸多行星合相于此或位于吉宫映射 11 宫，主荣耀、富有。如果木星位于 11 宫，命主幸福、富有，有许多孩子，当木星为福点定位星时则更吉利。水星在 11 宫，代表为政府服务，子女幸福。

12、第十二宫，称之为小人宫、敌人宫。12 宫代表命主出生前发生的一切，代表国外土地、小人、分娩、男奴、疾病、四足动物、是非、悲伤、痛苦、嫉妒、诽谤、狡诈、计谋、辛苦、麻烦、骑行动物。Abraham ibn Ezra 认为，12 宫为果宫，与上升宫的活跃性不一致，而上升宫是 12 宫的根基，所以代表争吵、耻辱和羞愧。它并不受限于上升宫，所以代表监狱。上升星座的一部分可能位于后天第 12 宫，即当上升轴的度数不在星座的开端时，代表人类骑的动物（这个说法对先后天宫的意义区分具有启发性）。Al—Andarzaghar 认为，12 宫第一三方主代表小人、敌人，第二主代表劳作，第三主代表可乘骑动物，一群动物。Abraham ibn Ezra 认为，第一三方主代表悲伤，第二主代表监禁，第三主代表敌人。Paul 认为，昼生人，土星单独位于 12 宫，位于阳性星座，则土星喜乐于此，代表战胜敌人、镇压敌人，忙于自己的事务，为领主、统治者以及行为强大、残暴之人。

12 宫的意义有时候也和其所在周天位置相关，尤其与其对面的第 6 宫意义有相近之处，譬如第 6 宫有时候像第 12 宫一样代表骑行动物，而第 12 宫有时候像第 6 宫一样代表疾病。我们要注意这种对应关系。Valens 认为，凶星位于 12 宫，代表巨大的伤害、伤痛，尤其阳星位于阳性舍星座，阴星位于阴性舍星座，如果福点位于 12 宫，其定位星过运时候也代表没有助力。在人出生时候，它们就会带来敌意。吉星在此也不会赋予吉性。当福点、精神点或上升的定位星位于 12 宫，都主不吉，使人不幸、蒙羞、乞讨。

在以上 12 宫中，2、3、6、8、12 宫都带有危害性，其中最凶的宫位是 6 宫与 12 宫。Abū Ma'shar 认为 1 宫为灰暗色，2 宫和 12 宫为绿色，3 宫和 11 宫为黄色，4 宫和 10 宫为红色，5 宫和 9 宫为白色，6 宫和 8 宫为黑色，7 宫为暗色。

在论断十二宫时，古人既使用先天十二宫，也使用后天宫，这一点让很多学者非常困惑，仔细研究我们会发现，两者都会起作用。笔者建议，学者一开始使用先天星座作为 12 宫定位星，结合后天十二宫内的行星论断相关宫的主题与意义，随着深入就会理解两者的作用。

第二十二门　说福德等箭（阿拉伯点）

凡论福德等箭。箭者，言其疾也。

第一，福德之箭，昼生人，从太阳数至太阴几度。夜生人，从太阴数至太阳几度。又将安命度数，添在其上，看总计几度。命宫分与三十度，其余财帛等宫，每宫各分与三十度，余剩零数有几度，在何宫分，此为福德之箭。

如人安命在白羊宫第十度，太阳在狮子宫二十度，太阴在天秤宫第十五度。夜生人，从太阴数起，至太阳处三百零五度，将命宫十度添于此处，合为三百一十五度。命宫分与三十度，金牛宫至磨羯宫，各分与三十度，余一十五度在宝瓶宫，则宝瓶宫第十五度上，乃是夜生人福德之箭也。他皆仿此。

又一等，聪明远识出众之箭。昼生人，从太阴数起，至太阳是几度，将安命度数，合为一处，总该多少度数，从命宫分与三十度，财帛等宫，各分与三十度，至何宫分，余下几度，便是昼生人聪明远识出众之箭。夜生人，从太阳数起，至太阴是几度，将安命度数，合为一处，总该多少，命宫分与三十度，财帛等宫，各分与三十度，余数几度在何宫分，便是夜生人聪明远识出众之箭。

注：论述完后天十二宫，《天文书》开始介绍阿拉伯点。所谓阿拉伯点，其实是现代占星术对它的叫法。在希腊传统占星术中，术语为Klēros，英文称之为Lots。这种点早期在埃及、希腊占星术中就已经在应用。正如12世纪的占星师Al－Bīrūnī所说，为了不同的预测目的，后期发明了不少阿拉伯点，让阿拉伯点的数量有了增加。为了方便理解，本书中称之为阿拉伯点。

笔者认为，阿拉伯点是由两个或两个以上的共性类象组合而成，其实就是格局类象，能够更强力的代表相关的指定类象，因此在实际论断中有重大意义，属于较为可靠的重象，在实战中，无论命理、占卜还是世运、择吉，妥善使用阿拉伯点，会产生极佳的效果。有些阿拉伯点存在不同的理论公式，其实很多都是可以采纳使用的，因为一种事体很难用两颗行星类象完全代表，这种情况尤其体现在婚姻论断上，因为婚姻具有极大的复杂性，婚姻本身包括了合法婚姻、同居关系、非法性关系等等，所以才会产生各种不同角度的阿拉伯点定义婚姻点，我们要研究阿拉伯点就需要分析类象构造结合事体的性质，思考其适用性。

Abū Ma'shar认为，在古代职业占星师的著作中，一些实践者表明，他们想知道一个人的具体事项，譬如兄弟姐妹、子女或其他专项事情，他可能既不会去看该宫和该宫定位星，也不会去看和该事项相关的行星，但是他会去看该事项相关的阿拉伯点，分析其所在宫，所在星座定位星，根据相关意义作出论断。但是巴比伦、希腊、波斯占星先辈们，他们会综合查看与事项主题有关的宫、定位星，以及与事项性质相关的行星、相关的阿拉伯点及其所在宫位、与其定位星产生相关联的行星等等，并使用主向限的运行方式，进行判断，这种方法是准确的。

Firmicus在其著作中也指出阿拉伯点的重要性，他指出我们无法通过宫判断专项,譬如使用第 4 宫论断父母和父母的生活,通过第 7 宫论断婚姻、通过第 5 宫论断子女,都是行不通的,必须排出相应的阿拉伯点,通过阿拉伯点所在的星座、宫、定位星以及产生的相位格局才能得出正确的结论。

阿拉伯点计算可以使用周天度数。以下所有行星度数计算都使用周天度数,在占星体系里,一周天 360°,划分十二星座时,每一个星座 30°,12 星座按照周天度数计算时,从白羊座～双鱼座一周为 360°,譬如白羊座为 0°～30°,金牛座为 30°～60°,其余类推,具体列出如下:

白羊座(戌)为 0°到 30°,为起始点。

金牛座(酉)为 30°～60°

双子座(申)为 60°～90°

巨蟹座(未)为 90°～120°

狮子座(午)为 120°～150°

室女座(巳)为 150°～180°

天秤座(辰)为 180°～210°

天蝎座(卯)为 210°～240°

射手座(寅)为 240°～270°

摩羯座(丑)为 270°～300°

宝瓶座(子)为 300°～330°

双鱼座(亥)为 330°～360°

这种周天度数便于计算,譬如在星盘里月亮位于金牛 2°32′,换算为周天度数,则为 32°32′。这种数据方便加减计算。

《天文书》一开始介绍的福德箭,是阿拉伯点中最为重要的福点。白天生人,福点=命度+月-日。夜间生人,福点=命度+日-月。一切行星计算都按周天度数计算。譬如命度在白羊座 10°，月亮在天秤座 15°，太阳在狮子座 20°，此时将之转换为周天度，则命度为 10°、月亮为 195°、太阳为 140°，命主是夜间生人，则福点＝10°＋140°－195°＝150°－195°，此时结果会成为负数，出现这种情况都要给前者加 360° 以方便计算，150°＋360°＝510°，510°－195°＝315°，最终结果，福点位于 315°，换算成星座，按一个星座 30° 的规律，则福点位于宝瓶座 15°。

古人所用的比较权威的阿拉伯点有 97 个，可以分为以下几类。

第一类，为七大行星相关的阿拉伯点，有七个。

1、月亮点，即福点，英文为 Fortune。《天文书》称之为福德箭。

公式：Asc＋月－日（昼）Asc＋日－月（夜）

意义：福点的意象，就是发光体行星日、月的类象意义，代表灵魂、好运、能量、生活、身体、资产、财富和贫困、金银、廉价与昂贵、赞誉、地位、权威、统治者、王者、高级地位、善恶、显隐、内心良知、事物的创立与开端。Firmicus 认为，福点可以代表财富、人生的吉与凶、爱情、男人对女人的爱。

福点和精神点在古典占星中非常重要，Petosiris 在他的第 13 册书中，介绍了福点，并认为福点最为重要，带有主宰的特性。并且他所论述的一段话，让福点的昼夜计算扑朔迷离，他说太阳从黎明开始向西运转，打开了宇宙之穹窿，正如我们在地球上所见，当夜晚来临的时候，月亮并不总是天空的光明使者，它有时候出现在西方逐步下沉，有时候出现在天空一段时间，有时候它整晚都在夜空。所以整个天空黄道的轨道是由太阳运转来体现的。关于这段论述，产生了各种分歧。Valens 根据这个描述，推出福点排法，白天使用 Asc＋月亮－太阳（昼），夜晚，他认为月亮位于地平线上的时候，Asc＋太阳－月亮，月亮在地平线下

的时候，他使用 Asc＋月亮－太阳。并且他使用福点和行星、结合地理
气候带（纬度），论断人的寿命年限。

　　Rhetorius 认为，福点代表人身体、行动力相关的一切以及生活进
步、精神疾病、友谊等等。福点定位星焦灼，代表暴毙凶死（精神点定位
星也一样），具体根据福点所在星座特性论断。如果太阳离开焦灼界
限，则暴毙不会发生，代表多次漂泊不定。如吉星映射，也代表不会暴
毙，但是运气一般。福点和精神点定位星焦灼，主暴毙，具体根据星座
特性论断。当位于角宫时，既不吉，也不是特别凶，但总会带来荣誉。
太阳映射福点，福点定位星被焦灼，为放逐之命。福点定位星为凶星，
并映射福点，为凶象，如果福点定位星被焦灼，或被凶星映射，则更凶。
福点位于阳性星座，父亲先死，位于阴性星座，母亲先死。

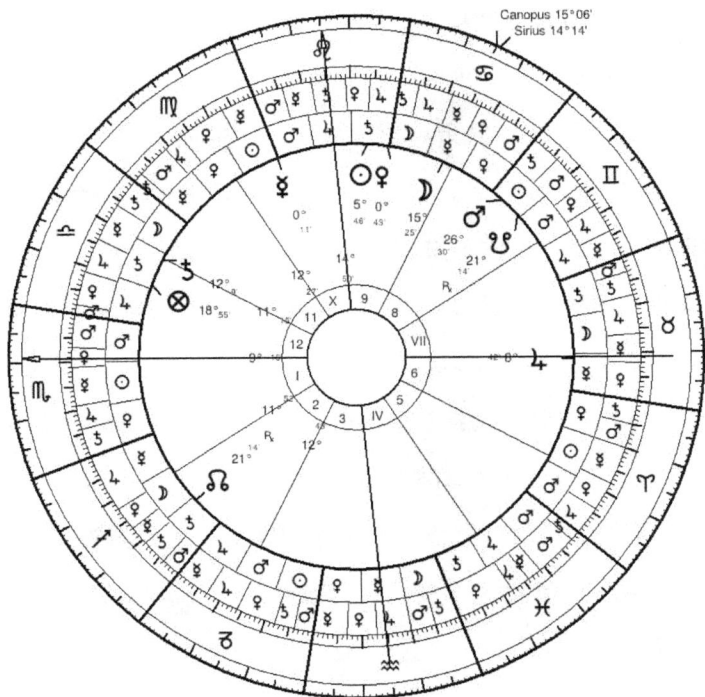

男命,生于 2011 年 7 月 29 日。命盘上升轴位于天蝎座 9°16′,太阳位于狮子座 5°46′,月亮位于巨蟹座 15°25′,太阳位于 AC-DC 地平线轴的上方,代表命主为白天出生,福点的适用公式为 Asc+月-日。

将之转换为周天度数,则 Asc 为 219°16′,太阳为 105°26′,月亮为 125°25′,按周天度数计算则福点=219°16′+105°25′-125°25′=199°15′,换算为星座度数,则约为天秤座 19°。因此本命福点位于天秤座 19°,福点定位星为金星。

Valens 在其著作中指出,福点是主导好运、富贵最具有影响力的、最有力的因素。

2、太阳点,即无形点或精神点,英文 Invisible。《天文书》称之为聪明远识出众之箭。

公式:Asc+日-月(昼) Asc+月-日(夜)

意义:指身体、灵魂、境遇、宗教、先知、虔诚、秘密、思想、内在的良知以及隐藏的事物、赞美、荣誉感、尊敬。精神点和福点是所有点中最重要、最精彩的一对点。它们对应了日月的能量,能够显化阴阳,清晰的反映每一件虚实的事物,充分反映命运中有形和无形的事物,能够体现人物所做、所想的行为。在占卜、世运、本命盘、太阳返照盘中都有着重要的作用。Firmicus 认为,精神点也代表女人对男人的爱。

Rhetorius 认为精神点代表内心、性格、宗教、荣誉等等。太阳映射精神点,代表没有子女。木星映射精神点,代表个人被宗教、神性所指导,得到神圣的支持,即使刑冲也作同样的论断。精神点位于摩羯座,代表命主忍耐、无常而多变化。精神点位于白羊座、狮子座、天蝎座,则脾性易怒而顽固。

3、土星点,也叫作惩罚点、报应点。

公式：Asc＋福点－土星（昼）Asc＋土星－福点（夜）

意义：代表一切误入歧途、堕落、被盗、逃跑的事物，代表土地、建筑、修理、水域、禁闭、监狱、深度思想、科学、宗教事物、虔诚、找回失物、监狱释放、拥有房地产和水域、使用科学或宗教，宗教苦行生活、落井、溺水、毁灭、死亡、如何死亡、建筑维修、褒贬声誉、邪恶、老年、所有被桎梏的事物和被释放出的事物。

主宰记忆、深刻的技巧、忠告、信仰、宗教，以及在这些事体上的自制力、坚贞程度和持久性。还象征死亡的事物、被盗的、逃离的，或者被淹没在江海河流、掉进坑里，代表死亡的状况，代表命主如何死亡，也代表土地的状况，以及在土地上诞生的事物，特别代表买来的遗产，代表重型建筑、沟渠、积土，代表将它们运到高处，也代表水之类的产品，甚至也代表贪婪和生活悲惨的人的障碍。它还代表衰老，象征一切被征服、被监禁的、投入监狱的事物，从监狱中解放出来的。

4、木星点，也叫作胜利点。

公式：Asc＋木星－精神点（昼）Asc＋精神点－木星（夜）

意义：象征力量、胜利、援助、繁荣、慷慨、成功、正直、追求宗教以及一切与之有关的条件、努力行动、服从上帝、爱善、寻求正义、建立寺庙、知识和学者、成为圣者、希望，一切都与善行有关，也代表人与人之间的伙伴关系。代表人在生活中享受的美好事物，也代表智慧。

5、火星点，也叫作勇气点。

公式：Asc＋福点－火星（昼）Asc＋火星－福点（夜）

意义：管理、勇敢、冒险、勇气、力量、胆量、严厉、粗鲁、粗俗、杀人、抢劫、放荡、狡诈、欺骗。代表管理、军队、冲突、战斗部署，象征城市和敏锐的头脑，也代表勇敢和力量，代表冲动和匆忙，甚至象征情欲、诱惑、罪恶。代表严酷、粗野、急躁、污秽和可怕的行为,也代表邪恶和狡猾的事体。

6、金星点,也叫作爱欲点。

公式:Asc+精神点-福点(昼) Asc+福点-精神点(夜)

意义:激情,渴望交流、情感、寻求灵魂所喜爱、对喜爱东西的渴望、与性爱和配偶相关的事体、娱乐、愉悦、和睦。代表享受、愿望、欲望,代表性交中的渴望,代表各种爱情关系(包括不正当),代表性爱中人们所喜欢的一切事物,代表和婚姻、性爱意愿有关的一切事物,代表从游戏中获得的快乐。此点与 Valens 的 lot of Erōs 一致。Paulus 的 lot of Erōs 公式为 Asc+金星-精神点(昼) Asc+精神点-金星(夜)Erōs 的意思为爱和欲望,主爱情、性欲、吸引力、友谊等等。

7、水星点,也叫作必要点、基础点。

公式:Asc+福点-精神点(昼) Asc+精神点-福点(夜)

意义:代表贫穷、争斗、恐惧、仇恨和大的冲突、敌人、愤怒、商业贸易、买卖、诡计、狡猾、写作、计算,对天文、科学多样化的探求。Paulus 的公式为 Asc+福点-水星(昼) Asc+水星-福点(夜)

Valens 的作品有大量的相关实践和组合应用的案例,他一般使用上面列出的福点、精神点、金星点(Valens 的基础点)以及债务点、盗贼点、欺骗点和福点第 11 宫、辅星格等,综合论断人的富贵贫贱。其债务点公式为 Asc+水星-土星(昼夜同),盗贼点公式为土星+火星-水星(昼)土星+水星-火星(夜),欺骗点公式为 Asc+火星-太阳(昼) Asc+太阳-火星(夜)。

第二类,与十二宫相关的阿拉伯点,有 80 个。

第三类,其它阿拉伯点,有 10 个。

第二等,言财帛宫之箭。不分昼夜,看财帛宫主星在何宫度,自主星宫度数起,至财帛宫是几度,将安命度数合为一处。从命宫向财帛宫,各分与三十度,至何宫分,余下几度,便是财帛宫之箭。

注:财帛点= Asc +第 2 宫轴－第 2 宫定位星。此时要面临一个问题,财帛宫的度数如何计算? 答案是财帛宫的计算依赖后天宫位制。假如我们使用等宫制,上升轴在摩羯座 $10°50'$,则财帛宫位于宝瓶座,财帛宫轴度数位于宝瓶座 $10°50'$。假设财帛宫定位星土星位于白羊座 $19°10'$,将它们都转换为周天度数,则财帛点＝$280°50'＋310°50'－19°10'＝572°30'$,结果大于 360 度就必须减去 $360°$,$572°30'－360°＝212°30'$,按一个星座 $30°$进行推导,财帛点位于天蝎座 $2°30'$。近代有西方占星师用整宫制解释这个用法,明显是错误的,从《天文书》原文我们可以看出,此法明显使用后天宫位制。

下面我们开始介绍十二宫相关的阿拉伯点。

上升宫相关有 3 个阿拉伯点。

1、生命点,Asc＋土星－木星(昼) Asc＋木星－土星(夜)。此点的计算选择土星和木星,土星和木星在七大行星中,属于运行速度最慢的两颗行星,也是行星排序最高的行星,都代表生命力与长久。此点代表自然生命、身体状况和生活的资产条件,其所在吉利位置,则寿命长,身体安全,灵魂快乐,位于凶位,则代表生命短促,疾病增多,灵魂痛苦。

2、生命支持点,或称为持久点,Asc＋精神点－福点(昼) Asc＋福点－精神(夜),与金星点公式一样。此点能够论断命主的外貌,像父亲还是母亲,代表身体的健康状态,在出生时候的安全性,以及旅行时候的安全性。此点与其定位星位于吉位，代表身体条件适宜，有漂亮的外貌、身体均匀、四肢健全、关节健康。在胎儿时期发育平衡，身体健康，一生都能在旅行中获益。如果它位于凶位，则代表外貌丑陋，诸多疾病。与父亲类神星相近则长的像父亲或父系亲属，与母亲类神星相近则长的像母亲或母系亲属。如果你想知道一个人命盘或太阳返照盘中的相关类神、事物的持久度和生存力，可以观察此点。

3、逻辑理性点，Asc＋火星－水星（昼）Asc＋水星－火星（夜）。水星代表逻辑和思想，辨别和语言，火星代表热情和运动，因此结合起来成为逻辑、推理与理性。这个点代表清晰的语言、逻辑、辨别、知识和理性。如果此点或其定位星与上升定位星合相，或着位于上升定位星有力量的星座，代表命主拥有清晰的语言，辨别能力和知识。如果火星映射此点和上升定位星，代表聪明、敏锐，但是粗心。

第二宫相关有 3 个阿拉伯点，我们列出如下：

1、财产点，Asc＋第 2 宫轴－第 2 宫定位星（昼夜同）。此点代表好的物质生活条件，和适配的资产。此点凶，则不吉。其他有关财富的类象代表其他类型的钱财。

2、借款点，Asc＋水星－土星（昼夜同）。此点吉，则代表因为放贷、借款，而使财富和物质的增加；此点凶，则因为贷款利息或放债而导致资产蒸发。

3、财宝点，Asc＋金星－水星（昼）Asc＋水星－金星（夜）。此点代表在路边、野外、海边、河流、山脉，通过挖掘，或找到别人遗失、忘记的财宝。此点位于轴，或位于有力量的星座，或日月伴随此点而未焦灼，或映射此点，会通过以上描述中获得财富的运气，凶则无此类运。

第三,言兄弟宫之箭。不分昼夜,看兄弟宫主星,在何宫度,自主星数起,至兄弟宫是几度,将安命度数,合为一处,总该多少,从命宫向财帛宫,各分与三十度,至何宫分,余下几度,便是兄弟宫之箭。

注:此处所用为兄弟点。其公式为兄弟点= Asc +第 3 宫轴-第 3 宫定位星。

第 3 宫的阿拉伯点,有 3 个,分别列出如下:

1、兄弟点,Asc+木星-土星(昼夜同)。土星和木星都是外行星,土星代表亲属关系,木星代表孩子和生长,兄弟姐妹一个接一个,他们属于同一性质的人群,正如两星在行星先后次序上相连一样。古人有时候把土星称为木星的兄弟,有时把木星称之为土星的儿子。兄弟点和其定位星代表兄弟姐妹的情况,以及他们之间的关系、矛盾,和变动旅行等等。兄弟点与定位星位于多育星座,则兄弟姐妹多,位于少育星座,则兄弟姐妹少。想知道兄弟姐妹的数目,则观察兄弟点和定位星之间的星座数目,一个星座代表一个兄弟姐妹,双体星座代表两个,如果两者之间有行星,也用于计数。

Rhetorius 认为,兄弟点定位星位于上升宫,命主为独子。兄弟点定位星位于双体星座,会有异姓兄弟姐妹,位于阳性星座,则兄弟姐妹来自其他父亲,位于阴性星座,则来自其他母亲。

2、兄弟数目点,Asc+土星-水星(昼夜同)。如果兄弟数目点和兄弟点,以及两个定位星,位于多育星座,代表兄弟姐妹多,甚至会超过以上论述方法的星座与行星数(有时候数目会达到行星的最小、中等或最大年限数值)。并且行星映射它们时,会增大它们的数值。如果两个点和定位星都位于少育星座,则兄弟稀少。

3、兄弟死亡点，Asc＋天顶－太阳（昼）Asc＋太阳－天顶（夜）。此点代表兄弟姐妹死亡的原因，当此点通过主向限、小限到达兄弟姐妹类神处，或兄弟姐妹类神到达此点，则相关相关灾害会发生。

第四，言父亲宫之箭。昼生人，从太阳数至土星，夜生人，从土星数至太阳，看得几度，添上安命度数，自命宫向财帛宫，各分与三十度，至何宫分，余下几度，便是父亲宫之箭。又言母亲宫之箭，昼生人，自金星数至太阴，夜生人，自太阴数至金星，看得几度，添上安命度数。从命宫向财帛宫，各分与三十度，至何宫分余下几度，便是母亲宫之箭。

注：《天文书》的父母点与以下注解的父母点相同。

第 4 宫相关有 8 个阿拉伯点，父亲点就是其中一个。我们列出如下：

1、父亲点，Asc＋土星－太阳（昼）Asc＋太阳－土星（夜）。根据 Hermes 父亲点的取法，土星在日光下（即距离太阳 15°内），则使用另外一个公式，Asc＋木星－太阳（昼）Asc＋太阳－木星（夜）。

父亲点，代表父亲的条件、出身地位，父亲点定位星代表父亲的财富、好运或灾害。此点位置佳，则父亲出身高贵，反之则出身社会地位低下。父亲点定位星所在位置佳，则父亲运佳，反之，则运差。父亲点吉，则父亲长寿。凶，则父亲短命。父亲点和定位星也会体现命主的权力、地位。

Dorotheus 和 Paulus 对父亲点的计算与观念和以上一致，但是当土星被焦灼时，他们认可的公式为 Asc＋木星－火星（昼）Asc＋火星－木星（夜），Paulus 的公式为 Asc＋木星－火星（昼夜同）。实际上，在

Dorotheus 的书中并未提及夜间算法,所以这里的论法,以 Paulus 的为准。

Abū Ma'shar 更认可 Hermes 系统的取法。

2、父亲死亡点,Asc+木星-土星(昼)Asc+土星-木星(夜)。父亲死亡点,代表父亲死亡的原因,当小限到达此点或其主星,代表父亲的灾难,当此点或定位星到达父亲类象的位置,也一样。

3、祖父点,Asc+土星-太阳所在星座的定位星(昼)Asc+太阳所在星座定位星-土星(夜)。如果太阳位于狮子座,则用 Asc+土星-狮子座 1°(昼)Asc+狮子座 1°-土星(夜),如果太阳位于土星星座,则用 Asc+土星-太阳(昼)Asc+太阳-土星(夜),不需要关注土星是否在日光下。祖父点和其定位星,代表祖辈的境况,当它与凶星发生连结时,祖父有灾害,当它与吉星连接,则主祖辈好运,并有丰厚的资产。

4、家世血统点,即出身贵族点。水星+火星-土星(昼)水星+土星-火星(夜)。家世血统点如果位于四轴上,占据它五种力量之一或组合力量的行星映射该点,或太阳、天顶主星、四轴主星吉映射,则出身高贵,血统受人尊敬。家世血统点落入果宫,合相凶星,或其五种力量的行星反厌此点,四轴定位星也反厌此点,主出身低、血统卑微、不体面。

5、不动产点(赫尔墨斯),Asc+月亮-土星(昼夜同),与权威与工种点相同。如果此点位于吉位,会得不动产,并因此而幸福快乐,会因为不动产而获利。如果位于凶位,则代表因为不动产而产生不幸、灾难、可憎之事。

6、不动产点(波斯),Asc+木星-水星(昼夜同),断法和上面的不动产点一样。

7、农业耕种点，Asc＋金星－土星（昼夜同）。分析此点及其定位星，如果吉利，代表因为耕种而受益。如果不吉，代表不利于耕种，会因此损失或发生可憎的事情。

8、事务结局点，Asc＋最近的朔望月定位星－土星（昼夜同）。此点和定位星位于直向上升星座，则结局极好，位于曲向上升星座或不吉，则结局糟糕。其中一个位于直向上升星座，另一个位于曲向上升星座，会在事务的结果中产生分歧和混乱，之后会回到该点和定位星所在的星座特性上来。

第五，言男女宫之箭。不分昼夜，看男女宫主星在何宫度，自主星数起，至男女宫，得几度，添上安命度数，从命宫向财帛宫，各分与三十度，至何宫分，余下几度，便是男女宫之箭。

注：《天文书》的子女点公式为：子女点＝ Asc ＋第 5 宫轴－第 5 宫定位星。

第 5 宫相关有 5 个阿拉伯点，我们列出如下：

1、子女点，Asc＋土星－木星（昼）Asc＋木星－土星（夜）。Theophilus 宣称子女点不分昼夜。无论昼夜都使用 Asc＋土星－木星。但是大多占星师还是认为第一个公式准确，第一个公式为 Hermes 系统，被很多古人所赞同。子女点定位星用于看是否有子女，如果该点和定位星位于多育星座，则代表子女多；位于不育星座，则没有子女；落于少育星座，则子女少。子女点吉利，则子女存活，子女点凶，则主子女死亡。也能体现孩子的其他情况，看孩子与父亲关系如何，融洽与否。

观察子女点与定位星之间的星座，一个星座代表一个子女，双体星座代表两个子女,两者之间有一颗行星,则代表一个子女。《灵台经》认为,从上升到子女点之间经过的星座,所见行星为子女数,先见阴性行星则先生女儿,先见阳性行星,则先生儿子,见吉星则子女性善,见凶星则子女性暴,逆行则有损害。

Rhetorius 认为,子女点落在土星星座,凶星映射,则损长子;子女点落入火星星座,凶星映射,损中间的子女;子女点落入水星星座,凶星映射,损幼子。

Firmicus 在其著作内指出,金星、水星总与子女有关,因此以之取点。需要观察命盘中金星与水星的先后次序,譬如金星在金牛座,水星在双子座,则水星在前,金星在后,其余类推。如果水星在前,则公式为Asc+金星-水星。如果水星在后,则公式为 Asc+水星-金星。当金星与水星位于同一星座的时候,度数小的为前。金星与水星同度,则观察其分。如果金星与水星度分完全相同,则使用另外一个公式,公式为Asc+水星-木星(昼夜相同)。

2、子女出生数目点,Asc+木星-火星(昼夜同)。取法的原理是木星主子女,木星性润能生物,火星性热,代表激情、运动、性交,男女不交媾则不能生育,因此混合木火的特性就能主宰生育。当第一个子女点体现命中有子女时,则用此点看何时有子女,是男是女,以及子女数目。当木星合相或通过相位映射此点时,代表子女出生。此点位于阳性星座,则子女大多是男孩,在阴性星座,子女大多是女孩。命盘显示命主有多个子女,则看此点与其定位星,看位于什么星座,根据定位星的最小、中等、最大年限进行论断。

《灵台经》认为,小限金、木到此位,主生子女。小限到本命盘木金所在,火星到本命盘火星位,也主得子。本命盘中,土星和金水对冲,子女少。金、月与凶星一起在启动星座，主绝嗣。

3、赫尔墨斯儿子点，Asc＋木星－月亮（昼夜同）。有些波斯占星师使用 Asc＋土星－月亮（昼）Asc＋月星－土亮（夜），Theophilus 则使用 Asc＋土星－月亮（昼夜同），Abū Ma'shar 认为，赫尔墨斯观念的儿子点准确。当儿子点与定位星都吉利，则主儿子命运佳，有地位。不吉，则主儿子有灾难。

4、女儿点，Asc＋金星－月亮（昼夜同）。Theophilus 则使用 Asc＋金星－月亮（昼）Asc＋月亮－金星（夜），Abū Ma'shar 认为第一个更准，因为金星与月亮都是夜间行星，无论昼夜，月亮更能够代表女儿，因此无论昼夜都计算从月亮到金星的度数距离。女儿点代表女儿的状况，以及她们的婚姻，她们的人生起伏变化，女儿点不吉，则女儿有灾难。有儿有女，想看儿子和女儿谁更优秀，就可以观察儿子点和女儿点谁更强。

5、胎儿性别点，Asc＋月亮－月亮所在星座定位星（昼）Asc＋月亮所在星座定位星－月亮（夜）。问胎儿性别用此点，位于阳性星座为男孩，位于阴性星座为女孩。

第六，言疾病宫之箭。不分昼夜，看本宫主星在何宫度。自主星处数起，至本宫，该几度，添上安命度数，从命宫向财帛宫，各分与三十度，余下几度，在何宫分，便是疾病宫之箭。又言，奴仆宫之箭，亦不分昼夜，看水星在何宫度，自水星数起，至太阴，该几度，添上安命度数，从命宫向财帛宫，各分与三十度，余下几度，在何宫分，便是奴仆宫之箭。

注：《天文书》的疾病点公式：疾病点＝ Asc ＋第 6 宫轴－第 6 宫定位星。其奴仆点公式：奴仆点＝ Asc ＋月亮－水星，皆不分昼夜。

第 6 宫相关有 4 个阿拉伯点,列出如下:

1、慢性疾病点,疼痛、消瘦和慢性疾病,都是由于过多的热量、干燥、寒冷和湿润造成的,火星性质热而燥,土星性质冷而湿,因此所有疾病都和它们相关。很多疾病,缺陷和慢性疾病都根据它们进行论断,公式为 Asc+火星-土星(昼)Asc+土星-火星(夜)。该点和定位星不吉,则主疾病困扰,长期因病憔悴,慢性疾病;都吉利,则主健康。Theophilus 在世运占星中应用此点预测灾厄,如果该点定位星受到损害,则主灾厄,吉星映射则该年没有疾病灾害,当它落入上升轴与天顶之间,代表影响东部地区;在天顶与下降轴之间,代表影响南部地区;下降轴与天底轴之间代表西部地区;天底轴与上升轴之间代表北部地区。因此我们在世运占星中定义其为灾厄点。

2、疾病点,Asc+火星-水星(昼夜同)。代表短期的疾病,该点和定位星损坏,代表身体紊乱和短期疾病,吉则主健康。

3、奴点。由于婢女、仆役、随从、信使、快的事物,都是两颗快速行星月亮和水星所代表,所以这一类都为月水类象,因此古人使用月水构造阿拉伯点论断奴仆。赫尔墨斯认为奴点为 Asc+月亮-水星(昼夜同)如果奴点与定位星吉利,则有好的下属奴仆,可以因之获益,如果凶,则因其受损。奴点位于多育星座,则多仆役;位于不育星座,则少或缺。

Theophilus、Al-Andarzaghar 认为奴点应该分昼夜,Asc+月亮-水星(昼)Asc+水星-月亮(夜)其他人则声称,奴点应该是 Asc+福点-水星(昼)Asc+水星-福点(夜)Abū Ma′shar 认为,第一个公式更准(即赫尔墨斯观念,不分昼夜)。

4、监禁点,Asc+太阳-太阳定位星(昼)Asc+月亮-月亮定位星

（夜）。如果此点位于吉位，吉星映射，主获释，位于凶位，主死于监狱
（尤其第 10 宫定位星映射）。昼盘的太阳位于狮子座，夜盘的月亮位于
巨蟹座，则日月得其相应的星宗得力，此时日、月就代表相关事体，看它
位于什么宫位，看其趋离行星关系进行论断监禁之事。

　　第七，言婚姻宫之箭。不分昼夜，男自太阳数至金星，女自金星数
至太阳，看得几度。添上安命度数，从命宫向财帛等宫，各分与三十度，
余下几度，在何宫分，便是婚姻宫之箭。

　　注：《天文书》的男性婚姻点公式：男性婚姻点＝Asc＋金星－太
阳（昼夜同）。女性婚姻点＝Asc＋太阳－金星（昼夜同）。《天文书》中
的男性婚姻点，即 Valens 的男性婚姻点。Abraham Ibn Ezra 的婚姻点
（男女）公式为 Asc＋第 7 宫轴－金星（昼夜同），其婚内出轨点公式为金
星＋月亮－太阳（昼夜同）。

　　Valens 论断婚姻的时候，在其著作中与婚姻相关的阿拉伯点：婚姻
点公式为 Asc＋金星－木星（昼）、Asc＋木星－金星（夜）；通奸点公式
为 Asc＋木星－金星（昼）、Asc＋金星－木星（夜）；男性婚姻点 Asc＋金
星－太阳（昼夜同）；女性婚姻点 Asc＋火星－月亮（昼夜同）。

　　婚姻宫相关有 16 个阿拉伯点，列出如下：

　　1、男性婚姻点（赫尔墨斯）。行星中土星在最远位置，也代表阳性，
金星代表女性，根据阳先阴后的原理，公式为 Asc＋金星－土星（昼夜
同）有些人认为应该昼夜不同，但是 Abū Ma'shar 认为，昼夜同更准。
此点和其定位星代表男性的婚姻状况，如果两者皆吉，主婚姻佳。如不
吉，主婚不顺。当木星到达此位或者映射此点的时候，结婚。当此点与

其定位星合相,或被日月强力映射婚姻点或其定位星,会娶亲戚为妻。

Firmicus 在其著作中在论断婚姻使用此点时,使用了昼夜区分。公式为妻点=Asc+金星-土星(昼)妻点=Asc+土星-金星(夜);夫点= Asc+金星-火星(昼)妻点=Asc+火星-金星(夜)。

2、Valens 的男性婚姻点,Asc+金星-太阳(昼夜同)。 Abraham Ibn Ezra 以此点为男性通奸点,也以此点为男人点,即女性婚姻点。

3、男性对女性欺诈点,起法与 Valens 的男性婚姻点一样。

4、男性性爱点,起法与 Valens 的男性婚姻点一样。

5、男性纵欲出轨点,起法与 Valens 的男性婚姻点一样。

2-5 的点,都起法一致,此点位于吉位,则婚姻佳,如果位于凶位,则婚姻混乱被人谴责。从欺诈点角度而言,如果该点位于强位,或者位于 12 宫、狮子座、射手座、摩羯座、双鱼座这些代表狡猾计谋的位置,代表其想要的女人就能欺骗得手,如果凶,则失败。在论断男性性爱点时,此点位于性交星座而不吉时,会有很多性爱,但主堕落、通奸之类。如果位于性爱星座,强吉则主性生活佳。当论断男性纵欲出轨点时,如果第一条婚姻点与此点合相,或者此点定位星映射第一条的婚姻点,命主会与一女子出轨,成为奸夫后此事会败露。

6、女性婚姻点,Asc+土星-金星(昼夜同)。此点和其定位星吉利,则主婚姻上有好运,如果二者皆凶,婚姻遭灾。

7、Valens 的女性婚姻点,Asc+火星-月亮(昼夜同)。有人认为应该昼夜不同,Abū Maʾshar 认为昼夜同更准确。Abraham Ibn Ezra 以此点为女性通奸点。

8、女性对男性欺诈点,与 Valens 的女性婚姻点一致。

9、女性性爱点,与 Valens 的女性婚姻点一致。

10、女性纵欲出轨点,与 Valens 的女性婚姻点一致。

7—10 的点都一致,此点如果吉利,则女性婚姻佳,如果不吉,则女性婚姻不佳,会因为丈夫受苦难。女性欺诈点,与男性欺诈点断法相同,女性性爱点如果位于性爱星座,并且不吉,主为性工作者或出轨者。如果吉利,会有良好的性体验。如果女性纵欲出轨点,和第六条女性婚姻点合相,或者纵欲出轨点定位星和婚姻点合相,先通奸,再嫁给对方。

11、女性节欲点,公式为 Asc+金星-月亮(昼夜同)。此点与女儿点相同。如果它落在固定星座,并且被强力定位星或行星映射,或被一颗吉星映射,主诚实有信仰,而有节制,如果凶星映射,没有接纳,并且位于启动星座,对性有激情,无节制,甚至可能纵欲或出轨。

12、男女婚姻点,Asc+第 7 宫轴-金星(昼夜同)。如果此点与凶星合相,或被凶星映射,主婚姻蒙羞。如果定位星位于凶位,金星又被土星影响,或金星被太阳焦灼,无婚姻。

13、婚姻时间点(赫尔墨斯),Asc+月亮-太阳(昼夜同)。当木星抵达或映射该点时结婚。

14、婚姻谋划点,金星+月亮-太阳(昼夜同)。如果此点位于吉位,位于谋略性质的星座,则代表婚姻会在谋划、安逸和愉快中开始。命主为婚姻采取的一切巧计就会完成。如果此点位于凶位,代表婚姻充满困难、麻烦,毫无策略可言,永远达不到目的。

15、女婿点,或者也可以叫做岳父母点,代表法定或姻亲关系的亲属。Asc+金星-土星(昼夜同),与赫尔墨斯的男性婚姻点相同。此点如果吉利,或与点定位星和谐,代表和法定亲属、配偶的亲眷关系和谐。如果不吉利,则彼此怀有敌意。

16、争辩点,Asc+木星-火星(昼) Asc+火星-木星(夜)。此点位于上升或合相上升定位星，或位于轴，则一生会有很多争辩，让他们负担沉重。如果不吉，命主会因为不幸而变得可憎。吉利，则会因为不幸而变得善良。此点合相第7宫定位星，位于上升，则命主会在权贵、圣贤、审判官面前争辩。

Rhetorius 认为，月亮连结婚姻点，金星刑冲婚姻点，命主会和亲戚或自己的姊妹结婚；婚姻点定位星位于7宫，则秘密结婚；土星为婚姻点定位星，位于7宫，女命被老年人诱奸，如果下降轴位于土星星座，诱奸者来自父系或母系家庭，甚至是叔伯舅父之类，这种配置不会是外人；婚姻点定位星位于第7宫，丈夫平凡，秘密婚姻，也要看行星的旺衰而论；木星为婚姻点定位星位于第7宫，婚姻来自富贵名门；金星为婚姻点定位星位于下降轴，婚姻带有欺骗和讽刺，如火星映射，其目的是为了争端；婚姻点位于金星所在位置，水星位于上升轴或角宫、阳性星座，并映射婚姻点，为鸡奸者。水星映射婚姻点，也一样。水星位于阳性星座映射婚姻点，和男性发生这种关系。水星位于阴性星座映射婚姻点，会和女性发生这种关系。

第八，言死亡凶险宫之箭。不分昼夜，看本宫主星在何宫度，自宫主星数起，至本宫是几度，添上命宫度数，从命宫向财帛宫，每宫各分与三十度，至何宫分，余下几度，便是死亡凶险之箭。

注：《天文书》的死亡凶险点公式：Asc ＋第8宫轴－第8宫定位星。

第8宫相关有5个阿拉伯点，我们选取部分列出如下：

1、死亡点，土星度数＋第8宫轴－月（昼夜同）。需要注意，最后计算死亡点位置的时候,从土星所在星座的起点度数开始计算,即该星座 0°。

2、残杀点,Asc＋月亮－上升定位星(昼) Asc＋上升定位星－月亮(夜)。月亮代表身体,上升定位星代表灵魂,灵魂与肉身相合,则人能生存,灵肉分离则主死亡。月亮单独映射此点,月亮位于截肢星座(白羊座、金牛座、狮子座、双鱼座),并不吉,命主在囚禁中被杀害,如果没有不吉表现,四肢之一会被截断。其定位星与第 8 宫定位星互相导致不吉,会在囚禁中被杀死。

3、担心死亡的年份点,Asc＋新月或满月点－土星(昼)。根据出生前最近的新月或满月点计算。如果此点或定位星与上升定位星合相,并且不吉,命主多疾病困扰,身体、财产多灾害。小限定位星在此或小限宫至此,或主向限中,该点到达上升轴或上升定位星,会发生疾病,破财以及各种担心与灾害。

4、繁赘点,水星＋火星－土星(昼)水星＋土星－火星(夜),与家世血统点起法一样。此点如果与上升定位星合相,都不吉时,代表命主肢体会有一种不可分离的疾病,疾病由此点所在星座进行分析。所需所求都缓慢到来,被痛苦和灾害所折磨。如果通过小限、主向限,上升轴到达该点,或该点到达上升轴、上升定位星,则该年凡事微不足道,充满犹豫和延迟。小限到达此点,该点所在星座的疾病会发生,如果凶星映射此点,主灾难折磨。

5、纠缠困苦点,Asc＋水星－土星(昼) Asc＋土星－水星(夜)。此点与点定位星不吉,小限或主向限到达此点,艰难困苦将会发生。该年命主无法从一些可憎的事情中解脱出来,会在挣扎中难上加难,或刚脱此难,又落它坑。如有吉星位于强位映射,则有解救。如果在本命盘中,此点与上升定位星合相,皆不吉,则一生处于艰难困苦与可憎的事情中。如果做了什么事情,就会被卷入其中而被影响。

第九,言迁移远方宫之箭。不分昼夜,看本宫主星在何宫度,自宫主星数起,至本宫是几度,添上安命度数,从命宫向财帛宫,各分与三十度,至何宫分,余下几度,便是迁移远方宫之箭。

注:《天文书》的迁移远方点公式:Asc+第9宫轴-第9宫定位星

第9宫相关的7个阿拉伯点,列出如下:

1、旅行点,Asc+第9宫轴-第9宫定位星(昼夜同),此法与天文书一样。代表命主的旅行与其条件。

2、水上旅行点,Asc+巨蟹15°-土星(昼) Asc+土星-巨蟹15°(夜)。此点如果吉利,位于水元素星座,主水上旅行给命主带来吉利与利益,反之则凶。

3、逻辑深思点,Asc+月亮-土星(昼) Asc+土星-月亮(夜)。代表理性、思考、深思、检验事物、讨论和调查深奥问题、科学发现、值得称赞的思想,尤其是白天,土星位于地平线上,东出,映射此点,并且接纳或月亮于强位映射此点。

4、虔诚点,Asc+水星-月亮(昼) Asc+月亮-水星(夜)。此点或点定位星合相上升轴或上升定位星,命主虔诚、得体。如果相关此点的行星映射此点,或上升定位星,代表命主虔诚。此点不吉,则相反。

5、知识与冥想点,水星+木星-土星(昼)水星+土星-木星(夜)。证实事物、哲学、对事物的深入洞察、对事物长期进行语言和思想上的检验属于土星;理性、科学、知识类属于木星;写作、科学、文化以及检验测试事物,属于水星。因此这三个行星构成此点。此点代表知识、冥想、深思熟虑、耐心。这个点被土星和木星映射,并且被其接纳(或其中一个),主命主有耐心、审慎、理性、沉思,水星映射,则代表知识、测试事物、讨论和考究事物让其更加规则。

6、传说迷信点,Asc＋木星－太阳(昼) Asc ＋太阳－木星(夜)。此点与父亲点的特殊起法相同。此点位于轴,金星或水星映射,上升定位星映射,则命主是一个传说故事、旧闻的保存者,谈吐迷信、诙谐,故事有趣而令人惊讶。

7、消息真假点,Asc＋月亮－水星(昼夜相同),与奴点起法相同。此点位于轴或固定星座、直向上升星座,则消息为真,反之则为假消息。

第十,言官禄宫之箭。

注：《天文书》的官禄点公式:Asc ＋第 10 宫轴－第 10 宫定位星官禄宫,即第 10 宫,相关的阿拉伯点有 12 个,我们列出如下:

1、贵命点,也叫私生子点。Asc ＋白羊座 19°－太阳(昼) Asc ＋金牛座 3°－月亮(夜)。如果此点位于天顶,或位于吉位,则命主人生得到提升,有权力,或富贵,如果是那种能成为权贵的命,则其管理、治理会很成功。白天生人,太阳位于白羊座 19°,夜间生人月亮位于金牛座 3°,则贵命点位于上升轴。如贵命点映射上升,且组合佳,则命主为亲生子女,否则为私生子。

Valens 认为,此点位于上升轴或天顶轴,尤其位于福点所在星座或福点第 10 宫,在其他行星格局搭配好的情况下,为皇族命。即使中等命造,也能得到好的提升。

有关私生子这个论断主题，这里进一步延伸论述，Al－Andarza-ghar 认为，如果父亲点，以任何方式映射福点，则为亲生子女。未映射，则存在欺骗，为私生子。笔者认为这是一个一般性规则。

Theophilus 认为起出私生子点后，观察其界主星，界主星是土星，并且土星位于日光下，水星与土星连结，月亮被火星、土星损伤，月亮位于太阳陷落之地(天秤 1°～19°)、月亮落陷或土星落陷(土星为私生子点的界主星)，命主的母亲在受孕的时候出轨，命主生父为私通者。

如果木星是私生子点的界主星，月亮映射木星，太阳映射木星，则其父为亲生父亲。如果月亮和水星都不吉，土星位于日光下，则命主母亲受孕时一定出轨，如果月、水、土有一个清洁无损，则主其母虽然受孕时出轨，但是命主非私生子。如果私生子点定位星和水星、月亮，都被土星损坏，则命主为私生子。

Umar Al－TabarĪ 认为，白天生人，太阳被土星损坏(合相、刑、冲)，夜间生人太阳被火星损坏(合相、刑、冲)，白天生人月亮被火星损坏，夜间生人月亮被土星损坏，则为私生子，或者至少而言，命主的母亲不诚实，命主对她有所怀疑。月亮有这种格局，代表母亲会因为厌恶这个孩子，而不会透露相关秘密。

另外有人认为，如果第 4 宫定位星反厌第 4 宫，太阳反厌舍星座，父亲点定位星反厌父亲点，则命主为私生子，但是父亲不知道，会把他当做亲生子来抚养，如果有一个产生映射，则命主是合法子女。Rehto-rius 认为，父亲点定位星冲父亲点，命主为假子女。Abū Bakr 认为，第 5 宫定位星和子女点位于日光下，命主会通奸而得私生子。

原理：太阳与土星都是父亲类象星，白天生人太阳为父亲，夜间生人土星为父亲，但是也不完全如此，需要力量支持，月亮与金星代表母亲。水星与混乱血统有关，因为水星本身没有性别，可以造成各种欺骗和错误信息。因此私生子命造，一定在土星、太阳、水星、月亮、金星上出现问题。尤其两个父亲，必然土星和太阳出现特异情况。而作为母亲出轨的情况，一定是月或金星周旋于太阳和土星之间。

最后我们附录一则古人经验纪实，内容如下：

在 Abū Bakr 的著作中提到一个事情，在他 23 岁那年，有一个人来到他面前，拿着一张命盘，想让他略做判断。他问来人这是谁的命盘，对方回答说是自己的儿子。于是 Abū Bakr 开始推敲命盘，分析行星。这个时候 Al—'Anbas 接过命盘，看了一下，说："这个命是通奸者所生。"Abū Bakr 请教 Al—'Anbas 是从何处看出这个信息。Al—'Anbas 回答说："这个老人家说命主是自己的孩子，但是事实上我发现这个孩子的父亲在四年前已经死了。"Abū Bakr 继续追问，Al—'Anbas 说："在这个命盘里，我观察了父亲点，发现它和火星呈对冲相位，而且两者之间只有 1° 不到的距离。同时，我发现父亲点定位星位于 11 宫，也就是第 4 宫的第 8 宫，它距离土星不到 1°，所以我知道在这个孩子在他出生那年，父亲死了。"老人听到这，连忙说道："先生说的对，我不是这个孩子的亲生父亲，是我养育了这个孩子，孩子的亲生父亲就在您说的那一年死了。"

2、统治权威点或称王者点，Asc ＋月亮－火星（昼）Asc ＋火星－月亮（夜）。如果此点与其定位星位于吉位，并且伴随或混合第 10 宫定位星和上升定位星，则命主为上位者、管理者，或者因为口才能力而被上位者赏识。

3、管理与工作点，Asc ＋火星－水星（昼）Asc ＋水星－火星（夜）。取予、写作、政府部门、命令、禁止、书籍、文件、计算、土地税、税收、聪明、区分,这些都是水星意义,而害怕、惊慌、恐吓、警告等等都属于火星,因此水星和火星的组合,主宰了权威和管理,如果此点位于吉位,和上升定位星合相,主命主聪明、明智、理智,将成为管理者,为上位者进行文字、征税、筹集资金等服务、被赋予权力,能够在相关领域命令和阻止事体,能主宰他人的人生起伏,能将好事、坏事影响到众人。

4、权威征服点,Asc +土星-太阳(昼) Asc +太阳-土星(夜)。主宰命主的权威、地位,如果合相天顶定位星和上升定位星,主获得权威,获得权力和地位。此点位于一个上升轴有力量在其内的星座,命主能够赢过他的竞争者。

5、突然晋升点,Asc +福点-土星(昼) Asc +土星-福点(夜)。代表人生突然得到提升。如此点位置吉,并与上升产生吉利影响,主命主突然得到提升,如果强有力,则惊喜,突然获得高位。如果你知道某人将会晋升和获得权威,可以参看此点。此点凶,会给人带来突然的厄运。

6、荣贵点,Asc +太阳-水星(昼夜同)。代表在人民中受到尊敬,或有名望的人。如该点和定位星位于吉位,命主会有荣誉、受人尊敬、强大、成为权威、名流或上位者。如果它与在天顶有力量的行星组合,人们将会把权力归属于他。

7、军警点,Asc +土星-火星(昼) Asc +火星-土星(夜)。此点与定位星如果和上升定位星合相,或映射上升定位星,命主会成为士兵之类的军警类人物。

8、权威与工作点,Asc +月亮-土星(昼夜同)。辛苦、努力、需求、贫穷,各种行业、职业,诸如建筑工、铁匠、织工、技术工等等疲劳的工作都属于土星和月亮(土星代表辛苦、劳作,月亮代表辛苦和疲劳)。土星也代表上位者,月亮代表大众,因此土月组合,代表行业、职业,也代表权威。所以这个点代表权威、地位,代表命主会做哪种性质的工作,以及是否能从适合的工作中赚到钱。此点和定位星位于吉位,则命主有权力和能力。如果位于双子座、室女座,或者位于技巧灵巧类星座,代表命主会在手工工作上技艺精湛,并且在所在行业中,技艺高超,能为上位者服务,并从中获利。如果此点和定位星不吉,主工作运差,贫困。Theophilus、Paul 也以此点作为远征点,譬如有人占卜是否要发动战争,则观察此点,如果此点落于天蝎座、白羊座、摩羯座、宝瓶座等固定星座,则代表发生战争或远征,并可以论断征战方式,譬如位于巨蟹座、射手座、宝瓶座、天蝎座,则代表水战。

Paul 认为此点分昼夜,公式为 Asc ＋月亮－土星(昼) Asc ＋土星－月亮(夜)

9、商贸手工点,Asc ＋金星－水星(昼) Asc ＋水星－金星(夜)。此点主手工艺工作和商贸。此点与财宝点相同。此点主掌控贸易、适应于所有金银宝石加工等手工业,买卖相关种类,以及所有金星,水星类特征事物的贸易,如此点与定位星,与上升轴会和,主命主有好的手艺,手工精巧,能获得上位者的赏识。

10、商业买卖点,Asc ＋福点－精神点(昼) Asc ＋精神点－福点(夜)。此点为波斯占星家所用,和水星点一样。

商贸手工点和商业买卖点都和商业有关。如果都被水星映射并接纳,命主在商贸上思维敏捷,善于买卖,如皆吉,则因为商贸而发财出众。

11、每日劳务点,Asc ＋木星－太阳(昼) Asc ＋太阳－木星(夜)。此点与上升定位星合相,则命主会全神贯注的工作,为防止被干扰,他需要一直坚持到完成工作。如果某人遇到不得不处理面对的工作,可参考此点。伴随吉星,则可以通过加速工作进程获得好处。反之,则会因为加速进程而遇到麻烦。

12、母亲点,Asc＋月亮－金星(昼) Asc＋金星－月亮(夜)。此点,代表母亲的条件。Dorotheus、Paulus、Firmicus 对此点的计算相同。

第十一,言朋友,并想望宫之箭。

注:《天文书》的朋友、想望点公式:Asc ＋第 11 宫轴－第 11 宫定位星。

第十一宫相关,有 11 个点,我们列出如下:

1、贵族点,Asc ＋精神点－福点(昼夜同)。此点与吉星位于吉位、接纳,尤其位于第 10、11 宫,未被凶星映射,主富贵长久,为人们所称道,成为上位者,名声久存。

2、爱戴点,Asc ＋精神点－福点(昼) Asc ＋福点－精神点(夜)。此点同金星点,此点与吉星合相,或吉星为其舍、升、三分等力量行星,主其为民众所喜爱,他们会成为粉丝。如果和凶星合相并不得力量,主行为被民众所憎恨、厌恶。

3、名望点,Asc ＋太阳－福点(昼) Asc ＋福点－太阳(夜)。此点位于角、续宫和太阳、木星等吉星在合相,或互相映射,或映射上升定位星,主上位者和民众都会尊敬、爱戴命主,而且命主会关心他们的需求,会亲自帮助有需求的人们。

4、成功点,Asc ＋木星－福点(昼) Asc ＋福点－木星(夜)。如果此点与上升定位星合相,或互相映射,并且没有凶性体现,命主会成功获得所需,人生顺遂,心想事成。凶星映射,则所想有些不能达成,但是某些需求会容易意外获得。如果此点没有和上升轴定位星合相,也没有映射，并且有凶星映射，则结果相反。

5、世俗渴望点，Asc＋精神点－福点（昼夜同）。此点与金星点同，位置吉利，则主控制激情欲望，此点位置凶，则被激情、欲望所征服，命主会有很强的世俗欲望和乐趣，会因为爱而毁掉自己的财产。

6、希望点，Asc＋金星－土星（昼）Asc＋土星－金星（夜）。此点与定位星位于吉位，主心想事成。凶位，则结果相反。

7、朋友点，Asc＋水星－月亮（昼夜同）。此点和定位星都位于吉位，命主会有许多朋友，如果吉利，会从朋友处受益，彼此受益于对方。有些占星家声称，水星点可以代表一切朋友，这个说法是不正确的，水星点只能代表朋友的部分情况。

8、关系点，Asc＋水星－精神点（昼夜同）。此点用于看两人的友谊或一对男女的感情。看此点位于彼此命盘的什么位置。看此点是否落于对方上升或与其上升定位星合相，并且没有凶星映射，或位于11宫，或与11宫定位星合相，或定位星位于吉位并且没有被凶星映射，皆主吉利、互爱。如果落于彼此落陷的星座，或位于上升对宫，主彼此憎恨。此点可以看夫妻关系、情侣关系、朋友关系，分析需要合盘论断。

9、家中富足点，Asc＋水星－月亮（昼夜同）。此点与朋友点同，此点和定位星如果与福点或上升定位星合相，主住居宽敞，家中富足，凶则反之。

10、灵魂自由点，Asc＋太阳－水星（昼）Asc＋水星－太阳（夜）。如此点与吉星一起，尤其是木星，或者木星、太阳吉映射此点，主思想灵魂自由、开朗、宽容。如果此点位于火元素星座等自由星座，结果也一样。

11、赞扬点，Asc＋金星－木星（昼）Asc＋木星－金星（夜）。吉星，尤其是木星映射或与此点或其定位星合相，命主的功绩与善行会得到人们赞扬。被凶星映射，则不会受到赞扬感谢，可能善待他人，会招致指责和批评。

第十二,言仇恨,并囚狱,大畜宫之箭,并同此例。

注:《天文书》的仇恨、囚狱、牲畜点公式:Asc＋第12宫轴－第12宫定位星。

第十二宫相关,有3个点,列出如下:

1、古法敌人点,Asc＋火星－土星(昼夜同)。

2、Hermes敌人点,Asc＋12宫轴－12宫定位星(昼夜同)。以上两个敌人点如果都刑或冲自己的定位星或上升定位星,命主犯小人很多。

3、苦难点,Asc＋福点－精神点(昼夜同)。此点与上升轴定位星合相,或与其凶相位映射,主终身多舛,难以安享。

《天文书》的仇恨、囚狱、牲畜点,即Hermes敌人点。

阿拉伯点在论断的时候,会受到其所在星座、定位星、行星会和、行星映射相关,这些会影响到其吉凶变化。

在实际操作的时候,阿拉伯点在使用中,有两种常见情形。第一种为单一性力量,譬如旅行点落于第9宫迁移宫,宫意义和点的意义一致,此时意义单纯,论断直接。第二种为点落在其他宫,此时点所在的星座定位星,点的构成星会构成多种相关类象交叉影响,有的点还会涉及到相关事项的宫定位星,譬如旅行点和第9宫定位星,我们简单将之定义为单象和多象。需要注意的是,有的时候阿拉伯点自身也可以带双象,譬如福点和精神点是一对由日月关系组成的点,当它们落于一个星座的时候,就会产生双象互相影响,此时要分辨主象,譬如当福点和精神点都落于巨蟹座,则福点为主象。

多象力量如何进行计算？首先确定该点由几个类象组成，譬如福点是由太阳和月亮两个行星类象组成，再看点所落位置是单象还是多象情形。如果两个类象都映射点，则点的力量强。如果某阿拉伯点有三个类象，则三个类象都映射阿拉伯点，为最强。如果有的类象映射，有的没映射阿拉伯点，则力量会得到对应的削弱，或者有的类象逆行、落陷，都会影响到该阿拉伯点的意义。如果所有相关类象都没有映射该点，则该点的力量很弱，很多相关意义的事项都只是空想，而缺乏实际结果。类象在映射阿拉伯点的时候，刑冲表现为该阿拉伯点事项的不吉或者凶的影响力，三合、六合则吉。

阿拉伯点的组成的类象没有映射点，但是类似性质的行星映射该点，则也会发生相关点的事项，但是非命主所期待的那般，除非该行星在该阿拉伯点的位置有力量。譬如财产点，如果财产点的组成类象没有映射财产点，而木星映射了财产点，木星也主财，此时也会有些财运。

最后，我们根据 Al—Biruni 著作中的阿拉伯点表格，列出 97 个阿拉伯点供大家参考研究。需要注意，阿拉伯点存在不同的起法观念，表格中为 Al—Biruni 的观念，有关具体的起法分歧和用法，在文中有相关说明。

7 个行星有关的特殊点	日间盘的算法	夜间盘的算法
福点或月亮点	上升＋月亮－太阳	上升＋太阳－月亮
守护与信仰（精神点）	上升＋太阳－月亮	上升＋月亮－太阳
友谊与爱情（金星点）	上升＋精神点－福点	上升＋福点－精神点
绝望、拮据和欺诈（水星点）	上升＋福点－精神点	上升＋精神点－福点
囚禁、监狱和逃狱（土星点）	上升＋福点－土星	上升＋土星－福点
胜利、战胜与援助（木星点）	上升＋木星－精神点	上升＋精神点－木星
勇敢点（火星点）	上升＋福点－火星	上升＋火星－福点

宫位	与 12 宫位有关的 80 个特殊点	日间盘的算法	夜间盘的算法
一宫	生命点	上升＋土星－木星	上升＋木星－土星
	生命持久点	上升＋木星－福点	上升＋福点－木星
	逻辑理性点	上升＋火星－水星	上升＋水星－火星
二宫	财产点	上升＋2 宫轴－2 宫主星	上升＋2 宫主星－2 宫轴
	债务点	上升＋水星－土星	上升＋土星－水星
	财宝点	上升＋金星－水星	同
三宫	兄弟点	上升＋木星－土星	同
	兄弟数目点	上升＋土星－水星	同
	兄弟的死亡点	上升＋双子座 10°－太阳	上升＋太阳－双子座 10°
四宫	父母点	上升＋土星－太阳(或木星)	上升＋太阳－土星(或木星)
	父母死亡点	上升＋木星－土星	上升＋土星－木星
	祖父母点	上升＋土星－双子座 0°	上升＋双子座 0°－土星
	祖先与亲戚点	上升＋火星－土星	上升＋土星－火星
	不动产点(赫尔墨斯)	上升＋月亮－土星	上升＋土星－月亮
	不动产点(部分波斯说法)	上升＋木星－水星	上升＋水星－木星
	农业、耕作点	上升＋土星－金星	同
	事务结局点	上升＋最近的朔望月定位星－土星	同
五宫	子女点	上升＋土星－木星(或金星)	上升＋木星－土星(或金星)
	性生活的时间与次数点	上升＋木星－火星	同
	儿子点	上升＋木星－火星	同
	女儿点	上升＋金星－月亮	同
	预期子女出生性别点	上升＋月亮－月亮定位星	上升＋月亮定位星－月亮

宫位	与 12 宫位有关的 80 个特殊点	日间盘的算法	夜间盘的算法
六宫	疾病、缺陷、发病时间点（赫尔墨斯）	上升＋火星－土星	上升＋土星－火星
	疾病、缺陷、发病时间点（部分古代版本）	上升＋火星－水星	同
	囚禁点	上升＋时主星的定位星－时主星	同
	奴隶点	上升＋月亮－水星	同
七宫	男性婚姻点（赫尔墨斯）	上升＋金星－土星	同
	男性婚姻点（瓦伦斯）	上升＋金星－太阳	同
	男人欺骗女性		
	男性性交		
	女性婚姻点（赫尔墨斯）	上升＋土星－金星	同
	女性婚姻点（瓦伦斯）	上升＋火星－月亮	同
	女性行为不检点		
	女性欺骗男人		
	女性性交	上升＋火星－月亮	同
	女性淫荡点		
	女性贞操点	上升＋金星－月亮	同
	婚姻点（赫尔墨斯）	上升＋7宫始点－金星	同
	婚期点（赫尔墨斯）	上升＋月亮－太阳	同
	婚姻谋划点	上升＋金星－土星	同
	女婿点		上升＋土星－金星
	争辩、诉讼点	上升＋木星－火星	上升＋火星－木星

宫位	与 12 宫位有关的 80 个特殊点	日间盘的算法	夜间盘的算法
八宫	死亡点	土星＋8 宫始点－月亮	同
	破坏点	上升＋月亮－上升定位星	上升＋上升定位星－月亮
	女性担心生产死亡点	上升＋最近朔望月的定位星－土星	同
	谋杀与疾病点（繁赘点）	水星＋火星－土星	水星＋土星－火星
	暴力危险点（纠缠困苦点）	上升＋水星－土星	上升＋土星－水星
九宫	旅行点	上升＋9 宫始点－9 宫主星	同
	水上旅行点	上升＋巨蟹 15°－土星	上升＋土星－巨蟹 15°
	胆怯与隐藏点	上升＋水星－月亮	上升＋月亮－水星
	深思点	上升＋月亮－土星	上升＋土星－月亮
	理解力与智慧点	上升＋太阳－土星	上升＋太阳－土星
	传说迷信点	上升＋木星－太阳	上升＋太阳－木星
	消息真假点	上升＋月亮－水星	同
十宫	贵族出生点	上升＋时主星的升星座度数－时主星	上升＋时主星时－时主星的升星座度数
	王者点	上升＋月亮－火星	上升＋火星－月亮
	管理者、官贵点	上升＋火星－水星	上升＋水星－火星
	官贵的胜利与征服点	上升＋土星－太阳	上升＋太阳－土星
	晋升点	上升＋福点－土星	上升＋土星－福点
	著名荣贵点	上升＋太阳－土星	同
	军警点	上升＋土星－火星	上升＋火星－土星
	官贵点以及与命主相关的官贵	上升＋月亮－土星	同
	商人及其业务点	上升＋金星－水星	上升＋水星－金星

宫位	与 12 宫位有关的 80 个特殊点	日间盘的算法	夜间盘的算法
十宫	买卖点	上升＋福点－精神点	上升＋精神点－福点
	医疗手术与医嘱点	上升＋木星－太阳	上升＋太阳－木星
	母亲点	上升＋月亮－金星	上升＋金星－月亮
十一宫	荣耀点	上升＋精神点－福点	上升＋福点－精神点
	友谊与敌人点		
	名望与尊重点；社交活跃点	上升＋太阳－福点	上升＋福点－太阳
	成功点	上升＋木星－福点	上升＋福点－木星
	世界知名点	上升＋金星－福点	上升＋福点－金星
	希望点	上升＋水星－木星	上升＋木星－水星
	朋友点	上升＋水星－月亮	上升＋月亮－水星
	暴力点	上升＋水星－精神点	同
	丰裕家产点	上升＋太阳－月亮	同
	自由点	上升＋太阳－水星	上升＋水星－太阳
	赞美与认可点	上升＋太阳－木星	上升＋木星－太阳
十二宫	敌人点（部分古代版本）	上升＋火星－土星	同
	敌人点（赫尔墨斯）	上升＋12 宫轴点－12 宫主星	同
	厄运点	上升＋福点－精神点	同

与行星、宫位无关的特殊点	日间盘的算法	夜间盘的算法
寿星点，生命给予者	上升＋月亮－最近的朔望月度数	同
体衰点	上升＋火星－福点	上升＋福点－火星
马术、勇敢点	上升＋月亮－土星	上升＋土星－月亮
冒险、暴力与战斗点	上升＋月亮－上升定位星	上升＋上升定位星－月亮
诡计与欺诈点	上升＋精神点－水星	上升＋水星－精神点
需要和愿望点	上升＋火星－土星	同
需求与需求阻碍点（埃及）	上升＋3 宫轴点－火星	同
需求与愿望阻碍点（波斯）	上升＋水星－福点	同
惩罚点	上升＋太阳－火星	上升＋火星－太阳
真理点	上升＋火星－水星	上升＋水星－火星

下面,笔者对与行星、宫位无关的特殊阿拉伯点,做相关解释,内容如下:

寿星点,称之为 Lot of the releaser。这个点最早源出于法老王 Nechepsō,用于确定寿命的长短以及吉凶应期。Valens 在著作第 3 册第 7 节中指出,命盘没有寿星和寿主星的时候,考虑使用寿星点(寿星和寿主星参考本书后文章节)。命主出生于新月后,则公式为上升轴＋月亮－出生前朔月度数,和其他阿拉伯点一样正常计数即可,此点所在的界主星就是寿主星。命主出生于满月后,则公式为上升轴＋出生后新月度数－月亮,并且在数值计算的时候,不能按黄道次序去数,要从日运动方向,朝向 Mc 方向数去,此点的界主星就是寿主星。可以通过寿星点度数通过主向行运,遇到吉凶星映射进行论断。

Al－Biruni 对这个点的计算公式与 Abū Ma′shar 相同。Abū Ma′shar 指出,他们那个时代,许多学者在研究命盘时候,遇到一些凶运找不到任何痕迹,主向限的寿星行运中没有遇到凶星,太阳返照盘里也没有明显的凶象,之所以他们找不到凶象的原因,就是因为他们不知道使用这个寿星点进行主向限操作,这个点是一个隐藏信息。

案例: 寿星点

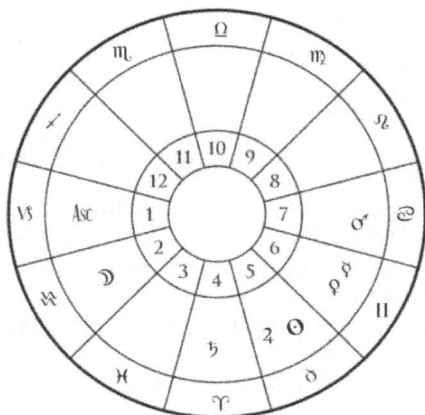

上升位于摩羯座 27°，土星位于白羊座 24°，木星位于金牛座 4°25′，火星位于巨蟹座 22°53′，太阳位于金牛座 25°18′，金星位于双子座 28°14′，水星位于双子座 6°，月亮位于宝瓶座 7°10′。

此命生于满月，下一个新月点位于双子座 2°25′，按 Valens 给出的公式 Asc＋出生后新月度数－月亮，新月到月亮之间的度数差为 115°，从上升轴往天顶顺时针计数 115°，则为天秤座 2°。土星冲此点，火星刑此点，木星反厌，金星所在宫不吉，没有什么帮助。此命活了 28 年 9 个月时间。

体衰点，此点合相上升定位星或带有上升、寿主星力量的行星，或位于潮湿星座，则命主身体结实，四肢有力。如果合相水星或火星，或被其主宰，代表身体消瘦。

马术勇敢点与深思点的计算方式一样，如果此点与火星或木星六合，位于骑行动物星座，代表勇敢、骑士以及骑行动物等活动，会参与长矛、剑术类运动。

冒险、暴力与战斗点，此点与火星或木星六合，或位于凶宫，但是被接纳，位于强力星座，代表冒险、战士、杀手。

诡计与欺诈点，水星是狡猾、欺骗、计谋的标志，也是恶意、恶行、狡猾的标志。如果此点和其定位星会合上升定位星时，代表命主狡猾，恶意欺骗，如果格局好，会因此受益，如果格局凶，则因此招惹祸患。如果水星和火星混合其中，则为偷盗窃贼，抢劫之人。

需要和愿望点，命中所寻求的一切事物的阻碍都源自于两颗凶星，即火星与土星，而水星在代表人们寻求中的参与行星。如果火星和土星位置合适，不使所寻求的事物不幸，则代表愿望实现。所以这个点的公式，Abū Ma'shar 认为是水星＋火星－土星。如果这个点的两颗凶星不凶（尤其昼火夜土的影响微弱时），代表满足愿望。如果凶，则不能实现、满足愿望。这个点适合用于求测者没有意识到自己的需求时。如果求测者确切知道需要什么，譬如财运、婚姻、权利，我们需要在盘中找到相关类象进行论断，当然我们也可以参考此点得到相关指示。

需求与需求阻碍点，代表人的惰性、懒惰。Abū Maʾshar 指出埃及点和波斯点，这两个点在论断的时候，看它们是否合相凶星，尤其是土星，或其定位星是否合相上升定位星，代表命主懒散、懒惰。几乎不能激励自己去做任何他需要的事情，除非他的需求是自己无法忍受的，或者有人诱导他去做，强迫他去做，不管他愿意与否。有时候是因为他害怕需要的东西失去或机会溜走，他在没有完全同意的情况下被说服。当此点的定位星不利于财的时候，其资产会出现灾害。

惩罚点，此点位于轴或续宫，则命主报复、惩罚。

真理点，与逻辑理性点相同。如果此点活跃，代表为人渴望真理，应用真理，并且因此受益。如果活跃但不吉，代表会因为可憎的事物而折磨他。如果此点位于果宫，或者位于启动星座，代表命主了解真相，但是不会追求它。

以上这全部 97 个阿拉伯点，是古人著述中最著名的阿拉伯点。它们被用于本命盘、太阳返照盘、择吉盘和占卜盘中，根据需要去选择使用。

最后，笔者在此讨论一下如何正确有效的应用阿拉伯点。阿拉伯点较多，如果我们不加选择的去使用，会非常不现实。根据笔者的实战经验，阿拉伯点可以有两种用法，第一种为顺向思维用法，所谓顺向思维用法，即我们根据需求，在使用类神的时候使用，古人常用这种方法，譬如我们观察子女的时候，使用子女点。论断父亲的时候使用父亲点。

这种方法适合用于系统分析的时候使用。第二种为逆向思维用法,实战时更为实用,首先我们需要熟悉相关阿拉伯点的构成,譬如慢性疾病点的构成为上升、火星、土星,当我们在一个命盘中发现火星、土星、与上升、或月亮产生明显损害关系的时候,我们可以立即再通过慢性疾病点发现问题,因为之前的现象已经体现命主会有较大的疾病灾害。这种思路便捷而实用。

第二十三门　说各宫度主星强旺

　　凡各宫度主星,取气力多者为上。本宫主星有四分气力,庙旺宫主星有三分气力;三合宫主星,有二等,第一等,有二分气力,第二等,有一分气力;分定度数主星,有一分气力。若此等主星遇在本宫,或庙旺宫,或两等三合宫,或分定度数上,则气力加倍。如火星在白羊宫,即有八分气力之类。其余一切主星,取气力多者为之主星。若一星比此主星气力微少者,与此主星为助。若二星气力同者,取宫主星为先,第二星为相助。

　　如昼生人,安命在白羊宫第十度,火星是宫主星,太阳是庙旺宫主,并第一等三合宫主星,木星是第二等三合宫主星,金星是分定度数主星。若此诸星,皆不在加倍气力宫度上,则取太阳为主,为何?盖太阳本是庙旺宫主星,有三分气力,又是第一等三合宫主星,有二分气力,共得五分气力,因此取为主星。火星虽是宫主星,只有四分气力,比太阳气力少一分,故与太阳为相助。其余有力气主星,各照前例推之。

注：实际论断时,《天文书》根据四种力量选最强旺者作为主类神,力量稍弱者为辅类神,主辅类神结合进行论断。在四种力量舍、升、三方主、界中,舍占 4 分,升占 3 分,三方主需要注意,如果是三方第一主,为 2 分,第二主为 1 分,界为 1 分。《天文书》作者明显采用四种力量计算,并未使用旬星。

这四种力量都是可以累计叠加的。在取用类神的时候,都是以最强力量行星为类神,次强力量行星为辅类神。如果两颗行星在力量相等的情况下,优先取星座舍主星为主类神,另外一颗行星为辅类神。

例如:白天生人,上升位于白羊座 10°,火星是舍主星,得 4 分;太阳为升主星,得 3 分,同时太阳是第一三方主星,得 2 分;木星是第二三方主星,得 1 分;金星是界主星,得 1 分。太阳力量分值为 5 分,分值最高,而火星虽然是舍主星,但是只有 4 分,其余行星分值更低,因此以太阳作为主类神,火星作为辅类神进行论断。

本节中使用最强旺者作为主类神,力量稍微弱者作为辅类神的方法,在古典占星中非常重要,几乎在所有分类占中,都可以这样去使用。学习一种分类占,首先需要知道有多少相关重要类神,再根据力量,从中找到最强主类神,有时候有一个最强主类神,有时候有多个,以主类神进行最重要的判断,其他辅助类神作为相关事体的其他方面的信息进行论断,一般以主类神作为主象,在主向限中以该主类神论断其终身相关类象的行运吉凶与发展。

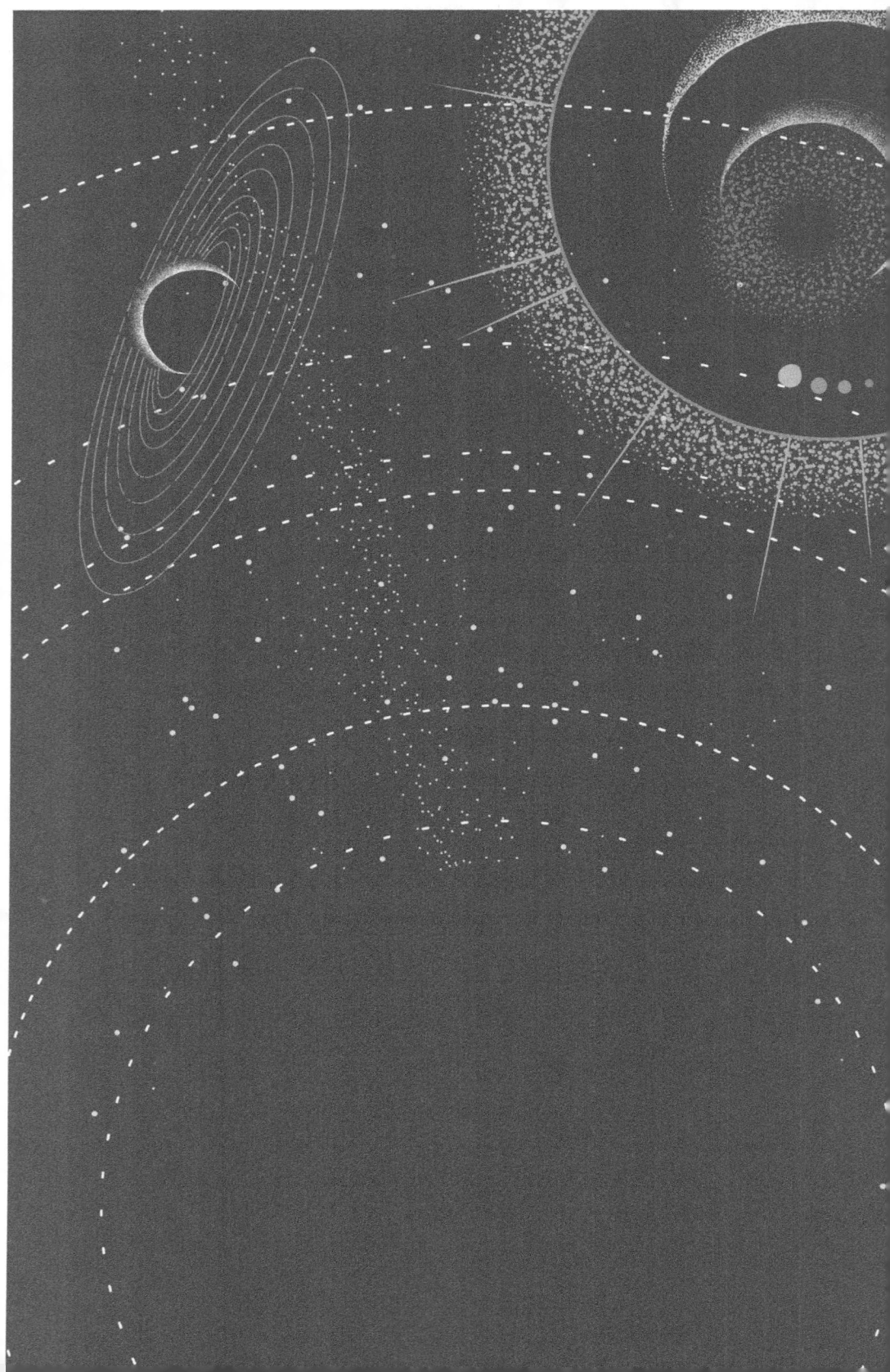

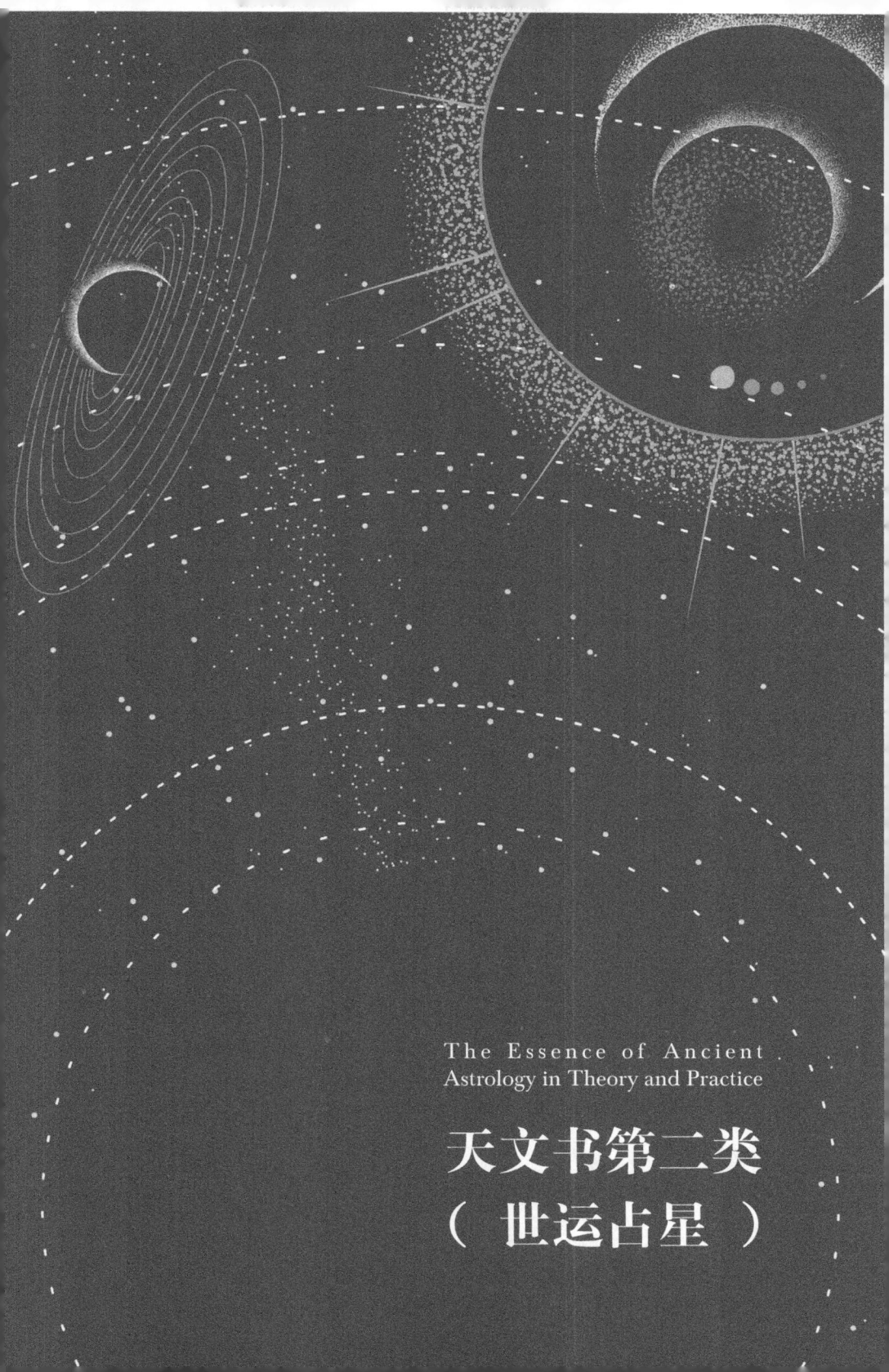

The Essence of Ancient
Astrology in Theory and Practice

天文书第二类
（世运占星）

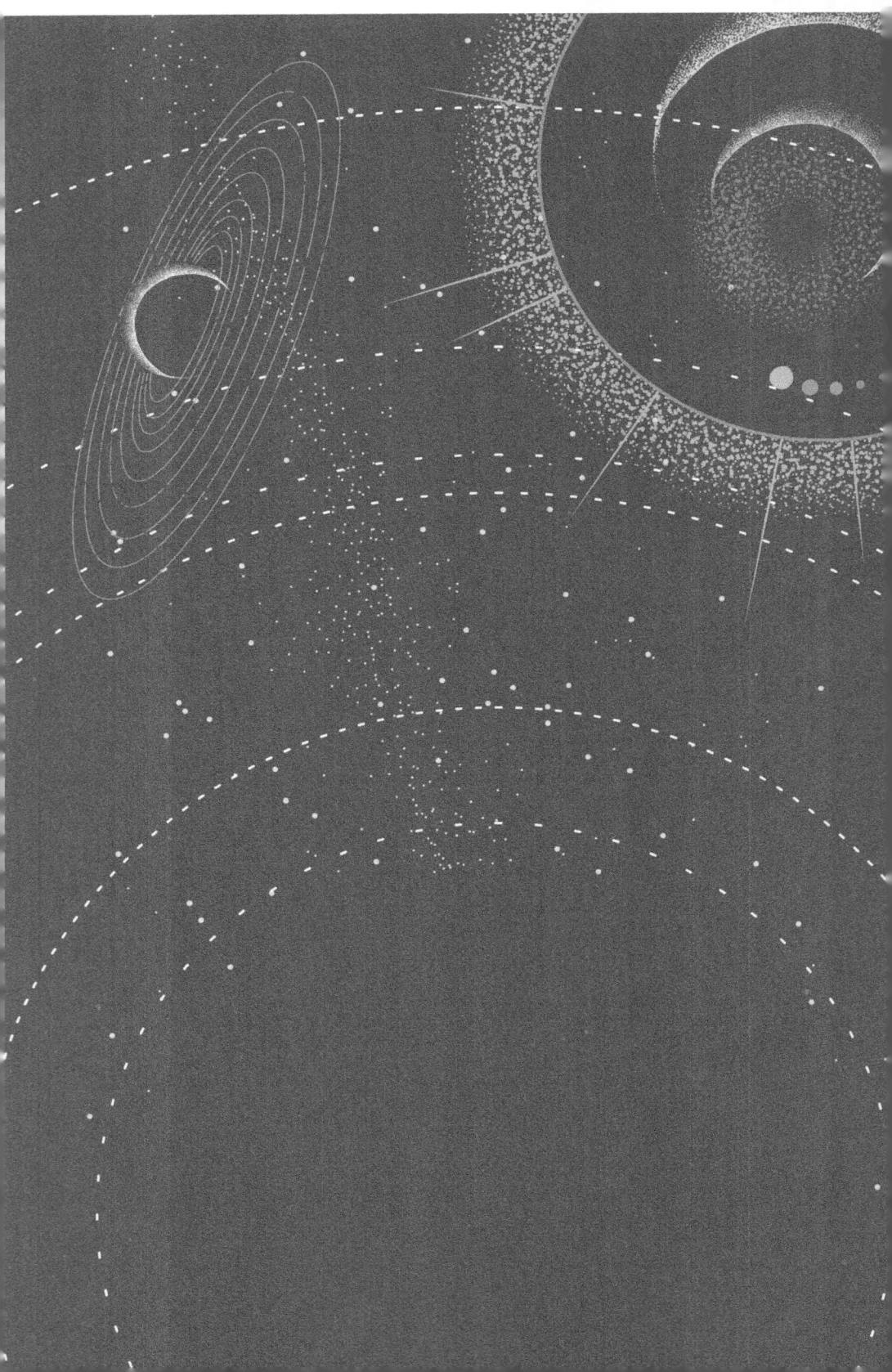

第一门　总论题目

凡七曜见吉凶,皆应于人间。若各星庙旺升降或在本宫,或在分定度数,或在三合,或顺或逆,一切皆应验于人。

若在庙旺本宫,主其人高贵。若在降宫,则其人低微。若在升宫,主其人发达。遇吉星必吉,凶星必凶。若星顺行,主诸事顺遂;若星逆行,则凡事颠倒不遂意。一切星象皆照此例推之。盖天上白羊等四十八象,每一象,地下必有一物象应之,地下之象,应天上象之吉凶。

凡交新年,必有安年命之理。太阳交白羊宫初秒,看此时东方是何宫度出地平环上,将此宫度便作安年命度数。若安年命在定宫,一年祸福皆依此宫分断之。定宫者金牛宫、狮子宫、天蝎宫、宝瓶宫是也。

若年命在二体宫,此年祸福只断得上半年。候太阳交天秤宫初秒时,又看是何宫度出地平环上,按下半年之命,却断下半年祸福。二体宫者,阴阳宫、处女宫、人马宫、双鱼宫是也。

若此年安命在转宫者,则分于四季。初断春季祸福,待太阳至巨蟹宫初秒时,看是何宫度出地平环上,即是安夏季之命;太阳至天秤宫初秒,看是何宫度出地平环上,即是安秋季之命;太阳至摩羯宫初秒,看是何宫度出地平环上,即为安冬季之命;每季祸福皆依安命宫分断之。

凡一大圣人,或大贤人出世,即将本年年命宫为主,断其吉凶。若看人主之命,不得知年月日时者,即看入城之时,或登位之时,是何宫度出地平环上,即安命宫,以断其终始吉凶。若太阴与太阳相会、相冲,或在二弦,呼为四柱。若吉星在太阳光下,或逆行则减吉。若凶星在本宫,或在庙旺宫,或在分定度数上,则凶不为凶。凡四柱,主成全创立之事,显验有力;若四辅宫分,则望事欲成,创立显验之事,并气力皆减半;若四弱柱宫分,则凡事蹭蹬不成,全无气力。

注:此卷开始介绍世运占星。所谓世运占星,是依据天上行星会影响地球万物的规律,根据特定时间的盘,论断有关气候、地震、政治、经济、人事等国家或地区或全球的相关天灾、人祸变化。

世运占星都是特殊时间起盘模式,在古人的论断系统中,包括使用太阳进入白羊座的太阳返照盘,以及太阳进入白羊座、巨蟹座、天秤座和摩羯座的四季星盘(内容见后文)、太阳进入白羊座之前的新月、满月盘、日月蚀盘、观测彗星等方法。

我们先从古埃及说起,古埃及的文明和尼罗河的泛滥有密切的联系,古埃及的观星者通过长期观察,发现每当天狼星(Sirius)与太阳同时在地平线上出现时,尼罗河就开始犯滥,埃及人把这一天定为一年的第一天。根据三角洲地区尼罗河涨水与太阳、天狼星在地平线上升起同时发生的规律,他们把这样的现象两次发生之间的时间定为一年,共365天。把全年分成12个月,每月30天,余下的5天作为节日之用;同时还把一年分为3季,即泛滥季、五谷生长季、收割季,每季4个月。这种针对对一年的划分方法,在后期的占星发展中,并没有被完全认可使用,譬如 Theopilus of Edessa 的著作中就明确说到,埃及的这种年份划分法并不适用于其他地区。

Theopilus of Edessa 指出,希腊占星家发现,太阳进入白羊座开端之后的第一个新月时分,可以预测一年内天体的影响。而 Ptolemy 则进一步采用了一种更为详细的方法,使用一年的四个关键点,分别是太阳进入白羊座、巨蟹座、天秤座和摩羯座,观察太阳进入这四个星座开端之前的新月或满月时分的星座盘（尤其是最靠近星座之前的新月或满月），来预测一年的世运。Ptolemy 在使用四季盘之前的最近新月或满月盘时，采取承继规则，譬如春分之前最近的月相为满月，则整个春季都观察满月盘，四季盘立盘后都遵循这一规则。

波斯时期，学者们把希腊占星书翻译成为波斯语种书籍，并且他们整理了年运的天文年表，只采纳了太阳进入白羊座开端，进行预测整年年运的方法。因此任何国家和地区，当太阳进入白羊座初度时的星盘可以主宰该地区的一年年运。进一步，也可以使用太阳进入每一个星座的开端时的星盘观察每个月份的地区行运。

《天文书》在本篇所论述的就是太阳进入白羊座初度的方法，是每年的太阳返照盘，即每年春分，太阳开始进入白羊座 0°0′，开启新一年的黄道星座之旅，这是标识地区在一年内行运的开始。因此每年在太阳进入白羊座的 0°0′ 的太阳返照图，就成为了预测一年世运的方法之一。

如果有大人物出现，则以当年的太阳返照盘上升宫进行论断。如果看当地上位者的命运，不知道其出生年月日时，就根据其上台就职的时间，排出星盘论断。凡是看相关盘，有关吉凶的论断，参看前文的知识点，需要注意的是，星盘中，角宫内的行星力量，代表创立之事，任何类神行星位于续宫，也有力量，但是力量减半，如果类神行星位于果宫，则力量极弱。

第二门　论上下等第应验

凡论人间祸福,看本年安命宫,七曜中最旺的星辰为主,将当年祸福,从旺星上断说。若命宫是定宫者,断一年之祸福;若命宫是二体宫者,将祸福上下半年断之;若命宫是转宫者,将祸福四季断之。

若要知国家一岁之事,其安年命在昼者,看太阳、并第十宫、并第十宫主星。若安命年在夜者,看太阴、并第十宫、第十宫主星。

若要知民间一岁之事。看安年命宫,取最旺有力之星,并太阴为主。

若论臣宰,并吏人、公使人等,看水星。

若论贤德君子之人,看木星。

若论有名望之家,并老人、农人,看土星。

若论军官、军人、军器并一切军务,看火星。

若论阴人、乐人,看金星。

若论快行人、并使臣,看太阴。

以上看各星辰衰旺,断其人吉凶。若论人体身体安宁,看本星得本体之力;若论官贵兴旺,看本星得相助之力;若论福禄并财,看本星兼得本体相助之力;若论经商财利,看第二宫,又看第二宫主星,又看福德箭在何宫,并宫主星,以上各星与命宫,或命宫主星相照者,各得顺受之力。

若太阳入白羊宫、或巨蟹宫、或天秤宫、或摩羯宫初度,看此时各星,除相冲外,但照庙旺度数者,此季主高贵兴旺,吉。

若福德箭、并聪明远识出众之箭、其宫主星、并三合宫主星,在有力吉位,有互相吉照者,诸事皆吉。若以上星在无力位分,又与各星恶照者,诸事皆不吉也。聪明远识出众之箭者,主君王志气、识见、方略。若此箭在吉照旺宫,则行事聪明皆全。若在凶照弱宫,则行事聪明不全也。若年命第九迁移宫,有一二星系庙旺,或三合、或分定度数,则其年人多外出。

凡地理,封为七界,每一界分一主星。从南起第一界,是土星;第二界是太阳;第三界是水星;第四界是木星;第五界是金星;第六界是太阴;第七界是火星。

看其年安命宫在何处。各星中何星有力强旺,则其界人诸事皆吉。若其星无力衰败,则其界人诸事皆不吉。凡当年安命在何宫何度,看命前宫分有何吉凶杂星,从安命度上数起。依太阳所行中道,每一日五十九分八秒。看几日到前项杂星上。吉星,则诸事皆吉;凶星,则诸事不吉,应在其时。

假若安年命在狮子宫第十度,有一吉杂星在双女宫第十二度,相离安命处三十二度。从命度数起,三十二日有零至其处,当有吉应,余同此例。又看当年七曜,在命前后何宫何度,亦从安命处数起,该几日到其星处,即应其星吉凶。如木星,则应贤德君子,土星则应农人、老人之类。

若看君王登位时,东方是何宫分度数出地平环上,将此作命宫。又看命宫度数并主星,并太阳、太阴在何宫分。又看命宫出地几度,对黄道的赤道度数几度。看命宫前有何吉杂星,及看吉星出地几度,对黄道的赤道度数几度。其命宫赤道度数,与杂星赤道度数多寡不同。将多者配少者之数,余剩几度,一度准一年,该几年至吉星之度,则其年大兴旺也。若此星系杂星内第一等,第二等吉星者,主开拓疆宇,为福甚大。

若杂星系凶星者,则心神不宁,又多忧虑,事不如意也。

若安命年宫数至小限在何宫分。看此宫分有何星。假如此宫分有土星,则年尊位高者有灾;若有木星,则臣宰、贤德、有学之人灾;若有火星,则军官、军人灾;若有金星,则阴人灾;若有水星,则吏人灾;若有太阴,则阴贵人灾。

注:《天文书》指出,需要找到太阳在进入白羊座 0°0′ 的时刻,排出相关星盘(太阳返照盘,即春分盘),如果此刻的上升星座是固定星座,即金牛座、狮子座、天蝎座、宝瓶座,则整年的年运都使用此盘进行论断;如果上升星座是双体星座,即双子座、室女座、射手座、双鱼座,则此盘只能论断上半年的年运,再排出太阳进入天秤座 0°0′ 的星盘对下半年进行论断(即秋分盘);如果上升星座位于启动星座,即白羊座、巨蟹座、天秤座、摩羯座,则此盘只论断春季行运,排出太阳进入巨蟹座 0°0′ 的星盘论断夏季行运,排出太阳进入天秤座 0°0′ 的星盘论断秋季行运,排出太阳进入摩羯座 0°0′ 的星盘论断冬季行运。Masha'allā 认为,需要观察上升星座和上升定位星星座,譬如当上升星座为固定星座,上升定位星也位于固定星座,则该年运盘强力代表整年年运。根据实践经验,笔者认为,春分盘对整年都具有一定指导性,无论上升位于任何星座。

从回归制角度出发,太阳进入白羊座、巨蟹座、天秤座、摩羯座的星盘实际上叫做春分盘、夏至盘、秋分盘和冬至盘,我们可以简称四季盘,我们将统领四季的春分盘,称为年运盘。

在世运占星中,如果想知道一个国家的当年主要行运,年运是昼盘,则看太阳和第 10 宫定位星,如果是夜盘,则看月亮和第 10 宫定位星,分析国家一年的关键行运。如果想知道大众的行运,取最旺最有力量的行星,参考太阳,论断普通百姓的年内运程。看官僚阶层,观察水星;看名望之人,老人、农业等等看土星;看军事领域,观察火星;看女性与娱乐行业,看金星;看交通、驻外事务,观察月亮。

在论断年运盘时,Masha'allā 认为需要分析上升轴和上升定位星,以及上升星座的升主星、界主、三方主,以及时主星。看它们彼此的位置,以及是否位于不利于上升轴的宫位。如果上升定位星位于第6宫,主疾病灾害;位于第8宫,主死亡;位于12宫,主损坏与不和谐,根据所在星座定性。同样,界主、升主、三方主在不利于上升轴的宫位都有损害性质,但是影响力低于上升定位星。

分析完之后,分析发光体行星,即太阳和月亮,昼盘分析太阳,夜盘分析月亮。如果吉利,代表力量、成就和胜利。同时分析发光体行星的定位星,如果定位星映射它们,并且接纳,则代表安全、公义、吉利。如果它们互相背离,则吉变为凶。在七大行星中,没有什么能比水星和月亮吉凶变化更快,因为它们本身多样性,燃烧也多样性,当岁主星被燃烧,又被凶星映射时,该年的年运、国王运都会比其他情况差。岁主星为昼星位于年运昼盘,岁主星夜星位于年运夜盘,该行星在日光下,则太阳会替代其成为国王类象,因为它接受了该行星的力量。

每一年都有岁主星,能够主宰年运,岁主星需要技术计算进行鉴定,方法如下:

在世运星盘中,比较强的行星是位于上升轴的行星,不能在轴前后过远。其次是天顶轴、下降轴、天底轴、11宫、9宫、5宫、3宫。

如果上升轴定位星位于上升轴,在轴前后3°内,则不必看其它任何行星,上升定位星就是岁主星。上升星座升主星,如位于升度,位于上升轴前后 3°,为岁主星。上升三方主星位于上升轴,有上升定位星的三分之一的力量;上升轴界主星在此有五分之一的力量;时主星在此有七分之一的力量。

以上条件,适用于上升轴和天顶轴,如果位于下降轴或天底轴,力量会有缩,依次类推,11 宫、9 宫、5 宫、3 宫,依次递减。

当太阳或月亮位于任何轴时,就是岁主星。除非被损坏,如果是这样,也代表该地区有障碍和灾害。最佳情况,是昼盘,太阳位于轴;夜盘,月亮位于轴。

岁主星确定后,需要注意岁主的情况,是否受到客星影响,也就是说当它位于其它行星星座,看该行星位于上升星座的什么位置,进行解读。

实际上,确定岁主星是有一定复杂性的,不同的古籍、不同的占星师有一些不同的描述。我们在学习古典占星的时候,要以古籍的方法作为参考,以实证作为主导,才能够真正掌握正确的用法,我们需要参考诸多实践型占星家的经验,在此,笔者再列举古典占星师 Al-RiJāl 对于岁主星的经验。

Al-RiJāl 在其著作中指出,他从古籍收集了一些他认为正确的东西,并且他进行了测试,认为这些都是正确的。他认为,根据赫尔墨斯的方法,想知道岁主星,首先在四轴上寻找行星,根据其吉凶力量做出判断。如果四轴上没有,则从 11 或 5,9 或 3 宫内的行星为岁主星(一般 Māshā'allāh、Abū Ma'shar 都是按 11 宫、9 宫、5 宫、3 宫的次序递减)。这些宫内如果没有行星,则看哪一颗行星(除了月亮)运行的更匆忙,其位置离于其所在星座,正在进入下一个星座,则其为岁主星。如果两三颗行星汇聚在一个星座,则度数最大,也就是越靠近星座末梢的行星,其所在星座的定位星、升主星或界主星映射该行星,则该行星为岁主星。

如果星盘中,诸多行星都位于轴或相应的宫内,它们看起来都值得成为岁主星,则这些行星中同时又是日主星或时主星的为岁主星。如果不符合这个条件,则在众星中寻找佐证更强的行星作为岁主星。一般,时主星在岁主星中有力量,在分析的时候,作为分析的伴星看待,进行综合分析,如果时主星与这些行星同宫,则时主星从始至终会管理着这一年,其他行星服从于它。

一般而言,岁主星就是集中佐证了上升轴的各种力量的行星。昼盘太阳位于轴,则太阳就是岁主星,夜盘月亮位于轴,则月亮为岁主星,关于这一点,Māshā'allāh 认为,除非日月存在障碍受到损害,则不为岁主星,即使如此,也代表该星座所代表的地区会有相应的灾害。如果上升定位星同时是太阳或月亮星座的定位星,则该星一定为岁主星,不需要去寻找其他行星。岁主星确定后,该行星的强弱吉凶,就能够代表这一年的吉凶趋势。Māshā'allāh 认为当岁主星反厌上升宫时(即位于2、6、8、12 宫),则显得十分虚弱,此时需要位于第 10 宫的行星将之光线反射入上升宫,该行星会强化岁主星。

在分析王者的时候,以天顶定位星、升主星和太阳进行选择,分析和它们产生趋离相位的行星。在太阳和天顶定位星、升主星中选择强者作为王者类象,11 宫为王者的士兵和同党,在确定王者类象的时候,要注意行星力量、主传客星等重要关系,最终才能确定王者类象。Theopilus of Edessa 在其著作中使用了皇室点,用于看统治者,皇室点公式=Mc+月-日(昼)Mc+日-月(夜),在应用此法时,使用皇室点、皇室点的三方主星进行相关分析。

Masha'allā 认为,岁主星在天顶有佐证时,或者天顶升主星或舍主星,通过主传客星的方式把力量传递给岁主星,或者天顶定位星位于上升定位星星座,并被其所接纳(即主授客星),这几种情况下,岁主星就代表王者。天顶定位星位于日光下进入焦灼,代表王者死亡,如果它已经行出焦灼,但是还在日光下,太阳比它更代表王者。注意分析王者类象行星的趋离行星特性。分析国王的资产时,如果国王类象星是天顶定位星,则分析第 11 宫,国王类象星是岁主星,则分析第 2 宫。分析国王,用国王类象星,分析其他官僚权贵阶层,以岁主星分析。论断年运中的恐惧时,如该年中木土交会,则凶事会更多,木土未交会,会好些。岁主星或王者类象行星,朝位于轴的缓行凶星运行,则因为此行星而恐惧,代表相关的毁灭和死亡,分析时候注意昼夜星宗的吉凶意义,以及星座的阴阳特性对吉凶的加减,白天的土星位于阳性星座,则凶性弱,夜间火星位于阴性星座,则凶性弱,看是否接纳,接纳也会导致凶性减弱,这种情况下,譬如年运中有病害,但是却只有少数人因此而死亡。

Al－RiJāl 认为,年运盘中,论断王者时,昼盘看太阳和胜利点(公式＝Asc＋精神点－木星 昼 公式＝Asc＋木星－精神点 夜)夜盘看月亮、胜利点和天顶界主星。

Abraham Ibn Ezra 认为,年运盘中,如果日月刑冲,代表月亮所在星座代表的城市有反对王者的谋划。

两颗凶星纬度参与连结时,月亮和土星纬度连结,会发生饥荒、流行病;火星和月亮纬度连结,代表内乱、战争、流血必然出现。当两颗吉星与月亮纬度连结时,月亮和木星纬度连结,代表正义、温和、肥沃;金星和月亮纬度连结,代表正义、欢乐、喜悦、力量和健康。

关于罗睺和计都,当计都位于任何宫时,定位星如果损坏,则该宫或该星座所代表的意义,在该年具有损害、凶性。土星合相罗睺,代表权利下降、失去。土星合相计都，代表流血、干旱、苦难、贫穷、腐败；太阳合相罗睺，代表有权势的领导死亡，出现不同的王者，将寻求新王；月亮合相罗睺，代表显赫者死亡，农产品收成不利，洪水；木星合相罗睺，代表权势增加；火星合相罗睺，代表武器、战争增多；计都合相太阳，代表草木凋谢，野兽惊惶；金星合相计都，代表女性毁灭，木星合相计都于凶宫，代表权贵死亡，百姓疾病等等，木星焦灼代表法官、牧师、教会类毁灭。

在本节内容中，提到了世界地理的划分概念。《天文书》将世界分为七个界。实际上，在世俗占星中对地球不同区域的划分方法有多种，划分七界是其中一种类型。并且类似本书这种行星划分方法有多种不同形式。古人研究占星术，就涉及到时间与空间，也因此产生了诸多分配地球区域的方法，这其中，最为知名的方法就是气候带划分法。在研究区域划分的时候，由于宗教或政治影响，一些研究者不可避免的将一些相关色彩渲染到结论中，譬如阿拉伯或者说穆斯林经常被分配给金星。当然，这也可能源出于实践经验，因为金星主干净、清洁。在具体的划分方法上，有多种不同的划分地理区域的方法，下面我们介绍其中部分。

这些方法中，最重要的就是气候带划分法。这种方法通过地理纬度线划分为七个区域，成为七个气候带。这种划分法主要根据上升时间、最长日照时间等等。根据一年中，白昼最长的一天，其日照小时数。由于日照时间是同一纬度的重要函数，在同一半球内，具有相同日照时间的所有地理位置有着相同的气候带和纬度。通过这种划分方法，就可以统一对地球不同地区和城市的天文现象影响力做出指导。Ptolemy 在《Almagest》（即《天文学大成》）中编写了最有影响力的七大气候带理论。阿拉伯占星家 Al－Bīrūnī、Al－Rijāl 按照这些理论进行了研究，并且 Al－Rijāl 在其著作中列出了超出这些区域划分范围的城市。

Al－Rijāl 在其著作中指出第一气候区为土星,地区为印度;第二气候区为木星,地区为巴比伦;第三气候区为火星,地区为土耳其;第四气候区为太阳,地区为罗马;第五气候区为金星,地区为沙特阿拉伯西部;第六气候区为水星,地区为埃及;第七气候区为月亮,地区为中国。他说有些人认为,白羊座和木星属于巴比伦;摩羯座和水星属于印度;狮子座和火星属于土耳其;天秤座和太阳属于罗马;天蝎座和金星属于阿拉伯。我们可以通过代表每个地区的行星观察,根据其吉凶进行判断,尤其土木火金等行星,一个是岁主星,另一个是季盘主星,则相关吉凶更重,譬如太阳不吉,则该地区君王死亡,注意观察是什么行星给太阳带来凶性及其所在星座,假如是木星和白羊座,则代表巴比伦国王的毁灭,其余可以类推。

Māshā'allāh 以三个外行星,将赤道到北极圈之间的区域向北分为三大区域,分别归于火星、木星和土星。Bonatti 以黄道星座划分气候带。行星分别主宰各个气候带,Al－Al－Bīrūnī 也一样使用这种方法。

Ptolemy 和 Ibn Labban 都使用了一种星座三方主的方法分配世界区域。Ptolemy 在其著作中,用两条轴线将已知的世界分为四部分,并定义了世界的中心。横轴从直布罗陀海峡穿过伊苏斯湾,到达塔鲁斯山脉,垂直轴从波斯/阿拉伯海湾延伸到黑海和亚速海。Ptolemy 将每个区域划分为特定的三方主和行星,应用此法解释不同地区的民族之间的广泛文化差异。这种方法相当复杂,该框架不能诠释大部分南半球区域,尤其是东亚和美洲地区。

七个气候带是最重要的划分方法,一个地区的气候带可以用日照最长时间和最短时间的比率来表示。假如一个城市,在夏至(日光照时间最长的一天)白天有 14 个小时(一天的时间是 24 小时),这意味着相应的夜晚就有 10 个小时。这也意味着冬至(日光照最短时间)时,白天 10 个小时,夜间 14 个小时。所以该城市的纬度可以用日光照时的最长和最短时间比例来表示,即 14:10,简化为 7:5。在同南/北半球内,任何这种比例的地区位于同一个气候带。古代占星家只知道有北半球,所以在他们的数据表格中,没有划分南半球的地区。我们可以得知,同纬度地区的日光照时间、气候都是具有一致性或类似性,因此便于划分地理区域。

古天文学家,最初将这种技术用于当时比较重要的城市,即巴比伦和亚历山大。它们的日光照最长和最短比例分别是 3:2 和 7:5,其实并不是所有城市都在这个气候带上,甚至巴比伦和亚历山大城也不例外,因为 3:2 和 7:5 比较理想化。亚历山大白天最长时间实际是 14.179 小时,这意味着白天最短时间是 9.821 小时,所以如果没有四舍五入,这个比例就不是 7:5。

气候带和白昼时间单位的概念以及黄道十二星座的上升时间密切相关。简单而言,因为日照时间和上升时间,是地球同一纬度的重要函数。一个星座的上升时间,是指一个星座完全上升到某地区东地平线所需的时间(赤经数值),这个时间会因为不同的地理位置而不同,在北半球,白昼最长的一天是夏至,此时太阳位于巨蟹座 0°,如果我们测量这一天日出和日落之间的时间(即白昼的小时数值)。此时所有的巨蟹座—射手座的直向上升星座(或者叫最长上升星座),都将在日落时分,全部在天空升起可见。一周天赤经 360°,一天 24 小时,上升和小时的对应关系是 15。即 360°除以 15,等于 24 小时。因此赤经除以 15 等于白天的小时数。所以白昼的最长小时数,只不过是一个地理纬度上的直向上升星座上升时间除以 15 的结果。

例如,某地从巨蟹到射手的赤经时间数值是 231.44,除以 15,为

15.429 小时。即当地最长日光照时间是 15 小时 25 分钟。所以白昼最长时间和最长上升星座之和，直接与当地纬度相关。

早期的巴比伦占星家，用两种方式计算巴比伦的星座上升时值，分别是系统 A 和系统 B。后来的占星家以此法计算亚历山大城的星座上升时值（巴比伦位于北纬 32°32′）。

巴比伦赤经上升时间表

	系统 A	系统 B	现代数值
白羊座/双鱼座	20°	21°	20.47°
金牛座/宝瓶座	24°	24°	23.81°
双子座/摩羯座	28°	27°	29.66°
巨蟹座/射手座	32°	33°	34.70°
狮子座/天蝎座	36°	36°	36.01°
室女座/天秤座	40°	39°	35.35°

巴比伦的赤经上升时间，如果将 A 和 B 系统的巨蟹座—射手座的直向上升星座数赤经数值加起来，等于 216°，除以 15，结果是 14.40 小时。按现代数值，为 212.12°，除以 15，结果是 14.14 小时。现代数值要略高于古代计算数值，说明我们现代认定的巴比伦纬度要略高于古代的计算数值。

亚历山大赤经上升表

	系统 A	系统 B	现代数值
白羊座/双鱼座	21°40′	22°30′	20.85°
金牛座/宝瓶座	25°	25°	24.13°
双子座/摩羯座	28°20′	27°30′	29.80°
巨蟹座/射手座	31°10′	32°30′	34.56°
狮子座/天蝎座	35°	35°	35.69°
室女座/天秤座	38°20′	37°30′	34.97°

上表中,如果按系统 A,白羊座,上升的赤经时间是 1 小时 26 分钟
40 秒,赤经值为 21°40′,其余都可以类推。

按 A 和 B 系统,亚历山大的当地最长日光照时间为 14 小时,按现
代数值计算,为 14.03 小时。

我们可以得知,气候带是根据给定的地理纬度,根据最长日光照时
间数值来定义的。我们可以根据纬度确定多达 66 种气候带,古代占星
家确定七大气候带,是为了对应七大行星。

我们根据亚历山大模式,给出现代所确定的相关赤经时间和对应
纬度表。

气候带	赤经上升时间	地区纬度
赤道	180	0°
1	210	31°
2	214	34°
3	218	37°
4	222	40°
5	226	42°
6	230	45°
7	234	46°30′

表格中包括了从北纬 31°～北纬 46°30′的地区。中间一列的数值
是直向上升星座,从巨蟹座～射手座的赤经总和。这些纬度,对于南北
半球都是有效的。

接着我们介绍 Māshā'allāh 的一种特殊划分方法,他认为地球分
为两部分,东和南是一体的,因为它们气温炎热;西和北是一体的,因为
它们都气温寒冷。地球根据这个原理,按七大行星分为七个气候区,第
一个气候区为土星;第二个气候区为木星;第三个气候区为火星;第四
个气候区为太阳;第五个气候区为金星;第六个气候区为水星;第七个

气候区为月亮。在他的划分方法中还使用星座和界主星,具体划分规则,在古籍中并未明显说明。但是 Māshāʾallāh 在其案例中使用了行星气候区进行论断。

Al-Bīrūnī 对七个气候带和纬度的划分有一定参考价值,我们列出现代相关数据:

气候带	最长白昼时值(h:小时)	纬度
赤道	12h	0°
1	12.75h~13h~13.25h	12°45′~16°45′~20°36′
2	13.25h~13.50h~13.75h	20°36′~24°15′~27°39′
3	13.75h~14.00h~14.25h	27°39′~30°54′~33°48′
4	14.25h~14.50h~14.75h	33°48′~36°36′~39°15′
5	14.75h~15.00h~15.25h	39°15′~41°27′~43°36′
6	15.25h~15.50h~15.75h	43°36′~45°34′~47°24′
7	15.75h~16.00h~16.25h	47°24′~49°06′~50°36′

根据这个表的纬度,就可以查出任何城市所在地的气候带区域,知道气候带区域,意味可以将之应用于世运占星。一般第一气候区为土星,第二气候区为木星,第三气候区为火星,第四气候区为太阳,第五气候区为金星,第六气候区为水星,第七气候区为月亮,这种划分也可以用于星座区域,譬如第一气候区为土星,则宝瓶座和摩羯座属于第一气候区,其余类推。譬如山东济南市位于北纬 36°40′,则济南市属于第四气候区,属于太阳,因此济南属于太阳和狮子座。气候带的划分方法,在古代的划分种类和方法上非常多,而且说法不一,因此仅供实践参考。

案例：清军入关

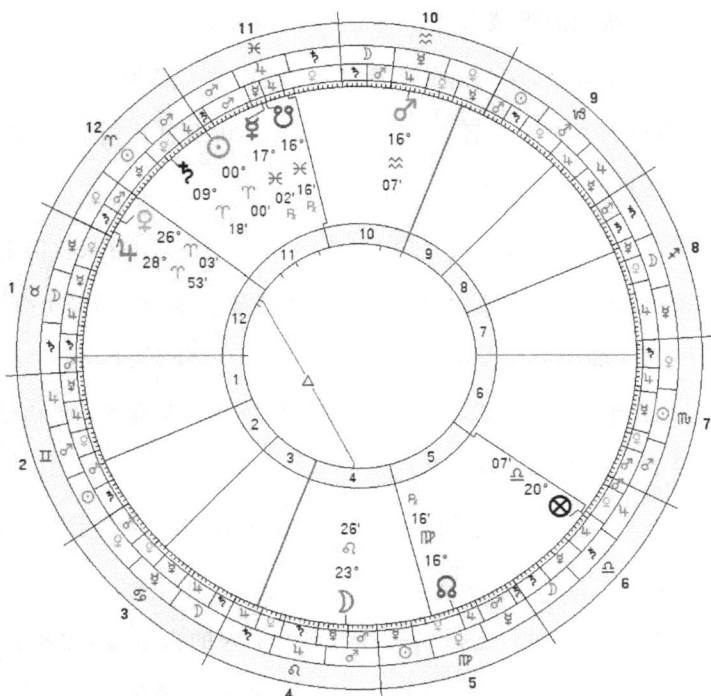

此盘时间为 1644 年 3 月 20 日 8:36 分 23 秒,为该年的太阳返照盘。上升定位星为金星,金星和木星合相落于果宫,反厌上升,整体不利于当年国运,并且金星趋于木星,把力量推向木星,木星为第 8 宫定位星,代表死亡。

Abū Maʾshar 认为,当火星被土星主授客星时,土星与火星产生映射连结,并且接受火星,代表该年有战争。此盘完全符合此条,Mc 为统治者,其定位星为土星,并且火星在内,代表统治者会发生战争,土星落陷于白羊座。一般太阳、土星、天顶定位星代表统治者,土星落陷被火星映射,同时火星是第 7 宫定位星,这是统治者于战争中死亡的标志。皇室点位于双子座 28°,水星为皇室点定位星,水星合相计都于 1°内,是统治结束,帝王死亡的重要标志。月亮为普通百姓,位于第 4 宫与火星相冲,代表统治的疆域内发生战争,百姓大量死亡。火星和土星互相容纳,两颗凶星勾结,这是内外皆乱的标志,其中火星为第 7 宫定位星,为外患,明显为清军。并且太阳、水星被火星和土星在前后星座夹拱,也是内忧外患的重要标志。

崇祯十七年三月十九日(1644 年 4 月 25 日),李自成攻陷北京。崇祯皇帝于煤山自缢而死,太监王承恩、大学士范景文、都御史李邦华、户部尚书倪元璐等诸臣从死,明朝灭亡。顺治元年(大顺永昌元年,1644年)四月二十二日,清军疾驰至山海关,吴三桂开关迎之,清军入关。

以下月运内容仅供参考学习

在月运方面,Theopilus of Edessa 在其著作中介绍了几种方法,内容如下:

1、首先排出太阳进入每一个星座 60′ 内的占星盘,根据这个时间点,定出四轴和其他行星。排出这个时间点附近的每月新月盘,对比太阳进入白羊座初度的年运盘和年运新月盘。

计算月运的方法是,从盘中的太阳数到月亮,看周天度数,再从上升轴开始计算得到的结果度数,所停止的星座即第一个月的月亮运星座,其定位星即月运主星。

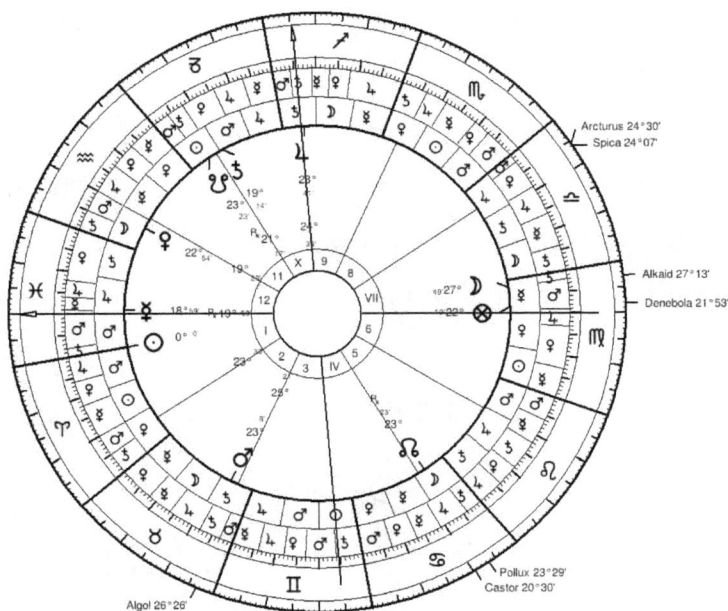

此盘时间为 2019 年 3 月 21 日 5:58 分(北京),太阳进入白羊座 0°0′。从太阳所在数到月亮所在位置,共 177°49′,再从上升轴开始计算逆时针行进 177°49′,到达大约室女座 17°48′,则 2019 年 3 月 21 日~4 月 20 日的月运主星为室女座定位星水星,4 月 20 日~5 月 21 日,月运进入天秤座,其定位星金星为此月的月运主星,依次类推,轮转 12 星座。

2、第二种方法,Theopilus of Edessa 认为此法源出于 Nechepsō。此法从太阳数到巨蟹座停止,再将得到的数据从狮子座开始计算,数到停止之处即为月运星座。譬如亚历山大历 1 月,太阳位于天秤座 0°0′,从天秤座开始计算到巨蟹座为 10 个星座,从狮子座开始数 10 个星座,到达金牛座,因此金牛座为此月月运星座,金星为月运主星。如果金星位于日光下,代表此月有忧虑,如果金星东出,代表月运吉利轻松,月运吉凶都可以因此而得到结果。

除此外,还可以计算王者点,从月亮数到狮子座停止,再将得到的数值从巨蟹座开始计算,数到停止之处。假如月亮在天蝎座,从天蝎座数到狮子座为 10 个星座,然后从巨蟹座数 10 个星座,为白羊座,则王者点落于白羊座,其定位星火星就是王者点定位星。

另外一个版本,以上两个算法,月运是从太阳数到狮子座,王者点是从月亮数到巨蟹座。除了计数方式不同,其他一样。

最后我们提供一个世运占星的太阳返照盘的论断案例,供大家参考。

案例: Sahl B. Bishr **以太阳返照盘论断地区运**

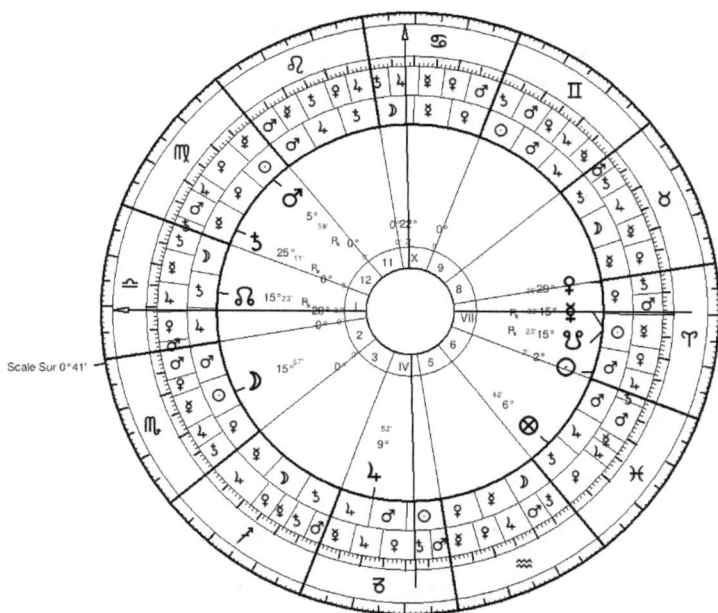

此为公元 656 年的太阳返照盘,使用现代占星软件排盘,理解时按原书数据,原书数据如下:

上升位于天秤座 21°,罗睺位于天秤座 22°,土星位于室女座 24°39′逆行,木星位于摩羯座 7°12′,火星位于狮子座 24°逆行,太阳位于白羊

座 $0°0'$,金星位于白羊座 $28°30'$,水星位于白羊座 $19°32'$,月亮位于天蝎座 $12°50'$。

金星和水星位于白羊座,冲上升轴。它们的定位星火星位于太阳星座,位于 11 宫。并没有接纳太阳,因为被木星拦截。土星位于 12 宫果宫。木星位于第 4 宫,并落陷。

金星代表该城市地区,因为它位于第 7 宫轴,并位于舍星座的对宫,从东入西,没有被接纳(金星离相位火星)。

国王的类象星是月亮,因为此盘为夜间盘,月亮又是天顶定位星。月亮离相位火星,正在入相位土星,火星在 11 宫逆行,这代表该地区的王者会被百姓杀死,因为火星主杀伐,并且火星是发光体行星太阳的定位星,又是上升定位星金星的定位星。月亮从上升轴衰退而不活跃,代表没有暴力冲突,而国王将和百姓斗争。

由于金星位于舍星座的对宫,意味之后,百姓陷入动乱和混乱,王国里会发生战斗和争夺。

月亮通过六合映射入相位土星,代表事件发生在该年的第一季度。太阳为 11 宫定位星,与木星相刑,代表之后的继承王位的人,为人良善,社会在他在位的时代兴旺发达。

火星位于 11 宫,逆行,代表分散国王的资产,在杀了国王之后,会有激烈的战斗和流血事件。因为火星在狮子座,代表达官显贵和王者之间彼此竞争争夺。

接着我们分析整个十二宫,分析如下:

1、上升星座为天秤座,太阳、水星、金星对冲,火星六合,木星刑。代表罗马发生争夺和流血事件。也代表基尔曼、锡斯坦、中国和克什米尔,这些地区牲畜发达,土地肥美,贸易兴旺,年轻人易得病。

2、第2宫为天蝎座，月亮在内不吉，六合木星，刑火星，六合土星。代表阿拉伯地区会发生内乱和流血事件，并因此事件升级，必有流血事件，牲畜会大量死亡。由于金星所在的位置，并且位于轴，代表外敌会攻击他们。在 Rayy（以前是伊朗的大城市，位于现代城市 Shahr－e Ray 的东郊）方向会发生大量死亡，尤其是妇女，生产也会遭到破坏，在巴士拉也是如此。

3、第3宫为射手座，水星三合，火星三合，土星刑之。其定位星木星落陷，代表伊斯法罕（Isfahān）的人们生活困苦，会有大量盗贼，骑行动物大量死亡。这些事件也会发生在亚美尼亚海中部地区，死亡的大部分是年轻人。

4、第4宫为摩羯座。木星在内落陷，太阳、水星、金星刑之，土星三合，月亮六合。代表印度地区安全而优越，种植、牧畜优良、统治者优秀、土地肥沃，战胜了自己的敌人，并且贸易兴旺。阿瓦兹的人民也是一样的。

5、第5宫为宝瓶座，太阳、水星、金星六合，月亮刑，火星冲。土星位于其反厌宫，火星对冲、金星六合，代表波斯库法（Kūfa）地区和其农业地区的斗争和争夺，社会骚乱。这种事件也会发生在埃及地区，会形成流血事件，会与西方大国相遇。

6、第6宫为双鱼座，没有行星在内。被土星所冲，木星六合，月亮三合。木星为其定位星。土星的映射代表塔巴利斯坦地区的气候寒冷，其统治者遭遇苦难（木星太弱），人民的生活条件艰苦，他们需要统治者的公正，所代表的地区雨水较多，水源和牧畜将会兴旺，印度海、尼美尼亚、罗马的边界都会受到影响。

7、第7宫为白羊座，太阳位于后天果宫，水星和金星位于轴，木星刑、火星三合。金星位于轴,火星为第 7 宫定位星,位于第 11 宫,逆行于狮子座,代表巴比伦王者的毁灭,巴比伦地区会有战争,会有很多鲜血,统治者腐败,这一切都来自这一地区的外部,因为火星和水星的缘故(水星为第 3 宫定位星),除了代表战争外,也代表虔诚,许多人会因为这场战争而死亡,年轻人会得到成长,骆驼和各种牲畜会受到损害,这些在巴比伦和 Azerbajijān 都会发生。

8、第 8 宫为金牛座,没有行星在内,火星为此宫之敌,对冲第 8 宫升主星月亮。代表 Harah、Sijistān、Cyprus 这些地区,会有人反对他们,敌人会群起攻之,他们的恐惧会加剧,暴民会抛弃他们的统治者,牲畜毁灭,暴民会远离统治者,受到好的统治。

9、第 9 宫为双子座,是 Hijrah 第 35 年(Hijrah,即以黑蚩拉为纪元的回历),Uthmān ibn′Affān 被杀之年的该地区年运盘上升星座。受土星、水星、火星的影响,主此年 Daylam、Sind、Kābul 地区会战胜竞争中的敌人,这是因为水星的力量及其接纳的作用。火星和土星的影响代表这些国家地区有疾病发生,大量年轻人死亡。由于土星刑,并且度数大,代表人民服从于他们的统治者。

10、第 10 宫为巨蟹座,其定位星受到损害,伊拉克的王者将会被战胜,其权威损坏,权利争夺,人民会因为湿冷而生病,农产品变质,利益减少。哈迦勒、巴林、埃及等地区都会如此。

11、第 11 宫为狮子座,逆行的火星代表,土耳其和阿布沙拉特以及巴士拉等地区的统治者,会有战争、流血事件、盗匪之灾,月亮被刑,代表有权威的大人物死了。

12、第 12 宫为室女座,土星逆行在内,木星三合,月亮六合。代表尼罗河和安达路斯地区会比较干冷。由于水星的缘故,代表麻痹死亡、植物树木毁坏,寒冷加剧,夏季也不算炎热。

说明:Uthmān ibn 'Affān,奥斯曼·本·阿凡,莫罕默德死后的第三位哈里发,奥斯曼执政时代,阿拉伯骑兵所向无敌。伊朗高原被划入伊斯兰版图;高加索地区和塞浦路斯也在军事压力下成为伊斯兰世界的一部分。奥斯曼晚年任人唯亲,引发军队暴乱。公元 656 年 6 月,来自伊拉克和埃及的叛军包围了奥斯曼在麦地那的住所。6 月 17 日,奥斯曼被破门而入的叛军士兵砍杀,享年 82 岁。他死后,伊斯兰地区开始公开的宗教和政治冲突。

中世纪伊斯兰教国家所使用的历法,其中有两种历法最为有名,并且一直沿用至今。一种是以黑蚩拉(Hijra)为纪元的回历;另一种是以伊嗣侯(Yazdegerd)为纪元的波斯历。

回历为太阴历,黑蚩拉的意义是迁移,穆罕默德从麦加迁移到麦地那,选择了与太阴历的朔日相合的一天定为回历纪元,所以回历又叫穆罕默德历。穆斯林又称回历纪元为至圣迁都元年。回历元年 1 月 1 日相当儒略历公元 622 年 7 月 16 日。

波斯历为太阳历,伊嗣侯指波斯王伊嗣侯三世,他登王位之年(632年)改历,故历元从这年起。波斯历伊嗣侯纪元元年 1 月 1 日相当公元 632 年 6 月 16 日。公元 840 年左右的花剌子模所撰的历数书(al-Khwrizmi's Zij)卷首记录了波斯历。

以下为古人针对本案例的界向行运分析,其中使用的行星数据略有差异:

此盘王者类象为月亮,月亮落陷,观察月亮在天顶、上升以及所在位置是否有影响。月亮三合天顶于 18°12′,月亮将自己的管理力量传递过去,进行管理行运,盘中水星以刑相位接近这个位置,度数为 19°,两者相减为 1°左右,我们以 59°8′一日的划分方法,则月亮在天顶行运管理 1 天多时间。之后管理权交给水星负责,水星是 12 宫和第 9 宫定位星,这意味着不利于王者的统治,有来自宗教人士的敌意。所以这一切意味着苦修、祈祷以及性交(水星于第 7 宫)。水星之后,土星以六合相位接过行运管理,它主宰巨蟹座剩下度数的行运。土星为上升宫升主星,又是第 4 宫和第 5 宫定位星(第 5 宫为主宰行运星座的第 8 宫),因为土星从水星刑相位管理中接过管理权,这意味着土星主运期间,会有谣言、信息从西面来,会为其悲伤,或者在公民、子女身上会出现令其悲伤的事体。之后,太阳通过三合相位,接过土星传递的管理权,太阳是第 11 宫定位星,代表财产耗损,因为女人而产生费用,这是因为太阳将管理权交给了金星。金星接过管理,接着传递给月亮。根据这些传递行运的关系论断具体事宜。一般的世运占星盘都可以这样进行分析。

第三门　说灾祸征战之事（军事占星及案例）

先看交年命宫,并四季命宫坐何宫分。若火、土二星相冲,或二弦照,则有灾祸征战之事。若此二星在四柱宫,则其事尤大,且急。若不在四柱上,看离四柱内一柱几度,或二星内一星,行到四柱内一柱上,或四柱内一柱度数,排到二星内一星上,则其祸应验。每排度数,一日该五十九分八秒。

若安年命宫之时,火星在太阳光下,则其年有灾祸征战之事;若每季安命宫时,火星在太阳光下,则其季有灾祸征战之事;若太阴与太阳相会或相冲时,取一命宫,此时若火星在太阳光下,则其月有灾祸征战之事,相会时应上半月,相冲时应下半月;假如在四柱或转宫,则灾祸征战之应更甚,且大也。

若安年命在昼,火星与太阳相冲,或二弦照,又在转宫,则小人反叛;火星若是当年主星,又逆行,到不得力至弱宫度,又无吉星相照,则必有奸人诡计,侵乱国政因此兵兴;若火星当年与福德箭,并聪明远识出众之箭或相冲及四柱照者,则有恶人生发战争之事。又云,征战之事,取两箭之法,一为征战之箭,二为杀戮之箭。

第一征战之箭者。取用之法,不分昼夜。看年命星盘,太阳在何宫度,从太阳所在宫度上数起,至第七宫,计几度,将年命度数合为一处,总计多少。从命宫分与三十度,财帛等宫各分与三十度,至何宫分,余剩几度便是征战之箭。

第二杀戮之箭者。取用之法,不分昼夜。看当年火星在何宫度,从火星数起至太阴几度,又将太阳所行度数合为一处。总计多少。从太阳所在宫分,分与三十度以次顺数,每宫各分与三十度,到何宫分,余剩几度便是杀戮之箭。

若安年命宫,或四季命宫内、或朔望命宫内,火星与二箭内一箭相遇在一处,又兼其宫分属火,亦应其时灾祸征战。若在其余宫分,亦应其祸比上减轻。若火星与太阳相冲或二弦照,或与太阳所到宫分主星相冲、二弦照者,看其三合在何处,则其处地方声息,君上之心不宁。

又一说,看人君命宫,或入城时安命宫,或登位时安命宫,看小限到何宫,从小限数至第十宫,若火星在四柱恶照者,则有刀兵征战。

注:使用年命盘、四季盘、以及相关朔望盘,主要以火星和土星代

表战争祸乱进行解断。参考征战点与杀戮点,使用世运占星主向行限法,即每日 59′08″,看所到达的吉凶星进行论断。Umar al—Tabarī 在世运占星中,通过天顶轴的赤经上升,使用主向行限法推算王者与财富的事件、时间。征战点公式:Asc+第 7 宫轴—太阳(在 Abū Ma′shar 的著作中,此点类似和解、和平的意义)。杀戮点公式:太阳+月亮—火星。聪明远识出众之箭即精神点。Abū Ma′shar 认为当火星合相杀戮点或征战点时,尤其位于火元素星座,代表该年有战争。如果征战点强力,没有损害,则胜利属于人民正义的一方。Abū Ma′shar 以火星和土星之间的距离或轴与凶星之间的距离论断战争发生时间,以 2.5° 为一个月进行推算。他认为火星与土星相冲或相刑,火星被接纳,代表战争,如果火星没有被接纳,土星被接纳,则战争很少。也有古籍显示,计算时间时,Abū Ma′shar 和《天文书》的方法一样,以 360° 除以 365.35 天的方法,即每 59′08″ 为一日。

Al—Qabīsī 指出在世运占星或命理占星的太阳返照盘中,都以 Asc 轴推进,按斜升赤经一天一度,也有人按一天 59′8″(所谓斜升赤经,即 Oblique ascension,指的是在地球上除了赤道以外的地方看到的天赤道与东方地平线的交点,在这些地方看到的天赤道与地平线的夹角是斜角)。他指出,观察王者或王国的行运,以 Mc,根据赤经上升,一年 59′08″,以其所到达的吉凶星断应期;论断王者的身体健康,以上升轴的斜升赤经,按每天 59′08″ 进行推导;想知道普通百姓的行运,观察上升轴的推进。

Masha′allā 认为,战争观察火星,火星正向运行,代表渴望战争之人不想逃避,火星逆行,代表与流窜的盗贼发生战争,不想战斗。土星所在地区存在压力和艰难,根据其所在星座、宫位论断,其逆行时,与火星逆行意义一样,合相则更严重。土星连结岁主星,则其所主宰的气候带区域更严酷。分析胜利,看哪颗行星更强,则代表众多士兵与力量。

如果一颗凶星(火星或土星)位于人形星座,另外一颗凶星与其连结,正向或逆行,或合相或刑冲,代表瘟疫发生,如逆行则更隐蔽、更快,位于轴则更强。罗睺与土星合相时,会对所在星座的本质产生障碍,就像日月蚀的影响力一样。罗睺与土星合相于白羊座的三方星座,代表损害发生于动物、狼、四足动物等等;罗睺与土星合相于金牛座的三方星座时,代表土地、水果、草木、牛羊、雨水;罗睺与土星合相于双子座的三方星座时,代表人、鸟类、风;罗睺与土星合相于巨蟹座的三方星座时,代表雨水增多、水流、种子、蝗虫、昆虫类。火星合相计都或刑计都,代表一场大的战争和饥荒,伴随大量恐惧、寒冷和大量邪恶。土星合相计都,代表饥荒、寒冷、树木毁灭,根据土星所在的位置论断方向,如果太阳在该方向所在焦灼某行星,则此方向的凶性比其他方向更为强烈。

根据笔者的实战经验,如果世运盘发生在新月当日,新月盘有非常重要的参考价值。而进行一般性分析时候,世运盘之前的新月或满月盘也有参考价值,不可忽略。

例1 靖康之耻

世运占星在观察世界行运时,分为多个层次,这种层次主要区分在时间周期的长短和上下级层次叠加的影响。观察每一年,最实用的肯定是每一年的太阳返照盘。但是它在吉凶程度上要受限于其他周期更长的世运盘。

此盘,时间为公元1126年3月14日20:19分,太阳入白羊座0°。北宋宣和七年(金天会三年,1125年),金军分东、西两路南下攻打宋朝。东路由完颜宗望领军攻燕京。西路由完颜宗翰领军直扑太原。东路金兵破燕京,渡过黄河,南下汴京(今河南开封)。宋徽宗见势危,乃禅位

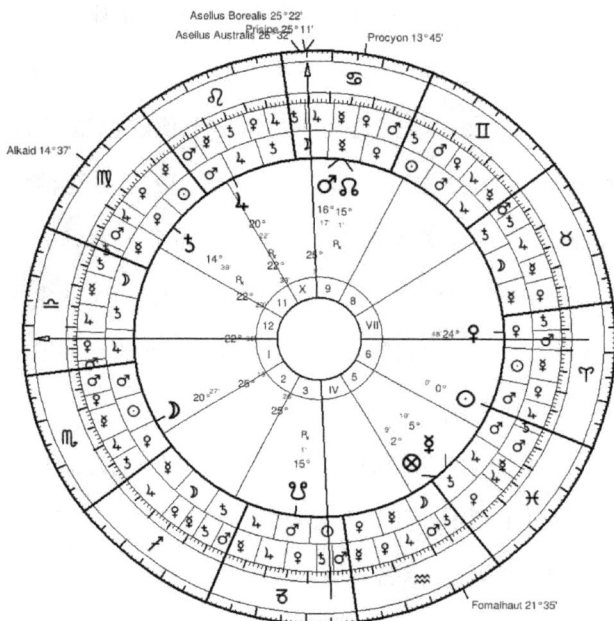

于太子赵桓,即宋钦宗。靖康元年(金天会四年,1126年)正月,完颜宗翰率金兵东路军进至汴京城下,逼宋议和后撤军,金人要求五百万两黄金及五千万两银币,并割让中山、河间、太原三镇。同年八月,金军又两路攻宋;闰十一月,金兵两路军会师攻克汴京。宋钦宗亲自至金人军营议和,被金人拘禁。除徽钦二帝之外,还有大量赵氏皇族、后宫妃嫔与贵卿、朝臣等共三千余人北上金国,东京城中公私积蓄劫夺一空,靖康之变导致北宋的灭亡。

　　星盘中月亮代表普通大众,月亮落陷落于天蝎座,位于上升宫,在后天宫位度数上,已经进入第2宫宫轴。土星与月亮六合,火星与月亮三合,并且都是紧密度数,尤其火星和土星居于上位映射月亮,所以百姓遭灾,钱财被劫掠。木星于狮子座上位刑月,狮子座为皇家星座,代表有国家组织的救援力量。

　　统治者观察太阳和天顶,此盘天顶位于巨蟹座,火星位于天顶所在星座,因此统治者会遭遇战争,而罗睺合太阳,加剧了战争的暴力性,并给统治者带来重大灾难。尤其月亮作为天顶定位星,代表统治者,月亮受到损害,太阳代表统治者,落入第6宫,更说明统治者有重大灾害。同时,上升定位星金星入第7宫,第7宫为敌人宫,这是统治者、女子、奢侈品,落入敌手的标志。公元1127年1月7日发生木土虚交,木土交会的年份,年运盘凶,其恐惧会变的更大、更凶。并且,这一年同时木土实交,更印证了这一点。

　　此年征战点位于天蝎座15°12′,征战定位星为火星,火星本身主战争。杀戮点位于狮子座4°10′,太阳为杀戮点定位星,王室亲眷被屠之象。

　　例2　偷袭珍珠港综合解析。

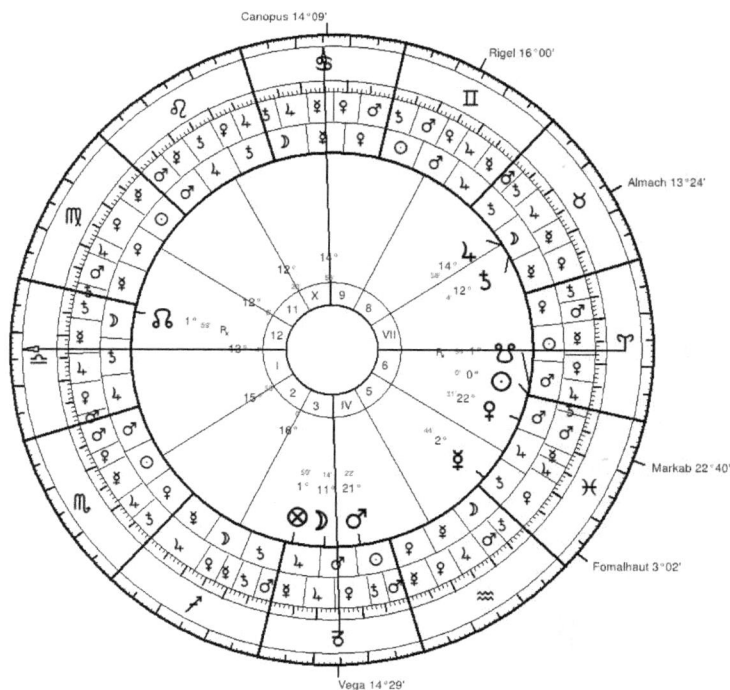

1941 年 3 月 20 日 19 点 20 分,美国华盛顿春分盘。1941 年 12 月 7 日清晨,日本海军的航空母舰舰载飞机和微型潜艇突然袭击美国海军太平洋舰队在夏威夷基地珍珠港以及美国陆军和海军在瓦胡岛上的飞机场。太平洋战争由此爆发。

上升定位星金星位于双鱼座 22°,与天底位于升星座的火星紧密六合相位,且火星居于上位,天顶定位星月亮合相并入相位火星,这代表会爆发战争,木土紧密合相于金牛座,古人认为,论断年运中的恐惧时,如该年中木土交会,则凶事会更多,木土未交会,会好些。所木土交会的格局会让战争变的更为突显。由于火星位于天底,代表战争会发生在年底阶段。太阳合相计都也是凶象。恒星 Canopus(老人星,船底座 α)合相于天顶,老人星代表航海、虔诚、丑闻、暴力,其行星特性为木星、土星,两者皆位于第 8 宫,代表死亡与大事件。伴随天底的火星、月亮,代表海战袭击。

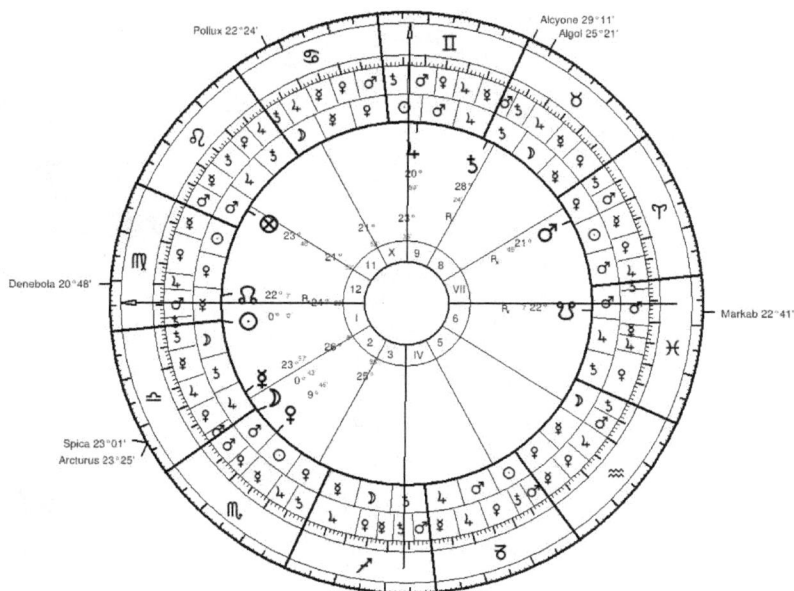

　　岁主星为月亮,月亮合相火星于天底轴的摩羯座,摩羯座为湿性星座,天底为海洋,时主星为土星,月亮与土星有精确的相位关系,这也是发生太平洋战争的关键。杀戮点位于双鱼座 19°51′,双鱼座为海洋之象,且木星以精确相位合相土星,这类格局有大事件发生。

　　由于春分盘上升位于启动星座,因此 1941 年各季度的季度盘也会作为主要参考盘,此盘为秋分盘,时间为 1941 年 9 月 23 日 5 点 32 分。

　　罗睺与计都合相上升轴、下降轴,这是凶象,会有大事件发生。上升定位星水星与火星紧密相位相冲,天顶的木星与第 8 宫的火星产生紧密六合相位,这都是爆发战争的标志。

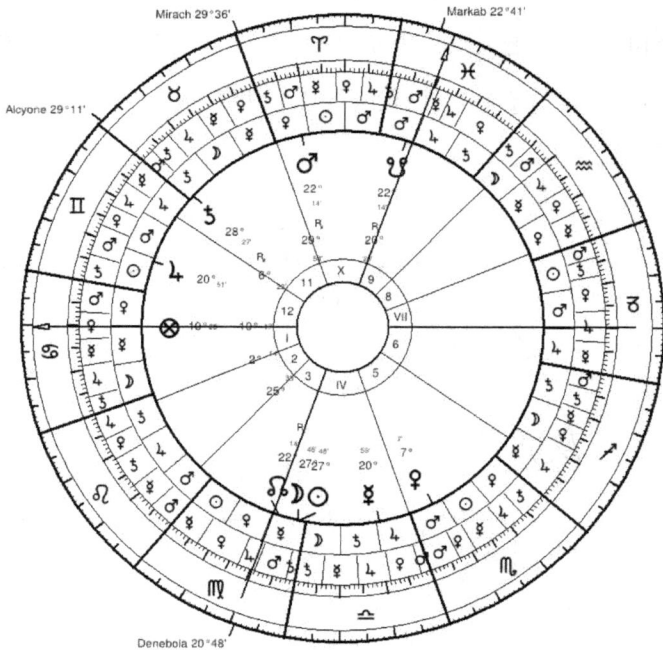

　　1941 年 9 月 20 号发生了日蚀,日蚀时间为 23 点 33 分。上升定位星为月亮,月亮与太阳合相于室女座的火星界,蚀点定位星为水星,水

星与火星紧密相位对冲,且火星位于火元素星座,又位于第 10 宫,是战争之象。日月与土星产生紧密三合相位,这些都代表有大型战争爆发,但是木星又与水星产生精确三合相位,木星位于果宫,为巨蟹座升主星,代表美国可以通过战争获胜,得到利益,并且会得到正义的支持。征战点位于天秤座 22°46′ 与第 10 宫白羊座的火星精确相冲,这是战争的标志,完全符合古籍的论法。

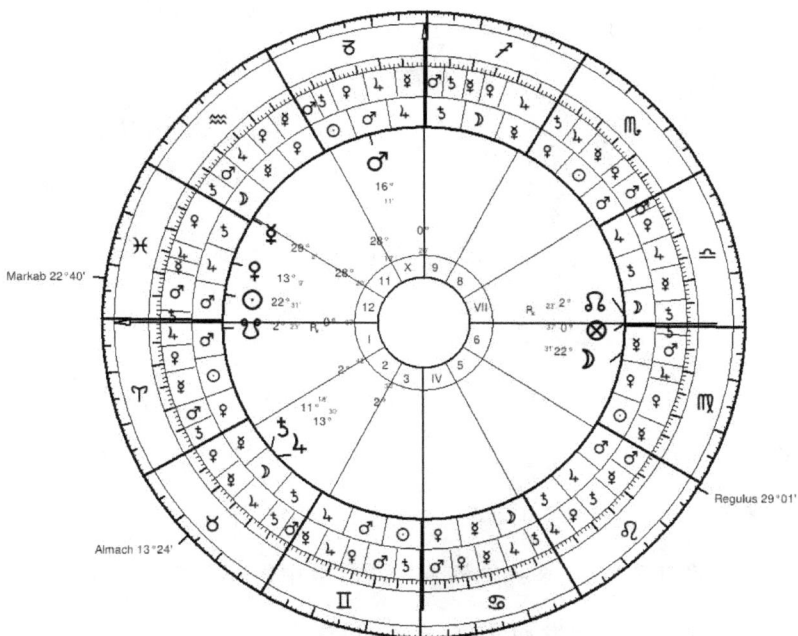

1941 年春分之前的满月盘,时间为 1941 年 3 月 13 日 6 点 46 分。上升定位星火星位于天顶摩羯座入升星座,同时火星是第 8 宫定位星,战争死亡之象。罗睺与计都合相上升轴,也是凶象。并且当天发生月偏食,时间为 6 点 55 分,所以该盘的应验效应更明显。

例3 七七事变

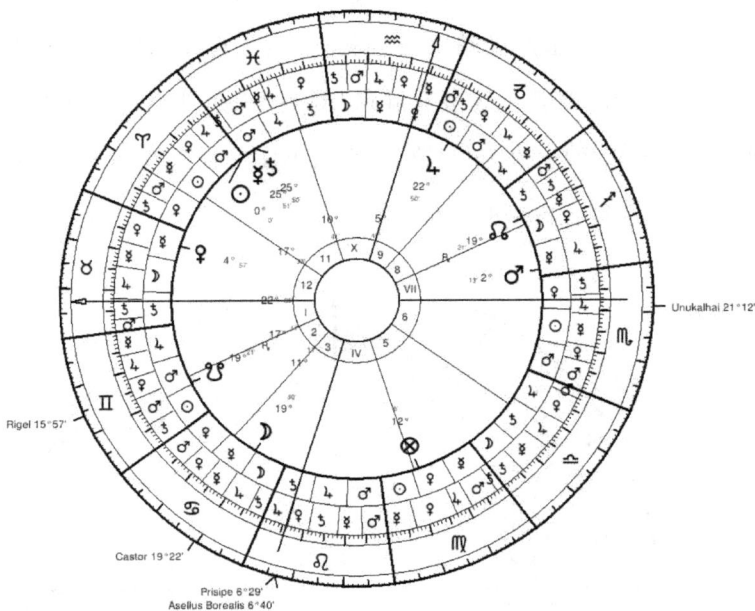

Unukalhai 21°12'
Rigel 15°57'
Castor 19°22'
Prisipe 6°29'
Asellus Borealis 6°40'

1937 年 3 月 21 日上午 8:45 分,南京春分盘。1937 年 7 月 7 日夜,卢沟桥的日本驻军在未通知中国地方当局的情况下,径自在中国驻军阵地附近举行所谓军事演习,并诡称有一名日军士兵失踪,要求进入北平西南的宛平县城(今卢沟桥镇)搜查,被中国驻军严词拒绝,日军随即向宛平城和卢沟桥发动进攻。中国驻军第 29 军 37 师 219 团奋起还击,进行了顽强的抵抗。"七七事变"揭开了全国抗日战争的序幕。

分析:上升星座位于固定星座,该盘影响力会贯彻全年。上升定位星金星,落入 12 宫,代表 1937 年是不和谐的年运。火星位于下降轴为岁主星,冲上升宫、第 2 宫,代表战争爆发,损财伤人。天顶定位星土星为统治者,与水星紧密合相于火星界,水星为快速行星,代表统治者会受战争损害耗财,并且会因此发生转移。因为土星同时是第 9 宫迁移宫定位星。第 8 宫定位星木星与月亮紧密相位相冲,代表百姓大量死亡。第 8 宫轴的罗睺与第 2 宫轴的计都,强化了财物破耗和死亡人口。

杀戮点位于天蝎座 17°17′,天蝎座为第一毒星座,其定位星火星位于下降轴冲上升宫,且月亮与之三合。征战点位于摩羯座 15°11′,月亮与之相冲。

此年岁主星为火星,火星刚离开天蝎座,位于射手座初端,并且位于第 7 宫,其定位星木星反厌之,代表非正义、侵略战争。

```
109d 14m 43s    000y 03m 18d    08 Jul 1937 06:38:34    ☿           dex □ ♂
111d 57m 41s    000y 03m 20d    10 Jul 1937 23:49:32    ☿           ♂ ♂
```

根据世运占星的主向行运,1937 年 7 月 8 日,上升轴到达与火星相刑的位置,7 月 10,天顶到达与火星相冲的位置,都代表战争爆发,影响王者与百姓,应期的凶性基于星盘中火星的特性。

例 4　俄乌战争

465

2021 年 3 月 20 日 12 点 37 分春分盘,莫斯科(37e35,55n45)。太阳位于第 10 宫宫轴,为岁主星。其定位星火星,月亮与火星、罗睺合相,代表会爆发战争。古人认为,火星合相罗睺,代表武器,战争增多。并且火星与第 7 宫的土星产生精确的三合相位,土星居于上位,会被境外敌人针对、反对。第 3 宫定位星金星位于天顶,和周边国家关系会成为主题。水星和火星的紧密刑相位代表财物损耗和战争导致人口死亡。由于木土合相于第 7 星座,这种情况下,一旦产生危险灾害格局,都会变的显著。

征战点位于双子座 0°41′,月亮、罗睺、火星会合于双子座,征战点定位星与火星产生紧密刑相位,为战争之象。杀戮点位于白羊座 7°08′,与火星、土星为紧密六合相位,也为战争之象。

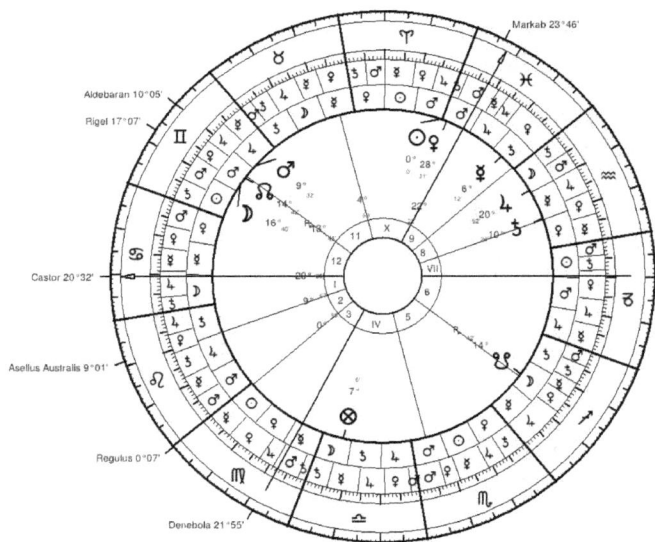

2021 年 3 月 20 日 11 点 37 分春分盘,乌克兰首都基辅(30e31,50n27)。上升定位星为月亮、升主星为木星,月亮与罗睺、火星合相于 12 宫,月亮合相罗睺,代表显赫者死亡,农产品收成不利。同时月亮为普通民众,一般战争与火星、土星有关,月、罗、火的组合代表战争,代表人民受灾害,被水星接纳,代表会被其他国家资助武器。木星和土星合相于第 8 宫,会发生众多人口死亡。同时,火星与土星的紧密三合相位,强化了战争象意。

<h2 style="text-align:center">第四门　说天灾疾病</h2>

先定当年安年命宫。又当年交年之前,太阳与太阴相会或相望时,取一命宫。看此二命宫,并命主星,俱要看太阴。若二命宫,并命主星并太阴六件,皆居吉位,又无凶星相照,主其年人民安乐无病。若此六件内吉多凶少,亦其主安乐。若此六件不得地,又有恶星相照。其年必有天灾,人多疾病。此是安年命如此,其四季每季命宫亦依此例。

若年命宫主星,与第六宫主星,相遇相照,太阴又不得地,其年必有天灾人病。其太阳与太阴相会或相望时,命宫及四季安命宫亦同此例。

若年命宫主星与第八宫主星相遇、相照,太阴又不得地,其年人多死亡。凡人病,因各星与太阴恶照而然。

若土星与太阴恶照,则有久病,淹连岁月,肌肉羸瘦,痞满及妇人小腹气疾、蛊症,一切冷燥症候。

若木星与太阴恶照,则有肺病、喉症、中风、晕昏、头疼、心疼,一切风症。若火星与太阴恶照,则发热,并肝胃症候、并吐血,及妇人堕胎,并一切热症。

若金星与太阴恶照,则心气疼、肾经病、虚肿、浮游不定、痔疮、服药不效之疾,及一切湿症。

若水星与太阴恶照，则有心风、失智、恍惚、惊恐、从高堕下、暗风、喉痛、吐血，一切干燥之症。

若太阳与太阴恶照，则与火星性同。若太阴自不得地，别无各星恶照，则同金星之性。

若土星与福德箭，或聪明远识出众之箭恶照者，则一切人灾，与上文土星与太阴恶照灾同。

注：有关天灾疾病，《天文书》采用了当年年运盘，即太阳进入白羊座0°的星盘，同时参考太阳进入白羊座0°（年运盘）之前的新月或满月盘，综合论断。论断方法一样，主要参考第6宫，第8宫等凶宫意义结合月亮相位进行相关论断。所谓恶照，指刑、冲相位。

例 新冠疫情

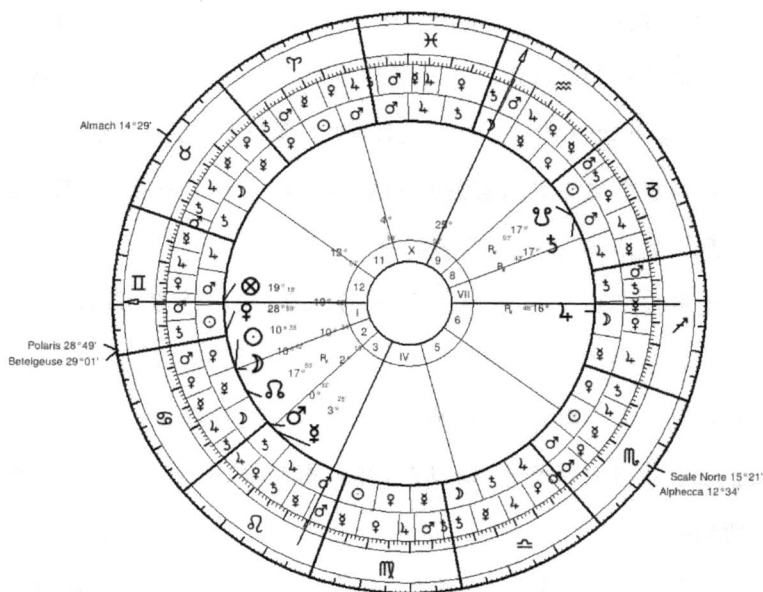

2019年7月3日3点22分，发生日全食，全食带从太平洋东南部

开始,经过智利,在阿根廷结束。在太平洋东南部、南美洲(除北部)可以看到偏食。中国不可见。

按原理,日食不可见地区影响要小。从这个案例可以发现,不可见地区也要受到一定程度的影响。此盘,上升定位星为水星,水星紧密合相火星,火星为第6宫定位星,代表疾病灾害。太阳、月亮位于巨蟹座,月亮为其定位星,被土星对冲,土星位于第8宫合相计都,这是大量人口死亡的标志。亏食主星月亮及其所在星座巨蟹座都代表肺部和呼吸系统。蚀点星座距离上升星座正好11个星座,代表2019年阳历12月是日食影响的重要时间段。

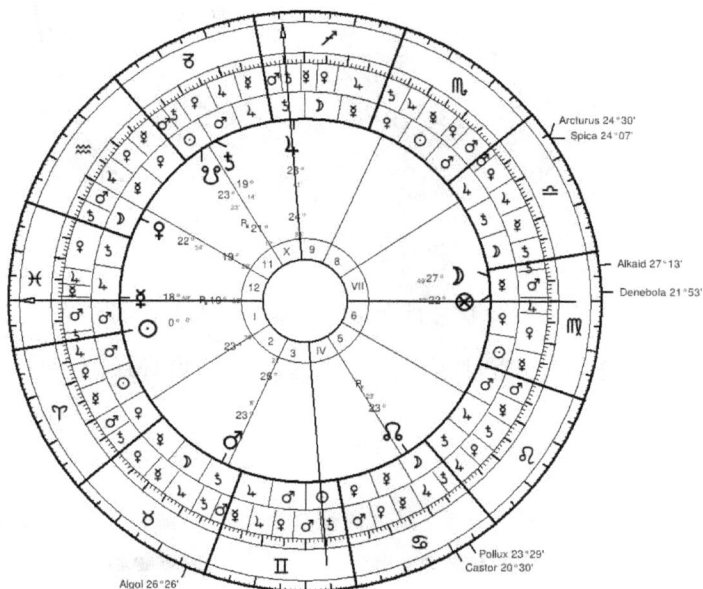

2019年3月21日5点58分中国春分盘。太阳入上升星座,太阳为第6宫定位星,指向疾病。且火星与金星有紧密刑相位,同时火星映射土星、月亮。岁主星木星位于天顶,与水星、月亮相刑,代表强力医疗。尤其此年大陵五与火星合相,这一现象在当年世界各地星运盘中都能看到,属于极凶之格。根据 Theophilus 的灾厄点,在此盘中位于天蝎座 16°04′,位于天顶轴与下降轴之间,代表灾厄影响南方地区,火星刑金星也预示了灾病的严重特性。

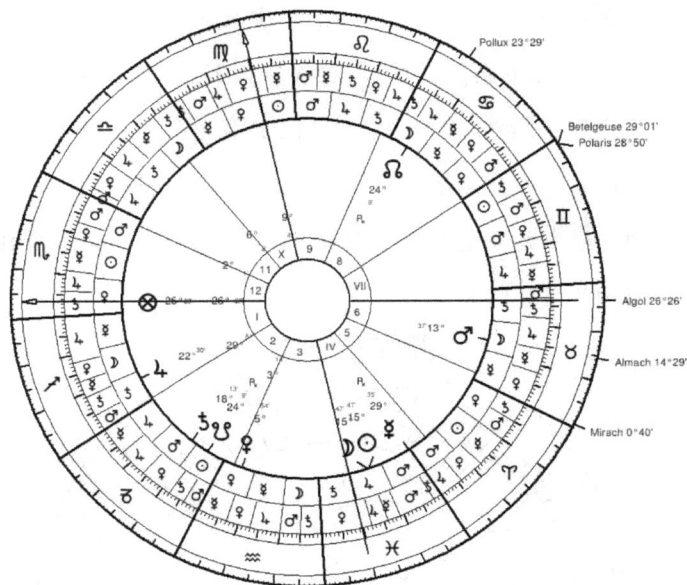

2019 年春分前新月盘,时间为 2019 年 3 月 7 日 0 点 3 分。上升定位星火星进入第 6 宫,且落入陷落星座,同时映射日月、土星,为疾病之象。

太乙卦轨:

天雷无妄[巽宫四世卦]	火雷噬嗑[巽宫五世卦]
兄弟辛卯木 ████ 妻财壬戌土	████ 子孙己巳火
子孙辛巳火 ████ 官鬼壬申金　O→	██ ██ 妻财己未土世
妻财辛未土 ████ 子孙壬午火世	████ 官鬼己酉金
官鬼辛酉金 ██ ██ 妻财庚辰土	██ ██ 妻财庚辰土
父母辛亥水 ██ ██ 兄弟庚寅木	██ ██ 兄弟庚寅木应
妻财辛丑土 ████ 父母庚子水应	████ 父母庚子水
[本卦]	[变卦]

1875 年开始,太乙卦轨入天雷无妄卦初爻,1911 年进入二爻,1935 年进入三爻,1959 年进入四爻,1995 年进入五爻,2031 年进入上九爻。 2067 年开始太乙卦轨进入水天需卦。在新冠疫情发生的阶段,爻位于五爻,其爻辞:九五:无妄之疾,勿药有喜。象曰:无妄之药,不可试也。爻辞有明确的说明,此处不做细解。

根据太乙值年卦

2022 年的太乙积年,为甲子下元第六积纪 10155936,除以 64,余数为 32,年卦为周易卦序第 32 卦,火地晋变山地剥。

	火地晋[乾宫游魂卦]	山地剥[乾宫五世卦]
	■■■■■ 官鬼己巳火	■■■■■ 妻财丙寅木
	■■ ■■ 父母己未土	■■ ■■ 子孙丙子水世
	■■■■■ 兄弟己酉金世 O→	■■ ■■ 父母丙戌土
	■■ ■■ 妻财乙卯木	■■ ■■ 妻财乙卯木
	■■ ■■ 官鬼乙巳火	■■■■■ 官鬼乙巳火应
子孙甲子水	■■ ■■ 父母乙未土应	■■ ■■ 父母乙未土
	[本卦]	[变卦]

第五门　说天时寒热风雨（气候占星及案例）

凡太阴先与一星相照,及相离后,别与一星相照,后相照之星,却是太阴所在宫主星。此星所在宫分又与太阴宫分相对,主润泽并风。

如太阴离火星,与金星相照;或离太阳,与土星相照;或离土星,与太阳相照。太阳、木星、水星,属风。其宫分则阴阳申、天秤辰、宝瓶子,皆属风(开天关的用法)。

若年命星盘是火宫,土星在内,则减热。火星在内,则添热。

若年命星盘是土宫,土星在内,则添寒。火星在内,则减寒。

若年命星盘是风宫,土星在内,则减热。火星在内,则添热。

若年命星盘是水宫,土星在内,则添寒。火星在内,则减寒。

若太阳、木星、水星,或三星、或两星,在风宫则多风。

若近安年命之前,或近四季安命宫之前,或近朔望安命宫之前。七曜内一星在申子辰宫,或与申子辰宫相照,则多风。看星何性,其风随其性也。观风自何方来,看本星纬度属何方。

若火星在其宫,则有恶风,天色红,云气;若土星在内,则风不急而寒;若木星在内,则有和风,比土星之风微急;若金星在内,则和风带润;若水星在内,则有清风。

若太阳在阴阳宫,太阴在人马宫,看此时有和风,则一年之风皆善。若有恶风,则一年之风皆恶。若土星在申子辰,或在亥卯未宫分内,主天寒、雨雪、雾暗。若火星在内,主天热、并热风,又主天旱、并泉水少;若木星在内,则有和风;若金星在内,则和风不急;若水星在内,则清风,频转方位。

若近安命年之前,或近四季安命之前,或近朔望安命之前,土星在寅午戌宫分内,则减热;若在亥卯未宫分内,则天气极寒;若火星在寅午戌宫分内,主天色极热;若在亥卯未宫分内,则天色减寒。若太阳交巨蟹宫初度,此时火星先太阳出,主天色极热;若太阳交摩羯宫初度,此时金星先太阳出,主天色极寒;若太阴与土星同度,后离了土星,在巳酉丑三宫内,主冬季天极寒,有雪;若太阴与火星相冲,后离了火星,火星又在寅午戌宫分内,主夏季极热;若太阴在安年命宫或四季命宫或朔望命宫,太阴与太阳相会时、或二弦时、或相望时,遇火星,后离了火星,又遇金星,或先遇金星,后遇火星,主雨水多;若太阴在以上四处遇土星,后离土星却遇太阳,主夏季极热,冬季极寒;若太阴在以上四处,与土星相照,主冬季极寒多雪。若在夏季,主减热,若太阴与木水二星相照,则多风。

注:气候变化,寒热暑湿,主要通过元素特性结合行星进行分析。《天文书》在这里,提到了"开天关"的用法概念,有关这个概念,见下文的注解。

第六门　说阴雨湿润

凡双鱼亥、巨蟹未、天蝎卯,三宫系水局。狮子午、宝瓶子二宫、并太阴,皆主大雨水。金星亦主雨并雾露。水星,主云、风、微雨。

若当年安命主星、并四季安命主星、并朔望命主星,是太阴、或金星、或水星,又在亥卯未子午宫分内,一宫三星,内一星为命主星,二星与之相照,主依时雨水多。若命主星是太阴,主大雨水,多且广。若命主星是金星,则有风云、阴暗、雨水。若命主星是水星,则风云多,雨少。若以上星所在位分不系作雨时节,则阴暗、风起、微雨。

凡水星,每交一宫,主天色更改,晴则阴,阴则晴。若水星行迟时,不问在何宫分,亦主天色更改,并阴雾。若水星行迟,或太阴,或金星在亥卯未宫,主雨水、连阴。若太阴在水星宫分内,与金星相照,主雨多、阴重。若水星又与金星相照，则阴雨又大且多。凡太阴、金星、水星，初交亥卯未三宫，主及时雨。若不当雨时，则天昏暗，风起扬尘。

若太阳、太阴相会或相望时，安命主星与第七宫主星相照，或移光相沾、或聚光，似此亦主雨时有雨，不当雨时则天暗起风。热时则极热，冷时则极冷（开天关）。

又一云，若太阴与金星，火星相照。主雨。若太阴与木星，水星相照，则风。若太阴与土星相照，则极寒，风雪（开天关的用法）。

凡金星后太阳而入，在亥卯未三宫内一宫，主当雨时有雨。若又有太阴、水星相照，主有雨尤多。但一件不全，则雨稍减。若此三星皆在双鱼亥宫，或亥宫三合内，则雨多，有水灾，甚广。

凡太阴主雨水之事甚多。一件，若太阴行疾，度数渐增，则雨水多；又一件，太阴或近朔，或近望时，亦主雨水；又一件，太阴在小轮上，自下往上升高时，主雨水。从上弦至望日，是太阴升高之时。从下弦至朔日，亦是升高之时。

若安年命宫，或四季命宫，或朔望命宫。太阴在四柱上，主大水。年命宫见之，应在其年；四季命宫见之，应在各季；朔望命宫见之，应在其月。朔系上半月，望系下半月。

若太阴在当年安年命宫星盘内第十宫、第九宫、第八宫、第四宫、第三宫、第二宫，六阴宫分，主多大水。若在此六宫相对宫分，系阳宫，主雨水少。若当年命宫主星是火星，遇太阴、金星、水星，在亥卯未宫分，与火星相照，火星又在第十宫、或在命宫，第十宫又或是亥卯未宫分，主无限大水。若金星、水星又是逆行，又遇恶星相照，则水灾尤甚。若安命年宫主星是土星如此，土星又当降下之时，亦主大水。若安年命宫主星是金星、或木星、或太阴，如此亦主雨水频，比上文稍减，不为灾。

注：在《天文书》中指出，月亮和雨水的关系极其密切，尤其月亮的运动轨迹和太阳的距离变化会产生的不同影响力。月亮的运动相位规律，Ptolemy 将之整理归纳为月相基点，我们看下图所示：

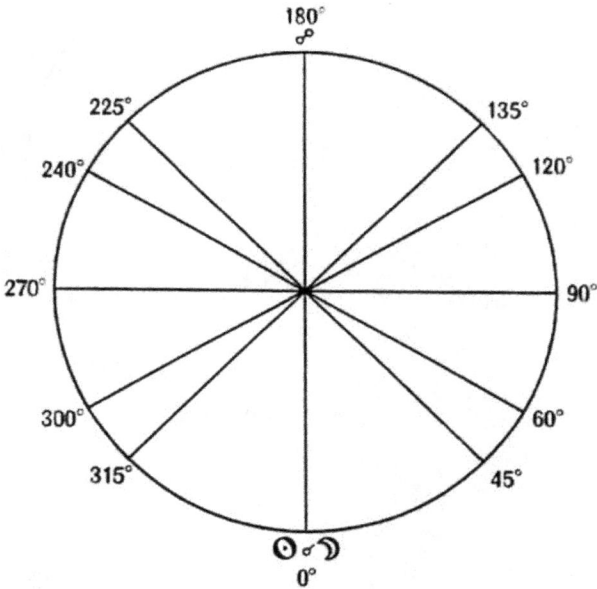

Ptolemy **月相基点图**

后来的学者，根据 Ptolemy 的月相说法，增加了一些月相基点进来，这些月相基点贯穿于太阴月的月初到月底。需要注意的是，图中显示的相位间隔都是均匀的，但是实际上间隔并不均匀。譬如新月日月亮位于白羊座 0°，月亮运行一周期 360°，它在 1/4 相位的时候，不会在距离太阳 90°的巨蟹座 0°，因为太阳每天也同时运动，太阳一天 1°，此时位于白羊座 7°，月亮位于巨蟹座 7°，两者距离 90°。

Al—Kindi 将 Ptolemy 的月相基点图增补如下：

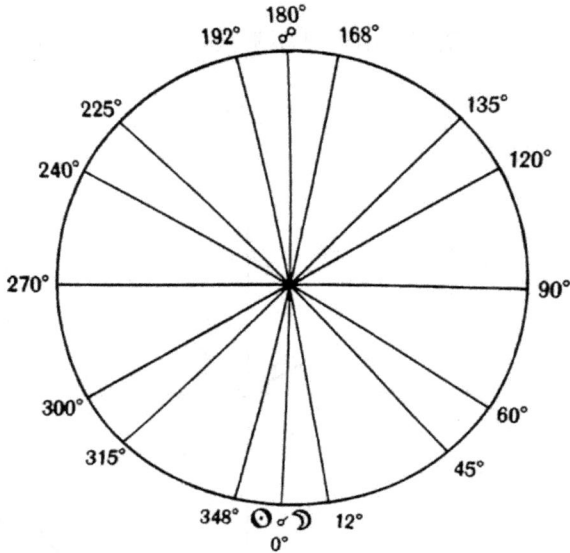

Al—Kindi 月相基点图

如何使用这一原理呢？当月亮在这些位置的时候，注意是否有开天关的格局，譬如新月和满月盘中出现上升定位星和第 7 宫定位星映射或递光、聚光，月亮离于水星趋于木星，水星冲木星、金星冲火星、太阳或月亮冲土星，这些都是开天关，主气候的极端变化。另外，主要注意月亮在这些位置所产生的紧密趋离相位，也需要考虑潮湿星座、逆行行星，因为它们代表泛滥过量的雨水（开天关见后文详解）。当排任何气候星盘的时候，月亮在以上月相基点都要注意其情形，同时注意出现在这些基点的行星及其特性。

论断气象变化的时候，主要使用四季盘以及太阳进入白羊座之前的新月或满月盘。雨水所代表的星座主要是天蝎座、巨蟹座和宝瓶座。有人认为摩羯座末端、白羊座、双鱼座、和狮子座开端也属于雨水星座。

《天文书》以月亮、金星和水星为雨水行星,以双鱼座、天蝎座、巨蟹座、宝瓶座和狮子座为雨水星座。热性行星为木星、火星、太阳、罗睺,寒性行星为土星、金星。

通过太阳进入四季盘之前的新月或满月盘,可以观察该季度的气象变化,这是 Claudius Ptolemy 所主张的主要方法。论断每一个季度的时候需要注意一点,如果论断春季的气象变化,春分盘之前最近的是新月,则每月盘使用新月盘一直到下个季度,如果最近的是满月盘,则每月盘使用满月盘一直到下个季度。也就是说如果论断春季气候变化,太阳入金牛座,双子座等月盘都要和之前的规律相对应(这是世运占星中使用新月或满月盘的规则)。在论断的时候,注意其上升定位星和上升轴界主星,如果它们是湿性行星或位于湿性星座,趋于湿性行星,代表大量的雨水。相关类像行星西入、逆行、缓行、焦灼,也代表雨水。火星焦灼例外,代表雨水减少,行星在纬度下行或位于远地点,也代表雨水,在纬度上行于远地点,代表雨水少,当凶星代表雨水时,往往带有损害性。

在年运盘中,金星代表潮湿,水星代表风,土星代表阴云寒冷,火星代表西南风和西风,木星代表温和天气和北风。如果想知道雨水,看金星、水星、月亮三颗行星,当它们位于双鱼座时,主该年多阴雨天气。如果位于白羊座或金牛座,少雨水而多干旱。月亮于水星星座映射金星,主苦雨连绵。月亮位于太阳、金星或土星对宫,代表多阴雨天气。金星和水星同界,主大雨。尤其是当它们位于雨水星座,又被月亮三合,主有强久降雨,一直到行星离界。冬季气候,水趋于木星,月趋于土星,金星趋于火星,主强久降雪;金星在太阳前方,主该年多露水,阴云、潮湿,但是少雨水;金星逆行,太阳位于白羊座或金牛座,多雨水,尤其春天会多雨水。如果逆行发生在摩羯座、宝瓶座或双鱼座，春天雨量会减少，在冬季中段时间多雨水，冬季会特别潮湿；水星停驻、缓行，无论在任何星座，都主该季度潮湿，具体根据季度气象特点作出判断。一般而言，大雨都和金星有关，因为金星主要代表潮湿和雨水。如果水星位于一个干燥的星座，月亮和水星位于潮湿星座，雨水会有所缓和，土星参与映射，会导致强降温和恶劣气候。

Al－Rijāl 认为，论断雨水时，根本方法要分析太阳进入任何星座之前的新月或满月盘的上升，注意分析上升定位星、新月或满月点界主星，如果它们都位于雨水星座，则代表大量雨水，入相位雨水行星，也一样。西入、逆行、缓行行星代表雨水，焦灼也代表雨水，但是火星例外，当火星焦灼时，会减少雨水。当行星纬度下降或位于远地点时，也代表雨水。火星、土星如参与其中，会带有损害性。想知道整年的雨水时，需要注意分析月亮、金星和水星，在太阳返照盘中，它们合相于双鱼座，则代表整年多雨水潮湿天气。如果位于白羊座或金牛座，则全年雨水较少，气候干燥。月亮于水星星座连结金星，代表持久降雨天气。月亮冲太阳、金星、土星，代表雨水较多。水星与金星合相于同一界内，会有大量降雨，如位于雨水星座，月亮与它们三合，则有持久的强降雨，一直到其中一颗行星行出该界为止。冬季的强降雨雪，体现在水星趋于木星、月亮趋于土星、金星趋于火星，三者为门户洞开。当金星位于太阳的前方，代表全年多云、露水、潮湿，但是雨水少。金星逆行，太阳出现在白羊座或金牛座，全年多雨水，春季会有充足的雨水。金星逆行于摩羯座、宝瓶座、或双鱼座，则春季雨水少，冬季仲月雨水多，冬季气候特别湿。水星停驻、缓行，无论位于任何星座，代表该季度多雨水、乌云。当代表雨水的行星与雨水星座内的行星连结时，代表雨水，尤其金星停驻,因为金星尤其代表湿、雨水。当水星位于干燥星座,月亮和金星位于雨水星座,雨水温和适度,当土星从寒冷星座映射时,则代表强降温。

Al—KindĪ在其著作中指出,根据太阳进入白羊座之前的新月盘或满月盘,看土星落于什么星座。如果土星在热性星座,则气候炎热,根据星座的热、冷、湿等特性做出论断。太阳进入其它四季盘之前的新月盘或满月盘,注意分析木星所在星座,分析方法同上,分析该季节的气候特征。此外,也要注意新月点或满月点的定位星趋什么行星、上升轴定位星趋于什么行星,做出综合评定。

另外有一种方法认为,当太阳进入天蝎座20°的时候,排出星盘,可以论断整年的气候变化,注意月亮所趋的行星,如果月亮趋于金星或水星,代表该年多雨水。如果金星、木星、水星西入、缓行、逆行,主此年多雨水,潮湿,尤其西入主年末。如果这三颗行星,东出、速行,则主雨水少,东出也主年初有雨水。之后,看火星,看其是否位于轴上,尤其是天顶轴,如果与水星相关联,则这一年,多有强降雨伴随雷电的天气,主蝗灾和恶劣天气。如果火星位于土元素星座,位于天底轴,吉星未映射,其与水星关联,主地震、火山之类,与大地、矿物相关之类受到灾害。火星位于天底轴,同时位于水元素星座,主水源缩减,动物消失,吉星度数映射,主雷电灾害减弱,如未映射,会有较多雷电天气。需要注意的是,有观念认为这里的东出西入不是星盘中的状态,而是根据太阳运行相位确定。

土星位于天顶轴,位于风元素星座,会合水星,主恶劣天气,持久降雨;土星位于天底轴,同时于土元素星座,和水星会合,吉星未映射,主地震,黑水泛滥;土星位于天底轴,同时位于水元素星座,和水星会合,吉星未映射,主水源缩减;土星位于天底轴,位于火元素星座,与水星会合,主土地、矿物受损。水星如果没有参与,以上的灾害都会减轻。

Māshā'allāh 认为,想知道一年的雨水充沛或稀缺,或者想知道年初、年末的雨水量,以太阳进入天蝎座 20°排盘,可以单独观察金星,金星晨东升,则年初雨水稀少,年末雨水充沛。金星西入,则冬初雨水多(有本作年初)。金星和太阳位于同一个星座,则它们相遇的月份,雨水会特别充沛。

想知道雨水的丰沛或短缺,也可以排出太阳进入白羊座的年运盘,以上升轴的界主星作为年主星论断,观察上升星座性质,观察岁主星是否连结金星、水星,观察金星、水星、月亮所在的星座特性,月亮如果连结金星或水星,没有连结凶星,则一年雨水充沛;如果水星被火星影响,或位于日光下,月亮连结水星,则代表年初降雨少,年中多,伴随打雷闪电和大量的风;如果金星和火星连结,或位于日光下,则年内雨水量低;水星连结土星,月亮连结水星或土星,年初雨水增加,会增加气候灾害;木星位于雨水星座,金星和月亮与其连结,则雨水充沛,如果木星位于火星星座,火星与木星连结,则雨水稀少。

预测每个季度的降雨,可以观察太阳进入巨蟹座、天秤座、摩羯座时的季运盘进行解读。想知道每个月的降雨,可以排出新月、满月盘进行分析,当月亮到达轴与金星或水星连结,那天就会下雨,除非月亮在阴历月初与火星连结,此时代表雷声、闪电、狂风会不断增加,雨水会减少,一直到满月后不受这种力量支持为止。

还有一种方法,排出太阳进入天秤座 0°0′的盘,分析整年气候。注意分析金星状态,看它是否位于雨水星座,诸如摩羯座、白羊座、金牛座、狮子座,较强的雨水星座是宝瓶座、双鱼座和天蝎座。如果金星西入,代表年初多雨水,年末雨水少。金星东出,代表年初雨水较少,之后雨水多。

接着我们介绍一个重要概念,叫 Door,意思就是门户。与之相关的用法叫门户洞开,好比天门地户打开一样。所谓门户,就是十二星座中对冲的星座,譬如狮子座和宝瓶座。门户相对,则性质相反,其所代表的定位星也是如此,因此这样两个不同性质的行星如果产生连接,则代表门户打开一样。尤其是内行星对应外行星。因此所谓的门户洞开,简单说,就是太阳、月亮和土星连结,或者它们映射土星。类推这种关系,则还有木星和水星,金星和火星。另外上升定位星映射第 7 宫定位星也叫门户洞开。从原理上而言,所谓门户洞开,非常类似我国术数中的卯酉相冲、天关等原理。为了方便使用,笔者将之正式命名为开天关。

在《天步真原·天文部》中也有相关论述,书中指出土星太阳会冲方为天门开,大雨雪雹,春分冷雨,夏至雹雷减热,秋分冷雨,夏至倏忽雨,冬至雪冷;木星水星会冲方,有风,热宫内大旱热风,亦为开门;火星金星会冲方,亦为天门开,春分、秋分水极大,夏至雨水,冬至灭冷。开门之理,如太阴舍在巨蟹,土星舍在摩羯,不论何时,但太阴与土星相会冲方,即为开门,门开即有入门者,其冷热晴雨皆倏忽有变。开门有三,土星太阳是开水门,冷干宫、湿热宫,定有大冷大云大昏沉,湿宫、冷宫,定大雪大雨,夏至冷雨,若土星权太阴、太阳,其冷更甚;木星、水星是开风门,坏树木房屋;火星、金星是开水门,有雹雷霆坏树木。开门一为相会相冲方中无它星,一为会冲之方有月在内,离一星近一星,一为会冲之中有金星水星在内。若中间有退行之星,定开大雨之门。若论何等之门,中间相近一星论其性,如近太阳,定善定热,近土星,定恶定冷。中无它星,论前行星之性,在后者不论,如太阳退土星相会冲方,则论土之性,土退追日会冲之方,则论太阳之性。

开天关会形成不同格局,尤其月亮在其中可以充当关系连接,譬如月亮离于火星趋于金星,则为双开门户,根据这两行星特性,风雨必来。

这说明当月亮从两个门户星产生相应的行星关系,形成开天关,但是还需要注意行星本身的气候特性。

如果想知道某一天的气候变化,可以使用每日气象点,月+土-日 (Abū Maʾshar 著作中所论),看此点落于什么星座,落在土星星座,主冷;落在木星星座,天气无风;落在火星星座,大风;落在太阳星座,主热;落在金星星座,主雨;落在水星星座,天气多变;位于月亮星座,下雨。水星映射此点或与其合相,主风,月亮参与则更强,金星参与尤甚。

另外有一种预测每日天气的方法,根据月亮进入一个星座 1′ 的时间点起星盘,根据映射上升的行星性质,结合月亮所在星座的特性进行论断。

一些古代占星师会使用月宿(月亮位置的 27 或 28 宿),论断天气变化,这些内容不属于通用技术,本书不作相关介绍。

例 1　印尼海啸

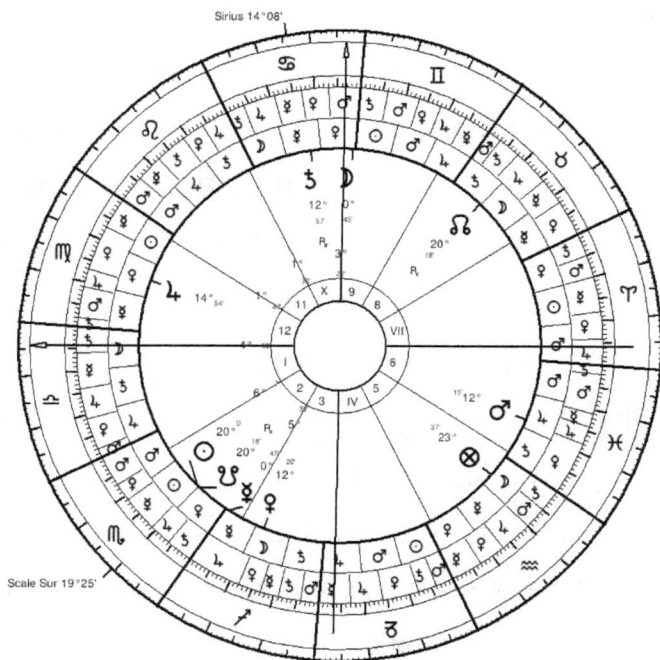

2003 年 11 月 13 日上午 2 点 41 分，Jakarta(106e48,6s10)。当太阳进入天蝎座 20°的时候，排出星盘，可以论断整年的气候变化。印度洋海啸，也称为南亚海啸，发生在 2004 年 12 月 26 日，这次地震发生的范围主要位于印度洋板块与亚欧板块的交界处的消亡边界。地处安达曼海。震中位于印尼苏门答腊以北的海底。当地地震局测量为里氏地震规模 6.8，中国香港、中国大陆及美国测量到的强度则为里氏规模 8.5 至 8.7。其后香港天文台和美国全国地震情报中心分别修正强度为 8.9 和 9.0，矩震级为 9.0。最后确定为矩震级达到 9.3。

此盘有很大的灾害气候征兆，太阳合相计都，水星、月亮歧度，上升定位星金星与火星精确相刑，为水门开，岁主星月亮入相位土星于水元素星座，这种种都说明有极大的水类灾害要发生。

例 2　1998 年中国气候

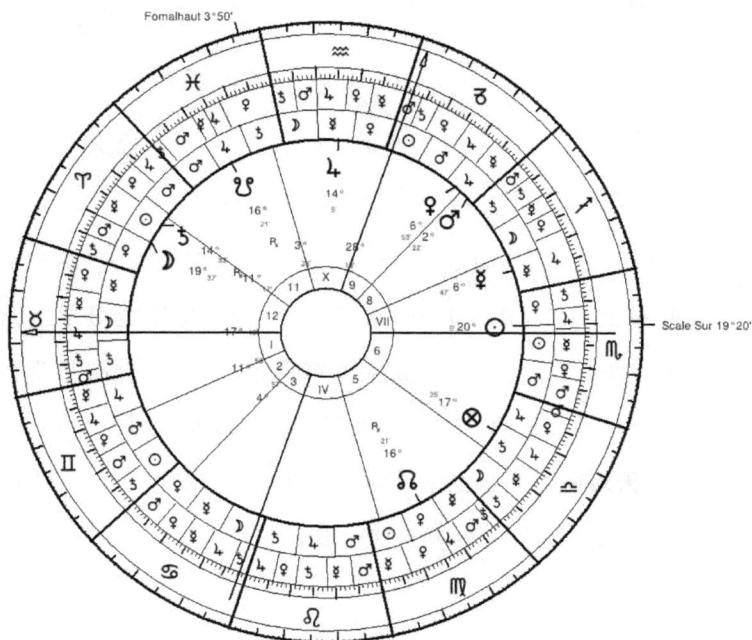

此盘排盘时间为 1997 年 11 月 12 日 16:50 分,太阳进入天蝎座20°,金星、水星、木星皆西入,金星和木星缓行,并且门户行星月亮和土星同星座同界,火星、金星同星座同界,并且都位于水星界,又为开天关,此为暴风雨之象,代表之后的一年内会有强降雨气候出现。

例 3　月内气候

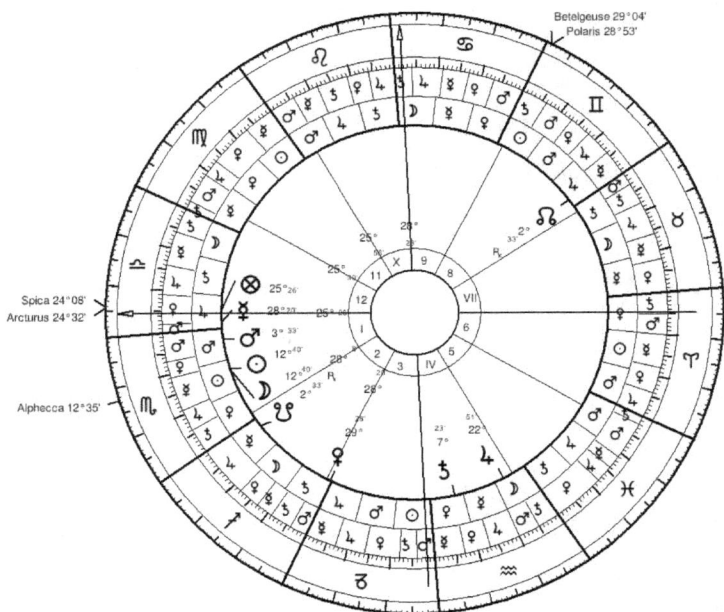

2021 年 11 月 5 日 5:14 分,以新月盘预测地方气候变化。水星位于天秤座 28°20′合相上升轴,水星代表雨水,位于金星星座,且水星趋于射手座 29°28′的金星,形成主授客星,代表本月会有强降雨。同时,水星还是日月合相的界主星。太阳、月亮、以及日月定位星火星都位于天蝎座,天蝎座为雨水星座,必有较强降水。水星距离上升轴 3°,代表 3日,结果于 11 月 7 号,风雨交加、雨夹雪。

第七门　说天地显象之事

　　凡天上所显之象,与地上所应之事。如地震、山移等事。

　　若火星在安年命第十宫,或四季命并朔望命第十宫,主天上有红气如火并彗星。若第十宫是风局,主以上所应之事愈重。又兼水星与火星相会或相冲,则以上所应之事尤重。若此时,火星与太阴恶照,则以上所应之事亦重。

　　若土星在安年命、或四季命、或朔望命第四宫,主天色黑暗、并地震。若第四宫是土局,此事愈重。若土星与水星同度、或相冲,则以上所应之事亦重。若太阴与土星恶照,则以上事亦甚重。若火星在小轮上升上时,则彗星显大。若土星在小轮上升上时,则天暗,地震甚重。

　　若火星在安年命,或四季命,或朔望命内第四宫,又是土局,无吉星与之相照,却有水星相照,则地上有火灾,并地震、地裂、废矿。

　　若安年命,或四季命,或朔望命内第十宫是风局,或火土二星在此,或太阴在此,与恶星恶照,则彗星甚大如火,又流星多。若此第四宫是土局,有恶星恶照,又太阴在此,则天暗、地震。

　　注：世运占星,包括了对地震和气象变化。使用当年太阳返照盘结合太阳进入白羊座之前的新月、满月盘进行论断。十二宫中,第 4 宫主地震,第 10 宫主天象,主要根据火星、土星两颗凶星,结合月亮状态、星座元素性质进行综合解断。

　　地震、天坑、洪水之类,主要根据土星论断,尤其土星位于或映射水元素星座、土元素星座,如果土星影响土元素星座,月亮在内,月亮被土星凶星影响,则代表天坑形成,在水元素星座,代表水灾,位于风元素星座,代表冻灾冰雪、污浊空气、暴风之类。流星、彗星各种异常天象和火星连结有关,尤其它影响到风元素星座,月亮位于风元素星座被火星干扰,尤其这类格局位于天顶。

关于行星在小轮上的升降,《增补中西星要》有论,认为各星自最卑至最高皆为上升,自最高至最卑,皆为下降。土星、木星、火星与太阳相会时,定在其小轮最高,离日迟,迟至相冲时,定在其小轮最卑处,最卑至相会为升,相会至最卑为降。金星、水星与太阳相冲,早从地平见,定在其小轮最高,与太阳相会,晚在地平见,定在其小轮最卑(金水与太阳相冲,疑为错讹)。月相会相冲在最高,上弦、下弦在最卑。有关月亮,在《天文书》内有明确说明,从上弦至望日,是太阴升高之时。从下弦至朔日,亦是升高之时。

行星有上下高低的不同,在古典占星中存在四种相关的概念。《增补中西星要》中指出,上下等有四,一以小轮在最高者为上,卑者为下;二以纬在北者为上,在南者为下,或同在北则以离黄道远者为上。同在南,则以离黄道近者为上;三以在西迟行者为上;四以近天顶者为上。

例 汶川地震

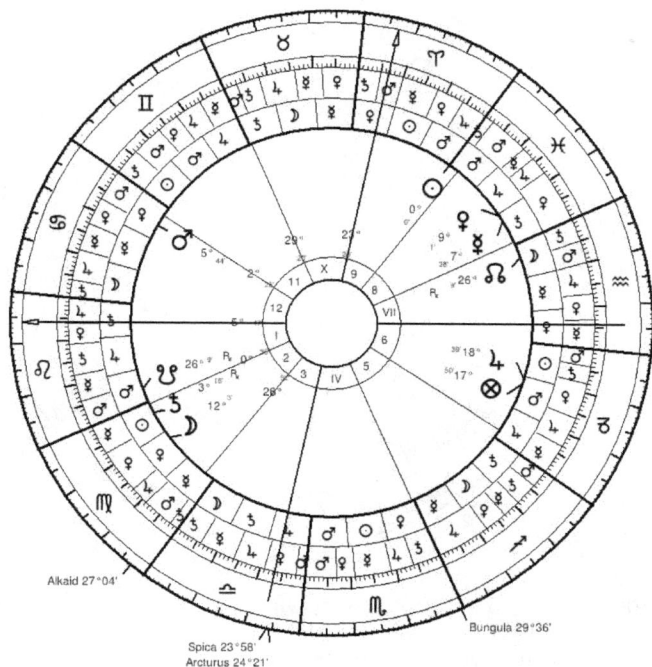

Alkaid 27°04'
Spica 23°58'
Arcturus 24°21'
Bungula 29°36'

　　2008 年 3 月 20 日下午 13 点 48 分,春分盘。上升星座被火星和土星夹拱,并且计都入命宫,为恶性事件。火星为天顶定位星,土星为天底升主星,两者相冲,会发生坍塌、坠落类。月亮为民众,土星逆行于土元素星座,又被金星、水星相冲,水星快速,冲土星为地震。第 2 宫和第 8 宫行星相冲,会导致人口因灾害死亡。汶川大地震发生于北京时间 2008 年 5 月 12 日 14 时 28 分 4 秒,震中位于四川省阿坝藏族羌族自治州汶川县映秀镇(北纬 31.0°、东经 103.4°)。如果排出汶川地区春分盘,会发现上升星座是巨蟹座,月亮为上升定位星,直接指向地震。

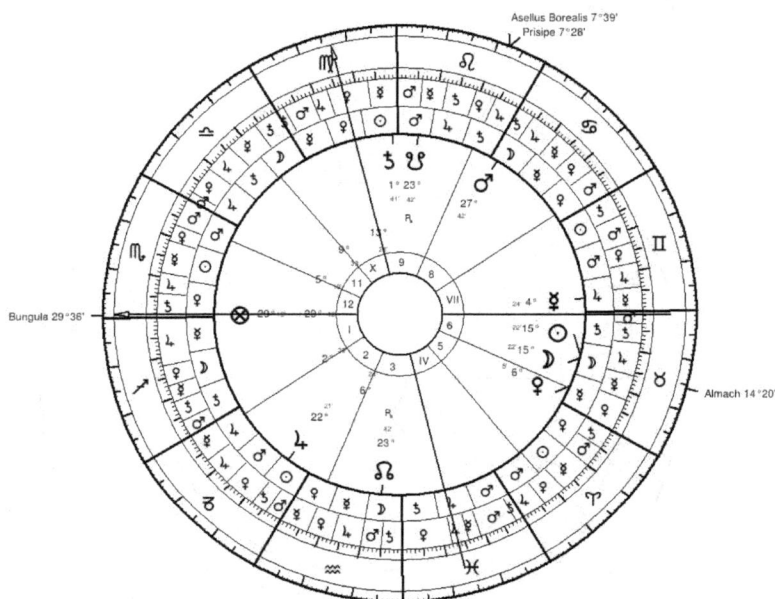

    2008 年 5 月 5 日 20 点 18 分,朔月盘。每月的朔月、满月盘可以主宰该月的地区世运事件。此盘上升轴位于星座歧度,同时影响木星与火星,会发生不稳定事件和突发状况。命盘中木星与火星对冲,木星为天底定位星,为土地,并且位于摩羯座土元素星座。土星位于室女座土元素星座,与水星产生紧密刑相位,水星冲上升轴,这是该月要发生地震的标志。

第八门　断说天象

    凡彗星有四等。第一等,尾向上指;第二等,尾向下垂;第三等,其象似枪竿;第四等,其象似觹篥,身细头大。其星之性,与水火二星同。若此等彗星见时,世上所应之事,有刀兵征战、火灾、地震等事,然其事亦有轻重。按宫分说所应方位,若在寅午戌宫分上显时,应在东北方;若在巳酉丑宫分上显时,应在东南方;若在申子辰宫分上显时,应在西南方;若在亥卯未宫分上显时,应在西北方。

若此星东出地平环上,微升高者,所应之事止在东方,灾祸微轻,显验在近,过疾。若西方见者,其应亦如此,但过迟。若此星升高到午位前后者,其应验宽大。

若太阳东出西入时,清朗无云翳者,主晴明;若太阳东出西入时,有云雾遮掩,或云色不等围绕太阳,及太阳色红似火,光显长者,必有狂风;若色黑青,又有云气,又太阳周围有晕者,则天色阴暗雾雨。

若太阴朔望之前三日,或上下二弦之前三日,近太阴周围清净,无云雾气色者,主天色晴明;若太阴色红,光环不定,则有风;若色黑暗青,则天阴有雨。

若杂星比常时明朗显大者,必有风;其星光偏一边者,应其方有风;若星光四散者,有乱风。若虹显,在天晴时显者,主云起有雨;若天阴时见者,主晴明。

注:此篇部分内容为实体观星,性质与我国实体占星的一些内容类似。在我国二十四史天文志、《开元占经》中有大量的实体占星内容。

Al-RiJɑl 指出,彗星的黄道纬度与应验的地理位置有关,当它位于极北纬远离黄道带时,代表地理纬度较高,其凶性体现在土星、月亮;如果位于黄道带内或周边,则代表纬度中度地区,其凶性体现在木星和水星;当它在黄道带南纬远离,则为低纬度地区,其凶性体现在火星与金星。

为了了解彗星的影响力，这里我们提供一颗出现在 1937 年的彗星资料，名为 Finsler's Comet，即芬斯勒彗星，是 1937 年 7 月 4 日由瑞士苏黎世大学教授 P. Finsler 发现的，轨道为抛物线，是一颗长周期彗星，8 月上旬离地球最近，8 月 11 日，在大熊星座北斗七星之开阳附近，肉眼可见，位列二十世纪大彗星表。在 1937 年 7 月 7 日，芬斯勒彗星与位于恒星大陵五的黄经、黄纬、赤纬相合，大陵五属于恒星中的大凶星。当天抗日战争全面爆发。

第九门　说物价贵贱（金融占星及案例）

凡物价贵贱，看各月朔望安命宫主星。最紧要的，是当年安命之前朔望命宫、并四季安命之前朔望命宫。又看各宫主星，又看太阴。若宫分是土局，主一切五谷之类；若宫分是水局，主一切水中所产之物；若宫分是火局，主一切矿中所产之物；若宫分是风局，则干系奴仆、六畜之类。

凡七曜。土星主乌香、沥青，但药材黑色者。

木星，主五谷并一切味甜之物。

金星与木星同。又主银，并妇人首饰、香货、奴仆。

火星，主一切辣物、兵器。

水星，主金，并一切花样之物，及浅色之物。

太阳与水星同。

太阴与金星同。

以上各星，若力重，又在本轮上往上升时，及出地平环往上升时，主所属之物贵。若各星力弱，又在本轮上降下，及西落时，则所属之物贱。

若木星在当月朔望命宫内，又有力，又与朔望命宫主星相照，或金星相照，命宫第四位宫主星有力，无凶照，第二宫主星，与命宫主星吉照，主百物丰阜，价贱；若此朔望命宫，在安年命之前，则一年物贱；若在一季之前，则一季物贱；若宫分星耀异此，则百物皆贵。

若太阴朔望与土星相照，土星在小轮上升高时，主百物皆贵。若又有水星与土星相照，则物添价涌贵；如土星在土局，则五谷之类贵；土星在水局，则鱼蟹之类贵；在火局，则一切矿中之物贵；在风局，则奴仆六畜之类贵。

若安年命宫主星，在四柱内一柱上，又行疾，比前度数渐增，则物添价。若在命宫，物贵在春分至夏至；若在第十宫，贵在夏至至秋分；若在第七宫，贵在秋分至冬至；若在第四宫，贵在冬至至春分。

若太阴，或朔望命主星，看二星何者有力。其有力之星，在命宫或在第十宫，或在第十一宫，或在第五宫，又在分定度数上，或在三面度数上，又比前行度增，或在庙旺宫度上，或与一星相照，是增价之星，则物增价。此二星若在第四宫并第七宫，或第四宫、第七宫中间相遇一星，其星有力，则物价不增，人买者多。若此星无力，则物价不增，人买者少。若有力之星在第三宫、第九宫，强旺则物价减，卖疾。若其星无力，则物价减，又卖迟。凡木星，主物价贱，若无力时，极贱。土星，主物价贵，若又在庙旺有力处，则愈贵。若土星在四柱内一处，又在升上时，主物极贵，难得。若在分定度数上，并三面度数上有力处，则物卖快。

若安年命宫四柱上，并四季命宫四柱上，何星所管有力者，其星又在本轮上升高处，又在分定度数上，则其星所属之物，贵而稀少。若本星行疾,则物愈贵,添价难得。若行迟则物亦少,其价不增。若行度又减时,则物依前稀少,却减价。

注:Umar Al－Tabarī 在其著作中指出,想知道物价的跌涨和人们的生活状况,我们需要根据发光体行星的情况得知。根据每个月朔日,日月合度的时间排盘,计算此时的上升轴,排出盘进行分析,注意日月合度星座的定位星与上升定位星。

选出适用的类象星,当一颗游隼行星位于上升轴,并且为凶星,则该月内不利于物价,根据其特性和佐证论断。当上升星座舍主星反厌上升星座时,如果一颗行星位于轴,并且在上升星座有力量,尤其是上升星座的升定位星,则为类象星。任何位于轴的行星,在上升星座有力量,均可作为类象星。当上升定位星位于上升轴或位于其他轴,或位于11宫等其他吉宫,映射上升星座,则优先于其他行星而成为类象星,东出、速行、不在日光下则更符合。

在判断价格时,人们是否能够获钱财利益,利益的多少,取决于行星的力量,尤其是月亮位于上升第 4 宫的日期,或位于上升,或映射上升定位星,当月亮落于以上几处的位置都有利。如果月亮加速,代表面包、谷物价格上涨,如果它有缺陷,位于上升轴对宫相冲,则不利于价格。也要注意上升定位星被接纳,接纳行星位于轴并加速,代表当月面包谷物价格增涨。如果上升定位星、上升定位星所在星座定位星都加速,则整月价格都是上涨的。

上升定位星和一颗行星出现在角宫趋于一颗果宫行星或有缺陷的行星,代表价格降低。如上升定位星损坏,价格更低。它们都位于果宫,价格降低更快。它们都位于角宫,趋于一颗果宫行星,或一颗损害行星,主价格跌落。

一颗行星位于上升星座,并在内有力量,则根据其吉凶损益程度论断。此外,上升定位星作为辅类神一起分析。如上升定位星没有被它接纳,则不能作为辅类神分析,该行星单独进行分析即可。

朔日盘中,上升定位星和日、月位于上升或四轴,或位于日月合度星座的四轴星座,代表价格保持。上升定位星或日月被接纳并加速,位于11、5宫,代表价格增涨。

上升定位星连结加速行星,代表于连接之日价格增涨。如果上升定位星和日月都有损伤,位于3、9、12宫,代表价格跌落,然而这种情况下,位于角宫都代表价格稳定。如果一颗损害的行星趋于上升定位星,代表价格降落,上升定位星趋于这颗行星,尤甚。如果上升定位星损伤,它所在的星座定位星上升,则不能代表增涨,因为其根本力量在上升定位星。除非上升定位星位于果宫,另外一颗行星位于角轴。上升星座是日月的星座,看日月所在的位置,是否映射上升星座,进行分析。

Umar Al—Tabarī 列出了 Māshā'allāh 和其它人的一些观念,我们罗列如下:

Ptolemy 和埃及圣哲认为,物价的跌涨和日月有关。他们使用太阳进入白羊座、四季盘之前的新月盘,每个月的新月、满月盘进行论断。因为 Ptolemy 认为世运占星的年运是根据太阳进入白羊座之前的新月和满月所形成的。世界上的事物、意外都是通过新月和满月而来的。因为月亮距离我们更近,世界的一切变化和更新都随着月亮而变化。天空中最代表贵重的位置就是四轴,所以吉星位于这些位置,代表货币增值,其它物品会降价、贬值;如果凶星位于这些位置,代表货币会贬值,其它物价会增价升值;吉星位于角轴外的其它宫位,代表其它物品升值,货币贬值;凶星位于角轴外的其它宫位,代表其它物品贬值,货币增值;凶星位于轴,其它行星位于其它宫,则综合进行分析。需要注意结合行星力量,譬如吉星逆行则变弱,凶星入升,则凶弱。如果判断年中物价或四季物价,看月亮在离开新月、满月的时候,第一个趋于什么行星。趋于吉星,代表价格增涨,趋于凶星,价格跌落,映射也作类似分析。如果月亮位于轴,代表增涨,月亮入舍星座也一样。太阳到达吉星,或吉星到达太阳,货币增值,物价贬值,尤其是太阳位于轴或舍星座。太阳到达凶星,货币贬值,远离轴时更甚。

水星在金银货币中有类象意义,金星也代表其中一个类象(银)。水星在代表黄金方面有权威力量,这是因为它和太阳的关系。水星、金星东升代表货币增值,西入,尤其水星、金星变弱时,代表货币贬值。如果水星和太阳合相,则黄金增值,其它贬值。金星和太阳合相,白银会受到人们推崇和喜爱。如果它们没有和太阳合相,在远地点升起,代表货币增值,物价贬值。尤其是它们位于舍升,朝东行进。如果它们无力时朝西行进,则货币贬值。

在论断跌涨的时候,主要使用上升定位星和月亮,其中一个强力趋于一颗位于上升或天顶的行星,代表价格增涨,如果该行星位于下降轴或天底轴,代表价格中等。上升和天顶行星所映射的行星,如果被这两位置的行星所接纳,或被上升定位星、月亮所接纳,代表增涨。连结果宫行星,代表跌落。最差的情形是,月亮和上升定位星位于轴趋于果宫行星,并且未接纳它们。如果它们连结一颗行星,彼此接纳,代表满足需求,价格上涨。

论断当年、当季或当月、月中的物价,注意上升轴和第2宫,第2宫定位星为吉星位于轴,尤其在该位置又拥有力量,则货币增值。凶星位于轴,货币有价值,但是不高,因为代表底层人民持有。

当论断不同的事物价格的时候,看出现在相关星座的吉凶星,见吉则吉,见凶则凶,譬如白羊座属于小型牲畜。

古典占星家在物价跌涨上在古籍中留下了一些案例,Māshāʾallāh曾与商人朋友合伙,通过占星术的指导,大赚钱财。

例1 Māshāʾallāh **的油价跌涨案例**

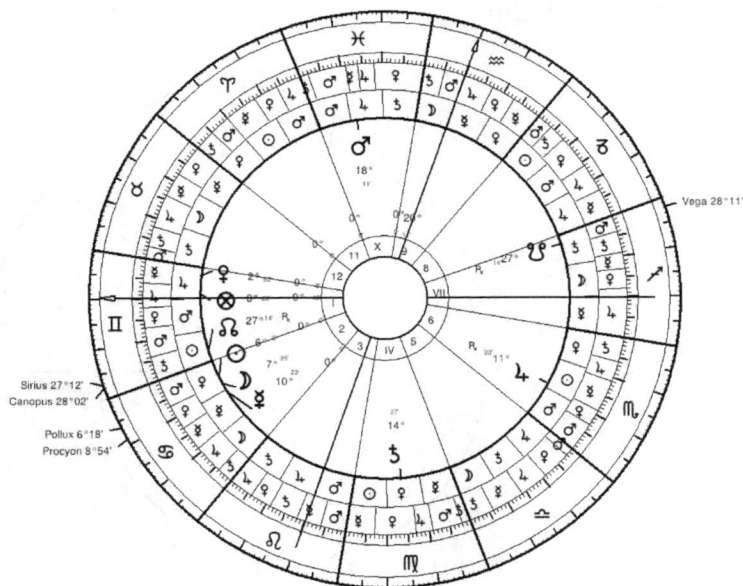

Māshāʾallāh 认为价格跌涨的幅度,主要观察行星度数,大度数减去小的度数,以余数论断。

原数据:上升轴位于双子座 8°,日月位于巨蟹座 10°,水星位于巨蟹座 15°,火星位于室女座 8°,木星位于天蝎座 9°,土星位于室女座 4°,金星位于摩羯座 23°。

分析:盘中代表油的是巨蟹座、月亮,月亮除了连结水星,未连结其他行星,月水反厌上升,这是价格下跌的标志(Māshāʾallāh 的书中习惯以反厌、果宫,行星前进入果宫统而论之)。按之前我们提到的算法,以15°—10°=5°,说明油价会降低迪拉姆(现在是阿拉伯联合酋长国的流通货币),如果该地区物价增长不能以整个货币单位为单位时,5°在一个星座内为六分之一度数,此时代表该地区的油价增长或降低为该地区相应实际价格的六分之一。

此案例对研究金融、股票类的跌涨数值研究有一定的参考价值。

例 2　2015 年股市

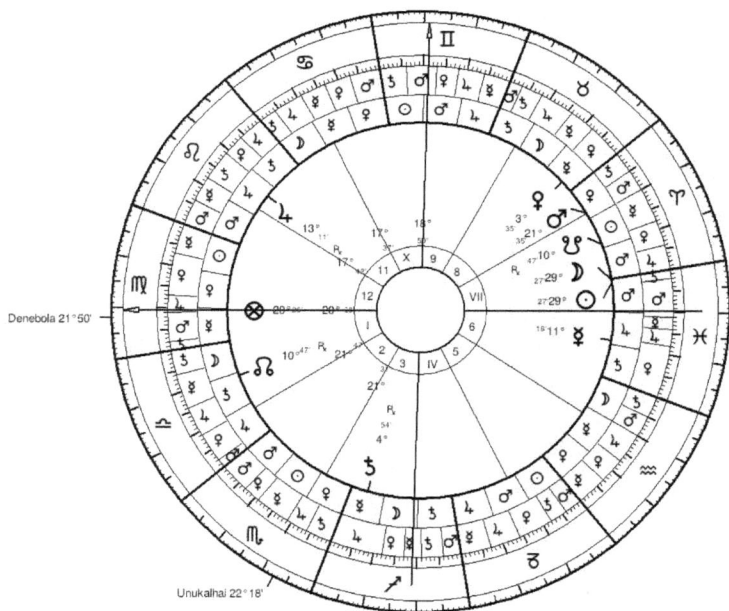

此盘为 2015 年太阳进入白羊座之前的新月盘。时间是 2015 年 3 月 20 日 17:36 分 09 秒。并且当天发生了日全食,年运盘之前的新月盘能够主宰一年年运和物价跌涨,日食也代表重大影响,这两重合,代表对年运和物价跌涨有巨大影响。

上升定位星水星位于果宫,并且水星落陷,是贬值、跌落的重要标志。日月位于轴,影响力较大。月亮趋于计都,月入南纬属于凶象,并且月亮入白羊座后,三合逆行土星,就是跌落之时。大约 3~4 个月后,股票大跌,并且时间周期长久,因为月亮在白羊座合于火星,火星在白羊座有一定力量,这奠定了这一年,股票有跌有涨的趋势,罗睺位于第二星座,主宰货币钱财,金星在金牛座入舍星座,代表年初一段时间的涨幅,位于第 8 宫,代表时间周期并不长久,而日食、计都,凶星的影响以及火星速行,导致最后暴跌。

例 3　月运分析黄金暴跌

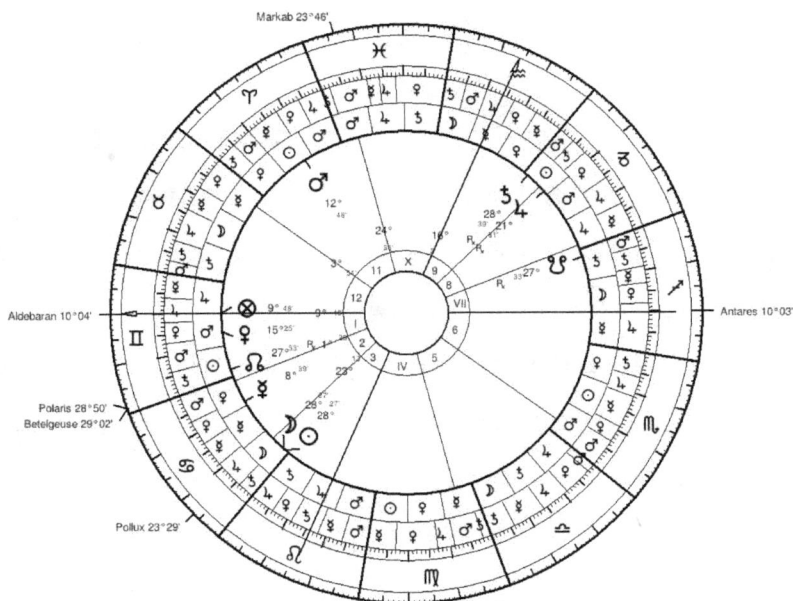

2020 年 8 月 11 日,黄金暴跌 115.45 美元,单日跌幅 5.69%。此月的新月盘时间为 2020 年 7 月 21 日。水星为黄金,金星也为类似的类象行星。金星位于轴,代表货币相关,会突显,水星位于第 2 宫,位于金星界内,代表货币、黄金,月水同星座于启动星座巨蟹座,代表黄金价格的不稳定性,水星被对宫的逆行木土所冲,代表暴跌,所幸度数较远,月亮也被木土所冲，尤其土月为近度数，代表价格暴跌。同时水星趋于火星，火星位于11宫利益宫，水星位于巨蟹座，为火星三方主，火星位于水星界，彼此带有一定的互容力量，意义上稍微缓和。

从度数而言，水星距离土星度数为20°，代表就是7月21日之后，大约20天后，黄金会暴跌。

第十门　说日月交食

凡日月交食，其应一同，但太阴所应之事稍轻，太阳所应之事重。其说有七：第一、说应各处地方城池；第二、说灾祸日期多寡；第三、说灾祸最重处在何时；第四、说五星中，是何星主亏食之灾；第五、说应在何人物上；第六、说应何等灾祸；第七、说祸应有多寡。

第一、说应各处地方城池者。凡各处城池创立之时，定一安命宫。以安命宫为主，看日月亏食在何宫分，其宫分属何局，其宫分下属何处城池，其祸应于彼处。若不知各城池安命宫时，看日月亏食在何宫分，是何局，其局属何方，其祸应于彼，上古人多体验来。如一城池命宫属白羊宫，其年日月亏食在白羊宫分，则灾祸应在白羊宫所属城池，其余一体推之。

第二、说祸应日期多寡者。凡日月亏食，看初食时至生光时，时刻多少。若太阳亏食，每一时准一年，其祸应在一年之内。若太阴亏食，每一时准一月，其祸应在一月之内。

第三、说灾祸最重处在何时。看日月亏食分数之极处，是正食，看初食时至食尽时几个时辰。太阳一时准一年,太阴一时准一个月,应在其时。

第四、看亏食在何宫分,看此宫主星。又看亏食安命宫,并宫主星。看二星何者力强。若二星力同,以亏食宫主星为主。安命宫主星相助。若安命宫主星力大。将此星为主。其余星比此星力微少者为助。若杂星内有一星,在亏食宫分度数上,或在安命宫分度数上,或在安命星盘第十宫,并五星中有一星,先太阳出地平环微高者,又看土、木、火三星,在顺行时,将以上有力星,或一星或二星,或杂星内一星,作为亏食之主。

第五说、日月亏食应在何人物上。看取用主星在何宫分。又看宫分是何体象。其祸应在其象上。若在阴阳宫、双女宫、天秤宫、人马宫上半宫、宝瓶宫此五宫,应在人事上;若在白羊宫、金牛宫、摩羯宫此三宫,应在六畜;若在巨蟹宫、双鱼宫、此二宫应在水中之物;若在天蝎宫,其应在蛇蝎蜈蚣等类;若在狮子宫,其应在猛兽之类。若其宫分有一杂星,按何等之象,其应在其象上。其象在黄道南,则有大风,雨水大。其象在黄道北,则地震,并地裂、地陷。

若亏食主星在土局内,其应在土中一切所产之物;若在风局内,应在人事并六畜;若在水局内,应在水中之物;若在火局内,应在金、银、铜、铁等矿并宝贝之类。

若亏食主星在白羊宫,应春季所产之物有损伤;若亏食主星在巨蟹宫,则夏季一应所产之物有损伤;若亏食主星在天秤宫,则秋季一应所产之物有损伤;若亏食主星在摩羯宫,则冬季一应所产之物有损伤。若亏食主星在白羊宫或天秤宫,其灾祸应在寺观庵院;若亏食主星在巨蟹宫或摩羯宫,则人之性格更移不定。若亏食主星在定宫者,应人间房舍损坏；若亏食主星在二体宫者，则应在人事上，日食则关系君王，月食则关系后妃并臣宰；若亏食主星在转宫者，其应在庶民并小人辈。若太阳亏食主星在西入时，太阴亏食主星在东出时，以上所言灾祸减半。若太阳亏食主星在东出，太阴亏食主星西入时，以上所言灾祸应重。

第六说，应何等灾祸？看亏食主星是何星？依其星之性断之，若二星、三星者，将各星之性相合断之。

若亏食主星是土星者，主极害伤百物。论人事，则人多寒冷证，缠绵日久，并愁闷恐惧；论六畜，则多灾病损伤；论天色，则极寒结冻，天昏云暗，天气不正。人多灾，地下生伤人之物，如蛇虫之类；论水类，则主江河湖泊泛涨伤物，海中恶风损船。

若亏食主星是木星者，主万物滋长，人事高贵安宁，诸物价贱，食用丰足，六畜蕃息，天气平和，江河不溢。

若亏食主星火星者，则燥热伤物，人事中有争斗征战，人患卒症、暴死、瘟疫、热病、吐血，强窃贼人生发。天气极热、起热风、雨少、井泉水缺、干旱、有火灾、天色红、流星多，还主有狂风伤船，五谷果木之类，亦有损伤。

若亏食主星是金星者，其应如木星之应，又人事中得阴人济，人之所好，亦多偏于阴人。多成全婚姻之事，人添子嗣，天色清朗明润，江河水增。

若亏食主星是水星者，看与何一星相照，随相照之星性情。若不遇星照者，比别星起多事。论人事，则性急有机变，能知未来之事，又强窃盗中发谋造意，人生干燥病症。如常发热咳嗽，怯弱吐血。论天色，因本星性躁，动静轻，必有狂风、雷震霹雳、地动，一应孳畜有伤。

第七说、祸应有多寡者。何以知之？日食时，看日月相会是何宫分。月食时,看相望是何宫分。相会与相望时,是何命宫。又看亏食主星在何宫分。若亏食主星是吉星,又与上所言宫分吉照者。以上所言灾祸虽应,稍少。若亏食主星是凶星,又与宫分恶照者,以上所言祸应凶重。

又一云,若亏食主星,与上文所言宫分相照,先太阳从东出或留者,目下灾祸增;若与宫分相照,西落或逆行,或与太阳相冲,则以上所言凶祸减。

又交食在个人命宫四柱内,则所临之处有灾。假若在人命宫,则本身有灾;在第十宫,则官禄事不顺;在第七宫,则妻妾有灾;在第四宫,则田宅耕种有损伤。

又各人安命星盘,看太阳在何宫分,若此宫分内日食,或太阳所在宫分相冲处日食,则其人必有灾祸。或太阴所在宫分内日食,或太阴所在宫分相冲处日食时,其人亦有灾祸。

注:日食一定发生在朔日,即农历初一。此时月球位于地球和太阳之间,但因地球轨道(黄道)与月球轨道(白道)成 $5°9'$ 交角,因此并非每次朔日皆有日食发生,而日食发生时,日月两者皆一定在「黄白交点」(升交点或降交点)附近发生。日食一般发生在新月,也就是农历初一左右,此时月亮穿过太阳和地球之间,从地球角度观察,月亮阻挡了太阳的光线;月食发生在每月十五左右的满月时。此时,月球运行进入到地球的阴影之中。由于地球在月球轨道处的投影总比月球大,所以月环食的情况是不会发生的。月全食每 13.5 个月发生一次,月偏食的情况少些,约 22 个月一次。

Claudius Ptolemy 认为,月食过程的一个小时相当于一个月的影响,而在日食发生的阶段中,一个小时相当于一年的影响。从《天文书》中我们看到,日月食发生的星座类象有重要参考价值,在实际论断中注意使用日月蚀的定位星、上升定位星,两者以强旺力量分主辅类神,进行详细论断。Ptolemy 对日蚀以及彗星的色泽有所论述,他认为,日蚀时日月周围的色泽也需要观察,一般黑色、绿色为土星特性;白色为木星特性;红色为火星特性;金色为金星特性;如果出现不同颜色,为水星特性。当颜色包围整个发光体,则事情会发生在许多地区,如果只占据了一部分,则事情只会出现在有颜色的部分。

Claudius Ptolemy 的日月蚀星座类象表

星 座	类 象
双子、室女、天秤、宝瓶、射手、猎户座	人类
白羊、金牛、狮子、射手	四足动物
白羊、金牛、双子、狮子、室女	地震
天秤、天蝎	意外大雨
白羊、金牛、狮子、摩羯	野生动物
白羊、金牛、摩羯	驯服类动物
室女、射手、天鹅座、天鹰座	可食用类飞禽
巨蟹、摩羯、海豚座、南船座	海洋动物、舰队
宝瓶、双鱼、南船座	河流、泉水、相关动物

在《天文书》本节内容的最后,作者特别指出日月蚀对个人命运的影响力。一般在命盘中,或行运盘,当新月在月交点前后15°范围内,或满月在月交点前后9°范围内,日月蚀一定发生。再大一点范围,月交点在太阳17°内和月亮11°内,日月蚀可能发生过,而5°内则为全蚀或环蚀。

Masha'allā 认为,日月蚀需要排出日食、月食发生中间阶段的星盘，月食发生在寒性星座，代表寒冷加剧，位于湿性星座，代表大量雨水，当然了这些论断需要季节气候的支持，如果在夏季，会反应在气温变化。吉星映射月亮，接纳月亮，也意味着吉利的事情。在论断日食的时候，注意太阳以及与太阳的刑相位以及上位映射太阳的行星，注意日食时候的上升定位星，吉则应吉，凶则应凶。如果太阳和月亮是某个个人命盘的寿星或寿主星，它们被遮蔽，代表命主会发生重大疾病或巨大灾害，除非有吉星映射。如果日月蚀的位置位于固定星座，代表凶性的持久，位于启动星座，代表损害小，位于双体星座，代表中等凶性。

Sahl B. Bishr 认为发生日月蚀的时候，罗睺同吉星合相大吉，计都与吉星合相大凶。罗睺和凶星位于火星星座，计都和凶星位于土星星座，极凶。发生日蚀的时候，能够目测到的地区必须小心谨慎，看不到的地区无关紧要。另外需要注意在整个日月蚀过程中，有什么行星发生连结。在应期上，注意日月蚀中间阶段的星盘，上升与蚀点之间距离多少星座，一个星座一个月，当太阳进入到蚀点星座或日月蚀星盘的上升星座的时候，代表相关事体被激活。当太阳进入蚀点星座，月亮进入日月蚀星盘的上升星座的时间，或在月亮进入蚀点星座，就是发生事件的日期。如果蚀点星座靠近上升星座，代表发生在年初的四个月；靠近天顶，发生在接着的四个月；靠近下降轴，代表后半年的前四个月，靠近天底轴，发生在年底的四个月。论断时候注意月亮趋于吉星还是凶星。同时注意其它宫位的凶星，如果凶星位于轴，则灾难来的快，而且会影响到凶星所在星座地区，影响较大的是发生日月蚀的地区，尤其是计都，因为计都代表日月蚀地区的底层民众。当火星位于第 7 宫或位于轴，代表很多冲突和不和、热病、暴怒等等。如果是土星，则代表慢性痛苦，导致死亡、胃痛，星座为阴性星座或界为阴性，则更影响女性；火星一般影响年轻人、中年人；土星影响老年人；计都合相凶星，凶性较大，导致疾病、死亡来自底层和普通民众；罗睺合相凶星，代表权利阶层和他们相关的事务，代表领导阶层。论断时候，还要注意太阳和月亮的相关相位。

Theophilus of Edessa 对日食和月食的论述：

以下内容使用了旬星，应当源出于埃及占星的一些说法。

日食的影响

1、太阳在白羊座第 1 旬遭遇日月蚀，代表部队行动，连续性军事远征，暴徒统治，谣言四起，争议，气候干燥；第 2 旬，代表苛政、苦难、死亡的危险，果实类毁灭；第 3 旬，代表男子悲伤，一个伟大女人的死亡，牲畜灾害。

2、太阳位于金牛座第 1 旬，代表贸易者不活跃，农业亏损；第 2 旬代表孕妇的危险；第 3 旬代表饥饿与天灾人祸。

3、太阳位于双子座第 1 旬，代表在宗教或法律事务上的粗心大意，统治者疾病、痛苦；第 2 旬代表盗贼、掠夺、战争屠杀；第 3 旬代表统治者死亡，异常现象。

4、太阳位于巨蟹座第 1 旬，世界剧变和异常；第 2 旬代表河流枯竭，雨水稀少，蝗虫泛滥；第 3 旬代表亚美尼亚和非洲陷入无政府状态和毁灭。

5、太阳位于狮子座第 1 旬，统治者死亡，粮食难以购买；第 2 旬代表统治者面临巨大的不幸，伟人毁灭；第 3 旬，代表战争，囚禁，包围城市。

6、太阳位于室女座第 1 旬，伟大的统治者毁灭，即巴比伦毁灭；第 2 旬，天灾人祸，诸如瘟疫，饥荒、无政府状态；第 3 旬，文人学者的耻辱，国王的烦恼。

7、太阳位于天秤座第 1 旬,气候差,饥荒;第 2 旬,一位伟大统治者死亡,饥荒和无政府状态;第 3 旬,重要人物之间的争吵和冲突,财富分散。

8、太阳位于天蝎座第 1 旬,军队状态糟糕、彼此战争、虐待、屠杀;在第 2 旬,代表统治者覆灭,军队抵抗;在第 3 旬,代表暴君出现,统治者受辱。

9、太阳位于射手座第 1 旬,许多反对接踵而至,他们之间不会一致;第 2 旬,代表骆驼和骡子死亡;第 3 旬,代表统治者移动、骚动、饥荒。

10、太阳位于摩羯座,古籍中文字脱漏。太阳位于宝瓶座第 1 旬,主悲伤、贫困;在第 2 旬,代表盗贼、饥荒、强奸、地震;第 3 旬,代表绵羊和许多野生动物死亡。

11、太阳位于双鱼座第 1 旬,代表河流枯竭,海洋猛烈;位于第 2 旬,代表尊贵之人死亡,海域地震;位于第 3 旬,代表军队无政府状态,许多残酷之人。

月食的影响

1、月亮在白羊座第 1 旬遭遇日月蚀,某些地区干旱、炎热;第 2 旬,天灾、突然死亡、牲畜之灾害;第 3 旬,女子准备堕胎。

2、月亮位于金牛座第 1 旬,野生动物的毁灭;第 2 旬,女王死亡。种子灭绝;第 3 旬代表蛇与其他爬行动物死亡。

3、月亮位于双子座第 1 旬,代表抢劫和敌人的攻击;第 2 旬代表部队突然行军、毁坏;第 3 旬代表一位伟人死亡,诸多争议。

4、月亮位于巨蟹座第 1 旬,主战争;第 2 旬大量税收;第 3 旬代表妇女患急性病,即将死亡之人。

5、月亮位于狮子座第 1 旬,统治者重病或重要统治者的死亡;第 2 旬,代表一个统治者从一个地方被转移到另外一个地方;第 3 旬,代表塞西亚人的部队行动和军事战役。

6、月亮位于室女座第 1 旬,统治者生病,人们之间的阻力;第 2 旬,统治者悲伤不幸;第 3 旬,人类将遭受瘟疫。

7、月亮位于天秤座第 1 旬,主许多冰雹;第 2 旬,白霜导致葡萄藤和其他树木被破坏;第 3 旬,一个伟人去世。

8、月亮位于天蝎座第 1 旬,雷与飓风,有时候也主地震;在第 2 旬,代表橄榄树毁坏,干旱炎热;在第 3 旬,主疯狂、抱怨、争竞。

9、月亮位于射手座第 1 旬,主偷窃和掠夺;第 2 旬,主骡马死亡;第 3 旬,主天灾、疾病。

10、月亮位于摩羯座第 1 旬,代表许多抵抗和反对,一位伟人死亡或毁灭;第 2 旬,代表军队、海盗和俘虏的袭击;第 3 旬,代表统治者死亡,无政府状态。

11、月亮位于宝瓶座第 1 旬,国王需要医疗援助;第 2 旬,农业欠收;第 3 旬,之前的罪恶得到释放。

12、月亮位于双鱼座第 1 旬,牧师的悲伤不幸;第 2 旬,一位伟人死亡;第 3 旬,海陆抢劫掠夺。

案例　月全食

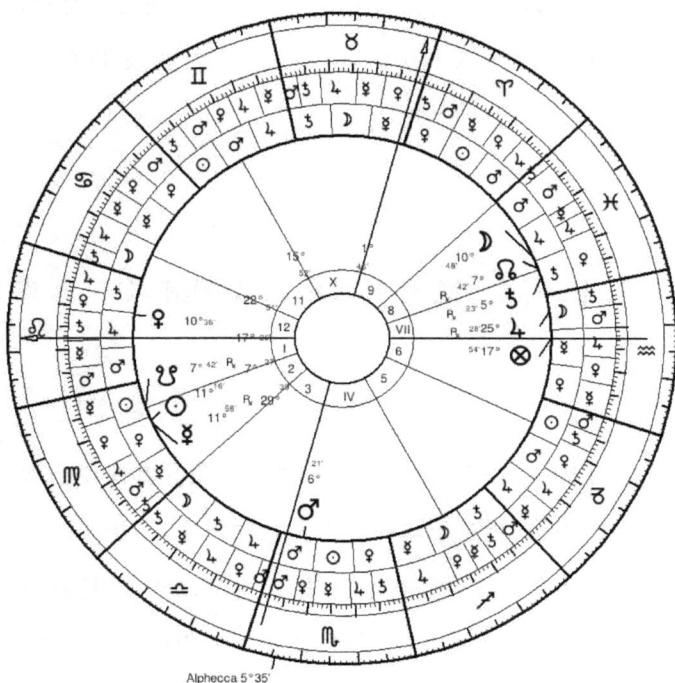

Alphecca 5°35'

此案例选自《天步真原》，时间为 1523 年 8 月 26 日 2 点 58 分 06 秒，波兰 Wrocław，译为弗罗茨瓦夫。德语：Breslau（布雷斯劳）。以上数据为月食发生时间，原书案例中，上升轴为狮子座 15°。

月全食共 3 小时 47 分，九月后，疫情爆发，三日内一个城市中死了三万多人。水星在日光下，与月亮对冲，行星在日光下大不吉，土星和太阳相冲，土星、水星、太阳两边都被火星刑映射，火星在天蝎座，天蝎座属于第一毒害星座，主此年有大疫情（原书认为城市创建时，太阳或月亮位于双鱼座则受影响）。

定应验时间，月食的时候，距离上升轴四个星座，月食在第五个星座，度数已经过了一半，1 个星座 2 个月，4 个星座为 8 个月，半个星为 1 个月,加起来为 9 月,因此 9 月时候应验。疫情到 11 月半才停止。此年无荒年、无兵戈,因为火星位于天蝎,天蝎是为毒星座,并且太阳和水星位于室女座,为人形星座,应验人事。月食发生了 3 个多小时,结果也影响了对应的 3 个月。

第十一门　说土木二星同度相缠（木土虚交）

上古阴阳人,取用一法,断天下吉凶之事。其法说土木二星同宫同度。土星行中道,近三十年一周天。木星行中道,近十二年一周天。似此二星行二十年一次,同宫度。何则？土星二十年,行八宫。木星二十年,行一周天,又行八宫。第九宫,二星同度相缠。又行二十年,又同度相缠。先从火局起,次至土局,次至风局,次至水局。每一局,十二次同度或十三次同度,然后交别局。

土星行中道,二十九年,一百一十五日,十五个时辰,零三十四分,行一周天。木星行中道,十一年,三百一十三日,六个时辰,零一十八分,行一周天。土木二星同宫同度时,一十九年,三百一十四日,一十四个时辰,零一十七分,相遇一处,此为一次相会。十二次,计二百三十八年,一百一十四日零一十四分。若十三次,计二百五十八年六十四日零三个时辰。

假如二星初与同度时,是火局,从白羊宫初度起;第二次,又是火局,在人马宫第二度二十五分;第三次,又是火局,在狮子宫第四度五十一分;第四次,又在白羊宫第五次,又在人马宫;第六次,又在狮子宫。

似此相会十二次或十三次,然后交土局。土局第一次,在金牛宫;第二次,在摩羯宫;第三次,在双女宫。似此相会十二次或十三次,然后交风局。风局第一次,在阴阳宫;第二次,在宝瓶宫;第三次,在天秤宫。似此,相会十二次或十三次,然后交水局。水局第一次,在巨蟹宫;第二次,在双鱼宫;第三次,在天蝎宫。似此,相会十二次或十三次,前后共四十九次相会。第四十九次,是双鱼宫二十八度四十一分。相会皆遍,然后又从火局起。第一次,却在人马宫第一度七分。余依前例推之,此是阴阳家紧要之理。

自古以来,一切祸福皆从此断。凡断祸福必取一命宫,若将土木二星同宫同度时,取一命宫,缘二星行迟,恐不得准,只将二星同宫同度之年,安年命宫为主。其同宫同度之故云何?二星行中道,土星小轮与木星小轮,正相对时,谓之同度。此二星内,看何星在小轮最高处,或近小轮高处,以其星为旺为主。若木星为主,则天下安宁,年岁丰稔,有福禄善事。若土星为主,则岁歉,事务不成,人多忧愁。

却看当年安年命宫内,何星最强旺有力。若是木星,主年岁丰稔,人皆安宁,食物顺快;若是土星,则年歉灾伤,人多愁闷,事务不顺;若是火星,则盗贼生发,刀兵征战,及国政枉民,有火灾;若是金星,则阴人事盛。人间有喜乐,婚姻,音乐等事;若是水星,则吏人、经商、技艺等吉;若是太阳,主国家兴旺,一切事务皆吉,及大小贵人,皆利于仕;若是太阴,则人民安乐,凡事皆吉,各处有好音至。以上所言,一星强旺有力者如此;若二星强旺有力者,将二星之性相合断之。

如太阳与木星皆有力,主国有善政,四海安宁。

若太阳与火星皆有力,则国家失政,民多受害。

若太阳与土星皆有力,则与火星有力同断。

若太阳与金星皆有力,则国家荒淫酒色、音乐、极乐之事,又阴人所事吉。

若太阳与水星皆有力,则君王明圣,识见远大,语言文学皆进益。

若太阳与太阴皆有力,则各国来朝,万民感戴。

若金星与土星皆有力,则阴人淫乱,小口有损。

若金星与木星皆有力,主安乐丰足,贵人吉。又阴人吉,人间行善事。

若金星与火星皆有力,则阴人淫乱。

若金星与太阳皆有力,如上文所言太阳与金星皆有力同。

若金星与水星皆有力,则人多好音乐、词辞等事。

若金星与太阴皆有力,则多添子嗣,有喜信。

若水星与土星皆有力,则多生奸诈,妄谈是非。

若水星与木星皆有力,则多行善事,好学、明理性,又利经商。

若水星与火星皆有力,如上文所言水星与土星皆有力同。

若水星与太阳皆有力,如上文太阳与水星皆有力同。

若水星与金星皆有力,如上文金星与水星皆有力同。

若太阴与土星皆有力,则生谣言惊恐,人多忧惧,诸物涌贵。

若太阴与木星皆有力,则人间安宁,利出外,四方有好音,人多行善事。

若太阴与火星皆有力,则有争斗、词讼、妄言,多生疾病。

若太阴与太阳或金星或水星皆有力,各与上文所断同。

若木星与土星或火星皆有力,则善人改常为恶。

若土星与火星皆有力,则有征战,创生一切恶事。

以上将土、木二星同宫度,并当年安年命宫为主,断其祸福在前。

若论人品，已说见第二门。随各星所关系之人应验，但此应验比前说年岁远又大。

若论祸福初起时，先从土、木二星同宫同度宫分，并当年安年命宫分起，第二年，论第二宫；第三年，论第三宫；至十二宫毕；第十三年，又从两命宫起，依前排去。又看二命宫主星，并逐年流年安年命宫主星，与吉星照，或凶星照。于此详其各星强弱，以强旺者为主，断其各年吉凶。

又看土、木二星同宫同度，并安年命宫主星，何星有力庙旺，又有吉星相照，则尤有力，如此主王者出世。其性依旺星之性，若旺星在四柱上，或四辅柱上，则后代子孙中不当得位者，出而夺之。若在第三宫、或第六宫、或第九宫、或第十二宫，则应外人起而夺之。若强旺之星是土星，主出世之人年老，见识远大，亦主故家；若是木星，主其人有学有德；若是火星，主其人性刚好杀；若是金星，主其人性善修德；若是水星。主其人能言语，多机谋；若是太阴，主其人家富且贵，又有才能；若是太阳，主帝王兴旺，诸国来降。

凡土、木二星同宫度，所应之事，已云于上。要知其人何时出应，看当年安年命宫度数，至二星同度处计几宫几度。或看当年安命宫度数，至强旺星所在度数计几宫几度。每一宫，该一年。每一度，该一十二日余六分之一。却看其人出应之年，将本年命宫为主，又将土木二星同宫度之年，安年命宫小限参看。其人一切吉凶，依此二宫推之。

凡土木二星，二十年一次同度，祸福应验。其最应验处，在二百四十年交局时。

注：在世运占星中，行星平均交会产生重大影响，大致有六种交

会,我们列举如下:

1、木土交会于白羊座第一界或初度。这种情况 960 年重复一次。

2、木土交会于任何三方星座的第一界内,譬如位于火元素星座,土元素星座等等,木土交会于一个新的三方星座,每 240 年重复一次。

3、土火交会于巨蟹座第 1 界或 1°,每 30 年重复一次。

4、土木交会,每 20 年重复一次。每种三方星座,交会 12 次,20 乘以 12 等于 240,因此一种三方星座连续交会周期为 240 年。经过 48 次交会,回到起点,所以任何交会,经过 960 年会回到原点。

5、太阳进入白羊座 0°1′时与其他行星的交会。

6、新月和满月。

《天文书》重点论述了木土平均交会的周期,认为土星大约 30 年一周期行 360°,木星大约 12 年一周期行 360°,木土每 19.8 年(大约 20年)交会一次。木土交会是按火元素、土元素、风元素、水元素等星座的次序依次递进的。每一种元素星座,木土在其中交会 12 次或 13 次,才进入下一个元素星座。换算为时间,土星 29 年 115 天 15 小时零 34 分,行一周天。木星 11 年 313 天 6 小时 18 分,行一周天。木土同宫同度,需要经过 19 年 314 天 14 小时 17 分,这是一次交会。木土交会 12 次,需要经过 238 年 114 天 14 分,木土交会 13 次,需要经过 258 年 64 日 3小时。实际上这是一种平均数值上的算法,并非真实天文星历数据。

木土初次交会,从火元素星座开始,首次从白羊座初度交会,第二次于射手座交会于 2°25′,第三次于狮子座交会于 4 度 51′,第四次交会于白羊座,第五次交会于射手座,第六次交会于狮子座,类似这样的次序在火元素星座中交会 12 或 13 次;之后,木土交会于土元素星座,交会次序为金牛座、摩羯座、室女座,交会 12 或 13 次;接着木土交会于风元素星座,交会次序为双子座、宝瓶座、天秤座,交会 12 或 13 次;最后木土交会于水元素星座,交会次序为巨蟹座、双鱼座、天蝎座,交会 12 或 13 次。前后交会 49 次,第 49 次是双鱼座 28°41′,然后又从火元素星座交会,木土交会于火元素星座的射手座 1°7′,之后可以类推。

我们需要知道,这种木土交会,并非真实占星历法中的木土交会,而是特定意义计算出来的木土平均交会,也称之为木土虚交。在同一类元素的三方星座内,交会 12 次,每次在度数上前行 2°25′。这是《天文书》里的算法,其他古典占星著作也有人采用 2°30′。一般而言,在同三方星座,木土平均交会大约 10～13 次,这取决于占星师采纳的是回归制还是恒星制。

Masha′allā 认为,行星交会,影响最大的是木星和土星,其次是火星和土星,最小的是木星和火星。

第十二门　说世运

凡世运,有两等说。第一等说,推算取用。上古智人,曾推究一切天下大事,断决精详,名曰世运。凡一运,该三百六十年。每一年,分四季。

春季初起处,依历法所定,太阳在双鱼宫二十度一十四分。太阳正行在摩羯宫初度,即太阳极增之数。太阳中行在双鱼宫一十八度,将极增数二度一十四分,添入中行度数内,合前历法之数,共二十度一十四分。自此,太阳渐渐上升,此春季之数也。

夏季初起处,太阳到阴阳宫,一十八度。太阳正行在白羊宫初秒,此处无增。似此,太阳中行,即是历法一十八度之数,此为太阳在最高处。

秋季初起处,太阳到双女宫一十五度四十六分,太阳正行在巨蟹宫初秒,到此为至增处。太阳中行在双女宫一十八度,将极增数二度一十四分,于中行数内减去,合前数一十五度四十六分,至此后,太阳渐渐下降。

冬季初起处,太阳到人马宫一十八度。太阳正行,在天秤宫初秒,至此数亦无增。此数合前数一十八度,此为太阳最低处。

自春起度数至夏起度数计八十七度四十五分。自夏起度数至秋起度数,亦八十七度四十五分。自秋起度数至冬起度数,计九十二度一十五分。自冬起度数至春起度数,亦九十二度一十五分,总计三百六十日。此是太阳地心外轮所行度数。

依上古历法一年分四季。将一运,亦分四季。凡年一日,准运一年。上古智人,先于洪水滔天时,二百七十六年前,将土木二星,同宫同度之年,作世运初起之首。其世运主星是土星,宫分是巨蟹宫。此一时,土星正在巨蟹宫,洪水滔天,正在此一运中。其行限,每年交一宫,从巨蟹宫起,次年到狮子宫,又次年到双女宫,后以次排之,是年行限亦到巨蟹宫。

若论世运。每一宫三十度,均分作三百六十年。每一年该度数五分。三百六十年后,土星运满,交木星主运,宫分是狮子宫,依上主三百六十年;次交火星主运,宫分是双女宫;次交太阳主运,宫分是天秤宫;次交金星主运,宫分是天蝎宫;次交水星主运,宫分是人马宫;次交太阴主运,宫分是摩羯宫,依上每运各三百六十年。又交土星主运,以次排去。每一运初起时,以太阳到双鱼宫,二十度一十四分为首。

依着西域纪年,六百一十五年间说,从世运初起时至此年,计四千六百二十三年。以三百六十年为一运,除之,计一十二运,该四千三百二十年,余三百零三年,系水星主运,已过三百三年。初起时,宫分是巨蟹宫初度。至六百一十五年间,是二十五度一十五分。小限每一年交一宫。水星主运初起时,在巨蟹宫,至六百一十五年间,小限到天秤宫。

七曜逐年交一星,初起时是水星,至六百一十五年间,是土星。每一运,分四季。每一季,有一主星。不问何运,第一季,是火星与运主星同伴;第二季,是太阳;第三季,是水星;第四季,是土星,并与运主星同伴。

凡世运,并世运四季,并当年各有安命宫。

注:首先我们介绍一下关于世运占星的一些观念。一般而言,古人认为行星平均交会预示了新纪元和灾害,这种周期是永恒循环的。巴比伦占星师 Berossus 认为,洪水周期开始于行星交会摩羯座,爆发于行星交会巨蟹座。这一观念被公元 4 世纪的占星师 Firmicus Maternus 所重申,古典占星中大洪水的爆发时间观念当源出于此。

有关大洪水时期的具体时间,中世纪时期,根据不同的天文系统,洪水时期被认定为两个日期,一个是公元前 3102 年 2 月 18 日,一个是公元前 3361 年 7 月 30 日,前者为 Abū Ma'shar 的观念(源出巴比伦、波斯观念),根据行星的罕见合相而推,后者为 Masha'allā 依据其他理论推导而得。

Abū Ma'shar 的数据原理,后人推导,认为有三个出处,其中一种认为,波斯人和巴比伦人,认为世界周期是 360000 波斯年,即

131493240 天。公元前 3102 年正处于这个周期的中段,也就是第
180000 年。他认为每 18 万年木土一次大交会。

Abū Ma′sha 所使用的土木平均交会计算数据如下:

恒星年:365.2590278 天。

恒星制木星周期:11.86083289 恒星年。

恒星制土星周期:29.47437367 恒星年。

木土交会周期:19.84783327 恒星年(7250.338194 天,每月 30
天)。

木土交会距离:242.4214356°(242°25′)。

每个三方星座连结 12～13 次。

Masha′allā 的数据原理,是将木土平均交会结合了一种千年周期
理论,这个理论认为世界作为一个整体,被每一个恒星主宰 1000 恒星
年～12000 恒星年,Masha′allā 计算的木土平均交会始于公元前 5783
年 11 月 2 日,此时木土平均交会于金牛座 7°42′,之后每运递进 2°25′,
根据千年理论,正处于火星千年周期的中段(火星千年周期始于公元前
6292 年)。此时木土平均交会于土元素三方星座,之后每次度数前进
2.25°,进入下一个三方星座,每次平均交会时间为 19 年 10 个月 11 天,
持续前进,在公元前 3381 年木土平均交会于天蝎座 1°24′,进入水元素
星座。在公元前 3361 年 7 月 30 日,木土平均交会于巨蟹座 3°40′,进入
此运后,洪水大爆发。

附录:Masha′allā 千年周期表

Masha′allā 行星千年周期	具体时间
土星	公元前 8292 年 7 月 18 日
木星	公元前 7292 年 7 月 27 日

续表

Masha′allā 行星千年周期	具体时间
火星	公元前 6292 年 8 月 5 日
太阳	公元前 5292 年 8 月 14 日
金星	公元前 4292 年 8 月 23 日
水星	公元前 3292 年 9 月 1 日
月亮	公元前 2292 年 9 月 10 日
土星	公元前 1292 年 9 月 19 日
木星	公元前 292 年 9 月 28 日
火星	公元 709 年 10 月 7 日
太阳	公元 1709 年 10 月 27 日
金星	公元 2709 年 11 月 13 日

Masha′allā 所使用的土木平均交会计算数据如下:

恒星年:365.2590278 天。

恒星制木星周期:11.86194263 恒星年。

恒星制土星周期:29.47677147 恒星年。

木土交会周期:19.84985351 恒星年(7250.338194 天,每月 30 天)。

木土交会距离:242.4263889°(242°25′)。

每个三方星座连结 12~13 次。

很明显,虽然都使用了洪水泛滥的时间点,但是《天文书》和以上论法都有所不同。另外需要注意我们现代计算恒星年是 1 年 365.256363 天,而古代阿拉伯占星家所使用的恒星年一般是 365.2590259 天或 365.2590278 天。

根据古人的推算方法,列出近代推算木土虚交时间周期:

表 1　回归制木土虚交

日　期	星　座	度　数
1802 年 4 月 3 日	室女座	0.327148
1822 年 2 月 10 日	金牛座	3.302581
1841 年 12 月 20 日	摩羯座	6.278013
1861 年 10 月 30 日	室女座	9.253446
1881 年 9 月 8 日	金牛座	12.22888
1901 年 7 月 20 日	摩羯座	15.20431
1921 年 5 月 29 日	室女座	18.17974
1941 年 4 月 8 日	金牛座	21.15518
1961 年 2 月 15 日	摩羯座	24.13061
1980 年 12 月 26 日	室女座	27.10604
2000 年 11 月 4 日	双子座	0.081474
2020 年 9 月 14 日	宝瓶座	3.056907
2040 年 7 月 24 日	天秤座	6.032339
2060 年 6 月 2 日	双子座	9.007772
2080 年 4 月 12 日	宝瓶座	11.9832
2100 年 2 月 20 日	天秤座	14.95864

表 1，为回归制木土虚交，选择回归制，按计算，1901 年木土虚交点，1901 年 7 月 20 日上午 8:03 分，木土交于摩羯座 15°12′16″。

表 2　恒星制木土虚交

日　期	星　座	度　数
1802 年 4 月 3 日	狮子座	8.343661
1822 年 2 月 10 日	白羊座	11.0419
1841 年 12 月 20 日	射手座	13.74014
1861 年 10 月 30 日	狮子座	16.43838
1881 年 9 月 8 日	白羊座	19.13663
1901 年 7 月 20 日	射手座	21.83487

日　期	星　座	度　数
1921 年 5 月 29 日	狮子座	24.53311
1941 年 4 月 8 日	白羊座	27.23135
1961 年 2 月 15 日	射手座	29.92959
1980 年 12 月 26 日	室女座	2.627831
2000 年 11 月 4 日	金牛座	8.024314
2020 年 9 月 14 日	摩羯座	10.72256
2040 年 7 月 24 日	室女座	13.4208
2060 年 6 月 2 日	金牛座	16.11904
2080 年 4 月 12 日	摩羯座	18.81728
2100 年 2 月 20 日	室女座	21.51552

表 2 为恒星制木土虚交,选择恒星制,按计算 1901 年木土虚交点,7 月 20 日,木土交于射手座 21°50′06″。

我们如何根据木土虚交点做出相应的分析呢?

要研究木土虚交点的影响,我们必须排出木土交会年份的占星盘,只需要排出当年的太阳返照盘即可,并结合木土虚交点的位置,进行分析。这种方法为大多数古代占星家所采用。《天文书》在论断木土虚交年的太阳返照盘时,其小限法有两种用法,第一种从上升命宫开始为第一年,依次类推;第二种从木土虚交的宫开始为第一年,依次类推。1 宫 1 年,1 度 12 又 1/6 日(即 12.16666)。Masha'allā 在论断时使用了角轴、小限、过运等论断发生时间,位于角轴的行星都发生的较快。土木虚交总是在同元素三方星座中有序行进,然后进入下一个三方星座,在每一种三方星座内推进时,如果该年年运盘上升轴位于双体星座(尤其射手座),则事情不会发生在该虚交期间,而是在第二次虚交才会发生。上升轴于固定星座、启动星座,则会发生在虚交期间。观察上升轴前进遇到木土虚交或凶星的时间；观察凶星前进遇到上升轴的时间；观察一些外行星，尤其是土星，当土星经过太阳或对冲太阳的时间。外行星逆行主天灾，内行星逆行为地灾，位于人形星座为人灾，星座特性不可忽视。

案例　2020 年回归制木土虚交

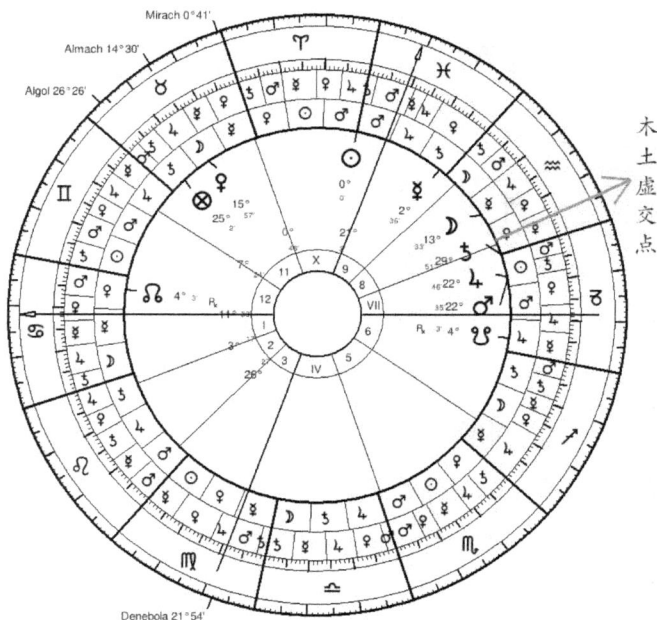

根据回归制，我们观察表格 1，2020 年 9 月 14 日，木星和土星虚会于宝瓶座 3°3′25″，我们排出 2020 年春分时的太阳返照盘。盘中木土为当日的木星和土星真实位置，在宝瓶座 3°3′25″标注木星和土星虚交点即可。分析应期时，可以使用小限法和主向限法。

木土虚交于风元素星座的宝瓶座，在风元素星座中，是 2000 年以来第二次木土虚交。月亮位于第 8 宫死亡宫位，木星为第 6 宫定位星与火星一起位于上升轴，火星位于升星座，木星落入降星座，火星主宰，代表疾病、战争。当木土交会的时候,木星强则吉,土星强则凶。此盘中木星、火星皆位于轴,应验就在当年。

下面我们介绍《天文书》中关于这个主题的观念。

《天文书》认为,推导世界行运,有两种说法。上古的智者,曾推算一切的天下大事,所断非常精细,称之为世运法。一运有 360 年,每一年,分为四季,春季起法,根据历法所定,太阳在双鱼座 20°14′起运;夏季运,太阳在双子座 18°起运;秋季运,太阳在室女座 15°46 分起运;冬季运,太阳在射手座 18°起运。

接着,《天文书》认为,上古历法,一年分四季,一运也分四季。每年的一天,类似一年年运,上古的贤者,在大洪水灾害泛滥的 276 年前,即公元前 4008 年,以木土二星同宫同度之年,作为世运的起始年份,世运主星是土星,所在星座是巨蟹座,此时土星位于巨蟹座 0°,该运中,世界各地洪水滔天。

在世运的方法中,可以计算每年的行运,每年由一个星座负责,我们称之为小限。小限每年行进一个星座,在此案例中,公元前 4008 年为巨蟹座,第 2 年到狮子座,第 3 年到室女座,依次类推。

若要看世运,可以观察行进度数,一个星座 30°,主宰 360 年,每一年在星座内行进 5′,360 年后,土星运满,木星开始主运,进入狮子座,主运 360 年;交火星主运,进入室女座;之后交太阳主运,进入天秤座;交金星主运,进入天蝎座;交水星运,进入射手座;交月亮运,进入摩羯座。

按此法,每运 360 年,又回到土星主运,接着循环而排。行星主运的次序分别是土星、木星、火星、太阳、金星、水星、月亮,按此次序循环轮转。每运初起的时候,以太阳在双鱼座 20°14′为起始进行排盘论断。

《天文书》的算法,从世运初起到公元 615 年,已经过 4623 年,360

年为一运,按十二运计算,乘以 12 得 4320 年,4623－4320＝303 年,公元 615 年为水星主运,并且已经入运 303 年了。水星运初起的时候,为公元 312 年,位于巨蟹座 0°,到公元 615 年,位于巨蟹座 25°15′。小限一年行一星座,水星主运起始的时候,位于巨蟹座,到公元 615 年,小限位于天秤座。

七大行星,也是一年主一运,水星主运初起的时候是水星,到公元 615 是土星。每一运,分为四季,每一季,都有一个主星。不论任何运,第一季是火星和运主星相伴;第二季,是太阳;第三季,是水星;第四季是土星,都与运主星相伴。凡世运,以及四季、每一年都有各自的命宫。

根据《天文书》的算法,公元前 4008 年木土虚交于巨蟹座 0°,公元前 3732 年洪水大爆发。

下面我们根据天文书整理成时间表

公元纪年	土星星座	行星大运
公元前 4008 年	巨蟹座 0°	土星
公元前 3648 年	狮子座 0°	木星
公元前 3288 年	室女座 0°	火星
公元前 2928 年	天秤座 0°	太阳
公元前 2568 年	天蝎座 0°	金星
公元前 2208 年	射手座 0°	水星
公元前 1848 年	摩羯座 0°	月亮
公元前 1488 年	宝瓶座 0°	土星
公元前 1128 年	双鱼座 0°	木星
公元前 768 年	白羊座 0°	火星
公元前 408 年	金牛座 0°	太阳
公元前 48 年	双子座 0°	金星
公元 312 年	巨蟹座 0°	水星
公元 672 年	狮子座 0°	月亮

续表

公元纪年	土星星座	行星大运
公元 1032 年	室女座 0°	土星
公元 1392 年	天秤座 0°	木星
公元 1752 年	天蝎座 0°	火星
公元 2112 年	射手座 0°	太阳
公元 2472 年	摩羯座 0°	金星
公元 2832 年	宝瓶座 0°	水星
公元 3192 年	双鱼座 0°	月亮

根据以上数据，1752 年进入天蝎座第一季运，1839 年进入第二季运，1937 年进入第三季运，2019 年进入第四季运。

2021 年，距离天蝎座交运 269 年，行运至天蝎座 22°25′，行星大运为火星，年运星为金星，小限宫为白羊座。按季运为第四季运，季星为土星。

2022 年，距离天蝎座交运 270 年，行运至天蝎座 22°30′，行星大运为火星，年运星为水星，小限宫为金牛座，季星为土星。

2023 年，距离天蝎座交运 271 年，行运至天蝎座 22°35′，行星大运为火星，年运星为月亮，小限宫为双子座，季星为土星。

以上数据仅供参考。本段整理难度较大，在天文书的其他版本中，笔者看到有古人增注，认为 615 年为隋文帝开皇十五年到宋宁宗嘉定二年，也就是公元 595～公元 1209，又说 1209 年至今过去 421 年，也就是说，注解时为公元 1628 年。字面上难以理解其意，有可能 615 年有其他说法。

若取世运命宫，待太阳到双鱼宫二十度一十四分，看东方是何宫度出地平环上，就将此宫度为世运命宫。其世运四季命宫，第一季并第二季,每季该八十七年零二百七十日。第三季并第四季,每季该九十二年零九十日,取命宫之法与上同。

若依着上古,取世运安命宫,并四季,并当年安命宫之法,并看太阳到双鱼宫二十度一十四分,此时东方是何宫度出地平环上,即此是安命宫度数。

凡世运,每运初起时,从双鱼宫二十度一十四分起,每一年,排一度,三百六十年,排满三百六十度。又系交运,又从头排起,凡排到一宫几度处,看其度是何星分定度数,以其星为主,断其吉凶。

又看安世运命宫是何宫度,出地平环上,将对黄道的赤道度数为则数去,每一度该一年,只数赤道度数。看行到何宫度上,遇着何星,以其星之吉凶,断其吉凶。若论小限时,从命宫起,一年交一宫。

注:世运的上升宫取法,到交世运之年,根据太阳到双鱼座 20°14′ 的位置,排出命盘,所得上升轴所在,就是上升命宫。一运分四季,第一和第二季,每季 87 年 270 天;第三季和第四,每季 92 年 90 天,取命宫的方法与上面相同。根据此算法,2019 年入火星大运的第四季运。

每次起初运的时候,从双鱼座 20°14′ 开始计算,一年一度,行走 360 年。按此算法,公元 1752 年,位于双鱼座 20°14′,2021 年位于天蝎 19°14′,可以观察所到度数的界主星进行论断。还可以根据所排的世运盘上升轴度,按主向限法,以赤经度数行运观察每一年的运程。如果论断小限,从命宫开始一年一宫进行论断。

《天文书》强调每一季运的上升星座排法与初运法相同,按此理,笔者列出 2019 年换运盘。

2019 年入天蝎座第四季运,此盘根据《天文书》理论推导而得。时

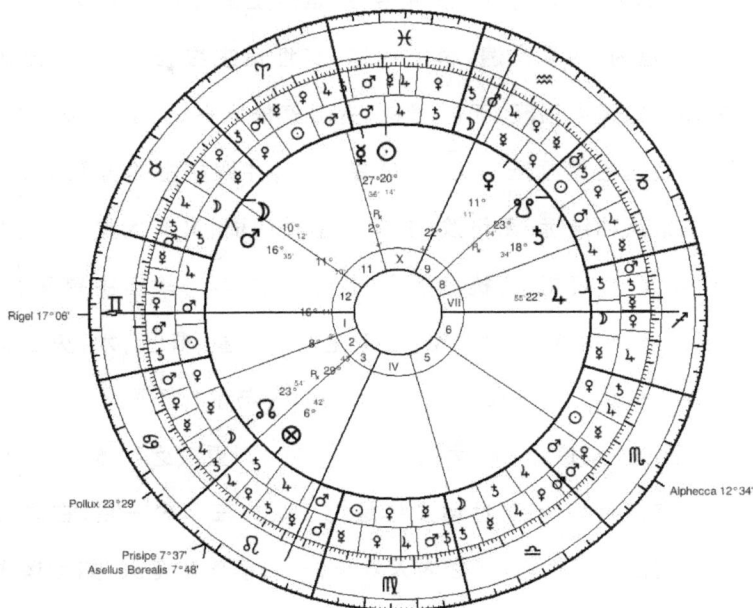

间为 2019 年 3 月 11 日 10:40 分(北京),太阳位于双鱼座 20°14′。分析时间应期,可以使用小限法和主向限法。

在排世运这类太阳位于某特定度数的特定盘或太阳入各星座初度盘、新月盘、满月盘,诸多软件中都有相关设定,譬如软件 Zet 中有行星进入星座、月相、月食等选项,在软件 Janus 中,有 Ingress chart 选项,十分便捷。

第二等说,上文所言,已行详尽,后论断决之理。凡交世运,或季运,必有更改之事。若世运,并季运主星皆吉,强旺,又有吉星相助,主出世之人兴旺福隆,大吉;若世运主星已是强旺,吉,又有吉星相助,后季运内,若有凶星相遇,终不能作凶,依旧兴旺;若又一季运主星强旺有力,吉,又有吉星相助,主国家福大,疆宇开广,四海来朝;若又一季运主星，凶弱，则国家不宁，有外境相侵，缘世运主星吉旺，终不为凶。

若一运内，四季交遍，再交一运，其世运主星强旺有力，无凶星相照，并四季主星亦强旺，无凶照者，主国家依旧兴旺，世祚长远；若又交一运，其世运主星强旺有力，无凶星相照，并四季主星亦强旺，无凶照者，主国家运祚绵远，无更改；若世运主星凶弱，又有凶星相照，则其国家力小事寨，外境相侵，扰攘不宁；若遇交季，其一季运主星又凶弱，又有凶星相照，则必有革命之事；若运主有力之星，是土，木，火三星内一星，主外姓兴起。其事业制度，一切所为，并与前代不同。

若世运主星是金、水、太阴三星内一星，则更改之在本枝叶内，不属外姓，却有刀兵争竞；若世运主星是土、木、火三星内一星，在本宫或在庙旺宫，主国祚绵远，一运之内人寿长，一切事务皆坚久；如世运主星是土星，在宝瓶宫、或在天秤宫，即是本宫庙旺；若世运主星是金、水、太阴三星内一星，又弱无力，又在陷宫，或在太阳光下，或遇凶星，则国祚年促，凡事不久，人寿短，所作事业，微留显迹；若世运主星是土、木、火三星内一星，在本宫，或在庙旺宫，又那二星，在世运主星宫分内，或在庙旺宫内，又与世运主星吉照，主国家疆土广远，四海一统。

注：《天文书》从本段开始讲断法。凡世运交运的年份阶段，或季运交运的阶段，必然有大的事情发生，世界格局会发生变化。如果世运与季运的主星都吉而强，又遇到吉星相助，则大吉，人类兴旺，世界繁荣。如果世运主星强，又有吉星相助，之后的季运遇到凶星，也不能作祟，依然强旺，如果又遇到季星强而有力，主吉利，再又吉星相助，主世界繁荣。若接着换季，季星又凶，则不吉利，主国家不宁，但是毕竟世运主星吉旺，所以结果还是好的。

如果世运主星是金星、水星、月亮三颗内行星，代表国运更改发生在内部。世运主星是土星、木星、火星三颗外行星，行星入舍升星座，主国家繁荣，人民运佳，一切事务都长久。世运主星是金星、水星、月亮等行星，并且弱而无力，又在陷宫，或被焦灼，或遇到凶星，主国运短促，凡事不长久。

假如世运主星是火星，宫分是摩羯宫，火星又在摩羯宫，世运年命宫是白羊宫，木星、土星又在天蝎宫，与火星吉照，火星顺受土、木二星则吉，应如上所云也。若世运主星强旺，又为季主星，主世运一季内，国家大兴旺。若世运主星是土星，主国家兴旺之福后胜于前，为第四季主星是土星。又世运主星，亦是土星，所以后胜于前也。

若世运主星，并世季主星强旺，行小限到火星，或与火星相冲，四正照，又火星是当年主命星，其年有反叛、刀兵起，十年方定，国家依旧。若以上二运，小限与火星相冲，或四正照在风局，火星又是主命星又世运主星，亦在风局，主其年天上显妖象，红气流星，地上有大火灾。

若以上二运，行限到土星，又土星是命主星，在水局，主其年大水；若土星在土局，则其年地震地陷；若在风局，主天色极寒，风雪大。

若世运主星是土星、或火星。其宫分又是本星宫分，又小限遇凶星，则四方横事起。其横事最重处在何城池。假若有日食，看日食宫分是何城池安年命宫、或第四宫、或第七宫，或第十宫，或安年命时，太阳、太阴所在宫分交食者，此处城池，以上所言灾祸甚重，其应疾。又其年主命星是凶星，小限行到弱宫，太阴在命，又与凶星照，则以上所言灾祸愈重，远且大也。

凡一应大事更变，但看土、木二星同宫度时为主。若交运之际，遇土、木二星同宫度者最重，故凡事以此为主。

　　西域论世运，以土星为始，次木、次火、次太阳、次金、次水、次太阴，每曜各主三百六十年，共两千五百廿年，则七政主运，一周复始。又西域以土木二星，每历二百三十八年，一百一十四日十四分为十二会。二百三十八年，一百一十四日，零一十四分。历两千八百五十九年，二百八十八日五个时辰十八分，一百廿二会。又两千八百八十三年，二个月四个时辰，一十分，是为一百廿会。

　　西域以六十分为一度，六十秒为一分算。前四季数内，前二季，俱八十七度，后二季，俱九十二度，尤恐有讹，但依其所算不错。于双鱼宫内三十度，除廿度一十四分，约九度四十六分、白羊三十度、金牛三十度、阴阳十八度，先八十七度四十六分，阴阳余约十二度、巨蟹三十度、狮子三十度、双女十五度四十六分，亦是八十七度四十六分。约双女十四度四十四分、天秤三十度、天蝎三十度、人马十八度，共九十二度一十四分。人马十二度、摩羯三十度、宝瓶三十度、双鱼廿度十四分，应九十二度一十四分。

　　说明：本节部分天文和地理数据参考并引用了 Benjamin N. Dykes 编译的《Astrology of The World II》中的现代数据。

www.ingramcontent.com/pod-product-compliance
Lightning Source LLC
Chambersburg PA
CBHW062108020426
42335CB00013B/896